HUMANITIES AND SOCIETY

现实感

观念及其历史研究

第二版

Isaiah Berlin

[英国] 以赛亚·伯林 著　[英国] 亨利·哈代 编

潘荣荣 林茂 魏钊凌 译

译林出版社

图书在版编目（CIP）数据

现实感：观念及其历史研究：第二版 ／（英）以赛亚·伯林
（Isaiah Berlin）著；（英）亨利·哈代（Henry Hardy）编；
潘荣荣，林茂，魏钊凌译 . —南京：译林出版社，2023.3
（人文与社会译丛 ／ 刘东主编）
书名原文：The Sense of Reality
ISBN 978-7-5447-9546-3

Ⅰ.①现…　Ⅱ.①以…②亨…③潘…④林…⑤魏…
Ⅲ.①思想史 – 研究 – 世界　Ⅳ.①B1

中国版本图书馆 CIP 数据核字（2022）第 244594 号

The Sense of Reality: Studies in Ideas and Their History by Isaiah Berlin, edited by
Henry Hardy
Copyright Isaiah Berlin 1950
© Isaiah Berlin 1966, 1996
© The Trustees of the Isaiah Berlin Literary Trust 2010, 2019
Selection and editorial matter © Henry Hardy 1996, 2019
Introduction © Patrick Gardiner 1996
Foreword © Timothy Snyder 2019
This edition arranged with Curtis Brown Group Ltd
through Big Apple Agency, Inc., Labuan, Malaysia
Simplified Chinese edition copyright © 2023 by Yilin Press, Ltd
All rights reserved.

著作权合同登记号　图字：10-2020-547 号

For more information about Isaiah Berlin visit https://isaiah-berlin.wolfson.ox.ac.uk/
and https://berlin.wolf.ox.ac.uk/

现实感：观念及其历史研究（第二版）　[英国] 以赛亚·伯林 ／著　亨利·哈代 ／编
潘荣荣　林　茂　魏钊凌 ／译

责任编辑　王瑞琪
特约编辑　马爱新
装帧设计　胡　苨
校　　对　戴小娥
责任印制　单　莉

原文出版　Princeton University Press, 2009
出版发行　译林出版社
地　　址　南京市湖南路 1 号 A 楼
邮　　箱　yilin@yilin.com
网　　址　www.yilin.com
市场热线　025-86633278
排　　版　南京展望文化发展有限公司
印　　刷　江苏凤凰通达印刷有限公司
开　　本　880 毫米 ×1230 毫米　1/32
印　　张　13.625
插　　页　2
版　　次　2023 年 3 月第 1 版
印　　次　2023 年 3 月第 1 次印刷
书　　号　ISBN 978-7-5447-9546-3
定　　价　78.00 元

主 编 的 话

刘 东

总算不负几年来的苦心——该为这套书写篇短序了。

此项翻译工程的缘起,先要追溯到自己内心的某些变化。虽说越来越惯于乡间的生活,每天只打一两通电话,但这种离群索居并不意味着我已修炼到了出家遁世的地步。毋宁说,坚守沉默少语的状态,倒是为了咬定问题不放,而且在当下的世道中,若还有哪路学说能引我出神,就不能只是玄妙得叫人着魔,还要有助于思入所属的社群。如此嘈嘈切切鼓荡难平的心气,或不免受了世事的恶刺激,不过也恰是这道底线,帮我部分摆脱了中西“精神分裂症”——至少我可以倚仗着中国文化的本根,去参验外缘的社会学说了,既然儒学作为一种本真的心向,正是要从对现世生活的终极肯定出发,把人间问题当成全部灵感的源头。

不宁惟是,这种从人文思入社会的诉求,还同国际学界的发展不期相合。擅长把捉非确定性问题的哲学,看来有点走出自我围闭的低潮,而这又跟它把焦点对准了社会不无关系。现行通则的加速崩解和相互证伪,使得就算今后仍有普适的基准可言,也要有待于更加透辟的思力,正是在文明的此一根基处,批判的事业又有了用武之地。由此就决定了,尽管同在关注世俗的事务与规则,但跟既定框架内的策论不同,真正体现出人文关怀的社会学说,决不会是医头医脚式的小修小补,而必须以激进亢奋的姿态,去怀疑、颠覆和重估全部的价值预设。有意思的是,也许再没有哪个时代,会有这么多书生想要焕发制度智慧,这既凸显了文明的深层危机,又表达了超越的不竭潜力。

于是自然就想到翻译——把这些制度智慧引进汉语世界来。需要说明的是，尽管此类翻译向称严肃的学业，无论编者、译者还是读者，都会因其理论色彩和语言风格而备尝艰涩，但该工程却绝非寻常意义上的"纯学术"。此中辩谈的话题和学理，将会贴近我们的伦常日用，渗入我们的表象世界，改铸我们的公民文化，根本不容任何学院人垄断。同样，尽管这些选题大多分量厚重，且多为国外学府指定的必读书，也不必将其标榜为"新经典"。此类方生方成的思想实验，仍要应付尖刻的批判围攻，保持着知识创化时的紧张度，尚没有资格被当成享受保护的"老残遗产"。所以说白了：除非来此对话者早已功力尽失，这里就只有激活思想的马刺。

主持此类工程之烦难，足以让任何聪明人望而却步，大约也惟有愚钝如我者，才会在十年苦熬之余再作冯妇。然则晨钟暮鼓黄卷青灯中，毕竟尚有历代的高僧暗中相伴，他们和我声应气求，不甘心被宿命贬低为人类的亚种，遂把移译工作当成了日常功课，要以艰难的咀嚼咬穿文化的篱笆。师法着这些先烈，当初酝酿这套丛书时，我曾在哈佛费正清中心放胆讲道："在作者、编者和读者间初步形成的这种'良性循环'景象，作为整个社会多元分化进程的缩影，偏巧正跟我们的国运连在一起，如果我们至少眼下尚无理由否认，今后中国历史的主要变因之一，仍然在于大陆知识阶层的一念之中，那么我们就总还有权想象，在孔老夫子的故乡，中华民族其实就靠这么写着读着，而默默修持着自己的心念，而默默挑战着自身的极限！"惟愿认同此道者日众，则华夏一族虽历经劫难，终不致因我辈而沦为文化小国。

一九九九年六月于京郊溪翁庄

献给阿尔弗雷德与艾琳·布伦德尔

目　录

第二版附录

序言：自由的时代

蒂莫西·斯奈德

一

我以前在牛津大学读书的时候，每逢沃尔夫森学院开讲座，如果介绍演讲人的是以赛亚·伯林，我都会去听。他对别人的介绍简练而得体。即使他下了台，也会时不时地出现在我的脑海里，躲在他的某句妙语之中，在我的记忆里挥之不去。20世纪90年代初，我那时还在写一篇论文，研究一位不知名的东欧革命者，当时伯林极力主张，人们应当铭记俄帝国思想家的遗产。人们会明白，共产主义并非无可避免。

在那些年里，共产主义刚刚衰落，另一种有关无可避免性的观念火了起来。我上学的时候，一些显要的思想家宣称，历史已经终结了，未来除了自由民主别无他路。东欧的学生们像朝圣一般来到牛津，想要见伯林一面。我至今仍然记得这些人神采奕奕的面孔，还有他们讲述的那些严肃冷静的交谈。无论是一个世纪以前共产主义的崛起，那个年代共产主义的终结，还是今天右翼威权主义的出现，都没动摇伯林的基本观念：自由是悲剧性的，而要保持自由，就得对这场悲剧进行透彻

xi 的思考。没有什么意外的发展会改变我们的基本困境，任何所谓终结历史的诉求都是在逃避责任。

只要读一读这些文章，我们就能明白，伯林所说的自由的悲剧与康德的思想关系密切。在他有关道德的著作中，康德令个性成为可能，也令它变得危险。康德认为，"[……]至少人有一个方面在宇宙中是独一无二的：尽管因果律可以影响他的身体，它们不会影响他的内在自我"。[1]自由意味着我们被悲剧性地剥夺了一切可能使我们免于责任的外部力量。我们必须运用自己的理性决定我们以何为价值。伯林写道："如果自由是人之为人的条件，如果自由就是为我自己立法，那么行动的准则之所以正当且符合真理，就并不是因为它来自外部的权威，无论这权威有多么崇高，而是因为这些准则是由一个自由的主体规定的。"[2]

伯林看到了康德将自我创造的"价值"和外部赋予的"事实"区分开来的重要性。伯林自己的结论是，自由的人自然会肯定多元的价值，这些价值无法再被化简至某种单一的善。不过，自治对于每个人都是挑战，而多元对于所有人都是困难的：人们得面对将思想或感觉的重担让给他人的诱惑。这是伯林对康德逝世后广泛兴起的两种政治观念——民族主义和马克思主义的批评之精髓，这两种观念体系都允许我们将责任转让给他人。在评述民族主义和马克思主义时，伯林虽揭露了这两种观念体系中他认为的谬误，却心怀同情地尽力理解创造它们的思想家。他明白，建立一种多元主义的体系有着怎样的重重困难，在他自己的多元主义观念中，他极力想从无所不包的体系之下抢救个体的价值。

xii 伯林梳理出了一条从康德主义经浪漫主义到民族主义，从人要求

---

1 见本书299页。(本书的注释如无特别标记，均为原书编者注。提到本书页码时均指原书页码，见边码。——译注)

2 见本书227页。

亲手创造价值到渴望别人替自己创造价值的演变脉络。思考善不是一件易事，而"创造"，如伯林所说，"在某种意义上都是无中生有"。[1]伯林认为，浪漫主义勇敢地接受了这种挑战。伯林赞扬浪漫主义者，因为他们认可了康德所说的现实的分裂，它存在于外部世界和内部创造者之间，存在于人们创造的多元价值之间。但是，浪漫主义者尽管扛起了这副创造的重担，却往往为的是集体，将政治行为的用语匹配上人民的欲求。浪漫主义者使得其他人得以混淆民族主权和对自我的主权。民族主义者略过了对价值的思考，直接接受他人创造的价值。"自由民族"这个观念内部势必是很紧张的：只要人人都立正站好，就没人会问为什么了。

民族主义者犯错是因为选择价值的责任实在是太沉重了。而伯林说，马克思（1818—1883）犯错是因为他想消除事实和价值的区别。马克思设想了一种历史的终结，届时人类将停止在世界中的异化。受苦难的工人将获得资本主义创造的一切，消灭财产关系，从而消除事实和价值的区别。如果历史如马克思声称，存在着某种发展方向，那么工人阶级的意识便顺应着历史的走向，而其他阶级的经历则流向无意义的旋涡。人类的一个群体负责用理性思考，其他群体只能感觉。这种思路否定了个体，甚至工人个体的存在，否认了一个人为他自己思考的能力，因为从事思考的应该是一个阶级。但是阶级并不会思考，即便他们会，他们的思考也不会符合为他们设定好的阶级意识。于是，弗拉基米尔·列宁（1870—1924）便认为政党可以代表无产阶级思考，斯大林（1879—1953）则提出政党精英必须改造现实，使之符合马克思对未来的设想。一开始是民族主义者让出了创造的权利，到最后是共产主义xiii者让出了思考的权利。

伯林将一种单一的真理赶下王座并不是为了以另一种真理取而代

1　见本书226页。

之。虽然他本人支持多元主义和自由社会,但他同情社会主义(因为它是多套价值体系中的一套),也赞成民族认同(因为它也是多套价值体系中的一套)。在这本书中,他广泛地讨论了马克思和恩格斯之前和之后的社会主义,借以提醒人们,社会主义是一种宽泛的传统,不必概括为一种列宁主义的产物。这些文章就像伯林在牛津的同事莱谢克·柯拉柯夫斯基(1927—2009)所著的马克思主义史的第二卷一样提醒读者,认真的人可以想出各种替代资本主义的道路。[1]

伯林虽然反对马克思主义,却相信它(在共产主义世界之外)造成的影响是积极的,因为它迫使自由政治体制接纳了经济正义的价值。马克思主义"产生了它自己的抗体"[2],让政客们认识到为了赢得选举必须要做的事:建立福利国家,让工人看到一个可以接受的未来,帮助中产阶级发展壮大。在这本书收录的文章中,伯林认为,福利国家保护现代人的"基本利益"[3]。在他撰写这些文章的那几十年里,大西洋两岸正在建设福利国家,美国的财富不均正在好转。现在似乎应该强调:如果我们希望人们不要让出思考和感受的权利,就必须先确保他们在容许其思考自由的基本保障下生活。[4]

xiv

伯林认为经济正义的结构是理所当然的,我们今天却不再能这么想了。在1975年(本书中最后一篇文章写就时)后的三十年间,另一种经济决定论,另一种有关无可避免性的观念取代了马克思主义。这种观念认为,资本主义会自发将民主散播到世界各地,1991年苏联解体后取得霸权的这种观念和它取代的共产主义颇多共同之处。人们称之为

1　莱谢克·柯拉柯夫斯基,《马克思主义的主要流派:起源、发展和分裂》,卷2:黄金时代,P. S. 法拉译(牛津,1978)。

2　见本书199页。

3　见本书320页。

4　这是托尼·朱特在一本书中提出的观点,在他的著作中,有一本讨论了伯林留下的思想:托尼·朱特和蒂莫西·斯奈德,《思虑20世纪》(纽约,2012)。

"新自由主义"，因为找不到更好的词了；它像马克思主义一样，号称会集古往今来思想之大成，一切现实问题都能在它这里找到答案。它和马克思一样将理性思考的任务出让给了一群专业人士：只要知道了历史的规律，就没有必要思考价值了。它和美国民族主义一样（两者有着紧密的关系），将创造价值的重担让给了其他人——而令人担忧的是，这些其他人并不是人，而是一种抽象事物：只要"自由市场"能生产一切善的东西，那么就没有什么真正的选择需要去做了。新自由主义宣称，历史终结了。

二

如果我们想要自由，历史就不能终结。只有时间才能帮助我们应对自由的悲剧。伯林认为，自由意味着时间是向前流动的，虽然流动的方向不可预知，也不指向任何终点。

如果事实和价值的分离不可调和，那么我们就得以不同的方式、在不同的时刻思索它们。"这两种观点我们都接受，"伯林写道，"而且［……］在二者中间摇摆。"[1]我们并非只考虑事实或价值，而是会不时变换焦点和重点。在我们转换立足点时，对事实的思考会让对价值的思考更丰富。伯林这一看似微不足道的洞见对自由有着重要的意义。如果这两种观点要求的是不同的感受力，不同的感受力要求各种情绪或不同形式的努力，那么在这两种观点间的变换就始终有赖于时间的流动。我们不可能在一瞬之间做所有事，所以多元主义的实现就需要先做一件事，再做另一件事。至于多元价值，也是一样的道理。每种价值都值得我们关注，可人的内心不存在一种视角，让他得以同时看到所有价值。如果真的存在这种完美视角，那么有关道德的思考便化为

xv

---

[1]　见本书223页。

无时间状态的观想。正因为不存在这样一个视角，伦理学才会花费时间——而如伯林所说，伦理学也创造了时间。

在伯林笔下，如本文所呈现的，是哲学推动着时间前进。伯林说，哲学是人为了成为人而必须向自己提出的问题。哲学家遵循着一种分类的程序：把某些被视为哲学性的问题归为形式问题，只需逻辑思考即可解答；另一些则被归为经验问题，只需调查研究即可解答。而后哲学家着手解决余下那些最核心的问题，但解决方式是以一种可以开拓思想和感觉的全新语言来重新表述这个问题。哲学可以将我们"从一整套符号系统的束缚中"[1]解放出来，将之前的问题交给一个开始显得如同过去的时代，从而使探询和经验合为一体。哲学就是不同时代的作品。

依据对哲学的这种理解，伯林提出了他的人权理念。自由始于我们提出攸关价值选择的问题之时：什么是真理？宇宙中只有我们吗？时间是否存在？电脑能思考吗？伯林称这样的疑问是一种"自然权利"，它"源自这一事实：人类的精神本性如此，这类好奇心的满足——对这一真理之域的追求，是人类为其本身而追求的、使人的生命值得度过的那类目标之一"。[2]是天性促使人类提出永恒的问题；但每一拨人类都是在一个特定的时代提出这些问题的，为了提出这类问题，他们只得推翻那个时代主宰一切的假设："只有在哲学中，真正的创造力才总是等同于一种反叛行为。"[3]

在伯林看来，哲学因此是一种卓越的历史进程，它**需要**时间来回应自由的悲剧，**利用**时间来提炼真正的哲学问题，并通过提出划时代的问题来**创造**时间。我们必须要**在**我们的历史时刻检验理性，创造价值，这

xvi

1　见本书76—77页。

2　见本书92页。

3　见本书90页。

意味着**反叛**我们的历史时刻。如果做不到，我们就不自由。如果我们被告知，某种单一的体制可以解决一切问题，某种单一的善可以囊括一切价值，那我们就不必思考和创造了，时间也没有存在的必要了。马克思主义、民族主义和新自由主义都说历史有终点，这绝非巧合。[1]

我们每一个人都是某种意义上的哲学家，至少在某些时候是；并不是只有列宁主义和民族主义的高压体制在妨碍我们：伯林提到，"对独创性及对严肃追求真理的迫害"甚至"在威胁""民主国家，尤其是最强大的民主国家"。[2]历史的任何终点意味着的都绝非自由的胜利，而是自由的死亡。

三

倘若如伯林所说，哲学家制造历史，那么历史学家则使政治判断成为可能。哲学家通过提问来开启和终结时代，历史学家则通过理解这些时代的逻辑，从内部描述它们，这些逻辑总是内部逻辑，并非始终讲得通，有时似乎很自然，有时则古板荒谬。

所以，依照伯林的描述，历史学家要做的是审美工作，关心的是一个时代的形态。历史学家能够看到一个历史时刻的全貌，如同艺术家能看到一幅全景。如果说，哲学家负责打破一个时代的阻塞，令时间激流奔腾向前，那么历史学家负责的则是梳理出时间树状图，记录时间长河的走向。所谓历史知识，就是理解和表达一个给定的时代何以区别于其他时代，而不是在不同时代间建立联系。"假如我们自问，"伯林写道，"关于某种文化的某个时代［……］"，从"它紧挨着的前情和后

xvii

1　没有伯林的教海，我写不出自己那本关于时代和政治的著作：《通往不自由之路，欧洲、美洲》(纽约，2018)。

2　见本书86页。

果，我们究竟能说出多少东西，我们肯定只能回答：几乎什么也说不出来。"[1] 历史学家不能跨越不同时代画下连接线，因为时代之间的变化就是生活感的变化，也因为有太多事情的发生是因为生活目的有了无法预测的、新的概念。[2]

拥有"现实感"就是能够以个人的方式在心中描绘一个特别的时刻，能够将它的感觉传达给其他人。伯林写道，历史学家有"一种眼光，能发现独一无二、没有重复的东西，看到一连串境况间的特定关系、各种特质的独特组合，它们赋予一个人、一种情境、一种文化、一个时代以独有的特征"。[3] 优秀的历史学家能将某个过去的时刻为我们娓娓道来，就像听我们这个时代的故事一样——假设我们这个时代的故事确实能讲得清。因此，我们是否理解过去，取决于两点：历史学家的文笔如何，以及我们自身能否理解我们身处的这整个时代，也就是我们的"现实感"。历史会说："这就是历史的亲切感。"而哲学会说："为何不逃离这种亲切感？"

我们都会提出那些永恒的问题，因而一个正义的政体必然会允许哲学存在。我们不都拥有现实感，但是伯林说，一个好政府正是由拥有现实感的人管理的。一切政治决策都发生于某个历史时刻之中。每个历史时刻的环境总会不同于其他任何历史时刻的环境。我们不可能通过实验考察某个决定会造成怎样的结果。在这种时刻下，伟大的政治家赖以做出决断的正是历史学家的天赋才能：他能洞察这个时刻的逻辑。一个可靠的政治家处理眼下时刻的手段，与历史学家处理历史时刻的手段一样。伯林认为，他心目中的英雄人物，像丘吉尔、罗斯福这

1　见本书7页。

2　这里能感觉到刘易斯·内米尔的影响，伯林在其他书里引用过他的一句话："说一个人具有历史感，意思并不是这个人知道发生过什么事，而是知道什么事没发生。"（《概念与范畴》第2版，183页；《人类的恰当研究》，56页）

3　见本书28页。

类人物，都能理解他们的时刻，行动于其中，代表它。[1]而那些反派们，如斯大林和希特勒之流，则想要以行动超越这种时刻。他们剥夺人们定义时代的思想自由，拒绝"现实感"的局限，强制推行一种单一不变的未来观念。

为了讲明白"现实感"究竟是什么意思，伯林提到了"表面"和"深层"之分。"表面上"，数据可以轻易收集，概念似乎都能适用，可"深层"的社会现实领域是很难测量和描述的。[2]哲学家会想办法阐述难以测量之物，并由此向某个时代揭示它自身，于是另一个时代便得以开启。领袖则基于一种知识做决定，这种知识无法轻易量化，甚至无法清楚说明。所以，优秀的政治家依赖着一种窥破事物表面的个人能力，他们在行动之前会深思熟虑，但这种思虑无法得到完整彻底的说明。"对这些更深层面的近乎天然的知识，"伯林写道，"[……]是良好政治判断不可或缺的要素。"[3]确切地说，伯林称之为"现实感或历史感"[4]——他认为，理解一个历史时刻和一个眼下时刻需要的悟性是相同的。现实感指示人，也应该约束人。而现代的暴君们摆弄深层却看不到深层，肤浅的理论让他们怀着不正当的自信，喜欢暴力行事。他们不像历史学家那样能看到某些深层，也不像哲学家那样能思考它们，而是毫不在意地改变它们。

伯林研究18世纪和19世纪的思想家，为的是找出20世纪暴政的源头和解药。他着意于证明没有什么体制是正确的；他还着意于从不同的体制中分析出可能维持多元主义的元素：这儿来一点民族感情，那儿来一点社会主义改革，再来一点别的什么，只要对自由而言必不可少。如今，伯林已成为一位20世纪的思想家，多亏了他的这本和其他几本

xix

1　可见《个人印象》中的人物描述。
2　例如见本书63页。
3　同上。
4　见本书44页。

文集, 我们借助他自己的论断来应对这个时代的挑战, 也许能得到一些帮助。

四

如果自由的悲剧在于外部世界和内部世界间的差异, 那么外部世界的状态究竟如何就很重要了。伯林强调, 从古代到18世纪的思想家假设宇宙是一个单一整体, 终极真理也是单独唯一的。而伯林之所以认为康德和浪漫主义很重要, 是因为他们分裂了现实, 使得这种一元论不再成立。优秀的哲学家接受了康德和浪漫主义的主张, 逐渐创造了新的价值。好的统治者感觉得到他们在一个历史时刻中能做什么, 不能做什么。可现代的暴君却自不量力地想要包揽一切, 他们扭曲哲学、歪曲历史, 灭绝因创造性和判断力而生的善好之物。可是, 从古人到康德, 再到浪漫主义、希特勒、斯大林、罗斯福、丘吉尔, 甚至伯林本人, 无不认为外部世界即自然, 也就是物理宇宙和它的法则。可倘若事情并非如此, 对于伯林的思想而言, 又意味着什么呢?

康德说, 他惊奇和敬畏"头上的星空"和"心中的道德律"。[1]在伯林的时代, 人造光令星光黯然失色, 我们大多数人已经看不到古人和康德眼中的那个星空。在21世纪, 自然受到了限制, 甚至也许遭到了取代, 限制和取代它的是我们醒时盯着看的屏幕。映在人类视网膜上的不再是星象, 而是像素。被认作某种单一现实的东西, 现在与其说是自然, 不如说是互联网, 它的拥趸成了新的一元论者。互联网不仅声称要涵盖一切现实, 覆盖了人类的大半人口, 而且以大致相同的方式影响着所有人的思想。连接着互联网 (由此也连接着我们的思想) 的机器有着

---

1 《纯粹理性批判》, 第二部分, 结论, 《康德全集》(柏林, 1990—   )(以下简称为KGS)卷161, 33—36页。

令人难以置信的思考能力。互联网号称可以启发人类，可它在设计时却是为了分散注意力、调动情绪。因此，在我们这个世纪，互联网令人类再一次实实在在地面对现代性风险：夸大了自诩精英的理性思考能力，引诱人们让出创造价值的工作。互联网就是今天的一部分人类将另一部分人类变成物品的手段，利用他们达到他们不知道的目的。这就是康德所谓的不自由。

看好互联网的人认为，伦理被技术本身取代是自然而然的事，"互联互通"使所有有关价值世界和事实世界的问题变得毫无意义。他们提出，也许并不是所有人都理解他们的社会科学，正因如此，才更有理由迎接急剧的变化。当马克·扎克伯格宣称，使用互联网是一项基本人权时，传统的人权正蒙受损失。当社会工程的结果不符合预期时，社会工程师宣称，最后的结果多少会弥补蒙受的损失。这些为互联网辩护的人提出的论点正是伯林曾批评过的、马克思主义者的论点：我们这些人站在历史的正确发展方向上，我们是客观的，维护其他价值的人是主观的。我们有的是智慧，而他们有的是感情，所以我们必须重新设计和制造他们那缺陷的灵魂。 xxi

从19世纪到20世纪，时代经历了马克思主义向列宁主义的转变，而今天的我们则正处在另一种变化中：从过度相信社会科学，到难以逆料地经历社会工程。我们对社会现实中"深层"部分的理解并不比20世纪时强多少，尽管我们可能有更多揭示它们的手段。伯林指出，"最博学和精确的心理学家"和"非常了解某人"的人对于理解有着不同概念。[1]当代心理学可以为程序员（事实上是远程的讯问者）提供激发和增进焦虑与恐惧的手段，同时压制个体的特点、阐述问题的方式和对自由的追求。互联网的社会工程不需要传统意义上的暴力，也就是人类肉体承受的物质暴力。可是，如果今天我们眼中看到的外部世界不再

1　见本书28页。

是星空，而是屏幕，一元论不再是自然一元论，而是技术一元论，那么无止境地依赖和浸淫于互联网便会对自由构成深远的威胁。

xxii 互联网在心理学和计算方面提供的超级能力很可能挣脱程序员和心理学家的限制。然后我们就会被物品当作物品来对待。不久之前的俄国，这个伯林心心念念的国家，就预示了人类将理性和价值让给非人类的下场。

五

伯林在说到维萨里昂·别林斯基（1811—1848）时解释了俄国思想为何对西方极为重要：俄国思想家拿来西方的诸多概念，去芜存菁后，将之应用于实践当中，然后又将它们还给西方。这个过程历来的例子便是从马克思主义到列宁主义的转变，再到提出斯大林主义是欧洲和全世界应该效仿的发展模式。伯林去世后，俄罗斯人再一次选择了西方思想的潮流，按照它自己的逻辑得出了结论，然后把这颗浓缩的炸弹还给了西方。这一次是新自由主义的观念：历史已经终结，没有其他选择可以代替今天的现状。俄罗斯的政治技术学者倒是很有逻辑，他们努力向人们表明，无论现在存在的是什么，比如说是目无法律的盗贼统治，它都是必须存在的。他们油滑地承认，根本就没有真理，更不要说什么普世真理了。他们只想让俄罗斯人接受：俄罗斯人就算撒谎，也胜过外国人撒的谎。很久以前，有人批评马克思主义是"民族虚无主义"，共产主义之后，虚无主义就是民族主义。

伯林写道："民族主义在我看来是今日世界上最强大的力量。"[1]他认为，各民族是为了回应殖民帝国主张的普遍权利，故而强调他们自己的独特价值。反殖民主义是世界历史的一把钥匙，作为一位欧洲思想

1　见本书318页。

家，这是他可以追溯的线索；而他同情民族主义，也是向非欧洲人表示同情。读过康德的他知道，帝国可以宣称自己拥有全世界，而殖民地相应地可以表明它有能力创造自己的价值："前殖民地的公民也许宁可被 xxiii自己的同胞严酷对待，也不愿意接受外人，哪怕是最开明的统治。"[1]伯林可以关注全球帝国在一段时期内（大致是从康德到他自己的时代）的扩张和收缩。今天的各帝国，或者说曾经的帝国，擅长利用一种民族主义，这种民族主义看起来很像反殖民的民族主义。但是，它似乎和创造没什么关系。

在互联网时代，想发牢骚就能发牢骚，而且不用再和经历有什么关系。俄罗斯人认为乌克兰是敌人阴谋的产物，觉得自己是美帝国主义的受害者，可他们的士兵却侵略了乌克兰，他们的议会吞并了乌克兰的领土。不列颠人可以一起梦想一个从未真正存在过的独立民族国家（大不列颠以前是一个世界帝国，后来加入了欧洲一体化的事业，中间才没有什么历史裂痕呢），可以为一个幻想抛弃欧洲的团结统一。甚至连美国人都能让自己显得被全世界（当然还有被彼此）欺负了。美国公民宁可要白人的恶政也不要黑人的善治，这就是在奉行伯林指出的后殖民主义的民族主义那一套，只不过美国白人不仅没有经历过殖民压迫，而且还曾反过来殖民别人。这里没有什么价值创造，理性都让给机器了，还怎么创造价值？

以前，加入某个民族一度意味着基于从文字或语言中了解到的新类别，重新思考一种物理空间，以及这个民族中存在的其他人。现在，我们在屏幕前花费的时间比在真实世界花费的时间还要多，在这个虚拟的世界里，无论"我们"或"他们"都是一群群幻影，高兴也好，愤怒也罢，都是由心理学家和程序员生成的，加入某个民族取决于这个虚拟世界的经历。20世纪90年代初，东欧的学生之所以能来拜访伯林，是

1　见本书327页。

xxiv 因为真实世界的边境开放了。今天，墙能让人怒不可遏，也能让人欢欣鼓舞，无论它有没有被造出来。这就是伯林理解的民族主义症状：将价值创造让给他人。在互联网上，生成情绪的实体不再是人类了。为一个美国总统候选人测试"建堵墙"这个民族主义口号的是一个境外国家运行的一种电脑程序。在这样一个非现实的新世界，现实感更应该受到人们的欢迎。

外部世界仍然无法回答内部世界的问题，社会服从和决定论的美妙歌声仍然诱惑着人们。伯林的文章虽然灵活秀丽，立场却惊人地坚定，也因此隽永而富有教益。他回应了一个问题：我们是否能面对一个对我们的问题和需求全然冷漠的世界？他以一种比简单否定和一味肯定都更振奋人心、富有现实精神的含糊态度回答了这个问题："嗯，也许我们能面对，也许确实不能。"[1]他没有自诩权威，可以把破碎的东西重新拼起来。但是他也没有像后现代主义者那样在碎石瓦砾中嬉戏。他展示了理性思考和创造如何可能，先用一件事，再用另一件事。他穿过自由的时代，向我们展示了如何对其多加利用。"从一只脚换到另一只脚"

xxv 的一种说法是"走"，而在没有星光的情况下航行的一种办法是适应昏暗的光线。

1　见本书418页。

编者前言

在过去六年中，我有幸收集和编辑了以赛亚·伯林过去六十多年里大量未发表的作品：论文、致辞、演讲、广播稿和讨论（这些种类当然并非彼此毫无重叠）。我掌握的有时很难懂的原始资料包括手稿、打字稿、录音（常常没有稿子）[1]，以及后来没有保存下来的那些录音的准确性各异的转写稿。我收集起来准备有选择地发表的打字稿在文字量上（大概有一百万字），几乎和伯林迄今已发表的作品相当。

从汇集的这些材料中抽出来的、分别关于约瑟夫·德·迈斯特和J. G. 哈曼[2]的两篇专题长文已经出版，本书所选的九篇文章也出自这些材料。它们与之前的文章有三个相同的特点：第一，它们是以差不多已完成了的手稿的形式存在的，如果不是全部的话，大部分手稿在写作的时候伯林还是认为能够发表的，但出于某种原因最后并未出版。第二，在   xxix
我看来，并且在其他读过的人看来，恰当地说，这些文章完全应该加入

---

[1] 我已经将录音的拷贝存在伦敦国家声音档案馆。

[2] 一篇是《约瑟夫·德·迈斯特与法西斯主义的起源》，与其他七篇已发表但未成集的文章被收在《扭曲的人性之材：观念史篇章》（伦敦，1990；纽约，1991）一书中；另一篇收在《北方的占星家：J. G. 哈曼与现代非理性主义的起源》（伦敦，1993；纽约，1994），现收入《启蒙的三个批评者》（见下注）。

伯林已发表的作品当中去。第三，它们在主题上都是相互关联的，都以实例说明了他对观念及其历史的核心关注，正如我给这本书所加的副标题所表明的。我的希望是，更多未发表的材料在不久都会顺利面世，而且伯林更多的已发表但迄今未成集的作品能够结集出版。还有，除了少数例外（主要是他关于苏俄和犹太复国主义的文章），现在这本书，加上以前的八本[1]，能够完整地收集他写得比较成形的、相对较长的文章。

我现在谈谈这些文章的来源。

《现实感》是伊丽莎白·卡特尔·莫罗首次讲座的基础，1953年10月9日在马萨诸塞州北安普敦的史密斯学院以《史学中的现实主义》为题发表；其中讨论的一些问题伯林已经在别的文章，比如《刺猬与狐狸》《科学历史学的概念》等作品当中有所涉及，但这是他对这个问题的最明确讨论，显然在这本集子中值得占一席之地。

xxx 《政治判断力》一文和《现实感》有某些关联点，不过完全是从政治学的角度出发；这是1957年6月19日在英国广播公司（BBC）的第三套节目首播的一次谈话（以《思考政治》为题的七次系列谈话中的第六次）：文章内容是基于事先准备的讲稿和广播录音之上的。

《哲学与政府压制》是一次演讲，是为一个主题为"人类思考和表达的自由"的系列讲座准备的，那是纽约哥伦比亚大学建校两百周年纪念活动的一部分。演讲时间安排在1954年3月24日，但是伯林的父亲

1　除了前注中提到的两册外，早先已有六册文集以零散的方式先后发表。它们是：《自由四论》（伦敦、纽约，1969），现由《自由论》替代（伦敦、纽约，2002）；《维柯与赫尔德：观念史专论两篇》（伦敦、纽约，1976），现由《启蒙的三个批评者：维柯、哈曼与赫尔德》替代（伦敦、普林斯顿，2002；第二版，普林斯顿，2013）；《俄国思想家》（伦敦、纽约，1978；第二版，伦敦等，2008），《概念与范畴：哲学论文集》（伦敦，1978；纽约，1979；第二版，普林斯顿，2013），《反潮流：观念史论文集》（伦敦，1979；纽约，1980；第二版，普林斯顿，2013）；《个人印象》（伦敦，1980；纽约，1981；第三版，普林斯顿，2014）。[由这六本书以及《扭曲的人性之材》中选出的一些文章结集成的《人类的恰当研究：文选》一书，在本书第一版的次年出版（伦敦，1997；第二版，伦敦，2014）。]

于1953年12月去世，伯林感到无法参加校庆。

《社会主义和社会主义理论》与其他各篇都不一样，它一写出来就发表了：最初发表在《钱伯斯百科全书》（伦敦，1950：纽恩斯出版社；纽约，1950：牛津大学出版社），经过修改后又发表在同一部书的下一版里（牛津、纽约等，1966：帕格蒙出版公司）；现在的版本加入了为一个后来未能问世的新版百科全书所做的修改，它被收入本书，部分是缘于此，部分是因为它以前从未被收入文集，部分也是因为它的主题合适。[1]

《马克思主义和19世纪的国际工人协会》是1964年在斯坦福大学第一国际工人协会一百周年纪念会议上发表的演讲的基础。伯林原始的口述录音保存在录音带上，我为本版听了一下。这让我得以更正打字员的少量十分情有可原的听错和听漏之处。伯林的打字员奥利弗·谢尔顿在这一艰巨的工作中总体上的准确度极为令人钦佩。 xxxi

《浪漫主义革命》是为1960年3月在罗马的一次会议而写的，在那儿是经过意大利语翻译后发表的：在本书长久的酝酿过程中，此文的意大利文版发表在斯蒂芬·鲁克斯所编的伯林文集《在哲学与观念史之间：传论式访谈》（佛罗伦萨，1994：庞特·阿尔·格拉齐出版社）一书中，英语原文的荷兰语和德语译稿分别发表在《关系》和《国际文学》上。

《艺术的责任》是1962年当着J. F. 肯尼迪总统的面，在白宫（专门）为罗伯特·F. 肯尼迪的希克里山讨论小组所做的一次谈话的修订版。

《康德：一个鲜为人知的民族主义源头》是首次许马云·迦比尔纪念演讲，1972年在新德里发表。

《罗宾德拉纳特·泰戈尔与民族意识》是1961年11月13日也在新德里，在一次纪念泰戈尔百年诞辰的大会上发表的。

---

[1]　关于本书145页注释1所涉段落，蒂莫西·斯奈德指出，"这里，在同情与影响之间有一些混淆。在苏联周边的国家，例如波兰和罗马尼亚，战争之前对于共产主义很少同情。正是由于毗连的原因，战后苏联在那些地方建立复制的政权才如此重要和如此可行。总的来说，较远的首府对于苏维埃计划有更多同情"。

xxxii　　新版增添了一篇蒂莫西·斯奈德专门写的序言；还有两篇伯林的文章，我加在了附录里。后面这两篇文章，一篇写的是别林斯基，题目是《伟大的俄国评论家》，原本是一篇讲座底稿，伯林于1962年基于它在英国剑桥开了一场讲座。对别林斯基进行完整的研究是伯林从20世纪40年代开始投入的一系列项目之一，但是始终没有出什么成果。不过他还是给我们留下了《维萨里昂·别林斯基》(《俄国思想家》里"辉煌的十年"那四场讲座中的第三场)；较短一些的《被神化的那个人》，收录于《观念的力量》；还有此次再版新收录的这篇文章，以前没发表过——这三篇文章都关联着"艺术的责任"这个问题，而别林斯基正是这个问题下的重要人物。[1]1955年，伯林对牛津大学万灵学院院长说，他正在写一本关于别林斯基的书稿，已经写完九章了。[2]若他所言不差，那这九章的内容就是不幸散佚了。但可以推知，我们现在能看到的伯林关于别林斯基的作品应该源自且足以体现那个研究项目的主体部分，而且从1949年开始，伯林在哈佛任教的数年间就俄国社会和政治观念的发展而开设了两个系列讲座，为这些讲座所做的笔记(保存在伯林的文件里)也受到了这项研究的影响。别林斯基的名字还散见于伯林的书信中，足见伯林对他很感兴趣。我们在1974年给牛津大学出版社的布鲁斯·菲利普斯写的一封信中，可以一窥伯林有多么重视别林斯基：

　　　　别林斯基始终都在说教，正是他那真诚到令人心痛的情感深度、那无可挑剔的正直品格，还有他向不断变换的立场倾注的道德

　　1　若要说得全面一些的话，还得提到另一个短篇文章：《愤怒的维萨里昂》。这是伯林为赫伯特·E.鲍曼的《维萨里昂·别林斯基》写的评论，刊载于《新政治家与民族》(*New Statesman and Nation*)，第50期(1955年7—10月号)，477—478页，后来再次发表于美国国际事务劳动会议的期刊《新领袖》(*New Leader*)，1956年1月16日，21—22页。

　　2　《伯林书信集·卷二　启蒙岁月：1946—1960》，479页。

激情，才使他的个性、人生和文字得以深刻影响他的同代人；在他于 1848 年逝世后，他的直接影响和激起的反应在接下来的那个世纪里改变了俄语写作的方向。[1]

　　附录里的另一篇文章名为《完美社会理念的终结》，最初是 1975 年　xxxiii
伯林在新南威尔士大学的一场即席演讲，经转写编辑而成。有鉴于此，它的风格和本书其他文章有所不同：它没那么正式，更口语化一些，所以读起来的感觉和《自由及其背叛》与《浪漫主义的根源》这两本同样也是由无稿公开讲座转写编辑而成的文集更接近。对于这样的文章该不该出版，某些人持有保留意见，而且许多类似的讲稿确实仍未出版（尽管可以在网上找到文本）。我自己的看法是，保留伯林讲座那独具一格的风格和气氛是很有必要的，更不要说这些讲座的内容还很有趣，它们可以为伯林那些准备得更加充分、打磨得更为精细的文章增光添彩。[2]何况既然已经有人把这个讲座转写成文字、不加编辑地出版了[3]，那么把它编辑一下收入这本文集里似乎也就没什么问题。

　　这本文集中的所有勘正记录均可见于 http：//berlin.wolf.ox.ac.uk/published_works/sr/corrections.html；一俟发现新的问题，我会尽快将勘正信息添加到这个网页上。

　　新版的页码编排不同于旧版，因而会给参考旧版的读者带来些许不便。考虑到这个问题，我在 https://berlin.wolf.ox.ac.uk/published_works/sr/concordance.html 整理了一份新旧版页码对照表，读者可以借助该表检索两版相互对应的页码。

　　1　《伯林书信集·卷三　建业年代：1960—1975》，578 页。

　　2　尤其是《扭曲的人性之材》里的两篇："乌托邦观念在西方的衰落"与"理想追求"。

　　3　见 Jorge Geraldo Ramírez, *Isaiah Berlin: utopía,tragedia y pluralism*（Medellín, 2010: Fondo Editorial Universidad Eafit），12—83；书中收录的讲座文本是英语－西语对照的，西语文本为该书编者翻译。

　　和以前几本书的情况一样，我得到了一些学者慷慨的、不可或缺的帮助，我非常感谢他们。罗杰·豪舍尔和已故的帕特里克·加迪纳阅读了我选出来的所有文章，包括一些我没有选的他们也都读了，而且帮我做了遴选，解决了一些具体的文本问题。已故的 G. A. 柯亨教授阅读了有关社会主义和马克思主义的那些篇章，并做了评论，而且帮我说服伯林，让这位对自己的作品有着无可救药的怀疑的作者相信，应该把它们收进去；特雷尔·卡佛教授以其丰富的学识给予我许多慷慨帮助，包括协助我给两篇文章加注。加纳·贝克博士关于费希特、安德鲁·罗宾逊关于泰戈尔、弗兰克·西黎教授关于屠格涅夫、拉尔夫·沃克尔博士关于康德、海伦·拉帕波特关于几个俄国问题，都给予我非常宝贵的帮助。德瑞克·奥弗德随时向我提供关于别林斯基和其他俄国作者的专门知识，显示了真正可敬的慷慨、耐心和效率，使我尤其受益良多。塔季亚娜·波兹尼亚科娃、娜塔莉娅·萨拉纳和约瑟芬·冯·齐特茨维兹解决了《伟大的俄国评论家》中的各种问题。我还（不是第一次）受益于列奥弗兰克·霍尔弗德-斯特里文思博士的渊博学识。格里高里·克雷斯、安吉·古德盖姆、杰米·梅尔罗斯、奈吉尔·里斯和埃德蒙·韦纳为我解决了多个难题。

　　伯林本人以相当大的忍耐阅读并同意了我编辑的所有文章的文本，并在此过程中做了几处修改。如果没有他的秘书帕特·乌特金，我不可能取得这些成果；同样，没有无比慷慨的赞助者1990年以来对我在沃尔夫森学院的研究的资助，以及布洛克勋爵促成我的这个研究员职位，这些成果也是不可能的。最后，我要感谢我在查托和文多斯出版社的编辑威尔·萨尔金和詹妮·乌格罗的帮助和支持；以及伊丽莎白·西弗顿、斯特劳斯和吉鲁克斯对打字稿的仔细阅读，使得书稿有了很大的改进。

亨利·哈代

牛津，1996年4月

赫斯沃尔和日本，2018年4月

导　言

帕特里克·加迪纳

以赛亚·伯林的写作涉足了如此众多截然不同的思想和研究领域，有着如此不同的、有时出人意料的方向，大概有人不禁要问：是什么指导性观念最终指引或统一着他对这些彼此迥异的思想领地的涉猎？这个问题并不像看起来的那么容易回答；甚至在他的某些崇拜者眼里，这一问题似乎很不恰当，没有抓住要点。因为他们或许会说，伯林的成就的独特价值很大程度上正在于，它显然缺乏任何一元化的野心或体系化的主张；他写作的范围和题材的无限多样性，以及随时准备用取决于问题本身的方式来对待相互尖锐冲突的信念及其持有者等等，在开阔视野、使人摆脱有碍的偏见或教条方面起到了关键的作用。

伯林自己就把"如果碰到自己可能怀疑为真实的东西，倾向于压制它"[1]的人形容为"教条家"，而他自己的观点毫无疑问是完全与之对立的。即便如此，而且尽管他始终显示了他的方法的开放性和客观性，似

1　见本书161页。

xxxvii 乎还是有可能在他的作品中分辨出他特别关注的东西和主题的轮廓，这使他的作品有了一种虽然相对不怎么突出或显著但同样令人难忘的内在一致性。第一眼看来好像离题或无关的思路，细察起来最后往往是一个更大的图案中的线条，一个包容更广的整体的组成部分。换句话说，它们可看作一个由微妙地相互联系着的思想组成的错综复合体，而不属于某种死板的理论体系框架。不仅如此，我们所指的这一复合体本身可以说反映了一些中心问题的存在，它们的决定性影响以各种方式体现出来，贯穿着伯林的思想事业。

这些反复出现的问题之一，就是对历史的本质和意义的关注，这是这本文集中同名文章的重要主题。伯林常说自己现在不是也从来不是历史学家。如果这是事实，那么或许他是在某种公认的但有限制的意义上使用"历史学家"这一名词的。无论如何，事实是，他对观念史研究做出了独特的、杰出的贡献，在对人类历史的这方面研究所引起的那些问题上，他也拥有独到而足资使用的知识。不仅如此，在他对18、19世纪思想的研究中，他不可避免地碰到了各种差别极大的关于历史进程的特点以及人们对其认识的理论。这样，在写作他的第一部著作《卡尔·马克思》的时候，他被迫不仅要抓住马克思本人对控制历史变化和发展的力量的非常有影响的描述，而且要阅读一些重要前人，如爱尔维修、孔多塞、圣西门和孔德的作品。这些作者都以不同方式抱有法国启蒙运动思想家当中流行的信念，即在我们增进对自然界了解的过程中已经证明如此成功的那类科学方法和范畴应该延伸到对人类及其历史

xxxviii 的研究当中去。

伯林在别处已经描述过，在研究这些以及类似主张的来源的过程中，他企图从内部理解那些困惑着提出这些主张的人的难题；过去的思想（他觉得）只能通过"进入"[1]拥有那种思想的人的头脑以及他们所属

1　例如见本书374、378页。

的社会或文化背景来使之复活。然而,在遵循这一程序的过程中,他发现自己的思路与他正在研究的思想家们所倡导的相去甚远,其所涉的那种想象的和移情的理解在自然科学当中并没有明显的类似物或对应物。另一方面,他是在两位思维特点非常不同的18世纪思想家的作品里得到了共鸣。

维柯和赫尔德在很多方面与他们时代的主导趋势明显相左,尤其是两人对待他们心目中历史学家题材的特性的态度。在他们看来,这题材的特性决定了,企图将历史研究的方法同化到科学方法中去,原则上是错误的。因为,就后者而言,我们只能获得它所研究的现象的纯粹"外部"知识,而我们与历史的具体现象之间的认识关系则属于完全不同的类型。此外,我们有可能直接地或内在地把握历史人物的行为和在创造中表现出来的心理过程;历史学家与他们想去理解的人之间的共同的基本人性,使他们能够从内部确定是什么使研究对象前进和行动,哪怕是涉及(像经常发生的那样)通过想象的努力,重温普遍观念和思虑都与他们自己完全不同的其他时代或文化的内部生活。维柯 xxxix
与赫尔德,虽然方式不同,都暗示这样一种方法对一切有意义的人类研究来说都是基本的,而这一历史实践观念极为重要,也是伯林一直强调的——在这一点上,他与他们在20世纪的仰慕者和追随者柯林伍德相同。

这些强调历史思考和理解的基本独立性的主张的影响,可以说是《现实感》中所提出的一些论点的由来,这篇文章中所做的历史与其他学科之间的对比,使人想起伯林在一些著名文章中对这一复杂的问题所给予的多角度关注。但这次他的思考路径在一些重要方面不同于其他一些讨论。在这里,他的视角有着更广的含义,涵盖了实践的和学术的众多问题。事实上,这篇文章的题目就反映了这点,而且也部分地反映了对企图将构成人类生活的"大量未知因素"简单化处理或简化成人为的抽象术语的尝试,抱有典型的伯林式怀疑,无论进行这些尝试是为了纯粹的理论目的，还是为了实施综合的政治性或社会性计划。他一直在表明自己非常清楚，发现某种能够解决人类实际境况中产生的种种难题的绝对可靠的公式或万应药方，不留下任何未解决的枝节问题或悬而未定的事情，这样的前景有着多么永久的魅力！而且就此而论，他也强调了在现代（大约从17世纪末起），这一雄心在多大程度上体现于努力试图证明历史进程遵循不可避免的规律或统一性——那些规律被理解为对未来和过去都同样有效，所以既能预言未来又能解释过去。但是他依然认为这种魅力代表着一种我们应该拒绝的诱惑，而且它所引出的一些方案的根本困难来自超出历史解释和方法论界限之外的误解，最终深深地扎根于一切人类生活和经验的深层肌理。

如伯林指出的，他所考虑的那类对历史的理论化并不遵循单一的模式。从建立在机械地设想出来的规律性上的历史记述，到那些援引"有机的"或进化的发展观的历史叙事，应有尽有。但是在这本书里，他所关心的不是对这一类型中的不同具体例子的区分和评论，而是要质疑这样一种观念：建立一个能够将组成历史进程的各种各样因素纳入某种统一图式的、有规律可循的或自成体系的理论。在这一点上，他以赞成的态度提到了托尔斯泰，值得一提的是，他在这个问题上所说的很多话与这位俄国作家在《战争与和平》的结尾所表达的历史观在语气上遥相呼应。托尔斯泰不仅对迄今为止人们炮制出来的各种历史和社会哲学当中他所认为的粗略的简单化和乏味的一般性表现出了相当的怀疑，他还进一步暗示，所有涉及使用纯粹的理论家们所喜爱的那类抽象概念和图式的方案最后注定要失败，它们的本质天生就不适合理解"极细微因素"[1]的连续体——一系列无可计数的、微小的和相互联系的行为和事件，它们组成了人类的生活和经历。在伯林自己对这一问题的探讨当中，人们发现他对以前的"伪科学的关于人类行为的历史和理

1　见本书41页；参较《刺猬与狐狸》第二版，34,37页，40页注2。

论"[1]持一种类似的批判态度，而且类似地（但不完全相同）强调复杂的历史材料如何才有望拒绝被强加上原本应用于根本不同的问题和研究领域的方法步骤。

托氏和伯林之间的这种密切联系并不令人惊讶。托尔斯泰作为一名创造性作家的特殊才华，使他在伯林眼里显得特别能够领悟那实际经历和了解到的人类现实生活的丰富和多样：事物和人的无限多样和独特，社会交往和个人关系中所涉及的微妙的情感岔流，社会生活表层下盘桓极深的自我关注和目标的混乱——托尔斯泰非凡的观察力和想象力抓住了千百万这类现象，这使他的眼光能够穿透自称历史阐释家的那些人所描绘的平滑、规则的历史轮廓，看到它们所掩盖的不均匀的、常常是混乱的真实经验的细节。众所周知，托尔斯泰的这些方面的特点在伯林眼光敏锐的研究《刺猬与狐狸》中有生动的描绘。但他在那篇文章中的主要任务，是对比托尔斯泰的艺术洞察力和才能，与其观点和个性的另一个颇为对立的方面，即渴望某种一元论的或统一的真理能够完全超越折磨着我们世俗生活的问题和困惑。而在这里相反，他是想表明这位小说家特别的文学才能对这篇文章主题的相关性，将它们不仅与致力于重建过去的历史学家，而且与参与世界实际事务的政治家以及所谓"实干家"联系起来。因此，在《现实感》之后并对它 xlii 的一些观点做了详细阐述的姐妹篇《政治判断力》中，伯林指出，与想象性作家的思想在某些方面类似的特点可以说在历史研究以及施行他所谓"治国之术"[2]的过程中都起了作用。

就像受过训练的历史学家一样，能干的政治家也需要一种发达的能力以"非概论式地评估具体情况"[3]；一种经过精心协调的对社会生活

1　见本书49页。

2　见本书40页。

3　见本书49页。

不断变化的轮廓或层次的敏感，而且与此相关，还能本能地"察觉"到什么在实际上是可行的，在复杂的、常常难以把握的具体事实或环境中什么又是互相结合的，这些永远都是杰出的政治领导人超出常人的一些特点。伯林发现，这种"实践智慧"[1]或天赋往往被那些有雄心要系统化历史的人当作是随意的、"前科学"[2]的方法，认为基于理论原因已经不能再被接受，并且需要彻底改造或替换。但伯林也指出，他们所提出的一些改进方法，很少能让人觉得是对这一需求的令人满意的回答，他们所唤取的那些乌托邦式的实验最后造成的出人意料的结果——非常有讽刺意味——历史本身已经让我们再熟悉不过了。

总而言之，这两篇文章气势宏大，证明了作者非凡的知识范围及让人深受启迪的广阔视野。它们最初写于20世纪50年代，文中多有暗指的臆想社会理论和蓝图，因此可以部分地看作反映了一个对极权主义意识形态极其敏感的时代最为关心的一些问题，这种意识形态持续影响着政治领域中的很大部分。尽管如此，如果认为这些暗指在伯林的整个思想中仅有一些有限的或短暂的意义，那就错了。几乎从一开始，他就提防着一种被错置的"科学主义"的内在危险，以及它易于造成的界限的模糊；早期对认识论和语言哲学中的简单化倾向的抗拒，在某些方面预示了他后来对政治和社会理论中有影响的学说的反对。他一直认为，对促进了自然科学成就的那些方法表示敬意并努力加以学习，是正确的乃至可敬的；但将这些方法不加区别地沿用到不相关的研究领域或很不相同的经验层次，则完全是另一回事。我们看到，他认为某些18世纪启蒙哲学家以及和他们采取同样办法对待人类事务的人就是后一种情况。但这并不是他不满于这些思想家的观点的唯一理由，他在作品中时常流露出来的更广的怀疑，让人思考寻味他对整个启蒙运

xliii

1　见本书58页。
2　见本书46、48页。

动的态度。在本书所收的其他文章中也可以感觉到他的一些半信半疑态度。

　　实际上，而且不同于有时人们所以为的，伯林并非不愿意表明自己在这个问题上公认的复杂立场。他公开赞扬了启蒙运动的代表们有勇气反对他们当时的许多罪恶，包括无知、压迫、残酷和迷信，而且拥护理性、自由和人类幸福等理想；他简洁地对一位访问者说过[1]：这把他推到 xliv 了他们一边。但与此同时，尽管他对他们所代表的东西甚为仰慕，他还是认为他们倾向于教条地将假想——其来源常常是传统的——当作真的东西来接受，而这些假想并非不证自明。而且，根据他们所声称的对经验原则的尊重，他们本来应该质疑其正确性的。这其中包括关于统一的、基本不变的人性的各种具体观念，还包括紧密联系的种种信念，即相信存在某些人类在其生活过程中可以一致实现的普遍价值。

　　这些先入之见所引起的一些问题在《浪漫主义革命》中得到了讨论。伯林指出，18世纪晚期浪漫主义的出现造成了当时思想气候的一次根本性变化，公认的标准和规范的客观地位受到了主观主义学说的挑战，这种挑战的方式在伦理学、美学和政治学领域有着巨大的反响。在为这一引人入胜的讨论做结论的时候，伯林指出观念之间的冲突的一个长期影响是，我们今天发现自己分别继承了两大传统，并往往"不自在地从一只脚换到另一只脚"[2]。但是他同样主张，浪漫主义运动所引入的新颖且具有颠覆性的观念无可争议地深化和丰富了对人和社会的理解，既暴露了启蒙运动遗产中的局限和缺陷，同时也为到那时为止还处于欧洲想象范围外的思想和情感开创了新的可能性。

　　伯林对以上这些不同观点的探讨，是与渗透他整个观念史研究方

1　拉明·贾汉贝格鲁，《伯林谈话录》（伦敦、纽约，1992），70页。
2　见本书245页；参较223页。

法的那种敏锐与移情的结合协调一致的。一方面他显示了一种非凡的能力，对那些常常与他个人最为同情的观点相反的思想和文化观念，可以做到从内部把握并领会其力量。另一方面，他一直能迅速认识并准确指出一些他非常生动地描述过的立场当中潜在的不祥含义：特别是潜伏在属于他所说的反启蒙运动的各种学说当中的，非理性主义和侵略性民族主义的幽灵。由于后者的原因，关于罗宾德拉纳特·泰戈尔的文章将近结尾处的文字表明，他希望在善良的沙文主义和具有毁灭性的沙文主义之间划定界限，它们都是民族主义可能采取的伪装。他评论道，泰戈尔在这个问题上和在别处一样，努力不过分简单化地说出真理，也许正是如此，听从他的人相应地比较少，因为正如美国哲学家 C. I. 刘易斯所说的："没有什么优先的理由认为，当我们发现真理的时候，它会是有趣的。"[1]伯林带着赞赏的态度引用了这句话。尽管如此，在他自己所写的文字中，的确可以说真理最后都被证明总是有趣的。

1　见本书337页注1。

现　实　感

一

　　人们有时候会逐渐讨厌起他们生活的时代，不加分辨地热爱和仰慕一段往昔的岁月。如果他们能够选择，简直可以肯定他们会希望自己活在那时而不是现在——而且，下一步他们就会想办法往自己生活里引入来自那已被理想化了的过去的某些习惯和做法，并批评今不如昔，和过去相比退步了——这时，我们往往指责这些人是怀古的"逃避主义"，患了浪漫的好古癖，缺乏现实态度；我们把他们的那些努力斥为妄图"倒转时钟"、"无视历史的力量"或"悍然不顾事实"，最多不过是令人同情、幼稚和可怜，往坏里说则是"倒退"、"碍事"、无头脑地"狂热"，而且，虽然最后注定会失败，还是会对当前和将来的进步造成无谓的阻碍。

　　这类指责来得容易，显然也容易理解。它们伴随着"现实逻辑""历史进程"等观念。这些观念就像"自然规律"（人们在一定程度上把它们看成一回事），在某种意义上被认为是"不可违背"的，不管人类希望或祈求什么，它们都会照常进行，其过程是不可避免的，人们必须调整自身以适应它，因为如果违抗就会灭亡，就像塞涅卡所写的命运女神　1

"ducunt volentem [...] nolentem trahunt"（"愿意的领着走，不愿意的拖着走"）[1]。然而这种思路似乎在宇宙中预设了某种即使是用这些术语思考的人也未必接受的机制，如果他们不是研究形而上学，而是研究历史的，他们甚至可能会设法用自己和别人经验中的反面例子来反驳这种预设的机制。尽管如此，甚至那些试图反驳这种思路的人也发现他们无法完全抛弃所讨论的这些观念，因为它们似乎多少符合他们所看到的实际情况，虽然他们也许并不相信通常被认为是这些观念之基础的决定论。

让我尽量把这点说得再明白一些。每个人无疑都相信存在一些因素，它们多半或完全在人类意识控制之外。当我们形容这个或那个计划不切实际或是空想时，我们的意思常常是，面对这些无法控制的事实或进程，计划不可能实现。这些因素各色各样：我们无法干预的自然领域，譬如太阳系或天文学研究的一般领域；我们既无法改变我们讨论的实体的状态，也无法改变它们所遵循的规律。至于各门自然科学研究的物理世界的其余部分，我们认识到支配它们的规律是我们无法改变的，虽然我们宣称能够在一定程度上参与改变遵循这些规律的人和事物的状态。有人认为这种干预本身也遵循规律：我们自己完全由我们的过去决定；从原则上讲，我们的行为完全可以通过计算来预测；我们干预自然进程的"自由"因此是虚假的。有的人则完全或部分地否定这点，但这与我们在这里的讨论无关，因为双方都愿意承认：我们宇宙的很大部分，尤其是它无生命的部分，无论我们愿意与否，事实上就是这么存在并自有其因果的。

当研究有知觉的存在者的世界时，我们当然地认为其中的一部分是由"必需"支配的。首先是人与自然，即人的身体与体外世界之间的相互影响。人们假设人有一定的基本需要：对食物、安全场所等维持

1　塞涅卡，《书信集》，107页，Ⅱ。

生命最起码手段的需要，也许还有对某些形式的娱乐或自我表达、相互
交流的需要，等等；这些基本需要受到相对固定的现象的影响，比如气
候、地理构造，以及通过经济、社会、宗教制度等形式体现的自然环境的
产物，其中每一种都是物理、生物、心理、地理等因素共同作用的结果，
而且能在其中发现一定的一致性，其根据是个人和社会生活中的可见
模式——如柏拉图和波利比乌斯论述的那类循环模式，或者非循环模
式，就像犹太人、基督徒，也许还有毕达哥拉斯学派和奥菲斯教派的宗
教经典里的那些模式。这些存在的模式和链条在各种东方的宗教和哲
学里，在近代思想家维柯、黑格尔、孔德、巴克尔、马克思、帕累托以及许
多当代社会心理学家、人类学家、历史哲学家的宇宙论里，都可以发现。
这些模式倾向于认为人类社会的制度习俗不仅来自人类有意识的目的
或欲望；在适当承认这些有意识目的——无论是属于制度习俗的奠基
者、运用者还是参与者——的作用之后，他们强调的是个人及群体方面
不自觉或不完全自觉的原因，尤其强调不同的人未经协调的目的相互
碰撞产生的出人意料的结果，每个人的行为都部分地出于清楚连贯的
动机、部分地出于他自己与别人都不甚了解的动机或原因，导致事态发
展成了可能谁都不想要的样子，然而它却制约着人们的生活、性格和
行动。

　　根据这一观点，如果我们考虑到有多少东西是独立于人类的有意
策划之外的——整个无知觉的自然王国，以它作为对象的科学根本不
关心人类问题；还有像心理学、社会学这样的研究人的科学，它们假定，
不管在社会还是个人的层面上，人都有一些基本的反应和行为规则不
大可能被个人意志彻底改变——如果考虑到所有这些，就可以对宇宙
做一番描述，它的变化过程从原则上说在很大程度上能够预测。我们
自然容易受这一描述的影响，认为历史是朝着一个不可逆的方向，沿着
各个不可避免的阶段发展的；至少理想化来说，历史可以被描述为体现
全部规律的许多实例，这些规律描述和总结了自然存在的一致性，我们

就是根据这些一致性来认识事物和人的行为。14世纪的生活之所以是当时那个样子，是因为它是人的因素和非人的因素之间相互作用所达到的一个"阶段"——当时的社会制度和习俗是一半有意、一半相当无意地因为人的需要而产生或者存留下来的。而且，因为14世纪的个人和社会生活是当时那个样子，所以15、16世纪的生活也只能是它们各自当时的状况，而不可能和别的时候，比如3世纪、9世纪或者13世纪一样，因为14世纪的存在已经使得那很"不可能"了。我们或许不知道社会进化遵循的是什么规律，也不知道在个人生活及其所属的社会"蚁丘"[1]的群体生活之间起作用的确切因素是什么，但是我们能肯定确实存在那样的规律和因素。要证实这种认识，只要问问自己，是否认为历史能够解释一些东西——就是说，发生在14世纪的事对理解15世纪是否有影响，亦即是否承认如果我们把握了历史联系，就会理解是什么使得15世纪成为当时那个样子。理解了这一点也就理解了为什么"15世纪里的一切大概都是13世纪的完全翻版"——似乎14世纪根本就没有存在过——这样一种说法显得可笑。我们一开始讨论的那组概念似乎就是从这儿推出来的。存在一个模式，它是有方向的；未必是"进步"的方向，即我们不一定要相信我们正逐渐接近某个"理想的"目标，且不论我们怎么定义"理想的"；但我们确实正朝着一个确定的、不可逆转的方向前进；留恋以前的某个阶段本身就是不切实际的，因为这好像在要求颠倒因果。我们可以羡慕过去，试图重现过去却是无视因果律。橡树不能变回橡子；一个老人大概也不能回到过去，拥有年轻人的体魄、心灵和头脑，实在地再年轻一次，就好像这么多年都没有活过一样。对过去岁月的浪漫渴望，实质上是一种取消事件"无情的"逻辑性的欲望。一旦可能重现过去的情形，历史的因果关系就会被打破；而由于我

1　这个意象出自陀思妥耶夫斯基《作家日记》，1877年11月，3.3，他谈到"人类蚁丘"（"chelovecheskii muraveinik"）。参见1880年8月，3.3。

们又不可能不用因果律来思考，所以这不仅在心理上令人难以接受，而且是非理性的和可笑的。

　　也许有人会告诉我们，像"不合时宜"这样的说法本身即足以体现这一事实了：将某人或某事形容成不合时宜就是说他或者它并不具备当时的一般特征。如果某个史学家认为黎塞留在20世纪50年代还能取得当年的成就，或者认为莎士比亚即使生活在古罗马或者外蒙古，也能写出他的那些剧作，毋需多论，我们相信这个史学家肯定大有问题。这种是什么就属于什么地方、不能发生的就不会发生的感觉，据说蕴含了不可逆转的进程的观念，在此进程中，每样东西都属于它该属于的阶段，一旦被错误地置于错误的环境，就会"不合适"或者"不合拍"。

　　到现在为止，一直都还不错。我们不过承认了一些现实的标准的存在——我们有一些方法来分辨虚实，区分真正的山峰与状如山峰的 5 云、真正的棕榈清泉与沙漠里的海市蜃楼、一个时代或文化真实的特点与想象的重构，可以在特定时期内实现的实际方案与也许能在别的而不是在所讨论的社会或时代里实现的方案。正是根据某条类似的原则，形形色色的历史理论家提出了各自的主张。对于莎翁为何不可能在古罗马时代创作《哈姆雷特》，黑格尔主义者会说莎翁的思想、情感和语言与希腊-罗马精神不符。马克思主义者大概会归之于"生产力"和"生产关系"：两者在罗马的发展情况"必然"造成某种文化上层建筑，维吉尔可以在其中活动自如，而莎翁就不能。孟德斯鸠会谈到地理、气候、不同社会制度中的"主导精神"；夏多布里昂会说是基督教造成的不同；戈宾诺讲种族；赫尔德讲民族精神；泰纳讲种族、环境和契机；斯宾格勒讲相互排斥的各个文化与文明自身包含的"形态学"；等等。空想、脱离时代、不现实、当"逃避者"、不懂得历史、生活和世界，就是没有把握每个学派提出的一套特殊的规律和公式，这是理解他们对为何事情必须以事实上的方式而不能以其他方式发生所做解释的"钥匙"。所有学派的一个共同点就是相信存在一套秩序和一把理解它的钥匙，一种事先的设计——事件的一种几何学或地理学。那些理解它的人就是明智的，而不理解的人则是在蒙昧中迷失了方向。

然而无论在理论上还是实践中，这里还是有些让人奇怪的东西。在理论上，因为迄今为止还没有哪一次为历史提供这么一把"钥匙"的努力获得了成功。无疑，通过强调以前一直被忽略的因素，过去的情况得到了很多有价值的说明：在孟德斯鸠和维柯之前，风俗习惯、制度设置、语言、语法、神话、法制系统、环境影响和其他平常无奇、连续不断的因果因素等等，所有这些在解释人们为何如此行事——而且实际上作为工具，揭示相对遥远的时空中人们的世界观，他们的所感所言，为什么和怎么样，有多长时间，达到什么效果——方面的重要性，大多没有被认识。马克思教导我们要更加注意个人的经济和社会状况的影响；赫尔德和黑格尔要我们重视表面上多样的文化现象之间的相互关系和制度的生命力；涂尔干使我们更注重非有意形成的社会模式；弗洛伊德让我们重视个人经验中非理性的和无意识的因素的重要性；索列尔和荣格教导我们重视社会行为中非理性的神话和集体情感态度的重要性。我们学到了很多；我们的视角变了；我们从新的角度、基于不同的观点看待人和社会。导致这一切变化的各种发现属于真正的发现，它们改写了历史。

但是"钥匙"我们并没有掌握。我们不能像在天文学甚至地质学中那样，根据给定的初始条件，有信心重建和推算一种文化、一个社会或阶层、一个人或一个群体的过去或将来——除非是在某些极其罕见的、非正常的、存在极大差别的情况下，还要借助众多特殊假设和附带条件，以至于直接观察比那些科学推导的尝试更经济、能提供更多知识。假如我们自问，关于某种文化的某个时代或者某种人类行为模式——比如一场战争、一场革命、一场艺术或科学上的复兴——哪怕是根据对它紧挨着的前情和后果的了解，我们究竟能说出多少东西，我们肯定只能回答：几乎什么也说不出来。没有一位史学家，无论他多么精通社会学、心理学或某些形而上学理论，会尝试用这样一种推理的方式写历史。黑格尔以他反经验主义成见的勇气企图这么做，其结果甚至连他的追随者都觉得有错；斯宾格勒也是这样：他坚持认为，希腊城市的街道都造得笔直并以直角相交，是因为希腊人具有几何学精神；结果他很容易就被证明是在胡扯。历史理论家肯定觉得自己是在给历史学家装上翅膀，使得他们能很快跨越广阔的领域，令靠经验行事、一步一个脚印搜集事实的人望尘莫及；然而，虽然这些翅膀已经提供给我们一百多年了，到现在都还没有人飞起来过；正如庞加莱在类似情形下所说的，那些想这么干的人，没有好下场。[1]企图用机械化和大规模生产的方法替代文物专家及历史研究者缓慢的手工劳动的努力统统都已经破产；我们仍然靠这些人耗费毕生精力从实际的证据碎片中不辞辛劳地拼凑知识，无论证据把他们领向何方，无论他们觉得其模式多么曲折陌生——或者根本就没有模式的意识——他们都服从证据。与此同时，那些翅膀和机械却在博物馆的架子上蒙尘，成了过分野心和无用幻想而不是智力成就的范例。

那些伟大的体系建构者在他们的作品中既表达又影响了人类对世界的态度——看待各种事件的方式。形而上的、宗教的、科学的体系和态度改变了着重点的分布，也改变了对于什么是重要的、有意义的或可钦佩的，什么又是遥远的、野蛮的、无关紧要的等的感觉——深刻地影响了人类的概念和范畴，人们看待或感受和理解世界的眼光、对世界的见解——但并没有如它们宣称的那样完成一门科学的工作，没有揭示新的事实、增加我们的信息量、揭露无可怀疑的事件真相。我们一如既

1　见庞加莱的《科学与方法》（巴黎，1908），Francis Maitland 英译［伦敦，（1914）］，第1篇，第3章，第2节，"数理逻辑的绝对无误"，针对路易·库蒂拉所说的数理逻辑给发现"添上了高跷和翅膀"，作者回应道："什么！你安上翅膀都十年了，还没有飞起来呢！"后来他说："对我们而言，犯错误是不幸，很大的不幸，对你而言，那可就是送命。"（英文版，177,179 页）

往地坚信人、事、物出现于何时何地都是必然的、不可改变的，而另一方面我们对乌托邦和时代错误的感觉仍是那么强烈；但我们对具体历史规律（我们可以用它们构思出一门科学）的信心，并不是那么足，甚至在钻研这类课题的一小部分人中间也是这样——如果他们作为历史学家或实际行动者的行为可以为证的话。因此，前者不可能起源于后者；我们不相信能够"回到过去"，不可能是因为害怕违背某条或某些具体的历史规律。因为，对这些规律的存在持相当怀疑的态度的同时，我们对企图重现昔日荣光的罗曼蒂克式努力的荒谬性却深信不疑。所以，后面这种态度不可能取决于前者。那么，存在必然的"历史进程"、抗拒所谓不可抗拒者是愚蠢行为——我们这些观念的内容又是什么呢？

　　对人类自由行动的局限性——由自然或人类身心官能当中不可变或几乎不可变的规律性造成的阻碍——的切实考虑，影响了（一定程度上也逼迫了）大多数18世纪思想家，和后来19世纪的、一定程度上还有20世纪的受过启蒙的观念，使人们认为建立一门真正的历史经验科学还是可能的，即便永远不能精确到能使我们在具体条件下预言未来或推想过去，至少能通过处理大量数据，依靠丰富的统计信息的比较，指出譬如社会和技术发展的大方向，让我们能够取消一些革命和改革计划，证明它们是脱离时代的，因此也是不合时宜的——不符合社会发展的"客观"方向。假如19世纪有人认真考虑要回归前拉斐尔时代的生活方式，无须讨论那是否值得，只消这么说就够了：文艺复兴、宗教改革、工业革命实实在在已经发生过了，不可能再夷平工厂，把规模巨大的工业变回小作坊，就好像这些历史造成的发现、发明和生活方式的变化从来就不曾发生；知识和文明已经进步了，生产和分配方式已经发展了；不管接下来会发生什么，人的智慧和力量皆不足以使像自然的伟大统一性那样难以控制的进程转向。

　　关于这个进程真实规律的内容，或许观点各异，但大家都同意确实存在这样的规律；无论试图改变它们还是行事时无视其决定性作用，都是荒唐的白日梦,是幼稚地希望以异想天开、无所不能的童话规则代替科学规律。毋庸讳言,首先为这一新的科学立场赢得胜利的伟大人物——17世纪晚期和18世纪反教权的哲学家及科学家们——将事情过于简单化了。他们显然认为人应该是空间里可供分析的物质对象,从原则上讲,人们的生活和思想是能够从控制他们身体行为的机械规律中推导出来的。

这种观念在19世纪被认为太粗浅。德国形而上学家斥之为"机械",马克思主义者斥之为"庸俗唯物主义",达尔文主义者和实证主义者斥之为非进化的、不够"有机"。这类机械规律或许能解释那些贯穿有记录的人类历史而基本未变的东西——化学、物理学、生物学和生理学上的因果关系导致的不变结果,或是功能(或统计)上固定的相互关联等,或是这类科学的任何中心范畴。但历史并不只有短期的重复:它还有发展;需要有一个原理来解释持续的变化,而不仅仅是"静态的"差异。18世纪的思想家们太着迷于牛顿的力学模型不能自拔,但后者只是解释了自然界的现象,并没有解释历史。需要一些东西来发现历史规律,但正如生物规律不同于化学规律(不仅应用的对象不同,两者原则上也属不同种类的规律),历史——在黑格尔是精神的演化,在圣西门或马克思是社会关系的发展,在斯宾格勒或汤因比(他们是19世纪最后的声音)是不同文化,即多少可以彼此独立的各种生活方式的发展——也遵循自身的规律;这些规律考虑了不同国家、阶级、社会集团以及其中的个人的具体行为,但没有将对象化约(或相信它们应该或能够被化约)成空间物质颗粒的行为来考察;而后一种做法被描述成(也许并不恰当)18世纪所有解释的——机械论的——完美理想。

不管是在私人的还是公共的生活中,懂得如何生活和行动,就是掌握这些规律并为我所用。黑格尔主义者相信这是通过一种理性直觉获得的;马克思主义者、实证主义者和达尔文主义者认为要通过科学研究;谢林及其浪漫主义追随者认为是通过赋有灵感的"活力论"和"神话诗学"悟性，通过艺术天赋的启发；等等。所有各派都相信，人类社会是沿着可发现的方向发展的，是由规律控制的；科学与空想之间、生活的各个领域中的效力与无效之间的区别，是能够通过理智和观察发现，并或多或少可以被精确地划分出来的；简而言之，有一只大时钟，它的运动有章可循，不能倒拨。

11　　这些信念被20世纪的证据毫不留情地动摇了。曾被认为与人类达到的历史进化的特定阶段不可分割，是其"有机的"、必不可少的组成部分的那些观念、思想和生活方式，被斯大林、希特勒这样一些暴力的新领袖或者打破，或者扭曲得面目全非。确实，这些人以自己的历史或伪历史理论的名义行事，斯大林主义者以辩证唯物主义，希特勒以种族霸权主义的名义，诸如此类。但毫无疑问，他们都与文明前进的规律背道而驰，做到了以前一直被认为实际上不可能的事——在人类历史不可抗拒的规律上打开了一个缺口。我们都已经清楚地看到，具备足够精力和残忍的人可以汇聚起巨大的物质力量，足以改变他们的世界，其翻天覆地的程度远超出从前所有人的意料——假如有人毫不含糊地抛弃那些被认为是自身所处的特定历史阶段中，与当时的物质格局同样稳固、同等重要的要素的道德、政治和法律观念，再假如他们不仅如此，而且敢于违背有可为有不可为的公认信念，甘冒天下之大不韪，毫不手软地杀害数百万人，那么"规律"允许之外的剧变还是能够造成的。人类及其组织的可塑性，其软弱无力，以及规律的弹性，最后竟远比当初的理论家教我们相信的要大得多。有人说这是倒退——故意回归到野蛮状态，而根据以前的革命性理论，这不仅是不可取的，而且几乎不可能。

这曾是一条遭到种种抗拒、不被人接受的真理。因而，当一个政权在俄国公开地、肆无忌惮地毁灭大批西方文明的成果（在艺术上，一定程度也在科学上，肯定在政治和道德上），其理由是这些属于由历史宣判要予以毁灭的少数人的意识形态时，这场浩劫就必须被描述为不是倒退，而是这个文明在其一直以来的前进方向上一次革命性大跃进式的继续，尽管实际上（不同于法国大革命）发生的事情代表了几乎完全相反的方向。这点不能公开说破，因为革命借其名义进行的各种主义——十足讽刺的是，正是革命中发生的一切揭穿了它们，使它们失信于世人——作为极其根深蒂固的官方革命口号，人们口头上还对它们效忠。希特勒更明白他在干什么，他宣称自己就是要回到某个遥远的过去，设法消除启蒙运动和1789年革命的后果；虽然他的计划被看作疯狂的迷梦、不可能在20世纪实现的新中世纪虐待狂幻想，从而被自由派、保守派和马克思主义者基本一致地嗤之以鼻，但现在谁又能说他完全失败了呢？他仅仅统治了十几年，所造成的治下人民生活外观和结构的变化之大，就已超出西欧（及东欧）最异想天开的历史和政治思想家的意料；如果说他败了，那也是败得如此"侥幸"，无需古怪的想象力就能想到他本来可能会赢，他的胜利带来的后果将使一些学说最后成为一派胡言——根据它们，他的兴起和胜利显然是不可能的。

1944年，美国财政部长亨利·摩根索向魁北克会议递交一项计划，内容是拆毁德国工业，将整个国家变回田园。这个计划很少会有人把它当回事，尽管罗斯福据说（我不知道有多可靠）曾对它有兴趣。然而，连那些被它吓坏了的反对者也承认它是可行的。但是，单是这样的计划有可能付诸实施这一想法，就足以让19世纪晚期——比如1914年前任何一个时候的大多数历史学家、哲学家和才智之士震惊，觉得实在是异想天开。希特勒等人以及他们在世界其他地方较次要的追随者们，以他们的行动而不是格言，已经在同样程度上证实了这条有人为之恐惧、有人为之欣慰的真理，即人类的可塑性比一直以来所想的要大得多；有了足够的意志力、狂热和决心——无疑还有天时地利，就可以在远超出迄今认为可能的程度上改变几乎任何事物。

19世纪的体系建构者教我们倚靠的栏杆已被证明不堪重负。现代文明的技术非但远没有保证我们不向过去倒退或朝不可预知的方向盲目猛冲，反而成了那些随心所欲、根据自己某些任意模式对抗文明生活准则的人手中最有效的武器。问题已变成革命者准备在何处住手——更多的是一个道德问题，而不是心理问题——因为在充分和坚决的攻击面前，习惯、传统和"不可抗拒"的技术进步的抵抗很容易就溃败了。有人试图证明这些攻击本身有章可循，无论来自左派的还是右派的，它们——极权主义的进犯——也是必然的，就像朝向个人自由的进步曾被宣布为必然的那样。但是这些分析缺少那些认为自己已经最终一劳永逸地破解了历史谜团的19世纪预言家和先知们所拥有的那种老式的、无比坚定的信仰；很明显，这些不过是三心二意、灰心丧气地想从那么突然地又一次被不确定的迷雾笼罩的水晶球里瞥见未来的举动，而在之前长达两个世纪的清晰的海市蜃楼里，科学之光曾被认为已穿透历史无知的黑夜。现在，历史和未来又一次地只剩下了虚无缥缈的捕风捉影，只能以估算、赋有灵感的猜测和出自局部现象的短期结论来描述，很容易被太多未知和显然不可知的因素推翻。

从正面说，当然就是更相信个人能动性的作用——认为每一种情况都比原来在比较平静的时代所想的要灵活。这使一些人高兴，因为他们觉得科学的和决定论的图景或者黑格尔的目的论太单调乏味、令人窒息、了无生趣、过于狭隘，不容革命力量之进取，新的暴力冲动也无从一试身手；另一些人却被吓坏了，他们寻求秩序、平静、可靠的价值观、道德及物质上的安全，寻求一个这样的世界：在其中能通过计算掌握犯错误的限度，能发现变化的范围，发生剧变也只是因为自然原因——这些从原则上讲随着知识进步都可以预测。社会领域肯定比以前显得更令人不安、有更多未知的危险；但其必然结果就是将有一种更欢迎天才人物的事业，倘若他们足够大胆、强大无情。

如此情况下，试问，如果我们想做，我们为什么不能重现譬如14世纪时的环境？的确，推翻20世纪的格局代之以如此截然不同的东西很不容易；虽然困难，但就一定不可能吗？如果希特勒、斯大林等能使他们的社会改头换面,在如此短的时间里如此重大地影响了世界;如果德国差点就被"田园化";如果关于用这样或那样的毁灭性武器可以如何轻易结束人类文明、整个文明如何岌岌可危的警告所言不虚——那么,供创造性能力发挥的天地肯定不会比破坏力肆虐的领域小吧? 假如情况不再像过去那样显得一成不变,那么"时代错误""现实的逻辑"等类似说法不就开始失去说服力了? 如果有机会,我们能比原来所想的更自由地放开手脚大干,那么乌托邦与现实的规划之间又有什么分别呢? 假如我们真的相信14世纪的生活要比20世纪的更可取,那么,如果我们有足够的决心,有充足的物质资源,有足够多的人,而且毫不犹豫地消灭阻挡我们的一切,为什么我们就不能"回到过去"? 自然法则挡不住我们,因为过去的六个世纪里它们并没有变。那么到底是什么阻止了我们——阻止了譬如新中世纪狂徒实现他们的愿望呢? 因为他们无疑还有所顾虑,甚至他们当中最极端者也不大相信真的就能重现过去某些黄金岁月:"快活的英格兰"*、老南方或者绿林世界,而法西斯狂徒们偏就相信他们**能够**使世界发生那样剧烈的转变——或者说至少使它偏离原路,做那么急的拐弯。

　　让我们试着想象一下要这样回到过去都需要些什么。假设某人突发奇想,要重建他喜欢的时代和地方的环境——尽他所能,尽量逼真地再造一切,他会采取什么步骤? 首先,他必须让自己尽可能详细地了解想要重建的过去生活。他必须假设自己在具备一定知识的基础上深深地热爱当时的生活方式。至于他的知识是真是假,暂且不论。我们假设他不只是一个感情用事的热心爱好者,而是一个精通历史和社会科学的饱学之士;那么他就会懂得,为了实现某种生活方式,除了穿某些样式的衣服、吃某些花样的食物、根据某些模式重新组织我们的社会生活,或信奉某些宗教之外,还要做很多事情。我们不会成功地达到目

15

---

　　* "快活的英格兰"(Merrie England),对英国的传统爱称。——译注

的，而只会像舞台上的演员那样走过场，除非当时生活的经济、社会、语言的，也许还有地理和生态的基础都合适了，也就是说具备了可以使他的理想社会变得可能，而且自然和正常的那类基础。

他无所畏惧地开始了——我们假定他如果不是无所不能的话，怎么说也是控制了非常强大的物质资源，而且他需要应付的人，都是特别具有可塑性的和驯良的——万事俱备，他着手改变所有必要的自然和人为条件了。如果他足够狂热，并将他的社会与外界完全隔离（不然他的试验就要在世界范围内进行），理论上说无论如何他都会取得一些成功。人的生活是能够根本改变的，人是可以再教育、训练和颠倒过来的——这就是我们生活于其中的暴力充斥的时代教给我们的最重要一课。除了拥有巨大物质资源以及利用它们的非凡技巧之外，他还必须对所要重建的时代和造成当时状况的各种原因和要素有着惊人的知识。我们且假定这些他也都具备，比有史以来任何人都要了解譬如14世纪的伦敦或15世纪的佛罗伦萨。他当然比那时的居民对自己的城市知道得要多，因为后者把太多东西视作当然，太多东西让他们习以为常了，因此无论他们之中最有分析和批判头脑的人如何自觉，还是无法像身处外部的观察者那样留心他们生活于其中的风气潮流以及习惯、思想和情感交织成的网络；而一个"旁观者"能通过与相当不同的现象的比较来突出它的特异之处。然而，无论这项重建工程如何的巧妙、细致周到、全面彻底到了疯狂的地步，其首要目标——原样再造某种过去的文化，显然还是不能达到。而且这完全不是由于最明显的一些原因，比如由于人的知识会有偏差，由于我们是以后世的观点看待过去的黄金时代，与14世纪伦敦人或15世纪佛罗伦萨人如何看待自身及他人不同——因为即使这个世界的创造者本人难以同时从两个角度看事情，他还是能巧妙地、有意识地用被奥尔德斯·赫胥黎和乔治·奥威尔公开嘲笑的方法，至少造出观点经过了必要改造的人——也不是由于实现一个如此古怪的计划有许多明显的实际困难：所有这些困难至少在理论上都可以排除。不过,无论克服这些困难多成功,结果总会显得别扭——那不过是一项高明的伪造,不得不在当代的基础上嫁接的一件人造古董而已。

显然,在设法获得关于世界的知识的时候——不管是外部的还是内部的、物质的还是心灵的——我们必然只能注意和描述它的某些特征,或者说是那些"公开"的特征,它们之所以被注意,是因为我们为了某些特殊兴趣而去研究它们,为了我们的实践需要或理论上的兴趣:我们注意世界的只是它作为人与人之间相互交流的根据的那些方面;这些特征可能遭误解或被描述得不正确,但了解它们多少还是要紧的,就是说会影响我们的活动,不管是为实用还是为消遣的活动;它们是行动、思想、情感和研究有心或无心的对象。发现陌生的事实和关系使我们觉得增长了知识,尤其是当它们最后与我们的首要目的、生存及各种生存手段、我们的幸福或者各种各样彼此冲突的需求的满足相关时更是如此——人类的所作所为以及他们之所以成为现在的样子,都是为了这些欲求。

这样的研究忽略的是那些太明显、不值一提的东西。如果我们是人类学家,描述人类习俗时,我们认为值得注意和记述的是别的族群与我们不同的地方,或者出乎意料地与我们相像的地方,因为和他们的许多差别也许会让我们想不到彼此之间的相同之处。我们不记录显而易见的东西:例如,波利尼西亚土著的趋暖避寒、不喜饥饿或身体痛苦;记录这些未免太令人厌烦。我们很自然地也情有可原地将此视作当然:只要这些土著是人,肯定就会是这样,对我们,以及所有我们听说过的人也都一样——这是常态的一部分。我们也不会记述这些波利尼西亚人的头颅是立体的,前后皆有空间——这也几乎是题中应有之义,必须视作当然。

当我们细想有多少这样的事实——习俗、信仰——是我们在想或说任何一件事时以为当然的,有多少伦理的、政治的、社会的、个人的观

18

念参与了一个人的观点的形成，不管在什么条件下，无论这个人如何头脑简单、没有思想，这时我们就开始意识到我们的科学所能领会的是总体当中多么微不足道的一部分！——不仅以高度抽象的归纳为方法进行研究的自然科学，而且包括人文的、"印象式"的研究，史学、传记、社会学、内省心理学，还有小说家、回忆录作者以及从各个角度研究人类事务的学者们的方法，等等。这不是什么令人吃惊或遗憾的事：如果我们知道了原则上可知的一切，我们很快会头脑错乱。最基本的观察和思考行为需要一些固定的习惯，一整套由想当然的事物、人物、观念、信仰、态度以及未受批判的臆断、未经分析的看法组成的参照系。我们的语言，或者我们用以思考的任何符号系统，本身便充斥着这些基本的看法。甚至原则上我们都不可能列举我们所知道和相信的一切，因为我们用来这么做的词或符号本身包含和表达了据推测已被"囊括"其中、难以用它们来描述的某些看法。我们可以利用一套符号揭示支撑另一套符号的种种假定，仅仅这点就已经是一项极其费力、困难和关键的任务，只有很少数非常敏锐、非常深刻、非常严谨、洞察一切、大胆同时又头脑清晰的天才思想家多少算是做成过。但我们不可能分析我们的整个符号系统，又为此完全不使用任何符号。我们自身以外并无阿基米德支点可供我们立足以获得批判的视角，让我们仅通过外部审视便可以观察和分析我们所思所信的一切，我们所习以为常，因而可以说是视作当然的一切——假设这么一个支点的荒谬性是不言而喻的。

　　作为专业哲学家或小说家的思想者及其他类型天才人物的深刻，正在于洞悉某种普遍看法所包含的这些最重要的假定之一，将其分离并加以探究——想知道如果不是这样假定，结果会怎样。正是在这些如此深藏、早已成为我们所感所想之根据的核心神经中的某一个被触及时，我们有了那种恍然大悟的、被电击中的感觉。仅在这独一无二的、顿悟的、动人心魄的体验到来的一刻，我们才明白这种奇特罕见的天才就在眼前，具备此种天才的人使我们意识到最普遍而又最少受注

19

意的范畴，它们和我们关系最密切，但正因为这个原因，无论我们怎么调动情感、好奇并勤勉地记录我们所知道的一切，还是难以描述它们。

大家都会明白我所指的品质。牛顿研究了哲学家和科学家们长期关注的问题，并为一些著名的难题做出了解答，答案既简单明了又内涵丰富，标志着牛顿特有的天才。但如果说他的研究结果有什么令人不安的地方的话，那也只是就专家，即其他物理学家或宇宙学家而言。他无疑改变了很多人的看法，但他的话并未直接触及他们内心隐秘的、最精髓的思想感情。但帕斯卡尔对那些范畴提出了疑问，触及了那些人们只有模糊意识或完全无意识的思想习惯、信仰和态度，这些是他们的内心生活、他们私人世界的基本要素得以向当时的人们呈现的根据。他在数学上做出了重大发现，但他思想所独具的深邃并不体现在这个方面：在他的《思想录》里并没有什么正式的发现，没有解答，甚至没有对问题的清楚陈述并指出如何研究它们。洛克虽然这几点全做到了，而且也是个影响空前的思想家，他却从未被认为是一位特别深刻的思想家，尽管他有创意，有普遍性，与帕斯卡尔留下的支离破碎的理论相比，对哲学和政治学贡献巨大。

康德也是这样。他揭示了一类非常普遍、非常基本的范畴——空间、时间、数、客观存在、自由、道德人格。因此，尽管他是一个有体系的而且常常是迂腐的哲学家、一个难懂的作者、一个含混不清的逻辑学家、一个因循守旧的专业形而上学家和道德家，他在生前就得到了实至名归的承认，被认为不仅仅是多个领域里的天才人物，而且是人类历史上少数真正深刻从而也是革命性的思想家之一：不仅仅论人之所论，见人之所见，答一般人之所问，而且看穿了语言本身所包含的一层预设与假说，目光直达思想的习惯、我们赖以思想与行动的基本框架，并触动了这些。当有人让我们了解了我们用以思想和感觉的最基本的工具的特征时，这样的体验是无与伦比的——不是我们要解决的问题的特征，或者解决问题的方法的特征，而是内心的思想根据，最根深蒂固的范

20

畴；并非思想的内容，而是思想的形式的特征；是我们体验事物的方式的特征，而不是经验本身的特征，无论对后者的分析可能如何地出色、如何地富有教益。

21　　似乎很清楚，我们最容易观察和描述的是外部世界的事物——树木、岩石、房屋、桌子、别人等等。沉思之士或能灵敏准确地描述他们的所感所想；头脑更敏锐、更擅长分析者则颇能分辨和描述我们思想的主要范畴——数学与历史思维的不同，或某人与某物概念的不同，或主体与客体的不同，或行动与感觉的不同，等等。具有相对清晰规则的正规学科，如物理、数学、语法、国际外交语言等，涉及的概念和范畴相对容易研究，而不那么中规中矩的活动，如音乐家的活动、小说或诗歌的写作、绘画、作曲、人类日常交往和对世界的"常识性"描述，所涉及的概念和范畴，由于显而易见的原因，要难办得多。我们能够在预设某些相对不变项的基础上建立自然科学：石头、草、植物或蝴蝶的行为，我们假定自远古至今的变化还不至于大到使化学、地质学、物理学、植物学、动物学今天所做的各种假说失效。除非相信不同的人在相当长的时期内在某些基本的、可加以抽象的方面足够类似，我们将没有理由信任那些有意无意地不但进入社会学、心理学、人类学等明确宣布为科学的学科，而且也进入历史、传记、小说艺术、政治理论和各种形式的社会观察的概括。

　　这其中的一些概括太接近我们，太不证自明，除了那些大胆的、有独创性的独立不依的天才人物，谁也无法揭示它们。帕斯卡尔和陀思妥耶夫斯基、普鲁斯特和圣奥古斯丁都在这些究根问底、观察和记述此

22 类基本的结构性态度和范畴的活动中取得了成功。其中的一些被人类运用的时间相当长，几乎被认为放之四海而皆准；另一些则因时代、文化而异，无疑也多少因个人、群体和时空而异。如果忽略细微差别而且处理的总是一些大数目，我们能推演出实际上只适用于理想化实体的法则，它们与实物真人之间的关系永远是一件令人怀疑的事情，或者在

处理问题的专家这方面，则是一个本能的技巧的问题，就好像解剖学的一般规律在单个病例上的应用，或更甚于此。比如，关于基本的"人性"（这它无法根本改变，也是大部分人之所以为人的品质）这一观念，就是一种模糊的努力，试图传达我们对似乎心知肚明但无法精确和科学地加以公式化和操纵的、不变的和未经分析的种种人类特性的看法。这类一般词汇——人性、和平、战争、稳定、自由、权力、兴亡，是用以概括和集中我的观察所得的方便说法；但无论科学研究的范围如何深广，我们最出色的历史学家的描述如何细致、周到、确实、一贯，标尺的两端肯定还是会有大量事物被忽略——一端是最深入人心、最普遍的范畴，在我们一切经验中都涉入太深，不易分离出来观察；另一端是那些不停转移、变化的看法、感受、反应、直觉、信念，形成了每个人及其每一行动和想法的独特之处，形成了不同性格、不同习俗制度、不同基调，以及各种艺术风格，乃至整个文化、时代、民族、文明的各自风味和独特的生活模式。

　　是差异而不是相似之处才构成了一次认知行为、一段历史描述、一个人格的完整性。无论是对一件物体、一个人还是一个文化而言都是如此，这已经是老生常谈了。尽管他们有种种过分夸张和含混不清，维柯和赫尔德一劳永逸地让我们认识到，成为一个荷马时代的希腊人或18世纪的德国人即意味着属于一个独特的社会，而要"属于"的是什么，则不能以这些人与其他社会或宇宙中其他实体的共同之处来分析，而只能以他们每个人与其他古希腊人或德国人的共同之处来分析——有一种希腊或德国的谈话、进食、缔约、经商、跳舞、做手势、系鞋带、造船、解释过去、崇拜上帝的方式，渗透着某种共同的性质，而根据"体现普遍规律的实例"或者"可见的原因所导致的结果"、"反复出现的一致性"、"允许对共同要素进行抽象（有时是进行试验）的重复"等并不能分析它们。根据某种特有的模式，所有具备德国特点的行为被联系了起来，我们也能将一幅画甚至一行诗或一段俏皮话归于这个而不是

23

那个时代，这个而不是那个作者——但并不存在关于这类模式的科学。我们像认识朋友脸上的表情一样认识那些现象。被看成源自或者构成某种独特特征、风格或历史情境的不同活动之间的相互联系，更像是一个艺术整体、一曲交响乐或一幅肖像中的统一性；我们斥为虚假或不合适的东西，更像是一幅画或一首诗里那些被斥为虚假和不合适的东西，而不是在某个推理体系、科学理论或某门自然科学彼此联系的假说中被认为虚假或不合适的东西。

我们是如何进行这类识别和定性行为的，简直不可能说清楚。太多因素参与其中；它们稍纵即逝，彼此之间的联系常常太过微妙，难以发觉；认为能把它们变成某项技术的处理对象并系统地传授给别人，这种想法极其荒谬，但它们确实是我们最熟悉的经验的一部分。它们参与我们绝大多数的常识判断、意见以及对他人行为的预测，是我们生活的依靠，是我们最内在的方法，是我们思想和感觉的习惯；它们的变化我们几乎觉察不出，它们在别人身上的变化我们可能意识不到，但也许会以一种不完全有意识的方式做出反应。对这类预设的研究，即研究是什么导致了某个时代或个人的独特风貌，明显远比自然科学家那更抽象和更严格的活动需要更多的同情心、兴趣、想象以及生活经验。

因此，每个人和每个时代都可以说至少有两个层次：一个是在上面的、公开的、得到说明的、容易被注意的、能够清楚描述的表层，可以从中卓有成效地抽象出共同点并浓缩为规律；在此之下的一条道路，则是通向越来越不明显却更为本质和普遍深入的种种特性，它们与情感和行动水乳交融、难以区分。以巨大的耐心、勤奋和刻苦，我们能潜入表层以下——这点小说家比受过训练的"社会科学家"做得好——但那里的构成是黏稠的物质：我们没有碰到石墙，没有不可逾越的障碍，但每一步都更加艰难，每一次前进的努力都夺去我们继续下去的愿望或能力。托尔斯泰、莎士比亚、陀思妥耶夫斯基、卡夫卡和尼采已经比约翰·巴肯、H. G. 威尔斯或伯特兰·罗素探索得更深；但在难以清晰表述的习惯、未经分析的假说和思维方式、半本能的反应、被极深地内化所以根本就没有被意识到的生活模式等这一层次上，我们所知仍然太少，而且因为没有足够的时间、缺少足够的敏锐和洞察力，我们的知识仍将微不足道；所以，在我们至多只能满足于精致的肖像艺术的地方宣称能建立普遍规律，在每一个独特实体都需要一生的细致、投入的观察和同情与洞见的地方，宣称可能发现科学的万能钥匙，这是人类有史以来所做的最可笑的宣称之一。

25

二

一切自然科学的理想都是由这样的命题组成的一个体系，它们极其全面、清晰、综合，以明确、直接的逻辑关系彼此联系，其结果尽可能地接近一个演绎体系，人能够沿着可完全信赖的逻辑线路从体系中的任意一点走到另外任意一点——可完全信赖，因为它们是按游戏里那种得到保证的规则通过演绎建立的，因为采用了这些规则，因为决定保持不破坏它们。这样一个体系的有用性（与它的力或美相对）当然不取决于它逻辑的范围和一致性，而取决于它对于现实的可应用性。后者又不仅取决于我们建立体系的技巧，还取决于世界上人和事的实际活动或状态，它们是体系应用的对象，或者体系本身从它们中抽象或理想化而出。因此情况总是，一个体系越全面、逻辑上越令人满意，它在描述宇宙中具体实体的行为过程时就越无用——实体数量越大，体系描述和预测的能力就越精确；实例数量越小，误差和偏离标准的幅度就越大。

历史学家们的任务是告诉我们世界上真的发生过什么，他们因此最终避开了死板的理论模式，因为有时为了适应这些框框，不得不对事实进行削足适履的加工。他们的这一直觉是正确的。科学的固有目标是记录客体活动相似点的数目，并建立最具概括性的命题，由之可逻辑

26 地演绎出最大数目的此类相似点。史学中我们的目的刚好相反。当我们要描述某一场革命——实际发生了什么时，我们最不想做的就是仅关注它与我们能发现的尽量多的其他革命之间的共性，且把各种差异视为与我们研究无关而加以忽略；所以历史学家想揭示的是具体性格、具体的系列事件或历史形势中详细而精确的、独一无二的东西，这样读者读了他的描述，才能在其所谓的"具体性"中把握当时的情境，亦即特定的时间地点，特定前因的后果，它且仅有它发生于其中的具体事件的框架——各方面都不同于以前发生的，也不同于以后将发生的一切。历史学家的任务是作一幅传达某种独特经验的肖像，而不是一张能够作为一类相似结构的概括性符号的 X 光照片。

这一真理被那些浪漫主义运动的思想家所理解——和夸大，他们抱怨以前的历史学家太抽象或太乏味、太机械，只有王朝和战争的年表及无关题旨、彼此没有联系的编年故事，没能用活生生的事实的血肉包裹起这些枯骨，以生动的方式描画人类性格或社会以给予读者一种实在感，一种他能够想象自己有可能遇见或与之有活生生关系的社会或人物的感觉；历史小说家、画家及其他除了知识之外还有足够想象力的人在这点上做得更成功。

这一史学禀赋不仅在于利用专家们——古文字学家、碑铭研究家、考古学家、人类学家等——发展出来的已被认可的技术和处理证据的方法来确证事实，它们很可能需要和自然科学不无相像的逻辑过程，带着同样的普遍化和抽象化的趋势，同样使用理想化的模型；而且在

27 于标尺另一端的一种才能，一种眼光，能发现独一无二、没有重复的东西，看到一连串境况间的特定关系，各种特质的独特组合，它们赋予一个人、一种情境、一种文化、一个时代以独有的特征，借此才可能比较可信地将这个或那个政治决定、这幅或那幅画、这种或那种道德观或书写方式，归于某种特定的文明或某种文明的某个阶段，甚至归于其中的个人。

这是怎么做到的？要说清楚一点都不容易。它要求一丝不苟的观察和对事实的精确知识，但又不止于此：这是一种理解，而不是通常意义上的关于事实的知识。当我们说，我们很了解某人的性格，某事不可能是他干的；或者反之，我们认为某事完全具有他的特征，正是他而且只有他才能做出来的事（那种洞见，既取决于我们对他的生活方式、头脑或心灵的了解，同时又增加了我们对其的理解）——在这样说时，我们宣称拥有的是一类什么知识呢？假如我们被迫去说明我们从中推导或可能推导出这种知识的一般心理学规律，而且更要说明这些一般法则建立的基础，我们马上就会失败。理论上我们是否能够通过这些科学方法达到对朋友（或敌人）的独特个性的深刻理解，这我还不知道——好像迄今为止还从没有人通过任何这类方法获得过这样的知识。

最博学和精确的心理学家，纯粹在积累起来的科学数据以及由它们支持的假说的基础上工作，能够描述和预测具体情形下的人每天每时的行为——这和作为朋友、伙伴、亲戚而非常了解某人的意义是非常不同的；前者要笼统得多，应用于具体情况时远没有那么准确。一份医学图表不能和譬如一位天才小说家或具有足够洞察力（理解力）的人所能作的一幅肖像等量齐观；这完全不是因为它需要的技巧较少或对于自身的目的价值较小，而是因为如果它仅限于公开的、可记录的事实以及由它们确证的一般法则，它必得略去极大量细小的、不停变化的、转瞬即逝的色彩、气味、声响及它们的心理等价物，那些半受注意的、半为推测的、半受凝视的、半被无意识地吸收的行为、思想和情感的细枝末节，它们数量太大、太复杂，同时又太细小，实在难分彼此，因此无法认定、命名、排序、记录、以科学语言表述。不仅如此，它们中间还有诸多"模式特征"（我们又能称之为什么呢？）——思想与情感的习惯，看待和谈论经验以及对经验做出反应的各种方式，它们靠我们太近，以至于无法区别分类——我们并不准确地知道是什么样的，却将它们吸收进 28

我们对所发生的事情的感受和描述中，我们越是敏锐而强烈地感知到它们，就可以说有了越多的理解和洞察。

这就是理解人的要旨所在。试图分析和清楚地描述我们在做这种意义上的理解时的来龙去脉，是不可能的，不是因为这个过程在某种意义上"超越"或"超出"正常经验，是某种日常经验的语言所不能形容的神秘先见行为；恰恰相反，这是因为它们是我们平常经验太密不可分的部分，可以说自动整合了大量的素材，这些素材太难以捉摸，太繁杂，无法通过某种科学流程——分拣，在某种意义上它太明显，我们太习以为常，以至于根本无法逐一点清。我们的语言本来就不是用来描述它们的；语言是用来交流主要属于外部世界的、相对稳定的特征的，我们只有以这些外部特征为共同基础才能彼此交往，它们为我们的日常世界划出了边界，我们的生活主要在于控制和利用这些特征。

语言也不是用来描述那些过于固定不变、与我们关系太深以至于不被注意的特征，因为它们总在那里，所以引不起具体的问题，因为它们伴随着我们的一切感知（这些是哲学家们以非凡的自觉努力揭示出来的范畴）；语言更不是用来描述标尺另一端那些太不稳定、太短暂的特征，它们赋予事物独一无二的特色，它们构成了具体情境、具体历史时刻的特质，赋予其无法代替的个性，它们形成了差异的消长，使每个瞬间、每个人、每一次重要行动——每一种文化或人类事业的模式——成为自身特有的样子，独一无二，不同于任何别的东西。既然有这些转瞬即逝的性质，就必先有那些稳定的特征，既不是无处不在而被忽略，又不是太倏忽而无法记录，它们是各个正式学科——人类的各门科学与超科学——研究的对象。然而，使得人们愚蠢或明智、明白或盲目的（与有知识、博学或见多识广相对），是能否察觉处于具体差异中的每一情形本身的这些独有特色，亦即它区别于所有其他情况的那些东西，也就是使它无法付诸科学研究的那些方面，因为这是其中任何概括（正因为是概括）都无法包括的要素。

如上所述，还是有可能对这些独特差异说出一些名堂来的——历史学家和传记家事实上就是为此而努力。正是这方面的能力使一些人成为比别人更深刻的人性研究者；比起别的更博学、掌握更多事实和假说的人，他们能为人们提供更好的解决其难题的建议。但最后并不是每样事情都能记下、说出或写下来：因为实在太多了；消逝得太快了；它们浸染了表达模式本身，我们并没有自身以外的视点可以客观公正地观察和认定一切。我正试图描述的，简而言之，就是对根本无法测量、称量或充分描述的东西的那种灵敏的自我调适——那种被称为富于想象的洞察的能力，它的顶峰便是天才——它在历史学家、小说家、剧作家及赋有生活理解力（在它的一般水平上被称为常识）的普通人身上都有展现。这是使我们崇拜和信任一些历史学家甚于另一些历史学家的一个基本因素。当一位历史学家对过去的描述使我们觉得他带来的不仅是确凿的事实，而且是以相当丰富和一致的细节对某种生活方式、某个社会的揭示，与我们自己所理解的人类生活、社会或人们的彼此交往足够相像，这时我们才能接下来靠自己，也为自己去理解——推断——历史上这个人为什么这么做、那个民族为什么那么做，而不需要别人为此做详细的解释，因为我们的那些官能已经被调动起来了——与我们在理解（与一些演绎或推理结论相对）自己的社会时作用类似的官能。此时我们才承认读到的是历史，而不是一些机械的方程式，或一堆松散的历史枯骨的干涩空响。

这就是所谓的复活一段过去的岁月。这条道路布满了变化莫测的陷阱，每个时代、每一群人乃至每一个人都有自己的视角，而且这些视角并非固定的，而是在变化，这只有从我们自有的证据来理解，这里没有任何科学意义上的、现成的最后证明可供利用。检验真理还是谬误、诚实还是欺骗、纯粹的想象重构还是辛苦得来的可靠洞见，是用平常生活中的那种方法，在生活中我们不用科学标准而也会区分智愚、天才和骗子。

不仅如此，每一种过去的视角本身，从各个前后相继的观察者的视

30

31

角来看都是不一样的。文艺复兴时看待事物的观点或生活方式（为那个时代内部各种观点和特性等所共有）是一种视角，亦即独特的见解模式；也有譬如18世纪的观点，就像18世纪法国启蒙运动所看到的文艺复兴的景象；而这在维多利亚时期的思想家、20世纪共产主义者或新托马斯主义者眼里又是另一番情形。存在着种种视角和视角的视角，就像看阿尔卑斯山远近高低各有不同，如果要问哪种看法是真、哪种看法是假，就很无聊了。但在一定意义上，与阐释、理论、假说、视角相对的，由证据证明了的"事实"，必须在所有这些变化着的观点看来是不变的，否则我们根本无历史真相可言。一边是事实，另一边是看法和阐释，中间的界限可能模糊，但界限确实存在。吉本不会因为不是他所认为的事实就摒弃兰克、克雷顿*或皮朗**发现的事实（修昔底德也不会这么做）；他可能摒弃它们，如果他那么做了，也只是因为可能认为它们不真实、无关紧要或者不是他想找的。西方文化中关于什么是事实、什么是理论或阐释已有足够一致的意见（尽管各色相对主义者和主观主义者不断要否认这点），使对它们之间界限的怀疑成为一个假问题。然而事实的简单复述并非历史，即使加上了能科学地加以检验的假说，

---

* 克雷顿（1843—1901），英国历史学家、牧师。1884年起在剑桥任教会史教授，直至被任命为彼得伯勒主教（1891），1896年被任命为伦敦主教。他是《英国历史评论》（*The English Historical Review*）的创办人，写有枢机主教沃尔西（Cardinal Wolsey）、女王伊丽莎白一世和西蒙·德·蒙特福特（Simon de Montfort）等人的传记。其名著有《宗教改革时期的教皇史》。——译注

** 皮朗（1862—1935），比利时历史学家，曾多年在比利时根特大学担任历史学教授，第一次世界大战期间是比利时消极抵抗运动领导人，曾被德国人扣为人质（1916—1918）。在其所著的《比利时史》中，他说明了传统的和经济的力量如何将比利时的两大民族弗莱芒人和瓦龙人团结了起来。在《穆罕默德与查理曼大帝》一书中，他将过去罗马-基督教文明的崩溃归因于伊斯兰教的传播，这一论点在历史学家当中引起很大争议。皮朗强调了资本主义中产阶级的历史作用，在《中世纪城市》一书中，将中世纪城市出现的原因归于贸易的复兴，由此根本地改变了普遍的看法。他还著有《比利时民主制：它的早期历史》《中世纪欧洲经济与社会史》。——译注

它们也还不是历史。只有把它们置于具体的、有时模糊的,但一直不断的、丰富的、丰满的"实际生活"——主体间可直接认知的经验连续体——的基本结构中才行。

　　然而那类洞识是如此难以获得,前后相继、各不相同的视角又显得如此主观,治学严肃认真的历史学家们不禁自然地想避免它们,或至少将它们减至最低程度。所以那些一丝不苟的研究者们振振有词,宣称确定贤君达戈贝特一世*或拜占庭皇帝伊苏里亚的利奥**死于某一年的某一天,不管看来有多么琐碎乏味,都是在确证一件可靠的事实,一样后来的研究者不用再加以发现的东西,知识庙宇里一块坚实的砖;而试图分析"中世纪心灵"或者生动描述法兰克或拜占庭社会,使读者有可能在想象中"身临其境",这样的努力最终只是臆测和传闻,也许只是一个用于理不通的现代术语造出来的有板有眼的幻想故事,可能很快就被别的什么"阐释"淘汰,后者也是那么随心所欲,全凭着新阐释者们的兴趣和性情;这并不是历史,也不是科学,只是一些反复无常的自我表现,虽然惬意,甚至迷人,但毕竟不是学术,只是技巧而已。

　　我们的思想史是一连串交替的膨胀期和紧缩期;当想象力牺牲了认真的观察和细节而过度泛滥时,就会有向着严谨的品质和朴素的事实的健康回归;当对这些事实的描述变得过于苍白、单调和迂腐,公众开始疑惑为什么如此乏味的、与任何可能的人类兴趣联系这么少的一项活动竟然还值得从事时,就会出来某个麦考利***、蒙森、米什莱或皮

32

---

　　* 达戈贝特一世(605—639),法兰克王国国王(629—639年在位),在位期间完成统一大业,迁都巴黎,修改法律,鼓励学术,赞助宗教与文艺。——译注

　　** 伊苏里亚的利奥,或称叙利亚人利奥(约680—741),即拜占庭皇帝利奥三世(717—741年在位),很可能出生在北叙利亚(而不是曾经以为的伊苏里亚),曾担任外交和军事职务,后废黜狄奥多西三世并继位。——译注

　　*** 麦考利(1800—1859),英国政治家、历史学家、辉格党议员,曾任职于印度总督府最高委员会(1834—1838)、军需总监(1846—1847),著有《英国史》《古罗马之歌》等。——译注

朗，以某种宏大的综合重述事实，使厌倦的读者恢复对史学的信心，因 33 为它记录的是活生生的人的活动，而不仅是他们生活中冷僻的一角，后者如此孤立，被如此任意地从生活的其余部分抽离，已经不再能解答人们对过去可能提出的任何合理问题了。尽量少说（稳扎稳打，尽量不在真相上冒险）和尽量多说（我们能说多少就说多少，尽量不省略）之间总有摇摆，我们永远在两方面之间游移：一方面怕说得多于我们确知的，所以尽量少说，尽最大的能力做到几乎什么也不说（不管多有兴趣说）；另一方面正好相反，是努力地以真实的语言描述过去，赋予它活的外观和可辨的人的气息，甚至冒着一种必然的风险，就是说得多于我们能够通过可靠的"科学"方法知道的，而且为此调动了那些评估和分析事实的方法，它们虽然内在于我们作为彼此相关的人的一般日常经验中，即内在于人类全部的智力、想象、道德、艺术和宗教生活中，但未必能通过一次纯粹以确证事实为目的的周密审察。在特定的时期，随着他们反对早先某种极端的趋势——要么是过度表现或幻想泛滥，要么是过于严厉刻板地憎恶想象——历史学家们会相应地偏向天平的一头或另一头。

三

历史是人与人及人与环境之间关系的记录；因此，历史的真实也将是政治思想和行动的真实。对伽利略和牛顿以来的科学所取得的成功的自然景仰催生了那些新型的政治理论，它们假定人类遵循可以发现 34 的自然规律，人的痛苦应归于他们的无知或邪恶，并可以像他们身体的疾病那样，用适当种类的社会医药治愈，即根据制订的计划，通过对人类生活进行特殊的重新组织，使人们变得幸福和高尚。甚至，如果人们关于自身的知识也能够用阐述自然物知识的那种系统化方式阐明，人类或许能指望在改变自己的生活方面取得类似程度的成功。技术的胜利被理所当然地归因于对自然规律的充分了解，使得人们能够预测他们自己的行动和试验的结果。他们知道人不是万能的，但能够在合理的误差范围内预见到，在人力所能及的限度内他们可以做到什么。然而，每次将上述这一方法运用于人类生活的时候（最突出地是在1789年、1792年、1793年、1848年和1917年），结果却都很少符合那些进行残酷的社会试验的人类工程师的愿望。法国大革命并没有确立它的缔造者所希望和预期要创立的东西——他们脑子里可是装满了当时关于人的科学的；自由、平等、博爱没有分别得到实现，更谈不上一起实现。是什么出了错？关于事实的知识不够？百科全书派提供了错误的假设？其中的数学计算出了错？

那些相信人类的生活能够由科学家来控制和规划的人认为他们发现了错误所在：没有充分注意经济上的实际情况。巴贝夫就曾这么想，这引起了1848年6月巴黎短命的起义；但比起之前的那一次，这次是更大的失败。这次谁对失败负责呢？马克思主义者已经有了答案：支配人类发展的原理是经济原因决定的阶级之间的冲突；这点一直被头脑浅薄、不谙世事的政治家们忘记或者忽视了。用这一决定性的洞见武装起来的实验者们是不可能失败的；他们带着无比的自信，认为所有相关的知识都在他们支配之下——他们清楚自己在干什么，他们能够通过计算预测结果。以同样的无比自信，1917年布尔什维克革命发动了，然而不久以后，革命并没有产生缔造者期待的结果，而是在一个比以前任何革命都要惊人的规模上失败了。

这些革命并非没有作用：1789年和1917年的革命分别摧毁了一个旧世界，逐个"清洗"了全部的阶级，十分剧烈而永久地改变了这个世界；但是革命计划中积极的要素——改造了的人、全新的道德世界——显然没有实现。每次革命都有人诅咒或是称颂，但最终结果与其受害者最恶毒的预言及其领导者最光明的希望，似乎都相去甚远。有些东西是算错了，有些东西证明是所用的社会算术难以处理的。每一次，革命的发动者都发现被自己释放出来的力量卷向某个他们不曾想到的方向。一些革命者被这些力量毁灭，另一些试图控制它们，却反而完全被它们所控制，无论他们怎么努力去驾驭那些狂风骤雨。这些重大事件的旁观者们有的已经胸有成竹，提出各种专门假说来为每次失败、每次挫折进行解释或开脱。有的则陷入某种宿命论，放弃了一切努力，不再试图去理解无法理解的东西。还有的人想通过大结论、大模式摆脱困境，其结论涵盖范围如此之广，其模式跨越数百上千年，结果那些表面上的小泡泡——战争和革命——根据一个整体上看的宇宙大趋势，统统都被"抵消"了。参与其中的想象力是无比巨大的，但它在解释具体事件（我们时代的各次大革命）时的价值相比而言却很小。

36　　所有改进人类的计划，从最革命、最激进到最温和的改革，都认为自己或多或少地理解了社会生活的发生方式，都对什么行动将产生什么结果做了假设。这类社会观和关于改造社会的最有效方法的假说，表现为得到明确阐述的理论的形式，所以相应地也只考虑或主要只考虑社会生活中最容易被人注意的那些事实，也就是说，不过是那些——由于我们已经在前面说明的原因——既非最明显又非最不明显，而是我们不得不注意的事实（例如，那些新近变化最大的，或者对我、我的阶级、我的教会或我的职业希望促进之事有最明显的阻碍或帮助作用的事实）。而且所说的这些事实属于最容易抽象和概括的一类，所以最适合各种有关社会、历史以及政治发展和变化的理论。一切理论都需要高度的抽象，因此以这类理论作为行动基础的人倾向于主要注意一种情况中适于抽象的方面。这就是我们所说的上层——外部的、能够公开考察的社会现实。在它们下面，在越来越复杂的各个层次上，是一张错综复杂的关系网，涉及各种形式的人类交往，越往下就越难以清楚地分类；理论家越是想弄清它们的结构，它们在他的视野中就越模糊；他越是试图分析（多少是被任意定义的）具体社会单位的全部个性——真实的、独有的、不同于所有其他社会单位的特点，这张网的结构就越复杂,组成它的微粒就越细小、众多和难以捉摸。但"上层"与"下层"的区分显然是人为的:每个理论家都为了他有限的目的,以他自己的方式进行抽象,而抽象可能用的方式确切地说是无穷多的,联系社会经验要素的线索,各种层次、相互关系、相互作用是数不胜数的——无论有多少理论之网,都绝不可能把它们打尽。

例如,作为某次革命之根据的政治理论只关注在上的、公开的层次 37 的某些方面;由于革命者的运气、能量、技巧和决心,这一层次被根本地改变了;某些制度被适当地摧毁了,由另一些来代替;人们的生活变了,新的思想和政策被灌输和实施了。但这一剧变必然地——如果我们可以继续使用这一比喻的话——撼动了生活较下面的层次。社会结构垂直地来看是连续的,上面的变化会导致强烈的震动传遍整个社会肌体。如果顶层的革命非常剧烈,它的影响会直达最底层——社会生活最不起眼的角落。革命理论家们大概自认为能预估到他们的新模式对社会结构中他们观察得多少算是比较清楚的那些部分会造成什么影响——他们的理论对此有所阐述——但他们没有能够预料到其行动对各个较隐秘的层次的影响,以及这些反过来又会以什么方式影响他们所熟悉的层次。他们的行动的影响范围必然比他们所能知道的要大得多。那些因为不够清楚而难以考虑在内的不易察觉的过程,自然地会引起难以预料的后果;结果这成了所有大革命——发动起来以根据某种方案创造一个新天地的扭转乾坤的运动——通常的历史:它们虽然有时的确永远地推翻了现存的形式,但往往是导致了完全陌生、出乎意料的形势,与革命者及其反对者所预料的都相去甚远。方案越抽象,越不适应曲折缠绕的真实人际关系,其总体效果离理论家们呆板的信念就越远。

大部分人还觉得自己比较实际,他们对理论家们竭力主张的社会计划的解决方法不以为然——普遍不信任知识分子和教条主义者——因为他们觉得这类方案将人类生活复杂的结构过于简单化了。它们没 38

有遵循生活的结构轮廓，而是企图改变生活的结构，削足适履，使它符合计划本身的简单和对称性。这种做法没有充分注意无定形的人类生活的生动现实；而这些计划越是不能产生预计结果，理论家们就越是恼火，越是想把现实强塞进某个预想的模型中去——他们遇到的抵抗越多，企图制服抵抗的努力就越暴烈，反抗、混乱和难以形容的苦难就越多，偏离原来的目标就越来越远，直到试验的结果变成了谁也不曾想要、谁都没有计划或预计到的东西，最后往往成了制订计划的人与计划的牺牲品之间在一种双方都不堪忍受、都无法控制的事态下痛苦的、毫无目的的争斗。

如果那些教条、理论和抽象概念有可能是正确和真实的——如果存在一门研究社会的自然科学，而且我们有可能相当精确地预测激进行为的结果，那么为什么"教条主义者""狂热的空想家""抽象的理论家"等都是明显的贬义词？为什么不应该将那些教条施用于社会？我们并不因为物理学家们信仰物理学的学说而责怪他们；我们并不因为天文学家们忠实于数学方法而遣责他们；而一旦经济学家、社会学家或政治理论家获得了足以改变我们生活的力量，人们就变得疑虑重重、愤愤不平、坐立不安。这部分地可能是因为天生的保守、不喜变化，下意识地坚持自己的"常识"理论，也完全有可能是因为对旧体制抱着愚蠢的、没有头脑的信仰和愚忠，不管它多么残酷、不公和可怕。但是对教条的这种抗拒不应完全归咎于愚蠢、平庸、既得利益、狭隘的个人主义、无知和迷信等等；一部分应归因于人们对于什么样的行动往往导致成功的结果、什么样的行动往往失败有着自己的信念——归因于对失败的革命的记忆；归因于为了实现"爱的国度"[1]曾经血流成河，但理想不

1　也许是指罗伯斯庇尔的"en scellant notre ouvrage de notre sang, nous puissions voir au moins briller l'aurore de la félicité universelle"（"用鲜血为我们的工作盖上印章，我们至少可以看到普遍幸福的曙光"），《关于共和国内政中国民公会应遵循的政治道德的报告》（巴黎,1794),4页。

仅没有实现，而且导致了更多的流血、更多的苦难。这种态度背后是一种正确的感觉：治国之术——统治和改变社会的艺术——既不同于学者的学问也不同于科学的知识；天才的政治家和那些学科的大师们不一样，不会直接地传授他们的知识，不会教授一套具体的规则，不能将他们干的一切事情都以一种可以被别人轻易学会的方式阐述出来（这样别人就不必再做同样的事了），或者传授一种方法，任何有能力的专家在他们之后都可以运用，而不必具备最初的发明者或发现者的天才。所谓的政治家的智慧、政治手段，与其说是知识不如说是理解力——对某些相关事实有着某种理解，使具备这种理解的人能够判断什么东西才是彼此适合的：在具体情况下能做什么不能做什么，哪种情况下采取什么手段才可行、它会起多大作用；并不需要他们有能力解释是怎么知道这些的，甚至都不必解释他们知道什么。是什么使我们将奥古斯都、法王亨利四世、黎塞留、华盛顿、加富尔同莱顿的约翰*、奥地利皇帝约瑟夫二世、罗伯斯庇尔、希特勒、斯大林等人区别开的？在某种意义上，后面这些人毫无疑问与前面的那些人一样非同寻常。那前一类人成功的"秘密"是什么？他们怎么知道该做什么、何时去做？他们的事业为什么就能成功，而与他们同样坚决、博学和无畏的人的事业却失败了，往往只留下人类难以形容的痛苦作为纪念？

　　一旦我们追问"秘密"是什么，就会明白，没有也不可能有秘密；我们想知道这些人用了什么诀窍解开他们自身境况的谜团，而实际上并没有诀窍。植物学是一门科学而园艺不是；在只能看到表面现象的情况下，行动以及行动的结果取得成功，肯定有一部分是因为运气，但一部分也要归功于行动者的"洞察力"，即对"上层"与"下层"之间关系的一种理解，对组成个人和社会生活的各种不可胜数的、极细微因素的

40

---

　　* 莱顿的约翰（1509—1536），荷兰再洗礼派领袖，发动明斯特起义（1534），后被镇压。——译注

一种近乎本能的整合（关于这点，托尔斯泰在《战争与和平》的"跋"中讲得很精彩），其中运用了各种技巧——观察力、实际知识，最重要的是经验——我们所讲的时机感、对人的需要和接受力的敏感、政治和历史学上的天赋等都与此有关，简而言之就是人的一种智慧，管理自身生活或使手段符合目标的能力，正如浮士德发现的，它们与纯粹的关于事实的知识——学识、科学——根本就不能等同。各门科学中和学术的发展过程中的试错法，这里也有。卡尔·波普尔所称的假定-推理方法以及正统意义上的演绎和归纳，在其中扮演主要角色。但除此之外，还有一种即兴发挥，即时应付，能够估量形势，知道何时行动、何时静候的因素在里面，这是任何程式、秘方、万灵药或把具体情况都看成体现普遍法则的实例的那种手段都无法替代的。这种知识，或实践才华，政治家和历史学家若要做到理解自己的或其他时代的、过去的或（也许）将来的社会，同样都需要，它不同于吉尔伯特·赖尔在"知其然"和"知其所以然"之间做著名的区分时所提到的。懂得如何去做一件事——具备或掌握一门技巧或诀窍——并不表示有能力说明人为什么那么做；会骑车的人不一定能解释自己在干什么或者自己的行为怎么能产生他所
41 希望的结果。但当一个政治家处于紧要关头、被迫选择何去何从，或一个历史学家拒绝接受对过去事件的某种解释，认为它不切实际或肤浅，因为事情不可能以它所述的方式发生，或那种解释没有揭示真正关键的因素之间的相互关系时——这位政治家或历史学家在某种意义上的确对形势做了判断、评估，所以才能够应答对手，解释为什么不用其他方法解决问题，但除了在某种微不足道的程度上（肯定不是在科学家或学者们能够接受的程度上），他们无法根据理论或知识体系证明自己所说的话的真实性。

　　尽管如此，以学术研究为例，其中就有一些实例与我所讲的那种理解力有很强的可比性。例如，学者修订一份多纰误的文本的过程在我看来与分析或判断一种社会形势不无相像。这里，同样地，人肯定不能

脱离方法和科学体系：手稿上的符号与其他符号相比较，句子结构与其他结构相比较；归纳能够替代记忆，假设－推理的证明方法替代猜测。然而，当理查德·波尔森修订阿里斯托芬的文本获得了惊人的成功时，他对阿里斯托芬的风格的体会——知道阿里斯托芬可能说什么话，不可能说什么话——无法由一台"人工脑"来完成，不管往里面输进去多少关于古希腊喜剧的概论，往里面加进多少手稿、纸草文和评论版本。如果没有渊博的学识，波尔森也许不可能构思出解决问题的办法，但他能够解决问题，靠的是能够整合无数杂乱无章的数据资料——然后完成关键的一步，或者说经历关键的体验——区分出并对自己说明一种模式，它提供了所有或者大部分的所需结果。我们称他的猜测是得了灵感，就是这个意思。

有许多阿里斯托芬的风格特点以一种半有意识的方式参与他的想象活动，从理论上讲它们是可以被暴露、列举出来和分类的，它们之间的联系也是可以系统地研究出来的。但这在实践中显然是不可能的，因为那些事实太微小、数量太大、善于做此类究根问底活动的人太少等。当涉及历史和人类活动问题的解决时，情况也非常相像。从某种意义上说，并没有任何实际经验可以解释为什么这些解决过程是无法描述完全的，为什么不能将它们归约为科学，为什么天赋、灵感和想象的工作——无论是概括、抽象，还是小心仔细地将碎片拼合成一种模式——不应该由机器来做。但是，如果要使这些成为可能，我们的经验就得完全不同，它多侧面、"多层次"的结构必须根本改变。而且，如果考虑这样一些根本变化的可能性（想象力是难以涵盖的），称它们为经验的或许并不正确。它们属于正常人类经验最终的、最一般的特性，基于迄今的人类经验我们尚不能假定它们是可变的；这些特性有时作为范畴而不是经验事实为人们所知。

18世纪的理性主义者并非没有理由地被指责为无视这一真理，他们认为社会和个人生活中的现象就像牛顿体系里的天体那样，能够以初始条件加上科学法则演绎出来。他们所无视的真理就是: 在一般概括和具体情况之间存在着巨大的差距——前者简单明了,后者极其复杂。但在他们的批评者当中,有一些人自己也好不到哪儿去。毫无疑问,爱尔维修、罗伯斯庇尔、孔德和列宁的错误在于认为应用科学将解除人类的一切痛苦。而柏克、迈斯特、托尔斯泰和 T. S. 艾略特虽然看到了这种立场的错误,他们自己却往往认为,虽然科学的钥匙并不是真正的钥匙,但另有某种解开谜团的真正方法——或者依靠传统,或者依靠天启与信仰,或者依靠对生活的"有机"看法,或者依靠返璞归真和单纯的基督教信仰,或者依靠悟到基督教文明的潜流。但如果我们是对的,那么所有这些解决方案原则上都是错的。现实感是无可取代的。[1]许多活动可能都是它的预备,就像考古学和古文字学是历史学的预备。历史学家和活动家们从一切可能的地方获取信息。科学的和统计学的方法,乃至极微小的生平细节——都是有用的,都可能增加这种什么东西该归属什么地方的感觉。甚至可以说,如果没有起码的这类普通信息,剩下的就只有无知。尽管如此,使我们能够洞察实际的人与物之间关系的现实感或历史感是对具体事物的熟悉,而所有的理论相反地处理的是一般属性和理想化了的实体——它们处理的是普遍性的东西。

很多思想家都看到了这一点,但只有黑格尔试图融合两者。他把普遍的说成是"具体的",他摒弃了实际的科学,因为它处理的是抽象概念,转而宣扬另一种潜在的、全然更高级的科学,它在仍然是普遍性的同时,将使得科学家们(即形而上学家们)能够循着万无一失的步骤推理,一直到达具体事物的本质——也就是实际情况的核心,完全掌握具体现实的复杂性、完整性和丰富性,就像他们严密掌握演绎体系那样

1　T. S. 艾略特说"人类/无法直面太多的真实"["烧毁的诺顿"(1935), 16—17行,见《四个四重奏》(1943)]。但伟大的历史学家、小说家及其他类型的艺术家确实比一般人要更多地直面真实。——伯林

明确、详尽,在论证上同样确定无疑。

　　这一怪异的悖论产生了一种心态,其中相互矛盾的属性——形式 　44
的与材料的;理论与实践;推理与直觉;此时此地的实际情形与彼时彼
处的、被时空隔开的事物;思考与观察;实际经验与概括抽象;主体与
客体;词与物——所有的一切都被宣布为一体的和不可分割的,是某种
先验的智慧、自我觉醒的"精神"的对象,这种智慧或精神将取代所有
企图依次处理现实的各种碎片(更糟糕的是仿佛每片都包含着一个整
体)的那些蹩脚的零碎努力。然而,黑格尔只不过妄图用感觉上的魔术
戏法快刀斩乱麻地解决问题,就在这一努力中,黑格尔更进一步地暴露
了他那个时代实证主义的夸大其词的主张,它们将所有的知识都等同
于自然科学方法,其最高点是由涵盖全宇宙、能够解释其中一切的概括
性命题组成的体系。

　　我们这个时代的大部分乌托邦是这种实证主义的结果。当我们把
一位思想家叫作不切实际的社会改革家,或者当我们指责某位历史学
家对史实的说明不切实际、过于教条的时候,我们是什么意思? 毕竟,
没有一个现代的空想社会改革家可以被指控妄图违抗物理学规律。现
代的空想社会改革家无视的不是万有引力或电磁学之类的规律。那
么,着迷于那类大体系的人违反的又是什么呢? 肯定不是社会学规律,
因为甚至用最不严格、最印象式的"科学"步骤确立的这类规律都还寥
寥无几。甚至过分相信社会学规律的存在,常常就是缺少现实态度的
标志之一——实干家们每一次成功地向它们发起挑战,推翻又一个错
误的社会学模型的时候,都说明了这点。这么说似乎更正确:成为空想
的社会改革家,就是主张实际上走不通的路是可以走的,而且是从理论
的前提出发坚持这点,悍然不顾实实在在的"现实"证据。拿破仑或俾
斯麦在抱怨耽于理论的空谈家的时候,他们想说的肯定就是这个意思。　45

　　抵抗我们的意愿,使本来可取的计划在明智之士看来行不通,使
仍然坚持实现它们的人容易被人称作可笑的空谈家、盲目的空想社会

改革家的, 都是些什么现实呢? 毫无疑问, 在争论什么可行什么不可行的过程中, 我们常说这个或那个计划"必然失败"——也就是说, 计划的根据是认为人的意志和人的组织会强大得足够实现这个或那个目标, 而实际上这是做不到的, 因为更强的力量将压垮和击败人的意志和组织。这些力量是什么? 为什么像俾斯麦、索尔兹伯里勋爵、亚伯拉罕·林肯这样的人懂得它们(我们相信), 而完全着迷于理论的狂热分子却不了解它们?

对于这个问题, 至少下面这种答案肯定错了: 因为俾斯麦掌握了这些狂热分子没有认识的规律, 他和他们之间是牛顿或达尔文与前科学时代星相学家或炼金士之间的关系。并非如此。如果我们掌握了规律, 支配社会或个人生活的各种规律, 我们就可以像利用其他规律征服自然那样来利用它们, 通过发明充分考虑到上面所说的那类力量(充分考虑到它们之间的关系和代价高昂的后果)的方法, 在社会规律允许的范围内行事。但我们所缺的, 恰恰是这样一门可靠的社会技术。没有人真的会以为俾斯麦比孔德这样的人对社会动力学规律懂得更多或掌握得更好。相反, 正因为孔德相信这些规律而威廉·詹姆士不信, 所以前者被指责为空想家。当我们说某种进程是不可避免的, 当我们警告人们不要拿自己的意愿去和大势所趋的力量"鸡蛋碰石头", 因为人不能改变或不能以他们希望的方式改变后者时, 言下之意不是我们已经懂得事实及规律并遵循了它们, 而是我们不懂; 就是说我们知道在潜在的改革家可能指向的事实之外还有许多未知因素, 我们察觉到它们的总体趋势, 其确切的相互关系我们却无法阐明; 如果行动的时候只把清晰可见的"上层"因素当作是重要或关键的, 无视那未开拓的偏僻领域, 就会使计划好的改革遭到挫折, 甚至导致意想不到的灾难。当我们想到空想家在毫无成功希望地进行推翻制度或改变人性或国家性质的努力时, 让我们觉得悲哀的不是这些人对于人们已经掌握了的规律视而不见、公然违抗, 而是他们用关于部分事实的知识去解释一切; 他们

没有意识到也不承认我们的知识是多么有限,甚至连清晰可见和并非
清晰可见的事物的关系方面我们还能指望拥有的知识,都无法用规律
或概括的形式阐明;相反,他们伪称一切需要知道的都已经知道了,自
己正睁大眼睛在一种透明的介质中工作,面前的事实与规律摆得一清
二楚,而不是在昏暗的光线下摸索前进——但实际上他们就是在摸索
前进。在昏暗的光线下,一些人或许比别人看得远一点,但每个人的眼
光都是有限的,而且,他们就像雾中的领航员,必须依赖一种大体感觉,
并有可能借助于前人用不同手法绘制的各种地图,以及对他们所碰到
的情况只能提供最一般信息的工具,决定自己身在何处,如何在这样的
气候、这样的水域中航行。

　　19世纪的伟大体系建构者、黑格尔主义者、实证主义者,最重要的
是许多马克思主义派别的最大和最不幸的错误之一,是以为如果我们
说某事不可避免,我们就是要指出一条规律的存在。自然科学当中几
乎不使用必然性的概念,在那儿把"必然"等同于"符合规律"大概是
站得住脚的,也肯定是无害的;但在人类社会关系领域,情况似乎刚好
相反。当我们谈及那些大到难以抗拒的力量时,我们的意思不是已经
碰上了一条"铁的规律"。我们想说的是,关于某种情况有太多东西我
们不知道,而只能大概地揣测,而且我们的意愿和掌握的手段也许并不
足以有效地克服那些未知的因素,它们之所以危险,常常正是因为它们
太难以分析。我们理所当然地钦佩那些政治家,他们没有妄称发现了
规律,却能比别人更好地实现自己的计划,因为他们对这些未知和半未
知的因素的特征,及其对各种实际形势的影响,有着卓越的感觉。他们
是这样一些人:推测某种故意的人类行为对他们所面临的形势的具体
结构会产生什么影响;它们估量这种结构——由相互作用中的人的因
素和非人的因素形成的结构,看自己或别人通过决心和行动能在多大
程度上改变它——而不借助于法则或理论;因为涉及的因素处于清晰
的科学图景水平以下,正是极其复杂、极其繁多、极其细微的一类,无法

47

提炼为一个优美的、可由数学处理的、演绎的自然规律体系；这类因素之所以"令人敬畏""不可违抗""不可避免"，正是因为其结构是不透明的。我们无法准确地判断这结构到底会有多大弹性，因为任何企图影响它的努力都是一次冒险，后果无法确切预料——而如果真的存在所谓的社会规律，并为我们所掌握，而且我们也掌握了那些我们所谓的"必然的"因素（或那些与之相符的东西），情况则与此完全相反。

将我们生活在其中的复杂难懂的介质等同于遵循客观规律的事物——而规律本身是明确的——与我们通常的习惯不符。对马克思主义者，甚至所有相信社会或个人生活完全由至少在理论上可以发现的规律决定的人们来说，人类比在前科学式的自豪里设想的更加软弱；人的行为是可以预测的，人原则上可以做到无所不知。但是当我们以平常心想到自己，尤其是作为历史学家或实干家这么做的时候——就是说，当我们和具体的人、事、物打交道时，我们眼里就是一番很不一样的景象了：人们不受什么自然法则控制；很多人并非因为忽视规律，而主要是因为不顾人类行为的后果而失足犯错、遭到失败、彼此伤害；那些最成功的人（除开或许是不可或缺的运气）则既有意志力，又有一种非科学式、非概论式地评估具体情况的特别能力；由此产生了人的另一种形象：我们是自由的，有时候很有力，但多半是无知的，这与将我们视为虚弱的、被决定的、具有通晓一切之潜力的科学观点刚好相反。

后一种观点与我们所看到的生活现实显然无法吻合，这使人们对试图概括历史或政治活动的科学家们疑虑重重。他们的理论被指责为愚蠢、教条、不切实际。这其中的意思是，根据科学家的这些意见提出的所有改革方案，无论是左翼的还是右翼的，都没有能考虑到要在实际当中做成任何事情——不管是好事还是坏事——所必需的唯一方法、取得发现的唯一途径，以及对于历史学家们而言是恰当的问题的回答，亦即：人们做什么？承受什么？为什么做以及怎么做？认为这些问题可以通过阐发一般规律来回答，而根据这些规律又能够成功地推测个人与社会的过去和将来，正是这种观点导致了理论上和实践中的很多错误观念：导致了凭空想象的、伪科学的关于人类行为的历史和理论，它们为了做到抽象化和形式化而牺牲了事实；更导致了基于对美好结果的顽固盲信而进行的革命、战争和意识形态斗争——这些巨大的错误观念夺去了无数无辜的人们的生命、自由和幸福。 49

政治判断力

在政治活动中，怎么算是有好的判断力？怎么才算有政治智慧，或者说有天赋、是个政治天才，哪怕只是具备足够的政治能力、会办事？或许找到答案的一个方法，就是想一想我们在谴责或怜悯政治家们缺乏这些才能时都说了什么。我们不时抱怨偏见或激情使政治家盲目，但对于什么盲目呢？我们说他们不了解所处的时代，与"事实的逻辑"背道而驰，或者"企图回到过去"、"违背历史潮流"；说他们不是无知，就是愚不可教，或者就是不切实际的理想主义者、空想家和乌托邦主义者，沉醉在神话般的过去或者某些无法实现的未来的迷梦之中。所有这些说法和比方都似乎预设存在某种知识（批评者自己多少了解一些），这些不幸的人不知何故就是没有掌握，而人要避免挫折，就必须首先懂得它们：无论是人力无法改变的某个宇宙大钟的不变运动，还是时空中（或某些更神秘的媒介，譬如"精神王国"或"终极现实"中）事物的某种模式。

但这是什么知识呢？是一门科学知识吗？确实存在有待发现的规律、有待学习的规则吗？能不能教给政治家一些称作"政治科学"的东西，即有关人与人之间以及人与所处环境之间关系的科学，像别的科学一样，包含根据法则组织的、成体系的、已证明的假设，让人利用进一步实验和观察,去发现别的事实和证明新的假设?

毫无疑问,霍布斯、斯宾诺莎以及他们的追随者或公开或隐蔽,以各自的方式,都持有以上观念——一种在18、19世纪蓬勃兴起的思想,当时正值自然科学声望日盛,不能归入某一自然科学门类便不配称为"知识"的主张甚嚣尘上之际。较有野心和更走极端的科学决定论者(霍尔巴赫、爱尔维修、拉美特利)当时认为,只要具备关于普遍人性和社会行为规律的足够知识,再加上关于特定时间里人的状态的足够知识,就能科学地推算出这些人,或者不管多大一群人——整个社会、整个阶层——在另一组特定条件下的行为。有人持这样的论点,在当时听来相当合理:正如力学知识对于工程师、建筑师或发明家不可或缺,社会力学的知识对于任何想要驱动大群人干这干那的人(譬如政治家)也是必需的。不然,除了偶然的印象、模糊不定的记忆、靠臆测判断、凭经验行事和不科学的假设之外,他们还有什么可依靠呢?手头没有适当的科学方法可用,那也只好将就用这些了;但我们应该明白,这比原始民族或者中世纪黑暗时代欧洲居民对自然的胡思乱想——那样荒诞落后的认识工具早就被真正的科学最初的进步淘汰了——强不到哪儿去。直到今天(在高等学府中)还有持以上观点的人,并仍然坚持这样的想法。

野心较小的思想家们,受18、19世纪之交生命科学开山者的影响,51 认为社会科学更像一种社会解剖学。做个好医生,懂得解剖学理论是必须的,但又是不够的。因为还要懂得如何将其应用于具体病例——针对罹患具体种类疾病的具体病人。这不能全都从教授那里或书本上学到,它要求有相当的个人经验和天资。然而,无论经验或天资从来都不能完全替代一门发达的科学知识——比如病理学或解剖学。只知理论或许不足以救死扶伤,不懂理论却是致命的。类比之下,没有政治眼光、缺乏现实性、乌托邦主义、妄图阻碍进步等毛病会被认为是由于不懂或蔑视社会发展规律,即社会生物学(它将社会看作一个有机体,而不是一部机械装置)规律,或相应的政治科学的规律。

18世纪倾向于科学的那些哲学家热情信仰的就是这些规律；他们还试图完全以可确认的教育和自然环境对人的作用、可以计算的情欲对人的影响等等，来解释人类行为。然而，这一方法在似乎最需要它提供解释的时候——雅各宾恐怖时期当中及之后，却最终只能解释人类实际行为中极小的一部分，很显然没有能预见或分析诸如民族主义的膨胀和暴虐、各个文化的独特性及文化之间的冲突、导致战争与革命的事件等重大现象。对广义上的精神或情感生活（无论是个人的还是各民族的）以及非理性因素难以捉摸的作用，它所能有的了解显得那样贫乏，于是新的假说合情合理地乘虚而入，占领阵地，每一种都声称推翻了所有别的假说，是这一问题上最终的、决定性的说法。

以救世主自居的布道者（先知）们，如圣西门、傅立叶、孔德，教条主义的思想家如黑格尔、马克思、斯宾格勒，有历史头脑的神学思想家从波舒哀到汤因比，达尔文学说的推广者，社会学或心理学这个或那个权威学派的信奉者——所有这些人都试图补救18世纪哲学家的那些失败，建立一种名副其实的、成功的社会科学。这些19世纪新的布道者每个人差不多都宣称独占了真理。他们的共同之处是，相信存在一个放之四海而皆准的规律，并且有一种独到方法可以把握它，关于这一方法的知识会让政治家少犯很多错误，使人类避免许多可怕的悲剧。

人们并未否认，像柯尔贝、黎塞留、华盛顿、皮特或俾斯麦这样的政治家似乎没有这种知识也干得相当不错，就像发现机械原理之前显然已经有人造桥，看起来不懂解剖学的人也曾治愈疾病。人们承认，天才个人灵感乍现的推测和他们的天生技能可以做——而且已经做了很多事情。但是，特别是在临近19世纪末，有人认为知识的来源不能再如此不稳定。一些乐观的社会学家认为，这些伟大人物行动时所依据的原理，即使他们自己不知道，也是可以抽象并简化为一门精确科学的，很像当初确立生物学或力学原理时的情况。

根据这一观点，政治判断力不必再是直觉、天赋、灵感乍现和无法分析的天才的神来之举。相反，它从此应该建立在确实的知识基础之上。至于这一新知识是经验的还是先验的，其根据是来自自然科学还是来自形而上学，意见大概会有分歧。但它的这两种形式分别相当于赫伯特·斯宾塞所说的社会静力学和社会动力学。运用它的人即是"社会工程师"。神秘的统治艺术将不再神秘，它可以传授、学习和应用。这只是职业能力和专业化的问题。 53

这一论点本来可以让人觉得更可信，假如新发现的规律不是无一例外地最后或者成了老生常谈——比如"革命之后大多是倒退"（实际上等于重复"物极必反""否极泰来"这些老话）——或者被事实不断地、毫不留情地推翻，剩下的只有理论体系的废墟。大概没有人能像我们这个时代的大独裁者们（斯大林、希特勒）那样彻底地动摇了对一门可靠的关于人与人之间关系的科学的信心。如果说对历史规律和"科学社会主义"的信仰的确帮了列宁或斯大林，与其说它是作为一种知识帮了他们，不如说它像被狂热信仰的其他任何教条能为坚定决绝之人提供的帮助一样，即为无情的行为辩护并压制怀疑和良心上的不安。

斯大林和希特勒可以说彻底摧垮了一度辉煌的历史无情规律的大厦。希特勒几乎成功地达到了他宣称的消灭法国革命成果的目标。俄国革命猛烈地改变了整个西方社会的前进方向，使其偏离了到那时为止对大多数观察者还是相当有序的轨道——将它推入了一场无章可循的运动，接着便是戏剧性的崩溃，这是无论马克思主义的还是其他"科学的"预言家都丝毫没有料到的。把过去安排得整整齐齐，这是相当容易的——伏尔泰有一句讽世名言，大意是历史就是在死人身上玩弄的许多鬼把戏，这话看起来肤浅，却自有深意。[1]但是，一门真正的科学不 54

1　"Un historien est un babillard qui fait des tracasseries aux morts."（"历史学家就是在死人身上纠缠不休、喋喋不止的人。"）:"蠢话录"，《伏尔泰全集》，卷82（《笔记》第二版，日内瓦和多伦多，1968），452页。

仅要能够重构过去, 还要能够预测将来。对事实进行分类, 把它们码放整齐, 还远不是一门科学。

我们知道, 18世纪中叶毁灭里斯本的大地震, 动摇了伏尔泰对人类必然进步的信仰。同样, 我们所处时代的大规模毁灭性的政治动乱, 使人极大地怀疑能否建立切实可行的人类行为科学来指导实干家们——无论是工业家、社会福利官员还是政治家。显然必须重新考虑这个问题: 建立一门精确的社会行为科学只是个时间和才智的问题——这种设想看来不再是不证自明的了。这一科学应该寻求什么方法? 显然不是演绎式的: 没有现成的公理, 从中可通过公认的逻辑规则推导出所有人类行为。甚至最教条的神学理论家也不会夸这样的海口。那么是归纳式的吗? 以调查收集的大量经验数据为基础得出的规律? 或者以不太容易适用人类社会事件复杂性的"假说-演绎"方法为基础?

理论上, 这些规律无疑应该是可以发现的, 但在实践中看起来就不是那么有希望。如果我是一个在紧急关头面临痛苦抉择的政治家, 我大概不会觉得做下面这些事情有什么用——即使我花得起那么长时间等待答案: 雇用一批政治科学家, 为我从过去的历史里搜集各种和我的情况类似的事例, 我或他们要概括这些事例的共同点, 由此得出人类行为的有关规律。可用来进行这种归纳的——或者为了建立用以系统化历史知识的假说的——事例的数量不会很多, 因为人类经验无比多样; 进一步从这些事例中剔除所有那些各自独有的东西, 只保留共同的东西, 就只会剩下一点非常单薄的、经过概括的残渣, 因为实在太不具体, 根本无助于解决实际困境。

显然, 重要的是全面了解一种具体情况的特殊之处, 特定的人物、事件和危险, 在特定时间特定地点起着积极作用的特定的希望和恐惧: 1791年在巴黎、1917年在彼得格勒、1956年在布达佩斯、1968年在布拉格或1991年在莫斯科。我们不必系统地考察这些事件同其他事件、其他情形有什么共同之处, 它们或许在一些方面相像, 但也可能恰恰缺少在特定时间、特定地点造成差别的那点东西。如果我正拼命开车赶路，突然碰到一座摇摇欲坠的桥，必须马上判断它是否能承受我的重量，一些工程原理的知识这时无疑是有用的。但我还是等不及停下来勘察计算。对处于危机中的我有用的知识必须已经激发起了一种半本能的本领——就像能够阅读而不必同时意识到语言的规则一样。

当然，在工程学中，一些定律毕竟还是可以系统化地表述出来的，即便我们不必一直把它们记在脑子里。而在政治活动的领域，定律实在是少之又少：技巧就是一切。政治家——就像汽车驾驶员——之所以能获得成功，是因为他们不从普遍性上考虑问题，也就是说，他们根本不问一种特定情况在什么方面与人类历史长河中的其他情况相似或相异（而这是历史社会科学家或穿着历史学外衣的神学家，如维柯、汤因比等所热衷的）。他们的长处是能抓住构成这一具体情况的各种特性的独特组合——只是这一情况，而不是别的。他们所谓的能力就是能理解一次特定运动、一个特定人物、一种独特事态、一种独特气氛，以及经济、政治、个人因素的具体结合等的性质。而且，我们并不太相信这种能力真的可以教会。

比如，当我们说到对某些事情的异乎寻常的敏锐，我们就诉诸比喻。我们说一些人好像长了触角，用来向他们传递某种具体的政治或社会情况的轮廓和结构。我们说有的人具有不错的政治眼光、嗅觉或听觉，有的人具有可以由爱心、野心或仇恨激发的一种政治直觉，有的人有因为危机和险情而变得敏锐（或相反变得迟钝）的感觉，经验对这些来说是关键的，这是一种特别的才能，可能和艺术家或创造性作家的天赋不无相似。我们不是指任何玄妙的或超自然的东西；我们不是指能够洞察平常头脑无法把握的东西的神眼；我们说的是其作用方式再平常不过，完全是经验的和准美学性的一些东西。

我们所说的才干首先需要一种整合大量混淆在一起的、不断变化的、多姿多彩的、转瞬即逝的、始终互有重合的信息的能力，它们数量太

56

大、变化太快、相互混合得太厉害，所以不可能像对付大量蝴蝶那样一只只地捉住、用钉子固定然后加上标签。在这个意义上，整合就是将信息资料（通过科学知识，同样也通过直观感知）视为某种统一模式中的基本要素，彼此牵连，各有含义；将它们视为过去未来各种可能性的征象；就是实用地看待它们——按照你或别人如何能够处理、将怎么处理这些信息资料，反过来它们又如何能够影响、将怎么影响你或别人来看待它们。在这个意义上，把握一种情况就需要用眼去看，获得一种和相关信息直接的、几乎是感官的接触，而不只是认识它们的总体特征、对它们进行逻辑推演、做分析、得结论、构建有关它们的理论等等。

57　　能做好这点在我看来是一种天赋能力，类似于一些小说家的禀赋，它使诸如托尔斯泰、普鲁斯特等大作家传达出一种对生活本质直观的敏感；不只是感觉到混乱的经验流，而是有一种高度发达的辨别力，无论从作家本人还是从所描写的人物的观点出发，都能一针见血，分辨出真正重要的东西。首先，这是一种敏锐的感觉，能把握哪些东西彼此适合、哪些东西是有渊源关系的、哪些东西是有因果关系的等等；懂得相同的事情在不同观察者看来如何不同，这又会对他们造成什么影响；知道人类与地理、生物、心理等非个人力量打交道的各种具体情况的大致结果。这是一种对质量上的而非数量上的东西的感觉，是对具体的而非一般的东西的感觉；这是一类直观，不同于描述、计算或推理的能力；人们对它有各种叫法：天生的睿智、想象性理解、洞见、有眼光，甚至是容易让人误会的"直觉"（危险地暗示了某种几近魔法的能力），与它们相对的是一些迥然不同但也很了不起的优点，如理论知识和学养、广闻博学、推理和归纳的能力、智力上的天赋等。

　　我力图描述的才能是成功的政治家——不管他们是邪恶的还是高尚的——对社会生活（也包括个人生活）所具有的特殊理解力。具备这种才能的有俾斯麦（他当然是19世纪赋有可观政治判断力的政治家的突出典型）、塔列朗、富兰克林·罗斯福，此外还有加富尔、狄斯累利、格莱斯顿、土耳其之父凯末尔等人，伟大的心理小说家们同样具有这种天赋，这是在更具备纯理论天才的人（如牛顿、爱因斯坦、罗素甚至弗洛伊德）身上明显欠缺的某种东西。甚至列宁的情况也是这样，尽管他给自己压上了沉重的理论负担。

我们把这类能力叫作什么呢？也许叫实践智慧，或者实用理性，反正是一种知道什么"行"、什么"不行"的感觉。首先，这是一种综合的而不是分析的能力，是获得某类理解的能力，就好像驯兽员对动物、58 父母对孩子、乐队指挥对乐队的那种理解，与化学家对试管里药品的了解，或数学家对数学符号所遵循的规律的了解相反。缺少这种能力的人，无论他们拥有别的什么品质，无论他们多聪明、博学、富于想象、善良、高尚、迷人，无论在别的方面多有才干，要说他们政治上笨拙，那是不错的——就此而言，奥地利的约瑟夫二世是笨拙的（比起很多人，比如和他同时代的腓特烈大帝及俄国女皇叶卡捷琳娜二世，他在道德上当然更胜一筹，而那两位在达到自己的目的方面要成功得多，对人类也要亲近得多）；同样地，至少在实现积极目标方面，清教徒、詹姆士二世、罗伯斯庇尔（就此而言，希特勒等人最终也同样）被证明是笨拙的。

那么，奥古斯都和俾斯麦明白，而克劳狄一世、约瑟夫二世不明白的，是什么东西呢？约瑟夫皇帝很可能智力上比俾斯麦更出色，书也远比他读得多，克劳狄知道的事情也许比奥古斯都要多许多。但俾斯麦（或奥古斯都）具有很强的天赋，能整合或综合拼构成生活各个层次的稍纵即逝、支离破碎的丝丝缕缕和散乱碎片，每一个人在某种程度上都必须不停地整合它们（为了起码的生存），而不去分析自己是怎么做到的，自己的活动是否有理论上的根据。这事每个人都要做，但俾斯麦是在远为广大的领域里做，视野涉及更多可能的行动方针，运用的力量远为巨大——以其手笔之大，堪称天才之作。不仅如此，那些需要整合的零星碎片，要能看出它们与其他零星碎片中的一些相适合，而与另一些不适合，与它们在现实里互相适合与否的情况相符——那些生活的基

59 本成分，我们在某种意义上过于熟悉了，我们与之过于形影不离，它们和我们太紧密无间，构成了我们生活的半意识和无意识层次，因此无法清楚地加以分类。

当然，凡是能被分离、观看、检视的东西，就应该得到分离、观看和检视。我们不必装作不可知论者。我并不愿意像一些浪漫主义思想家那样说明或暗示：恰恰就在研究、分析和阐明等行为当中我们失去了一些东西，无知具有某种优点，最重要的东西对语言来说太深了，最好不去触碰，也不知道为什么，反正说出来就是亵渎。[1]我认为这是错误的、完全有害的教条。能够阐明、讲清、并入相应科学部门的，当然就应该这么做。"为了解剖，我们谋杀"（"We murder to dissect"）[2]，华兹华斯这样写道——有时我们确实这么做；但在别的时候，解剖揭示了真理。现实的大片领域只有科学的方法、假说和定理才能揭示、说明、解释甚至控制。科学所能取得的成就，我们必须欢迎。在历史研究、古典文学艺术研究中，在考古学、语言学、人口学、集体行为研究中，在人类生活和奋斗的许多其他领域中，科学方法能提供不可或缺的信息。

我并不同意一些人的观点，他们认为自然科学以及基于其上的技术，不知何故竟然扭曲了我们的见识，阻碍我们直接接触现实——"存在"（being），苏格拉底之前的希腊人或中世纪的欧洲人所直面的现实。这在我看来是怀旧的自欺欺人，荒诞不经。我的观点只是，并非一切都能（实际上很多不能）在实践中由科学去把握。因为，如托尔斯泰很早就告诫我们的，组成生活的"粒子"实在太微小、种类太不相同、彼

1　济慈写道："所有魔法／一碰到冰冷的哲学不就都消散？［……］哲学会剪去仙人的翅膀，／规矩和绳墨可以征服所有神秘事物……"选自《拉弥亚》（*Lamia*，1820），第二部分，229—230页，234—235页。——伯林（这里用的是朱维基的中译，见《济慈诗选》，上海译文出版社，1983年，204页。——译注）

2　选自《扭转形式》（"The Tables Turned"，1798），28行；《抒情民谣集》（伦敦，1798），188页。

此交替得太快、相互结合的情况太复杂，是我们的存在和行动太不可或 60
缺的重要部分，以至于根本无法得到起码的抽象化和最低的概括及定
形——理想化地描述——而这是一切科学所必需的。虽然普鲁士腓特
烈大帝和俄国女皇叶卡捷琳娜大帝在法国和瑞士科学家的帮助下建立
了科学院（至今仍举足轻重，享有盛誉），但他们毕竟没有向法国和瑞
士的科学家们求教统治之术。虽然社会学之父、杰出的奥古斯特·孔
德本人掌握的事实和定律肯定远多于任何政治家，但他的理论今天不
过是知识长河中一块奇形怪状、巨大而可怜的化石，博物馆里的一件珍
奇而已，而俾斯麦的政治才干——让我再回来谈这位远非令人景仰的
人物吧，因为他或许是19世纪所有政治家中最能干的一位了——我们
仍耳熟能详。政治的"自然科学"就跟伦理的"自然科学"一样荒诞无
稽。自然科学不能解答所有问题。

　　我想否认，或至少怀疑，弗洛伊德一句断言的正确性，即当科学不
能解释一切的时候，别的也不能。[1]俾斯麦所深谙的，像达尔文、麦克斯
韦尔这样的人就不需要明白。对于自己活动于其中的公共环境，俾斯
麦就像雕塑家对石头和黏土一样了解，具体而言，即对德国人、法国人、
意大利人、俄国人的相关集团可能的反应了如指掌，而他在这方面的理
解，据我们所知，并没有经过有意的推导，或小心参考历史规律或任何
别的规律，也不求助于其他任何特别的窍门或偏方，不管是迈斯特、黑 61
格尔、尼采、柏格森或一些他们现代的非理性主义继承者，还是他们的
冤家对头——科学的支持者们——所推崇的。俾斯麦获得成功，是因
为他有利用经验和观察准确推测事情发展结果的特殊才能。

　　1　"Nein, unsere Wissenschaft ist keine Illusion. Eine Illusion aber wares zu glauben,
daβ wir anderswoher bekommen könnten, was sie uns nicht geben kann." *Die Zukunft einer
Illusion* (1927)，结束语，《全集》（伦敦，1940—1952），卷14，380页，"不，科学不是幻觉。如
果以为我们可以从别处获得它不能给我们的东西，那倒是幻觉。"《一个幻觉的未来》，W.
D. Robson-Scott 英译（伦敦，1928），98页。

科学家, 至少是有科学家身份的人, 并不需要这种才能。甚至他们的专业训练使得他们在这方面特别不适合。受过科学训练的人好像经常持有不切实际的政治观点, 正是因为他们相信在自己的专门领域里行得通的某些方法或模型可应用于一切人类行为, 即便不是这种方法或模型, 也会是另一种多少有些类似的方法或模型。如果自然科学家有时在政治上表现幼稚, 大概可以归咎于不自觉却很有误导性地把在形式和推演性的学科或实验室中行得通的东西, 混同于在人类生活的组织中行之有效的东西。

我再说一遍: 如果否认实验室和科学模型为社会组织和政治活动做出了有价值的——有时是价值重大的——贡献, 就是不折不扣的不可知论; 但如果认为它们比任何其他形式的经验能教给我们更多的东西, 则是一种同样盲目的教条主义, 曾不时地在追逐千年王国的过程中, 导致伪科学的疯狂对无辜人们的迫害。当我们说起1789年的法国人或1917年的俄国人, 说他们太教条主义, 说他们过于相信理论——无论是18世纪的, 比如卢梭的理论, 还是19世纪的, 比如马克思的理论——我们的意思并不是说: 虽然这些个别的理论确实有缺陷, 但更好的理论原则上还是可以发现的, 而且这些更好的理论将最终使人类获得幸福、自由和智慧, 人们将再也不必那样孤注一掷地依赖于天才领袖62 的即兴发挥, 天才领袖毕竟凤毛麟角, 又那么容易患上自大狂的毛病或犯下可怕的错误。

我们的意思刚好相反: 理论从这个意义上讲, 在这些情况下一律都行不通。就好像我们要找一种品茶的理论、建筑的科学, 其中要考察评价的因素太多, 一切都取决于在我上面所说的意义上整合各种因素的技巧, 无论我们的信条或者目的如何——不管我们是实用主义者、自由主义者、共产主义者、神秘主义的君权神授论者, 或是那些迷失在某片黑暗的海德格尔式森林里的人。科学和理论有时无疑会有助益, 但它们不能哪怕是部分地替代一种感性的天赋, 一种把握某种人类活动情况总体模式和事物结合方式的能力——这是一种天生的才能，它越是明察秋毫，越是敏锐得不可思议，抽象和分析力似乎就越与之背道而驰，如果不是越与之针锋相对的话。

一个受过科学训练的观察者当然总是能分析个别的社会弊端，或提出个别的补救措施，但作为科学家，他无法预料运用一种特定的补救方法、消灭不幸或不公的一个特定来源对我们整个社会系统其他的——特别是鲜有关联的——部分会有什么一般影响。我们从试图改变目所能及者开始，我们的行动引发的震动有时却直达全社会上下；我们从未留意的层次被扰动了，各种意外后果接踵而来。对这些更深层面的近乎天然的知识——有关社会或个人生活上层表面与其余的、更远层次之间的复杂联系的知识（柏克也许是强调这方面的第一人，即便他的洞察力只是为他的传统主义目的服务），是良好政治判断不可或缺的要素。

我们有理由害怕那些太着迷于自己的设想，以至于不注意改革的具体环境，忽略各种不可测因素的改革者——莱顿的约翰、清教徒、罗伯斯庇尔、列宁、希特勒、斯大林等。因为毫不夸张地说，他们不明白（也不在乎）自己在干什么。我们也更有理由信任同样大胆的经验主义者，如法王亨利四世、彼得大帝、普鲁士腓特烈大帝、拿破仑、加富尔、林肯、劳合·乔治、马萨里克、富兰克林·罗斯福（如果我们到底还是站在他们一边的话），因为我们看到，他们对手中的材料了如指掌。政治天才不就是这个意思吗？人类其他活动领域的天才不就是这个意思吗？这不是保守与激进、谨慎与大胆的区别，只是才能类型的不同而已。

正如天才有别，愚蠢也不同类。其中的两种直接矛盾，而且方式古怪而悖谬。悖论就是：在自然科学领域，可靠的定律和原理得到承认，就意味着它们已经通过正确的方法——科学专家们承认为可靠的方法——得到了证实。否定或违抗这些规律和方法的人，比如相信地球是平的或不相信万有引力的人，被当然地看作怪人或疯子。但是，日常生活中，也许还有一些人文学科，诸如历史、哲学、法律等（它们不同于科学，或许只因为它们好像没有——或者干脆不想——为这个世界确立越来越广泛的普遍原则）当中，这样一种人就是异想天开的人，他们过于相信从陌生领域，通常是由自然科学而来的定律和方法，并无比自信且有些机械地运用了它们。生活的（也是政治的）艺术，以及一些人文学科中的艺术，毕竟都有自己独特的方法和技巧，有着它们自己的成败标准。乌托邦主义、缺乏现实性、判断力差等毛病不在于没有成功地运用自然科学的方法，而是相反，过度地运用了它们。这里，失败源于抗拒各自领域中最行之有效的东西，源于忽视或反对它们而去支持某些自称放之四海而皆准的系统方法或原理——比如关于自然科学的（像孔德那样）、历史神学的或社会发展的方法，否则，就是源于对一切原理和方法一概藐视，源于简单地宣扬相信运气或个人灵感，也就是纯粹的反理性主义。

64

不管是在什么领域当中，做到有理性、展示出色的判断力，就是运用在这一领域已经证明是最行之有效的方法。因此，在一个科学家那里合理的东西在历史学家或政治家那里常常是不切实际的（就是说，它达不到想要的结果，作为一个体系全面失败了），反之亦然。这虽然是实用主义的陈词滥调，但并不是人人都准备接受其必然推论。政治家应该依科学行事吗？科学家们是否应该掌权，就像柏拉图、圣西门和 H. G. 威尔斯所希望的那样？同样地，我们也可以问，园丁应该具备科学头脑吗，厨师呢？植物学有助于园丁，营养学规律或许有助于厨师，但过于依赖这些科学将使他们（和他们的主顾）遭殃。厨师和园丁的优秀今天依然主要地取决于他们的艺术天赋，以及像政治家那样的临时发挥的能力。对参政知识分子的怀疑大多来自一种并非完全错误的看法：由于怀有以某种简单、齐整的方式看待生活的强烈愿望，他们过于相信把某个理论领域里推演出来的结论直接运用于生活会产生有益的结果。而这种对理论过分依赖的必然结果，唉，也是被经验无数次证实了的必然结果，就是，如果事实——活生生的人的行为——不顺从这些实验，实验者就会恼火，并试图削足适履，改变事实以符合理论。这实际上意味着对社会进行一种活体实验，直到社会变成理论原先宣布实验应该使之成为的样子。当然，理论"得救"了，但代价过高，造成了太多无谓的人类苦难；但因为它至少表面上首先是为了将人们从那些所谓更"任意"的方法会带来的困苦中解救出来，所以它最后是拆了自己的台。只要我们还见不到政治科学，以伪科学代替个人判断的企图不仅会导致失败，有时造成巨大灾难，而且会败坏真科学的名声，动摇对人类理性的信仰。 65

热情宣扬难以达到的理想，即使它只是空想，也可以冲开盲目传统的樊篱，改变人类的价值观；但鼓吹伪科学的或其他各种经过虚假证明的手段——形而上的或其他各种虚假承诺所宣传的方法，则有百害而无一利。有这样一个故事（我不知道其真实性如何），一天有人问首相索尔兹伯里勋爵根据什么原则决定是否参战，他的回答是，为了决定是否带伞，他抬头看天。这也许过分了。假如存在一门可靠的政治气象预报科学，这无疑会被人指责为一个太过主观的方法。但是，正是因为我一直试图阐明的原因，这样一门科学，即便原则上并非不可能，也还是十分遥远的事情。而在行动时把它当作已经存在或者近在咫尺的，则是对一切政治运动可怕的、不必要的妨碍，无论它们的原则怎样和意图如何（从最保守的运动到最激烈的革命），并造成本来可以避免的痛苦。

在不可能做到机械般精确的地方，即使是在原则上要求或鼓吹机械般的精确，都是盲目的，会使别人误入歧途。不仅如此，纯粹的运气总在起一部分作用——神秘得很，具有出色判断力的人似乎比别人更有运气。这点或许也值得深思。 66

哲学与政府压制

除了"权利本质上是什么"或"人们如何获得、拥有或失去权利"等问题之外，或许还可以问：为什么哲学家就该有表达自己的特权？为什么是他们而不是艺术家、历史学家、科学家或普通人？言论自由——或通过言辞以外的方式表达的自由，可以是一个独立目的，无须任何其他目的来为之正名，它本身就值得为之斗争，有人还会说值得为之献出生命，而这并不取决于它在让人们变得幸福、智慧或强大等方面有多大价值。这只是我的一家之言。这种观点在人类现实事务中却很少站得住脚。更为常见的是，人们倾向于信仰唯一的理想——社会的、政治的或宗教的，一切都要为之牺牲，首先就要牺牲个人表达自己的自由，因为它相当准确地被视为对达到一种社会一致性构成了严重威胁，这种一致性是不加批判地为实现唯一的最终理想服务所必需的。但即使是那样——无论个人自由是不是一个值得捍卫的目标，以反对哪怕是最高尚的人类唯一最终目标的不容异己和唯我独尊的要求——问题仍然存在：为什么哲学家需要受到特别保护以免遭社会压制？难道在政治自由与哲学才能之间存在某种特殊的关联？如果苏格拉底所在的社会并不那么害怕雅典生活方式受到威胁，他能否取得更大的成就？亚里士多德在共和政体下是否会做得更好？或者笛卡尔在宗教自由的条件下，斯宾诺莎在一个无人会因信仰而被开除出教的社会里，又是否会做得更好？毕竟，一些有史以来最大胆、最具独创性和颠覆性的话语，是在19世纪的巴黎说出来的，而当时那里有国家及教会在实行着肆无忌惮的言论管制。伊曼纽尔·康德引起了我们时代最大的哲学革命，而他却是一个丝毫不鼓励表达自由的国家的公民，这点他自己知道得再清楚不过；反之，自由表达的现实条件——19世纪许多欧洲国家普遍都具有的——在英国、法兰西共和国、瑞士或意大利王国，并没有像那些把自由的扩大与哲学的进步直接联系起来的乐观理性主义者想必会盼望的那样，引起哲学精神的百花齐放。

我肯定，除了那最基本的一种，自由和哲学之间并无其他真实的关联可以建立，似乎也没有必要举出统计上的证据来说明这一点。这种最基本的关联就是：毫无疑问，过分的强制会使太多的人不能畅所欲言，使他们理解与表达的能力日渐萎缩；其结果无非是路人皆知的事实：如果你不让人们思考，愚钝他们的想象力，他们就会永远诚惶诚恐，处于愚蠢或幼稚的状态，在任何领域都做不出什么有价值的事情。但反过来说并不见得就对，我们从历史里得出的结论好像只能是：一般说来，艺术、科学和人类思想在自由的年代与在断断续续或低效的强制年代一样繁荣；特别是当一个专制政权已经失去自信，明显走向没落的时候——比如17世纪在英国、18世纪在法国和19世纪在俄国。但甚至也不都是这样：罗马帝国衰落时期并非如此；而且据我所知，中华帝国、土耳其帝国和西班牙君主制的末年也并非如此。试图从这些经验数据概括出历史结论——成心为了说明自由和哲学之间不知何故就是有着难分难解的联系——不见得有什么用处。人类生活以及社会类型是无限多样的，每种情况都必须根据其本身特点来考察，那些寻求建立这类规模庞大的统一社会学的人，迄今为止犯下的错误要多于他们为人类发现的真理和提供的快乐。

不过，哲学家的活动与社会自由和国家控制之间确实有联系，而且联系非常深刻。在我看来，这种联系来自哲学的本质，而不是关于社会是什么，历史模式是什么，以及哲学怎样做或应该怎样配合它们等的人为模式。因此，我想暂且不讨论什么是自由，哲学是否需要自由、是否有助于自由，自由是否好东西、对社会稳定是否有威胁等问题；我想先谈谈哲学的本质，并打算由此得出在我看来重要的、关于哲学活动和任何形式的国家控制之间联系的一些结论。

　　人们已经做了很多尝试，企图定义和描述哲学活动，再多一次尝试大概没什么害处，也不会让读者的耐心经受太大的考验。在我看来，哲学的特别之处在于它没有确定的技术——没有各门实证的、形式的科学所拥有的那类方法和操作规则；这些方法和规则能够传授给学生，如果学生足够聪明、记忆力足够强，就可以开始独立地运用它们。而且这里的原因也不难找：一旦一门学科获得了这类规则，它就为哲学所抛弃，落入哲学两边的两个容器中的一个里去，一边是经验科学的领域，一边是形式的先验科学的领域。

　　显然，无论哲学讨论什么，它并不关心那类可以通过经验观察解答的问题；它并不寻求确证事实，一旦清楚某个具体问题的答案只能通过某种观察找到——无论是哪种常规的、常识的观察，我借以判断是否在下雨、是否能记住《利西达斯》*或已经把它忘了的；或者是更精密一点的技术，我借以发现某个国家是穷是富、一个特定的分子是否由这些或那些更小的粒子组成，或者发现地球或宇宙的年龄、两种音乐风格之间的关联、一起重大历史事件的起因或某人头脑里某种未被注意的心理特性的作用，等等。在所有这些情形当中，为了确证事实，我必须怎么一步步地进行是非常清楚的——通过一类经验研究——而一旦如此，显然这些问题就不是哲学问题（不管它们到底有什么哲学含义），而是利用适当技术确证事实的问题；于是，懂得问题是什么，这本身就是确

---

* 《利西达斯》(Lycidas)，英国大诗人约翰·弥尔顿的作品。——译注

定答案的相关技术知识的一部分。

同样地，有一类形式学科——演绎的而非归纳的或类比的，也并非建立在直接观察基础之上的——也不是哲学研究的对象。只要是在以形式上的技术确定答案的地方，比如在算术、逻辑、纹章学以及任何其他演绎的领域（例如国际象棋或任何其他遵守规则的游戏）当中——就是说，在这些地方，解决问题是通过在已经确定了公理和理性思维方法的领域当中，应用具体的变化规则来进行的——也没有哲学的位置。 70

各门科学的历史，无论是演绎的还是归纳的，即便不是全部也主要是在于这样一个过程：原来答案不甚明了的各组相关的问题，突然发现可以很清楚地通过经验的或者形式的方法得到解答；一旦认识了这点，这些学科便离开由哲学统治的、未分化的人类知识探究的综合领域，各自建立起独立的科学，各自拥有特殊的技术、特殊的规则和可以传授的程序方法。剩下的仍旧是丰富的而又使人困惑的严格意义上的哲学领域，它处理所有那一类问题，它们的解决方法不清楚，表述问题时也没有给出解决方法。

如果有人要我回答一个行星的物理组成如何，地球上将来的生活如何，或火星上是否有生命，我可能不知道答案，但我知道——或者有人知道——怎么去找答案，要回答这些问题有什么具体的障碍，目前还缺什么数据资料，如果这些数据资料具备了我们又会怎么着手，等等。困难只在于获得答案的手段的实际可行性、缺少资料或没有所需工具，而不在于问题本身模糊不清，也不在于无法确定采取什么方法或该去哪里找答案。类似地，如果有人问如何解决某些逻辑或数学问题，我准确地知道该去什么地方找答案、该采用什么技术手段，如果有什么困难的话，那也是在于我不够足智多谋。我知道怎么解决这些问题，解决它们需要什么样的心智能力。但如果有人问我是否存在绝对的善、物质世界是否实在、什么是无限、我为什么不能回到过去、为什么不能同时身处两地；你不是我，那你是否能够像我了解这些事物那样充分了解 71

我的所感所想；自由是否比幸福或正义要好，正义又是什么；等等——问这类问题的时候，困难不在于缺少解答它们的物质手段，不管是缺少物理上的能力（例如，飞往别的行星做相关的观察后返回的能力）、记忆力、理性分析能力，还是金钱（可以用来制造足够的工具，等等）：最主要的困难在于怎么知道究竟去哪里找答案；怎么知道究竟如何着手找寻答案。连怎么才算是一个满意的答案都拿不准，更谈不上考虑什么是正确的答案了。只有当我们陷入这种内心困惑，当问题显然不管在多复杂的层次上都无法完全依靠经验解决，当问题也不能通过仅仅运用演绎的技术手段（理论上可以由一台电子装置执行）解决时——只有在这个时候，我们遇到的才是一个真正的哲学问题。

或许，对一个问题的缜密思考和认真阐述会将其归到中间堤道两边那两条大路中的一条上去——会指出它或者是一个经验的问题，应该由现有科学中的一个部门或尚待建立的一门新科学来适当解决；它或者是一个逻辑的、数学的或其他种类的演绎问题。哲学就是这样逐渐地抛弃了曾在不同时期困扰它的大量问题。心理学和社会学问题是其中最新近的，而且很快逻辑本身无疑也将像数学一样作为一门独立学科分离出来，远走高飞，只把它的"基本"问题——这些问题本身无法以纯逻辑方式来分析——留给一切问题的伟大源泉：被哲学问题困扰的头脑。

只要真正哲学问题的首要标志是它本身之中没有解答自身的技术手段——因此首要的困难就是确定我们问的是什么、困扰我们的是什么、究竟哪种答案我们才会认为起码是解答问题的适宜类型而不是与解决问题毫不相干的（且不考虑它们的真伪）——这些问题就不可能通过组建一支专家队伍来回答，即使他们相当聪明、勤奋、投入，有能力着手进行必需的半机械性的工作，正如按部就班的科学家或历史学家无须最高等的灵感、天才或独创性就能干工作，甚至也能教别人在不需要这些非凡品质的情况下从事有用的劳动。

哲学的主要成功之处不在于发现新技术，从而为以前提出而没有得到充分回答的问题提供答案——就像牛顿回答了他以前时代提出的，但前人回答得不够巧妙或根本就没有回答的问题。哲学的主要胜利，是由做到了下列两件事之一的思想家们取得的——或者是（1）重新阐述了问题——他们自己拥有同时也使别人确立了对整个世界或其中某一部分的新眼光，它本身就能将心智从类乎思维钳制的状态——也就是最初问题之所在——中解放出来，并容许一种我们称为新综合的方法，以及对相关实体之间关系的一种新洞见，它自动地、自然而然地解决或消解了最初的问题；或者是（2）做得刚好相反，即当发现某种情形下对问题的某些武断回答被人们信以为真时，以某种强烈震撼的手段颠覆了以前存在的"综合"，迫使别人注意一种新的、令人不安的观念，它在人们原先感到满足的地方引起了使人痛苦的问题，在人们原先盲目和无动于衷的地方使他们困惑不安。

这两种过程既完全不同于依赖经验的科学家的程序，他们增加了 73 我们对外部世界的知识；也完全不同于逻辑学家或数学家的程序，他们增加了如何安排我们实际知识的知识或技能——但人类当然没有哪一种活动是完全不同于其他活动的，哲学家们已掌握的那些综合的或分析的、联结的或分解的非凡能力在别的每一人类思想甚至情感领域都起着作用。然而，在哲学与别的研究之间的确有一点根本的不同。我并不想暗示，在科学或史学中，认真的观察、耐心地积累事实、巧妙熟练地运用过去已证明是成功的技术，再加上经验或想象所启发的改进，依靠这些进行研究就已经足够；简而言之，我并不是说，技艺、专心、诚实、精力和目标的固定等已经足够，不需要出自灵感的猜想和天才的突然洞见。但在这些领域中取得进步，仍然可能不需要灵感、不需要天才想象力不可预知的飞跃。一旦一门科学被置于理性的、不变的基础之上，一种观察、研究、提出假说和进行试验的技术成功地得到精心完善，伟大的先驱者们便能够向天赋较低的、进取心较弱的其他人传授正确的程序。稍低于最高等级的道德和智力上的天赋的结合常常能产生有益的结果，在许多重要的方面推动知识的进步、传播理性的光明。一个并不富有想象力的历史学家，编写了一部用力极勤的，比如说关于某一特定地区某种工业的发展史，或中世纪晚期地中海某一地区战争艺术的发展史，他或许并没有做什么独创的或可观的事情，但他为知识的积累做了贡献，他的东西别人可以用来组织更雄心勃勃的模式，因为他所做的事不仅不是浪费，而且以它特有的卑微方式体现了正面价值。在哲学里却不是这样。在严格意义上的哲学中，不存在已被认可的技术，
74 如果没有灵感就不可能取得进展；与他人携手，作为一个团队一起工作，把已证明是可行的方法机械地或类乎机械地应用到新的课题上去（比如一些自然科学的情况），或仅仅是为某个更强有力、更富于想象的头脑准备材料，就像史学的情况——所有这些对哲学来说，都是毫无价值的。

　　哲学并不像科学那样涉及发现事实、整理事实、从事实中推断另一些事实，也不像形式学科那样涉及符号模式的组织。哲学从事的是系统阐释真正的问题（之所以是真正的问题，仅仅是因为觉得它们是真正的问题），而且是通过由问题本身的性质、由它提出的那类要求、由它造成的那类困惑所决定的专门方法来解决这些问题。不管是有意还是无意，最杰出的哲学家们对问题的阐述和解决，是通过改变看待问题的角度；是通过转移重点、通过置换、通过转换被迷惑者的视角，使他们看到以前看不到的差别，或者认识到他们曾十分强调的差别实际上并不存在，或是出自混乱或缺乏洞见。

　　现代哲学最伟大的革命者——笛卡尔对哲学史的改变，不是通过耐心地积累事实，或试验、观察，或不断地尝试、犯错，而是通过一次翻天覆地的反抗行动。他的新方法——且不论他是怎么发现它的——使那些把它作为知识之源接受下来的人发现，经院哲学那些恼人的问题与其说是被解决了，不如说是被变为不相关或毫无意义的了，或者被证

明是一派胡言,它们依据的所谓事物的不同属性本身就源自对词语或概念的机械运用,并没有分析它们应用的对象,以及它们在其中有用或有意义的具体环境。牛顿引起近代物理学革命,是通过将以前互不连贯的结论整合成一组极其重要的基本定律,后人由此做了极为丰富的推演,使其成为我们时代推动人类知识增长的一个最有力的工具。而笛卡尔并没有进行什么整合,没有简单地把一定数目的相互隔离的真理换成了一个或一些基本的、一体化的定理,别的东西都由此推演而来;相反,笛卡尔改变了一直以来看待哲学、形而上学和神学问题的角度,并由此产生了一批新问题,其中一些注定会以他本人所使用过的方法被替代和消除。

哲学难题之所以产生,是因为概念、词语、思想以及系统阐述和论证世界与自身的方式之间发生了某种特殊的冲突。之所以产生这类冲突,是因为在这些或那些思想或符号的某些早期的、不完全有意识的阐述或使用中,本来就存在某种矛盾;或因为关键词已经陈旧过时——当与它们密不可分的具体环境不再存在时,还继续被使用;或因为它们已经成了形而上学或神学这类行当的研究对象,这类学问容易发展出那种概念或词语,却并不注意它们产生、应用同时也参与作用的具体情况,因此容易造出自成一派的、包括了那种概念的神话,因其与那个它们只有置身其中才算真正有意义的世界不再相关,所以它们迟早要变成困惑的来源——常常是莫名其妙的噩梦,为什么会有这东西谁都记不清也道不明。这是中世纪许多时候经院哲学的情况,但将近16世纪末,这种情况尤甚,当时一些经院哲学家已经在某种意义上对他们所做的事情失去了兴趣,主要是因为不再理解为什么要殚精竭虑地摆弄那些空洞的神圣符号,他们的活动这时很大程度上已经成了费劲而无意义的行为。

要把自己从一整套符号系统的束缚中解放出来——何况几乎不可能区分符号和思想——使自己摆脱一个如此使人着迷的思维框架,要迈出这么大的一步，需要最高的天才、最强的智力和最大的独立性。新的建构，如果是从一个同时具有创造和破坏天才的人手里产生的，对他同时代的人会有巨大的解放作用，因为它从他们身上移去了一些重负：一个再也无法理解的过去；语言的一种用法，这种用法束缚了头脑，并造成了一种令人沮丧的困惑，非常不同于那些在自身表述中就包含了解答的种子的真正问题。新的体系产生自一次反抗行动，然后自己也变为一种新的正统，四面而起的信徒们跃跃欲试，要将新技术用于最初的天才开拓者大概没有想过要应用它们的领域。这有时是成功的，有时却导致同样了无生气、让人糊涂的经院哲学。新的正统一旦获得胜利，又反过来通过使观念僵化，通过造出一个不能再灵活回应当初曾引起反抗的情况的僵死符号体系，制造了新的阻碍、新的无法解决的难题、新的哲学困惑。

有人不断地犯同样的错误，认为哲学是一门可以和当代最成功的研究——典型的如某一门特定的科学——相比拟的学科，比如认为哲学和物理学、生物或史学差不多。旧的被推翻的哲学被当然地视为一堆迷信和谬误；新哲学却当成"科学的"——仿效当时最成功的学科——被充满希望地接受了，然后有人就认为，就像科学中有可以传授给伟大先驱的信徒们的技术，在哲学中同样有可能训练出用最新技术装备起来的专家队伍，以他们一致同意的方式运用他们的技术，目的是为了做出一项集体发现，传播最后真理。

但这种信念本身，就像它那些具体化的过程，虽然如此经常地在科学上、史学上以及演绎学科如数学或逻辑中取得辉煌的成功，由于它所依赖的那种稳健明智，它在哲学上却无异于一场灾难。因为从本质上说，哲学问题（如果我是对的）恰恰是那些不能通过运用现成技术解决的问题，恰恰是那些在科学中或在别处那么成功的技术所不能解决，或者干脆什么技术都解决不了，因此让人困惑和压抑的问题；这么看来，哲学问题更像艺术"问题"而非科学问题。认为有一种放之四海而皆准的、最终的方法,可以解决本身就产生自生活、思想、情感、词语、概念、观点、习惯和态度不断变化的质地的那些难题——这种想法本身就是导致"动脉硬化"的原因,造成了关于正确使用哲学术语的过分教条主义,本身就是导致哲学问题在其最尖锐的时候本质上的那种心灵痛苦的原因。接着就是一次新的反抗,旧的哲学负担被抛弃,早先曾获胜、成功、具有解放作用的方法被十分恰当地指为"僵死的经院式的玩弄辞藻",然后天才人物突破旧的独断的正统,使心灵的"筋骨"为之一振,创造一种新的语言,由此消解了老问题,新的问题应运而生。在这一运作过程中,一些问题被看作要么是经验的,要么是形式的,可以说分别被抛到一边,从此不再成为哲学研究对象的一部分。但尽管有这样系统的叛逆,很多东西还是保留了下来,虽然已经被重新阐述,以新的面目重新出现,借此它能够以更适应那些尽力去解决它们的思想家之当代经验的方式得到思考。

但哲学史的模式没有什么变化。如果在某种情况下有太多的问题变得过于传统、无法解决,人们在这种情况下只沉迷于一些琐碎的、二流的工作,而且有一种窒息感,因为那些主要问题似乎毫无解决的希望,并由此导致了智力的低迷而不是激发了心智的力量,那么就会有伟大的革命者奋起突破现状。比如莱布尼茨就是这样一位革命者,而且这一具体过程的下一阶段更是再典型不过了:他的忠实信徒克里斯蒂安·沃尔夫开始向人们许诺,通过在他所能做到的最远最广的范围内应用莱布尼茨的原理,就能建立一个新的理性主义人间天国。他为理性神学和理性美学、理性伦理学、理性史学、理性物理学等都拟订了计划。在旧的主题上的任何剧变都会引起一些思想上的激动不安、一些觉悟、一些自由;无疑地,18世纪初欧洲大陆的确经历了一次智力活动的大高潮,当时思想家们纷纷对一个和谐新综合的允诺做出回应。很快地,沃尔夫运动变成了一种没有生气的正统学说,和它自己当初那样轻蔑地、那样无可非议地摧毁的经院哲学一样枯燥无味、一样呆板、一样墨守成规、一样没有能力揭示真理或在智力上让人振奋。然后，康德对它动了与莱布尼茨及17世纪理性主义者当年一样大胆彻底的手术。

这些解放运动是这一领域中伟大的进步时刻；但这里没有累积的技术、没有循序渐进、没有向着某个统一的理性目标的进展，如17世纪和18世纪人们天真地希望的那样。不能因为笛卡尔、斯宾诺莎和莱布尼茨在摧毁前人工作方面显示了天才，就推断圣托马斯、阿尔伯图斯、邓斯·司各脱、奥卡姆等人在他们当时就不曾进行过类似的解放工作。洛克和贝克莱肯定曾击败过17世纪正统的理性主义；但接着康德——甚至可能还有部分德国浪漫主义哲学家——摧毁了英国经验主义思想家所构建的理论的很大一部分。轮到罗素的时候，他推翻了传统形而上学气象恢宏的大厦的大部，而一代语言分析学家已经做了许多工作来摧毁罗素那么自信地打下的基础——至少是哲学基础。[1]

这是一类容易使哲学名誉扫地的事情。人们觉得伟大的哲学家都是具有相当高智力天赋的人，但人们也注意到哲学并没有沿着统一的路线发展，哲学上的分歧从来都是那么尖锐和深刻；对于不断增长的知识，也并没有公认的总集合；哲学讨论常常显得只是一些文字花样；而且哲学中存在着永恒的"倒退"：20世纪的哲学家回18世纪同行那里去找武器反对19世纪的同行；过去的思想家死而复生，几个世纪之后的人与之结盟去反对别的时代、别的地区的新老异端。由此人们得出结论，在这里人们的精神有些失常，根本不是在构建什么严肃可靠的东西，发生的一切不过是空洞无物的文字讨论和清谈，没有一种严格的技术来保证取得的结果肯定正确，牢固地成为宏伟的人类知识大厦的一部分。由此人们又得出下面两个结论之一。一个结论是，哲学是有趣的，有时出自灵感的谈话，没有什么"科学"价值，只是一种个人自白，

_____

1　有人告诉我，海德格尔以这种方式动摇了传统认识论的基础；但我不懂海德格尔的语言和观点，所以无法对此加以评论。——伯林

是那些更喜欢用玄学散文而不是韵体诗表达自己的人（例如19世纪浪漫主义作家）的某种个人诗作。另一方面，确实也有一些人在要求严 80 谨、规范和可靠的成果，并因此寻求最终要将哲学建立在科学的坚实基础上，如果不能让它变得像化学或至少像生物学那样受人尊敬，无论如何也要让它向着那些科学的可靠性和确实性努力。

　　这两种态度都停留在对哲学是什么和哲学能做什么的一种误解之上。哲学是一种尝试，从来都是一种尝试，其目的是找到思考和谈论的方法，这些方法通过揭示以前未被注意的相似点和未被发现的差异之处（有时通过与以前未予考虑的模式进行新的比较，或者在人们一直使用的模式与被认为和它们相似的对象之间，以新的重点指出被人忽略或低估的差异），引起人们观念上的变化，其程度足以彻底改变思考和说话的态度及方式，这样来解决或消解问题、重新分派研究领域、重新阐述、重新区分对象之间的关系、改变我们对世界的看法。正像艺术中类似的情况，这些只能是在各自的时代，为同一代人做的事情，因为一代人的观念，如果用语言系统地阐述出来，肯定总是会固化为技术、确立为一种正统，并束缚下一代或更下一代人；由此别指望会有严格意义上的"稳步前进"；每一代人都需要自己的"整骨手术"、自己的新洞见、自己的自我解放、自己的强有力的天才人物来改变他们的观念，确立新的关系和新的差异。这就是为什么三流史学家、四流化学家，甚至五流艺术家、画家、作曲家、建筑师多少都有些价值；因为所有这些领域都有专门技术，运作在自己固有的水准上，也许不高，但终归是一种水准。而"三、四流的反抗"这样的事情是没有的，以微不足道的努力掀起一场大动乱这样的事情也是没有的。所以，当三、四流的哲学家实际致力于应用已经故去的前人的技术，就好像在从事科学研究，仿佛自己是化学家 81 或工程师，与其说他们不成功、不重要、多余、过剩，不如说他们实在起了阻碍作用，正是他们这些人的活动常常造成那些困惑、无知和难题，造成对这些问题的解答是迷信的、教条的，常常似是而非、机械僵化，他们这些人仅有的价值是刺激和促进新的反抗，激发天才人物在一个本质上应该是解放者而不是限制者的学科里奋起突破教条主义的窒息。

这与政府控制之间有着一种可能还未被注意的特有牵连。控制的任务是保持现状——确保某种既定状况，保护在当时环境下被认为是所能达到的最好、最和谐的利益关系和各种因素的结合。控制的目的是稳定、和平、满足。而哲学在最好的时候的主要作用是突破、解放、颠覆。哲学用以颠覆的方法显得抽象、理智，常常与当时急迫的现实问题无关，仅仅这一事实并不足以确保哲学最终不会产生影响。因为，很难保证在一个领域里革命的、不守规矩的人在别处就会一直老老实实、循规蹈矩。康德尽量不在政治领域作惊人之语，但他毫不妥协的伦理学结论，一定程度上还有他的形而上学立场，在他身后很快引起了极具颠覆性和革命性的后果。黑格尔肯定曾尽可能地平稳行驶，正像有人说的[1]，为了在美学和形而上学平静的内陆湖上顺畅地沿着航道前进，也为了他革命性的学说在政治领域尽量不受到注意。某些主义运用黑格尔某些原理（不管遭到了多大的扭曲）的结果却是明白无误的。在这个意义上，哲学家必然是颠覆性的。而其他人可能在规规矩矩的同时又能做成有重大价值的事。毫无疑问，画家、建筑师、甚至物理学家、地理学家、化学家、天文学家、传记作家和作曲家们都可以待在某种大家都接受的传统所规定的界限内平安无事，并在这种严格的框架内创造出不朽的杰作，或者，如果不是杰作的话，也是一些赏心悦目的作品，至少有一时的稀罕价值，属于三、四流，这些作品无论如何都在世界上有一席之地，因为这个世界不能只靠天才的大作活着。

这种对周围环境平静的遵从，这种在大家都接受的传统框架内本分行事，可惜对哲学家根本就行不通。如果他想沉溺于这类活动——

1　亚历山大·赫尔岑，《往事与随想》，第三部分（"莫斯科、彼得堡和诺夫哥罗德"），第25章，《三十卷集》（莫斯科，1954—1966），卷9，21页。

它们也许很值得，也不乏灵感——他就得退出哲学，转而从事别的工作。因为作为哲学家，他必定要致力于颠覆、突破、破坏、解放、打破封闭局面。即使活着的时候他可能显得柔顺、迂腐、不关心外面世界的事情，但他对世界的影响很可能会比许许多多显得更有声势的人更具破坏性、革命性，更加深远。这不仅仅是观念本身的一般影响力的一个例子。毫无疑问，观念是强有力的，尤其当它们体现了——而且是其中重要的组成部分——正在改变社会和个人的强大物质或者精神趋势，作为其中一部分推动这些趋势而不是阻碍它们或者置身事外的时候。但我想强调的是哲学思想特有的破坏力。

　　或许海因里希·海涅最生动地表达了这点。在他对德国哲学流派的记述中，他描绘了即将到来的大毁灭的末日景象，其中大神托尔*举锤击碎了西方文明，费希特、谢林及黑格尔的武装起来的追随者们奋起反抗文明的拉丁西方世界，使其古老文化成为一片废墟。他将康德比作罗伯斯庇尔，警告法国人不要轻视书房里谦卑的哲学家，他在平静和沉默中思考着看来无害的抽象概念，但接着就会像卢梭和康德一样，点燃导致国王人头落地和世界性大动乱的导火索。[1]

---

　　*　托尔（Thor），北欧神话中的雷神。——译注

　　[1]　"注意，你们骄傲的行动者，你们不过是思想者的无意识的工具，他们在谦卑的安静中，拟出了你们最确定的行动计划。马克西米连·罗伯斯庇尔只是让-雅克·卢梭的一只手，那只血淋淋的手从时代的子宫里，拽出了一个肉胎，而它的灵魂是卢梭造就的［……］因此，幽灵们！我要说到一个人，他的名字有驱魔的力量；我要说到伊曼纽尔·康德。据说，夜间游荡的幽灵看到刽子手的斧子会满怀恐惧。那么，当向他们举起康德的《纯粹理性批判》时，他们的恐惧必将是多么巨大啊！这就是在德国杀死了自然神论的那把剑。［……］不依不饶的康德学派［……］将用剑和斧头挖起我们欧洲生活的土壤，把往昔的最后根脉扯去，［……］不受恐惧也不受自身利益抑制［……］，像第一批基督徒，无论是肉体享乐还是肉体折磨都打不垮。［……］在德国将上演一出戏剧，相形之下，法国大革命将只是一首宁静的田园诗。"海因里希·海涅，《论德国宗教和哲学的历史》（1835），第3篇：《海涅文集》，一百周年纪念本，Renate Francke编（柏林，1970—　　），卷8，Fritz Mende编，193页5—9行，35—39行；194页1—2行；228页20—24行；229页24—26行。

托尔斯泰曾通俗地说过,在鞋匠看来,什么东西都比不上皮革好;同样,大学教授倾向于夸大观念对历史的影响,只是因为他们的职业就是搞这些。虽然这句话无疑是正当地反对夸大理论和学说的价值,反对忽略其他因素——社会的、精神的、经济的、心理的——以及因为太细小、太众多、实在无法分析,所以无法加以命名和分类的各种因素组84 成的网络,但它还是忽视了哲学活动的作用和影响。因为——让我再重复一遍,哲学家们研究的问题并非技术性的: 就是说,它们不是那类通过正确使用一些探索方法就一定能解决的问题——那些探索方法是可以被发明、传授和随时间逐渐改进的,就像自然科学、数学甚至历史学和语文学的方法那样得到改进和完善。因为,这些学科研究的问题或者是经验性的——关于发生了什么,如何、何时、在什么情况下和什么一起发生的;或者是形式的,即关于连贯性、合理性、论证的可能性、最方便的表达等。

但哲学问题根本就不以这种方式产生。哲学问题的产生是因为出现了某种观念进路的交错——某种碰撞,有时规模宏大、令人惊愕。哲学问题具有一种孤注一掷的味道,伴随着一定程度的情感压力,对解答某个性质不甚明朗的问题的一种渴望,一种既迫切又无法解决之感,它表明哲学追求的不是事实、不是关于世界或人类自身的知识,也不是完成某种形式上的模式和符号排序,使其形成所需的相互关系,等等,而是说明存在冲突: 观念、概念、思维方式的某种内部冲突——或者是学科里的次要概念、内部现行的符号体系之间的小碰撞;或者是在发生重大危机的情况下,出现一次迎头相撞,各个概念体系、各种看待和描述世界的方法之间的一次混合和互动,会引起所谓"永恒的"难题,如自由意志对决定论、有神论与无神论、唯物主义与非物质论、自由与秩序、权威与平等、幸福与正义、自我牺牲与追求幸福等。

比起科学或数学问题,这些问题在大得多的程度上取决于在特定85 国家具体时期的特定文化或语言中占主流地位的具体思考方式、具体的概念和范畴组合。一切问题都或多或少取决于人们思考和行为的方式；而外部世界以及人们与它的关系，虽然毫无疑问在历史长河中发生了改变，但不如思想和语言的方式的变化来得大。思想和语言方式的内部历史，部分地就是那些可以严格地称为"哲学的"问题的历史。因为这些问题不要求知识和归纳、演绎技术的更高水平，所以有时采用艺术、宗教或玄学体验的方式来"解决"，将那些被哲学问题所困的人从一种特殊的心理压力下解放出来，哲学问题或多或少肯定都会造成这种压力。摆脱这种缠人的焦虑的办法有很多，其中一种不是通过找到问题的答案，而是通过想办法忘掉问题本身——这种方法如此频繁地被独裁性质的政府采用，那些政府对臣民中的骚动和不满有着与生俱来的紧张不安，它们不许人提出难以预料的解决方案，通过教育治下百姓忽视或忘却他们烦人的难题，通过抹掉问题而不是解决问题，以达到维护政权安全与稳定的目的。这无疑是一种手段，国家能够以此来使人们变得没有好奇心、循规蹈矩、老老实实、和睦相处，但同时也剥夺了他们选择、创造、追求个人目标的能力：所有我们称为个人自由的东西，而助长了一切自文艺复兴以来，世界各地的自由主义者都正确地认识到是阴暗和压迫性的东西，无论是在欧洲的中世纪、亚洲的暴政、我们时代的法西斯和苏维埃政权，还是在小规模的暴政和对独创性以及对严肃追求真理的迫害中，那种迫害甚至在今天的民主国家，尤其是最强大的民主国家，都是一种很大的威胁。

另一条路则是人类伟大的思想家们所走的，即突破思想障碍、清理 86 混乱、修正发展历程，其手段是革命性的思想转化，源自那些头脑有足够想象力和活力，能够反思自身立场，以某种全新方式看待形势的人。他们从某种全新的角度，以"一种不同的眼光"审视一切，因此原先看来无法解决的难题，现在看来不过是已经不存在的实体投下的暗影，一旦人变换到新的有利位置，就再也看不到它们了。

因为哲学在它最有效的时候就是在进行这类根本性的变换——而

且用这种方式变换的范畴或概念越根本, 也就是说越不容易受到常规的自我检省, 我们就认为一种哲学越深刻——所以, 它必然是朝着更广泛的自由、推翻现存价值观和习惯、打破界限、改变人们熟悉的特征等方向发挥作用, 这令人既兴奋又不安。当然, 这也发生在严格意义上的哲学领域以外, 在艺术、科学和其他人类活动的领域。我想说的是, 虽然这种根本转换可能发生在那些地方, 但不是必然发生; 一门艺术可能是强大的、有创造力的、能产生伟大的天才人物, 却不一定是革命的。贝多芬无疑是一位有高度革命性和颠覆性的作曲家, 通过树立新的理想, 将人们领向新的立场、一种新的浪漫主义、新形式的英雄崇拜, 以及关于艺术与个人自由、诚实、艺术家的自我牺牲的新观念等等, 他不仅改变了交响乐的性质, 还改变了当时的思想——审美、道德和政治思想的性质。但这一现象对于音乐来说并非必不可少。巴赫可以说是一位具有伟大天才的作曲家, 但从某种意义上说, 他是个巩固现状的人——一个保守主义者、一个建立秩序的人, 是增强传统而不是革命性剧变的力量来源。类似地, 兰克, 这位历史学家中的巴赫, 保留的比破坏的多。天才人物可能是创造性的, 也可能是毁灭性的, 可以解放人, 也可以奴役人, 或集两者于一身; 只有哲学家中的真正天才人物才在很大程度上必然对过去的传统具有摧毁作用。大哲学家们总是在改变、颠覆和破坏。只有那些小的哲学家才维护既得利益、循规蹈矩、削足适履、强求一致, 拼命把大量互不相容、彼此矛盾的观念塞进某种形式上的、概略的正统学说中去, 而后者是对当初某种革命性观念的滥用。我说"滥用", 意思是一切利用这类革命性观念建立正统学说的努力本身必然是滥用。

我觉得这是有关一切哲学活动最重要的一点——哲学中不能有正统, 不能有可以无限改进的方法。否则, 我们就可以说每一代人都是和平地从上几代人没有完成伟大工作的地方开始接手的, 就可以说哲学是连续不断地进步的: 17世纪的哲学家是在16世纪哲学家工作的基础上进行改进,20世纪的哲学家则使19世纪同行没有完成的任务最终结出了硕果。如果我是对的,这些说法在原则上不可能是正确的。这就像说丁尼生继续了——改进了埃斯库罗斯或维吉尔的诗作,或者说印象派和后印象派画家是文艺复兴画家、中世纪或贝宁雕塑家的一种"进步"或"倒退"一样地无稽。

这构成了哲学的独特之处:它的全部工作是,而且从来都是,针对每一代人的具体问题的,这些问题是当时具体的知识、政治、社会或心理环境产生的;哲学的独创性总是在于将人们从正统学说的压抑和困扰中解放出来。正统本身就是某个过去时代僵死的遗物,已经无法解 **88** 决或倾向于扭曲新出现的问题,也许这些问题本身就是受当时占主导地位的哲学的无能、教条、晦涩、无力回应当时一些问题等的刺激而产生的。这就是为什么许多优秀品质在哲学中却没有什么用处:耐心、勤奋、吃苦耐劳、记忆能力、整理材料的技巧等等,所有这些历史学家、逻辑学家、自然科学家需要的优秀品质,有时容易变成哲学真理的敌人。因为确切地说,哲学领域并无"研究"可言。研究只适用于观念史及观念起源与传播的历史,不适用于原创的哲学思想。这就是为什么在哲学上有用的只能是第一流的,只能是那些无畏的、非凡的头脑,拥有罗素曾称为"分离观念"[1]的能力——分解传统上结成一体传播的观念——能质疑极其常见的、完全被视为当然的事实,对于这些事实,仅仅是暗示它们能够被质疑、能够被分析、其成分能够被分解,就足以让一般常识和传统哲学思想受到巨大震动。

也只有在哲学领域中,那些埋头苦干、称职、严格遵循公认的方法、有意无意地试图保持熟悉的路标、在一个沿袭的概念与范畴体系内工作的劳动者,才实实在在形成了一种障碍和威胁——所有对进步的阻碍中最可怕的一种。人们喜欢认为,这个世界是按照某个特定目的的创

---

1 未查到。

造的，其中的每一样事物都扮演着某种必然的角色。如果你问，二、三、四流的甚至更低层次的哲学家们是被创造出来扮演什么必然角色的，答案或许是：如果他们不存在，那些在人类思想发展史上划时代的伟大创造性反抗就没有出现的可能。因为，打破正统学说的大哲学家们的任务就是夷平他们可敬但有局限的前人辛苦营造的思想大厦，后者不管是有意还是无意，倾向于将思想禁锢在自己那壮观的但从构思上就有致命错误的建筑中。

如果确实如此，如果只有在哲学中，真正的创造力才总是等同于一种反叛行为、一种对于传统而言总是颠覆性的变化或变换——如果确实如此，那么在哲学与自由、哲学与不服从、哲学与不受压制的需要之间——不管是政府还是任何其他镇压部门的压制——就有一种别的学科相对缺少的、事实上独一无二的特殊联系。因为事情似乎很清楚，伟大的创造性艺术不仅能在暴政下繁荣，而且能调整自身适应暴政，甚至像历史学这样明察秋毫、需要在事实之间建立并不合当权者口味的相互关系的学科，都能够在一个专制政权下，即使不繁荣，至少也可以创作出就算不可观也至少是有用的作品。自然科学是肯定能在暴政统治下从事研究的——只有那些最极端的思想压制，使一切原创性活动、各种方式的自我表达都变得危险或不可能的那种专制，才能在毁灭这些人类活动时也得逞。

因此，指责奴隶制给艺术或科学造成了灾难，这在我看来是一种伪善。我不认为能够建立一种足够严格的历史联系，证明奴隶制给这些活动带来了灭顶之灾。如果我们要谴责奴隶制，那是因为我们相信，给予人类在一定限制内选择思考什么及如何生活的权利，这作为一个神圣的目标本身是有价值的。奴役、残忍、压迫，政府和所谓的"人类灵魂工程师"（斯大林曾十分意味深长地这样称呼他们）对人的侮辱、贬低和活生生的解剖，一切都是为了能够消灭不和谐与冲突，为了以一致性替代多样性、以放之四海而皆准的统一戒律替代个体差异——所有这一切之所以可恨，是因为它们本身的可恨之处，因为它们与我们的信念水火不容，违反了我们的价值标准，违背了我们为之活着、我们中间一些人还不惜为之付出生命的那些目标。一旦压制了那些目标，生活简直就没有活下去的价值了。这才是原因，而不是因为阻碍了艺术发展或科学进步——后者在我看来是虚弱、虚伪的论据，是从遥远的18世纪继承下来的，在那个年代有人认为所有的美德不仅相容而且彼此需要，认为自由是可取的，因为少了它人们就无法得到正义、美德、幸福或知识；知识是可取的，因为少了它其他这些美德就都不可得了。后来我们逐渐懂得，并不是所有好的东西都是相容的；如果我们追求它们，也只是为了它们本身的缘故，而不是因为它们是某些盲目乐观主义者让我们向往的那种虚幻的"大同"的组成部分；实现这种"大同"的尝试已经让世界付出了那么多无谓的痛苦和失败。

哲学的情况不一样。没有自由简直是致命的。人动不动就给自己提问题——关于世界是怎样创生的、人应该如何生活，关于真理的本质、人的思想与世界的关系，关于科学和艺术的基础，关于人思考和言谈所依据的概念及范畴，等等。只要还在问这些问题，人们就会要求一种让这些问题得到回答的自然权利。这一自然权利和一切自然权利一样，源自这一事实：人类的精神本性如此，这类好奇心的满足——对这一真理之域的追求，是人类为其本身而追求的、使人的生命值得度过的那类目标之一。任何努力，如果妄图阻止这种活动，阻止人们颠覆已被普遍接受的价值观，阻止人们尽可能自由地讨论终极问题，不管用什么方法，以什么观点来阻止，不管那些方法和观点显得多么有成功的希望、多么有启发性，显得多么有能力给碰壁的哲学问题提供出路，带领人们走出死胡同（因为那么多真正的哲学问题最后其实都是死胡同）——任何这样的企图，不管名义上是为了社会的安全和幸福、为了既定传统的神圣不可侵犯，还是为了那些已经无数次地让人们牺牲生命的空洞的抽象概念（民族、种族、命定论、历史、进步、教会、无产阶级、法律、秩序等各种貌似实在的时髦口号，揭穿和摧毁它们历来是批判哲学大可引以为豪的事情之一），这种企图真正是对人类的一种基本兴趣、需要和渴望的压制。

这就是为什么那些万马齐喑的时期，那些人们只是反复运用着不再适合研究对象的方法和范畴的时期——一个纵然无比谨慎、虔诚，经过了单调的重复也必然逐渐僵化，最终变得毫无意义的过程——是人类思想史上最空白的片段。欧洲中世纪就是这样一个时期，那时的审查制度最严厉，循规蹈矩得到了最有力的推崇和遵从。当时有很多东西流传了下来，至今一直受到应有的赞赏。它的艺术、雕塑和建筑，它的社会制度、诗歌，某种程度上还有它的散文，甚至音乐，都具有一定的永恒价值。但比起之前和之后的时代，那时的思想界则是一片广袤的不毛之地。在这个意义上，对历史的自由主义解释，即认为那些时代是愚昧的而文艺复兴逐渐扫除了蒙昧，这种见解并没有歪曲事实。愿埃里金纳*、阿奎那、邓斯·司各脱、圣安塞姆等人原谅我——但除了专家们，谁对这些人中的哪一个真正感兴趣呢？也许有人对奥卡姆感兴趣，但那是因为他的叛逆。尽管中世纪可能有许多可引以为豪之处，也可能在许多方面胜过今天混乱无序的世界，它在思想领域的记录却不能与之前和之后的年代相比。原因是：一切哲学，正因为它们的解放者角色，要使人类摆脱因陷入思维困境（由于思想以及表达思想的词语意思的不断发展）而造成的不可避免的困惑，所以必然要打破各种禁锢。那些相信可以获得终极真理、可以实现地球上生活的某种理想秩序，需要做的只是用尽一切手段，不管是和平的还是暴力的来建立它——所有那些相信生活、思想和情感上的这种最终局面原则上能够实现的人，不管他们的愿望多好、心地多纯洁、理想多么高贵无私，在他们向理想中

---

* 埃里金纳（810？—877？），出生于爱尔兰的神学家与哲学家，曾试图在他的主要著作《论自然的区分》（862—866）中使新柏拉图主义与基督教信仰相结合。——译注

的乐土进军的途中最后总是以压迫和毁灭人类告终。

对于这类狂热者（不管是世俗的乌托邦主义者还是神权的盲从者，都是人类自由的最大威胁），哲学是最可靠的武器和预防药。因为哲学在它的全部发展历程中，自始至终都在告诫人们不要认为存在不变的问题和最终的解决。在每一个时代，哲学都起着它那不可或缺的作用：打破正统思想，即对已经或正在过时的问题的僵化回答的坚壳；而且哲学为每一个时代的人都提供了它特有的革命性的新解决方案，它们在当时作为天才的启示，受到了应有的欢迎。但大概是命中注定的吧，它们像别的解决方案一样，必然要在全盛时期过后变成暴政工具，又轮到它们要被推翻了。要求解决方案不仅一时一地一次性地发挥作用，而且要永远能满足需要，这样未免有些狂妄和不切实际。正是因此，任何企图压制哲学家，企图以"最终解决"代替他们的实验性回答，使他们沉默，或以某种永恒价值或事物不变格局的名义将他们的思想导入预先安排的渠道——任何这种举动都确定地预兆着，很快就有大批人将在为某种教条和某种对最终救赎的虚假信仰而立起来的祭坛上被残杀。正是因此，哲学活动——它在新情况下永远地追求着新答案，承认那些人类情况永远处于变化当中，认为决不能为了过去或将来而牺牲现在——与起码的公民自由领域的存在如此息息相关，在这个领域中，个人能因为自己的喜好而思考和从事自己所喜欢的事情。

假如真的存在某种最终解决方案、最终模式，能够据以安排社会，那么自由就将成为一种罪过——因为它是终极救赎，所以反抗它就是有罪。通过驳斥这一不祥的看法，通过不断举出例子证明其谬误，哲学更加忠实地服务于自由的事业，至少在最伟大的哲学家的作品里是如此，因为这是哲学根本性质的一部分，而不只是其副产品；这是哲学活动的一个必要条件，与人类思想的其他领域形成了对照。它不需要证明，它对人类不可或缺，本身就是值得追求的目标。证明的概念本身、以证据来证明这种或那种活动的价值，这本身就是哲学的创造。但对

93

一些人来说，没有什么活动的价值是可以不证自明的，他们要在所做的每样事情里找到某种社会价值之后，才能让它通过他们的道德评判。哲学活动与一个社会要被称为自由社会所需要的最起码的自由之间的94　特殊联系，或许将为他们解惑。

　　当然，如果哲学家完全不受控制，没有一个社会将是百分之百安全的、稳如磐石的。但压制哲学家同样也会毁掉自由。正是因此，一切自由之敌都像法西斯分子等极权主义分子一样习惯性地对知识分子发动突然袭击，使其沦为他们最初的牺牲品；确实，知识分子是通常由伟大的哲学家们首先系统阐述的批判性思想的伟大传播者。其他所有人都可能在新的专制下屈服。只有他们，无论愿意与否，原则上都不能被专95　制主义同化。这对一切人类活动来说都足堪自豪。

社会主义和社会主义理论

社会主义是一种西方的学说和实践体系,其依赖的信念是:大多数的社会罪恶要归咎于不公正或极不公正的物质资源的分配;并且只有通过财产所有权和生产、交换、分配方式从私有向公有转移(渐进地或即时地,全部地或部分地),这些罪恶才得以治愈。

一

社会主义或共产主义的思想和运动(到20世纪为止这两个词在很大程度上可以互换)从许多思想潮流里汲取了营养。因而这样一个观点,即权力和财富在一个共同体的少数人手里的集中导致对大多数人的剥削和不公正,几乎与有关社会的思想本身一样古老。《旧约》和其他古代信仰与文化的宗教和世俗著作里都包含对有权势的富人之邪恶和贪婪的斥责,以及反对财富过度不平等的增长的实用条文。这样一个主题,即对财富的追求破坏了人的正确目的并且扭曲了人对于自身状况和目的的看法,经常重现。因此,罗马时期犹太人中艾赛尼教派在 96 理论和实践上对世俗物品所有权进行总体的或部分的谴责,在《新约》某些章节里一些早期基督教教士以及修道条规的建立者对此所做的谴责,把清贫和物品共有变成了神圣生活的必要条件。类似地,柏拉图也支持在他的理想国的保卫者阶层里消除私有财产,因为私有财产的拥有,或者对私有财产的渴望,倾向于腐蚀一个人,削弱他的道德和智力观念,让他丧失追求真理和社会理性结构的能力。

柏拉图主义者、犬儒派、斯多葛派和基督教的作者们都一致坚持私有财产必须被控制或者废除,不是因为对私有财产的拥有具有极端的重要性,恰恰相反,是因为与社会的或精神的价值相比它并不重要——私有财产的存在或积累倾向于妨碍这些价值。于是斯多葛派的奠基人芝诺支持无政府主义,因为政治权威和财产权利有悖于理性的生活。而对立的观点——赋予财产权极端的重要性,刺激了那些抨击对财富无节制攫取的人,因为无节制的财富攫取给社会共同体中的劳动阶层带来了贫穷、压迫和不幸。像古代世界的奴隶反抗(以及不同时代与此相关的社会思潮)和中世纪农民起义这样的爆发,迫使欧洲社会的其余部分把注意力集中到大多数成员被迫生活于其中的不公正和堕落的社会状况。

随着封建主义让位于私人创新精神和现代资本主义制度,社会思想家们开始谴责不加制约的竞争所具有的邪恶,不仅仅是因为这样的竞争同精神生活是不相容的,更主要的是因为他们认定财产关系决定社会中其他的社会、政治和经济要素,并且顺理成章地,任何旨在带来社会公正和幸福,消除对人类不合理区分的激进改革,都不得不从改变国家中财产使用和交换的状况入手。因此在莫尔的《乌托邦》里,在康帕内拉的《太阳城》里,在哈林顿的《大洋国》里,公共所有权的创立是必不可少的措施——因为现存社会中的财产关系被看作要对弥漫于社会中的不公正负主要责任,而且人类幸福的物质条件同精神因素相比不再被认为是可以忽略的,而被认为是决定性的。

这种趋向日益增长,伴随着哲学和社会学说的兴起,这些学说寻求通过物质的和真实可感的方法来解释自然法则和人类行为,而不是用明显神秘的或精神的原因。在17世纪的宗教、社会和政治冲突的狂热里，在18世纪的理性主义者或经验主义者对全部业已建立的制度的批判里，财产权利的基础必然要受到质疑。财产权利是一个人不可剥夺的"自然权利"吗？还是国家可以随心所欲地处置它？财产权利来自经典的权威，还是自然法，抑或是来自皇室主权或其他人类或超人类的机构？而且这如何与基督教的教条，即上帝把地球赐给所有人而不是一部分人，协调一致？财产权是个人之间自由协商的结果，抑或仅仅是野蛮暴力的结果？洛克提出了人对"附有他们的劳动"的东西拥有财产权，以及商品的价值是由制造时加诸其上的劳动所创造的理论。他得出的推论有利于财富的所有者。但是在他之前，处于温斯坦莱领导下的掘地派已经在克伦威尔统治期间要求对国家财产有共同开发的权利，理由是整个社会共同体而不是特殊的个人被赋予了"自由使用土地，以及土地的出产"的权利。德国和其他地方的新教派别的领袖们 98
也大声宣布了类似的观点。部分地，这仍然是在每个时代可以听到的对于达官富豪之邪恶的社会抗议，但它也源自一个日益清楚的学说，即私有财产权利既非出自上帝，也不是内在的、"自然的"，而是人类的创造，并且进一步的看法是：通向幸福和公正的唯一道路在于私有财产权的废除和公共所有权及公共控制。

二

这些学说在18世纪得到明确表述：在马布利神父的著作里，私有财产权作为人类加诸同类的邪恶之主要来源受到了谴责。而且，有了大量来自半共产主义的古代斯巴达制度的例子，以及出自柏拉图及其追随者著作的例子为佐证，这个论题得到了发展：只有通过物质资料生产工具的公共所有权，正义才会得到保障，少数的强者才不会压制和阻挠弱势的多数人的充分发展和自由。类似地，摩莱里在他的《自然法典》

里发挥了这样一种学说，即非正义和不幸的唯一来源是财产的不公平分配。据此别人很快可以得到一个必然推论，即那些伟大的18世纪的激进者——伏尔泰、狄德罗、爱尔维修及百科全书派——以极大的热情和雄辩为之奋斗的政治自由和政治、社会特权的废止，将毫无益处，除非有反对财产在私人手里不公正积累的保证。摩莱里宣称这一点只有通过建立公有权才可以得到保障。如同马布利，他没有把自己局限在泛泛的原则上。像所有的乌托邦发明者一样，他深入理想国家的微小细节，描述了不同阶层公民的独特功能，阐述了严厉的刑法法典，并且推荐了几种不同的转型方法，通过这些方法，现存社会合乎意愿地转型到一个严格组织化的共同体可以非常容易和无痛苦地得以实现。

这些想法都是决定性地受到了振聋发聩且发人深省的（尽管有些混乱）卢梭的论文的影响。卢梭没有提出一个连贯的、统一的社会和经济学说，但是他宣布说最大的罪犯是那个首先在土地上划出边界并宣称该地属于他的人。卢梭没有支持私有财产权的废除，但是他谴责了竞争、露骨的不公正、财富和权力的无限制积累，以及引发这一点的、作为政治和道德邪恶的中心来源的贪得无厌本能。从这里到财富应该公有的主题只是一小步。

法国大革命并不鼓励共产主义：在每一个人和公民的神圣权利之中有财产权；而且虽然罗伯斯庇尔通过了一部似乎要对个人获得和享有资源加以国家控制的法律，共产主义几乎遭到了所有主要革命派别的反对。然而，至少有一个革命者的小团体——他们受到马布利和卢梭的深刻影响，处在"保民官"巴贝夫的领导下——相信本来试图解放个人和在社会各个部分间建立平等的大革命，已经在实现目的方面无力地失败了，对弥漫于法国执政府期间的腐败和专制最不经意的一瞥都能看出。对他们而言，大革命已经明显地被背叛了，而且是被那些把他们自己的财富和权力摆在人民的利益之前的人背叛的。

那些原本属于被放逐阶级、贵族、教会以及大革命的敌人的财富的大转移，明显地填满了新富的腰包；既没有什么自由也没有什么平等；因为前者在没有后者的情况下无法存在。罗伯斯庇尔的任务必须执行到底，而且确保政治自由的唯一方法是确保经济平等。从这一点出发，巴贝夫及其心地纯洁而狂热的朋友们推导出了他们当前的任务——废除财产私有和把全法国的资源（毫无疑问最终是全人类的资源）整体地转入共同体，并根据平等和正义的法律由民主地任命的代表们处置。 100

1796年他们卷入了一个推翻执政府的阴谋并宣布建立共产主义共和国。他们被其中的一个成员出卖并立即被捕，主要领导者被处死。但是"平等派的密谋"是具有不寻常重要性的事件。它是把共产主义学说（当时这种学说仅仅是广泛的激进思潮里的一个因素）转化为实际行动的首次尝试。它对公众舆论的冲击是相当可观的，而且从此共产主义学说开始被严肃对待，而不是仅仅被看作不实际的理想主义或对现存秩序的纯粹理论上的威胁。巴贝夫的追随者没有全部被处决，他们中的一位——邦纳罗蒂，活过了复辟王朝并且用巴贝夫简单的和暴力的观念孕育了一大批19世纪的革命者和改革者。

源于这样一种学说——无论怎样看待它的价值，该学说在早期几乎被普遍地认为过于不现实，充其量只是乌托邦式的梦想——的社会主义，在19世纪作为一个革命的，并且在它的支持者和反对者眼里都是绝非无法达到的目的，而开始了新的历程。对社会主义学说的一个极大刺激来自大革命和拿破仑的征服与改革带来的欧洲社会和经济结构的普遍松弛。波旁王朝的复辟让如此多的新获解放的法国中产阶级感到受挫，以至于在一般不具有革命性情的法国人中间引起了强烈的 101
思想躁动。关于社会的新观念由大革命产生，而复辟王朝则极力抗拒，对这些新观念的一种最有想象力和最激进的阐释，存在于圣西门的著作里。

圣西门不是私人财富积累的敌对者，因而不是一个严格意义上的社会主义者，但是他提出了许多为日后的社会主义者继承的学说，而且作为展望新欧洲（和美洲）前景的先驱,他在当时的影响无人可出其右。他是一个生活混乱,思想也同样混乱和无序、缀满灵感火花的人。他既不是一个民主主义者,也不是一个自由主义者。与18世纪的理性主义者不同,他不相信在百科全书派的理想模式里达到顶点的人类启蒙的稳定进步。作为最早的拥有敏锐历史进化观念的思想家之一,他相信进步和衰败周期的交替;就"进步"而言他指的是制度的发展,这些制度适应和刺激了由技术发明和发现导致的种种趋向的增长。他是完全意义上的18世纪的产儿,相信理性万能。但是就"理性"而言,他指的是社会的理性组织,以及通过理性组织获得的对社会秩序的设计,这样的设计是由那些有良好的技术知识武装,可以理解他们时代的物质和精神需求及可能性的人做出的。

在圣西门看来,历史的最基本的要素在于经济力量的相互作用:更确切地说是在于社会阶级的相互作用和冲突,每一个阶级都代表了一种在该时代的社会里区别于他者的经济、社会和精神需求。如果说在中世纪,国王、战士、教士和律师代表了作为当时占支配地位的经济力量的阶级,并且装配着能够得到的最先进的技术资源,那么现代工业和科学的发展早就让这些阶级过时了。当代社会的自然领袖——他们代表着由工业革命释放出的新的和决定性的社会力量——是工业家、银行家、科学家、技术专家、艺术家、国际贸易商,他们,也只有他们,才理解并且实际上促成了正在上演的新力量;他们,也只有他们,才可委以对新社会有意识地加以组织的任务。

不幸和不公正源于愚蠢和无知,及其副产品——无效率。土崩瓦解的封建主义的遗老遗少们根本不足以服务于这样一个社会——作为无可匹敌的科学技术进步的产物,该社会加上它发展所需的资源,比以往任何阶段的社会都有能力生产无限之多的财富。政治形式只不过是人类之间真正的联系——社会和经济联系的外在形态,而且要求具有组织才华的人把这些政治形式加以转化,以适应新的社会和经济现实。

除非有组织策划和理性设计,否则就会有浪费、冲突和不幸。决定以往历史的经济阶级间的战争不是不可避免的。处在物质商品、教育和科学研究的生产及分配的理性设计下,所有个人的利益可以得到妥善安排。愚蠢是所有罪过里最致命的。唯一重要的公民是那些生产者,无论是物质上的还是思想上的:其他人都是懒汉和寄生虫、过时的苟延残喘者,或者是傻瓜、无赖和不合时宜者,他们无法让自己适应由新的生产力量创造的新世界。

因此圣西门在他一生的不同阶段里支持各色各样的有整体规划的社会模式,它们由工业或金融大亨以及科学专家们指导,受到艺术家的想象力的帮助——艺术家是人类唯一真正的行善者——他们通过共同努力可以创造一个世界,在其中人类各种迄今为严峻环境所挫伤的能力起码可以获得一种丰富和完整的实现。这种"技术统治论"[1]是可以建立的,不是建立在非历史的并因而常常是不可实践的功利主义原则之上,而是建立在对某些因素,主要是技术的因素的深刻理解之上。这些因素决定社会变化,铸造人的需要和特性。相应地,技术统治论也要建立在对人类业已达到的特殊历史阶段的深刻理解上。它可以规划人类的未来,使之与物质发展巨大的新的可能性相符,这种物质发展本身就可以提供所有人从中取之不尽的无限丰富的资源。稀缺的消失将导致一种完全的经济满足状态,没有它政治自由和政治平等就是空口号。

圣西门与巴贝夫不同,不赞成私有财产权的废除甚或限制,更不赞成人类的平等。恰恰相反,他相信个人企业无限扩张的价值,相信科学家、银行家、工业家和天才的艺术家们相对于大多数人的巨大优越性。但是他赞成一种完全计划好的生产和经济资源的分配。他断言,个人如果任其行事的话,倾向于彼此妨碍并使效率最小化。而且他否认个人拥有反对一个中央计划实体的自然权利。他认为人类道德、宗教、艺

————————

1 非圣西门语。

术和智力的发展直接依赖于摆脱了浪费能量的阶级斗争的新工业体系的进步，并且他把所有希望寄托在天才的人们对该体系的理性控制上。

　　这些论点，尽管常常在模糊和疯狂的想象中表达——也许正是因为这样，深刻地影响了所有后世集体主义的思潮。他的追随者昂方坦和巴萨德重复了导师对于平等和不变的、普世的人类"权利"的谴责，104 赞成根据工作和能力对个人的奖赏，要求有联合和等级性组织（事实上，这是一种国家资本主义，由科学地训练出来的专家严格控制），并且最主要地，他们呼吁废除继承权，这样现存的非理性的私有财产权结构就会寿终正寝。圣西门的观点是一种半神秘、半科学的乌托邦，其中理性战胜了迷信和偏见，而且物质资源在一种世界托拉斯或卡特尔的指导下发展到了极致，这种托拉斯或卡特尔由一个万能的、睿智的、仁慈的中央计划委员会调控，该委员会控制社会和经济生活的所有方面。既是科学的又是权威的，这个实体将改变人性；将使人类自由地发挥和实现其全部的天性、知觉、感情和智力；并且通过恢复身体的前基督权利——通过"肉体的重建"[1]，将结束所有自欺欺人的禁欲主义、虚假的精神主义和其他的世俗性（Worldliness）。这是一个注定要对 20 世纪社会主义和共产主义实验产生深刻影响的梦想，但是它与 19 世纪晚期的自由思潮、个人主义和民主思潮是水火不容的。这些思潮倾向于把它看作过于无人性的专制主义，因而无法实践，例如 J. S. 密尔就是这样看待圣西门的信徒奥古斯特·孔德对该梦想所做的阐发的。恩格斯把圣 105 西门的原则称为"对物的管理"[2] 而不是对人的管理，并非没有道理。

　　1　"[L]a rehabilitation de la chair"：B. P. 昂方坦，"我们圣父的教导摘录：昂方坦论男女关系"，《环球报》，1832 年 2 月 19 日，197 页第 3 栏。

　　2　马克思和恩格斯的引文参考给出两个版本：德文版和英文版，分别标明卷号和页码：卡尔·马克思、弗里德里希·恩格斯，《全集》（柏林，1956—1983；以下称 MEW）；卡尔·马克思、弗里德里希·恩格斯，《全集》（伦敦、纽约和莫斯科，1975—2004；以下称 CW）。伯林使用的从德文版译出的文字不一定与英文版相符，援引英文版是为了英语读者方便。如果引文原来是用德文写的，则先列出 MEW 页码，反之亦然。　　（转下页）

三

　　另一个比圣西门更加古怪和不现实的体系建造者的影响在重要性上丝毫不逊，他就是傅立叶。圣西门是一个贵族，一个拥有广阔深邃眼光的人，他从一个新的、科学的工业寡头制度的角度构想了一个社会，其中银行家和科学家代替了士兵和教士；而傅立叶出身于中下阶层，永远生活在经济窘迫中，并且对他那个时代社会体系的不幸与邪恶有更深切的了解。

　　困扰傅立叶的主要难题，和困扰其他19世纪早期思想家的一样，是法国大革命未能实现那些它曾经慷慨许诺的好处。但是圣西门反对平民政府，在他看来这不比非理性的暴民统治好多少，而傅立叶则有更多 106 的民主倾向。他的批判思想和乌托邦观点主要源于他对正义之渴望的猛烈爆发，以及他天生的慈悲心肠。这种心肠是由人类的剥削和野蛮、劳力和资源的愚蠢浪费、极度的挫折沮丧和绝望的贫穷与不义的财富积累并存引起的，而这正是司汤达和巴尔扎克在以后的发展阶段描绘的图景。

（接上页）　　恩格斯在《反杜林论》(1877—1878)中首先使用了这个词，收于《社会主义从空想到科学的发展》(1880)。见 MEW 卷19，195、224页；卷20，241、262页；CW 卷24，292、321页；卷25，247、268页。在英文版中，相关段落写道："1816年，［圣西门］宣称政治是生产的科学，并预言了政治将被经济完全吸收。经济条件是政治制度的基础这一认识在此只是萌芽状态。但在此已经很明显表达的是，在未来，政治对人的统治将转化为对物的管理［Eine Verwaltung von Dingen］和对生产程序的指导——就是说，'废除国家'，关于这点最近有那么多的喧嚷"(CW 卷24，292页；卷25，246—247页)；以及"国家干预社会关系在一个又一个领域中变得多余，然后逐渐消亡，对人的统治由对物的管理所代替"(CW 卷24，321页；卷25，268页)。见"圣西门致一位美国人的信"，第8封，载《工业》(1817)——《圣西门著作集》(巴黎，1966)，卷18，182—191页。在那一版中，圣西门言论的时间被推断为1817年。

傅立叶拥有一种狂暴的、无约束的和古怪的想象力；他的宇宙论、心理学、植物学和动物学观点不可思议到了疯狂的地步。在一项富有洞察力和现实性的社会学研究中，他探讨起月亮的腐坏对人的饮食的影响，发明了以两万年为周期的宇宙进步或反动的上升或下降秩序的循环模式，预言了对人类有用的新物种的出现：友善的"反狮子"辛劳地为它们的主人做着奴仆的工作，"反鲸鱼"在一天内就可以牵引船只横渡大西洋（海水同时也被魔幻般地变成了柠檬汽水）。尽管如此，傅立叶对工业社会基本的批判还是充满了令人难忘的真知灼见的火花，而且它们的影响证明是特别有力的。

傅立叶的主要观点是认为社会中的根本邪恶在于竞争：就在人类生产出数量空前的物质财富的同时，不幸和贫穷也在突飞猛进；科学和技术的发明越有生产效率，强者对弱者、少数对多数的剥削就越重；一个社会越是原始和资源匮乏，个人和阶级间的关系就越是温和而充满关爱；人类知道和生产得越多，就会给世界带来更多的冷酷、痛苦和不道德。

对此只有一个解释。因为人类互相竞争和打斗而不是协同工作，他们就创造了这样一个体系：一个人的成功只有通过其他人的失败才是可能的。一个人的美味佳肴无法使他餍足，除非对别人来说是毒药。企业主是怎样致富的？尽可能多、尽可能贵地销售商品。市场上越是稀缺，他就可以榨取到越高的价格。因此他乐于建立垄断，甚至乐于销毁部分货物以提高其余货物的价格。更有甚者，他会在某种驱策下在商品里掺假，从而它们可以尽可能快地被用坏，并进而刺激更多的需求。制鞋者乐于见到他卖出的鞋尽可能快地被穿破；建筑者希望他的建筑早些坍塌；医生会希望疾病尽可能广地传播，他会避免任何太快或彻底治愈病人的东西；律师和法官会希望最大量的混乱、犯罪和诉讼。竞争的方法就是割断喉咙。只要社会的目标不是福利而是索取，每个个人使自己富裕的企图就必然导致混乱的最大化，并进一步导致浪费、冲突和不幸。中产阶级、官僚、军官、士兵、记者们生产不出有用的东西。他们只能像寄生虫那样存在，靠着人类破坏性的本能、罪恶和愚蠢来养肥自己。在无用的骚动和混乱中他们有不可告人的利益。

对这种情况的补救只能是引导人类建立一个互惠互利的共同体，在那里每一个人的优势都可以为社会整体的幸福做出贡献。人类变得彼此充满敌意和互相掠夺，变得贪婪、肆无忌惮、无情、谄媚和不诚实，这仅仅是因为坏的教育和坏的制度束缚了他们，使他们无法达到利益的自然和谐状态。人之初，性本善。这就是说，只要提供他们渴望的环境和目标，人类所有的本能、欲望、感觉和倾向都可以得到和谐的实现。教育的目的在于实现人类的自然需要，而不是通过强迫他们遵循某些非自然的方向来使他们残废。我们不赞成偷盗，但是偷盗只能归咎于稀缺。哪里充满富足，当前滑向偷窃的创造天赋和想象力就会被转入建设性的轨道，这将使这些天赋的拥有者感到愉悦，而不是像现在这样给他们套上恐惧的枷锁。我们绞尽脑汁去发现让工厂里的工人花如此多的时间从事单调工作的方法；疲劳扼杀了创造性的冲动，单调意味着想象力和生产本能的死亡。人类本应该获得更多，如果他们的工作更富有变化，如果每个人被仔细地挑选出来去做那些他最有天赋的工作。资本家的专制，被野蛮化了的工人的阴郁仇恨和犯罪倾向，都只能归罪于才能的错误分配，归罪于人类生产体系的坏的组织。通过一个充分、仔细的教育养成的体系，没有什么特性是不能被成功地改造进有益于社会的活动中的。

为了结束工业标准化带来的灾难，傅立叶倡导人们生活在一些大约有八百个家庭的共同体里——这样的合作组织被称为"法朗吉"——在称为"法兰斯泰尔"的颇有吸引力的建筑周围环绕着花园、田地和树林，在其中大部分的重劳动由机器承担，轻一些的劳动由经过专门训练的成员完成，每天工作绝不超过几个小时，并且提供给成员一个正常发育的人用以满足物质、心灵、精神和智力需求所应有的全部必

108

需品和奢侈品。法朗吉公社通过运用合作的方法，将引入科学的理性化；无限富裕的结果将通过集中，但不是过度集中来得到；生产通过机器而不是个人的手工劳动和不平衡的资源的混乱分散状态来进行。每一样东西都变得有条理了。竞争原则一去不复返了，取而代之的是幸福、自由和自愿的联合体。法朗吉公社被组织成越来越广泛的整体，国家疆界被超越，人类形成了一个由自由共同体组成的自由联合体，这些自由共同体是由自给自足和互相合作的生产者和分配者组成的。人类因而生活在健康的环境里和仁慈的教育者们富有启发性的指导下，这些教育者抓住了一条原则，即要想有效率，人类必须享受自己的工作，而且几乎没有什么必须要做的工作没有人或者无法训练人来享受它。[1]

傅立叶的实际上的乌托邦在很多细节上是荒诞的；但是最基本的主旨（很大程度上来源于卢梭）——工业革命产生了一个用大部分的能量来跟自己的目的作对的社会；无节制的竞争不是最有效的产生财富或者幸福的方法；大部分人是人为制度的牺牲品，他们不理解或者忘记了这些制度的目的；当人从事最喜爱的工作时，他们工作得最好并最成其为人；人最幸福的时候是他们最有创造性的时候，而且有利于人们发挥创造性的共同体在许多情况下要比自由放任社会的凶险竞争更有效率——所有这些既对社会主义也对自由主义的思想和实践产生了无可估量的影响。傅立叶的学说曾导致理想化地构思但短命的殖民地在美利坚合众国建立，它深刻地影响了美国的激进思潮；罗斯福于1932年实行的新政充满了圣西门和傅立叶的观念。傅立叶在俄国也有影响，在那里，一个和谐平等的生产者共同体的理想，即工作者和计划者生活在一个既没有官僚体系和警察的专制也没有竞争性资本主义的专制的社会里，在19世纪40年代深深扎下了根，并且既滋养了浪漫的"民粹

1　他举例说，那些喜欢闲谈的人可以做电报话务员，喜欢在泥泞里玩耍的孩子可以成为快乐的清道夫，等等。

派"对政府的反对,也滋养了"科学"社会主义者对政府的反对。(实际上,陀思妥耶夫斯基就是因为被指控属于一个传播傅立叶学说的团体,而被判处死刑的。)在法国,傅立叶促成了蒲鲁东的思想,并且通过他的著作塑造了反政治的工团主义和合作运动的奠基者们的观点,他们的影响仅次于政治社会主义本身。

强调共同体、职业训练和分配、工业心理学的价值,强调自给自足的、小型的、半农村的合作社里(不是圣西门那种大型的、城市中心化的工业单位)经济生活中心化和理性化的价值;纯粹私有企业的终结和通过对人类具有创造性的灵与肉的解放而达到的道德再造:所有这些观念都是社会主义的种子。但是傅立叶厌恶共产主义和革命的方法;他相信道德教化和基于共同理想之上的敌对阶级间的社会和平;他捍卫私有财产并且希望大量地创造它而不是废弃它。他的后继者孔西德朗强调阶级斗争的因素;资本主义的发展把越来越多的无产者扔进毫无权利和希望的赤贫工人的大贮藏池里:在每一个共同体里都有"两个民族"[1]的斗争,而且他们的利益在每一点上都针锋相对;但是这场战争可以和平地结束,如果有国家的干预,有维持劳动力最低生活资料的保证,和对所有公民的宗教与结社、思想与言论自由的保证;通过把社会重组为互相合作的生产者的共同体,永恒的和平和富足将得到保障。

在皮埃尔·勒鲁的著作里可以发现一种相似的,但更强调集体主义的学说。他怀着着魔般的狂热相信国家控制和社会制约的艺术。国家必须调节经济生活,根据每个人的能力从他身上获取并根据他的需要给予。三千四百万法国人被十几万他们的同胞剥削,并且收入的不平等在逐年扩大,这都是违背神圣律法的。勒鲁的观点对乔治·桑的社会小说有决定性的影响。

1　V[ictor] C[onsidérant],"和平民主的政治和社会宣言",《和平民主日报》,1843年8月1日,2页,第3栏。

　　与傅立叶持相似观点的(但没有他荒诞)是威尔士的制造商罗伯特·欧文。与傅立叶不同，他成功地证明了这些观点在实践中的有效性。通过改善他在新兰纳克的棉纺工人的条件，通过设立最低工资，在工业革命的最冷酷的阶段创立一种独创而大胆的社会服务体系，通过以最慷慨和有效的慈父般的控制来创造健康、诚实和自信的环境，欧文创立了一个模范工业社区。它的生活标准高于以往任何时候的英格兰或欧洲，而且因为给它的拥有者所带来的可见的益处，它吸引了世界范围的注意。欧文并不满足于在实践中证明这些理性的和人道的计划的原则，他试图把他的经验普遍化，并且逐渐得出这样一个结论，即除非私有财产——以及与之相伴的非理性和反社会的制度，诸如婚姻和有组织的宗教——全部废除，否则，人类就注定面临无知和竞争所散布的不幸。像前一个世纪的理性主义者一样，他相信人成为什么样的人取决于环境，特别是取决于教育，而且真理传播本身就可以抑制全部邪恶。如同圣西门，欧文的漫长的、全心投入的利他主义生活道路最后在经济上毁了他，他把钱花在了宣扬无神论、自由联合的集体主义以及挣脱婚姻枷锁的爱情上，他是把这些作为一个新的模范世界必须倚为根112 基的原则来宣扬的。他的"平行四边形"[1]——这么称呼是因为他所提倡的建筑的外形——就是傅立叶的法朗吉在不列颠的对等物。跟傅立叶一样，欧文学说里那些荒诞的因素被时间遗忘了。那些富有益处的因素——合作的福祉，以卫生、教育和其他社会服务、社会保障等方式达成的物质、道德和智力水平提升，所带来的生产率和效率的提高——是许多世纪里工人合作运动的基础，也是更加人道和科学的工业立法及管理的原则和方法的基础。实际上"社会主义"一词本身就是作为一个反对私人获利的社会共同体的模糊名称首先在欧文派的杂志中提

　　1　例如见欧文的《致制造业和劳工穷人救济协会委员会的报告，向众议院济贫法委员会提交》(伦敦，1817)，11页。

出来的。[1]

19世纪欧洲的思想中心在巴黎,在那里路易·布朗迈出了社会主义思想发展的下一步。他的主要创新体现在这样的主题里,即任何寻求以工业的或其他形式的合作来取代国家行为的改革或革命都必然是不实际的,因为国家在时间长河中积聚了控制和压迫的力量,诸如军队、警察、财政机器,所以任何为了建立其他某种制度而通过说服或者暴力的手段来推翻它的努力都必然是徒劳的。但是,尽管反对革命,布朗还是承认社会根本改变其混乱和不公状态的必要性。他描绘了一幅几乎与傅立叶的最恐怖叙述同样骇人的关于无限制竞争的场景,在其中战争不仅在雇员和雇主间进行,而且也在挣扎在失业线上的城镇工人和离开乡村与他们争夺少得可怜的工作的贫穷农民之间、在不同工人团体之间、在每一行当和职业里的每一个人之间进行。当前社会的秩序就是丛林的秩序:吃掉别人或被吃掉,打击别人或被打击,人人都与自己的邻居斗争。 113

改变这种情况的药方只有一个。既然国家过于强大以至于无法推翻,它就必须被转变成自由和进步的辅助者。国家必须自己控制商业和工业:通过创建模范工厂、模范银行和每一类型的模范企业,它将——借助欧文展示的诚实、效率和科学管理的益处——与私有企业展开竞争,并且凭借其优越的效率和资源在竞争中胜出。没有实行全面国有化的必要,这么做只能带来暴力和流血。有限规模的国家资本主义(虽然布朗可能拒绝使用这个字眼)将会自动地逐渐消灭和控制效

1　伯林可能是指在"圣西门派"这封信中用到了这个词。这封信是J. E. 史密斯写给欧文派杂志《危机》主编的,1833年12月28日,142页第2栏。其中也出现了"社会主义者"和"社会性"。"社会主义"更早在同一杂志中出现——1833年11月16日,94页第3栏;95页第1、2栏;1833年11月23日,102页第1栏——1834年"社会主义"在那里至少还出现了3次("社会主义者"一次)。《牛津英语词典》记录了一个幽默的1801年美国用法,其相关性至多也是可疑的。

率必然较低的私有企业，向国家资本主义无痛苦的转变也必然会发生。资本家们将和平地停止抵抗，一个理性的体系将取代现在的混乱。农业将会按照傅立叶主义者们的联合合作体的方式来组织。

更加野心勃勃的是康斯坦丁·佩克尔的思想。像布朗一样，他认为国家应该控制社会和工业组织；同时像傅立叶一样，他认为每个人都应该从事他最有天赋的工作。在他的体系里，国家调节着生产者和消费者之间的关系，自由放任被谴责为仅仅是掠夺和破坏的权利。后来的社会主义的完整版本开始出现了。根据佩克尔的说法，国家的疆界是对所有人类充分自由的联合体的人为阻碍。当所有人都从事他最适合的工作时，源于对竞争的盲目渴求的、引发战争的经济因素将被消除。在一个基于理性原则组织起来的社会里，世袭制、特权、宗教的和社会的偏见将消亡。由国家调控的经济联合体将克服阶级斗争。爱国主义将被世界主义取代。劳动和生产的分工将在全球范围内发生。人类生活在只有一个社会的世界里。

埃蒂安·卡贝的共产主义是这一主题的一个变项，但是更加激进和集权化。国家拥有全部的主要财富资源和生产手段，并且给每一个公民指派任务。所有人的报酬相等，对富人征收重税。暴力应该谴责，但是完全的国家控制在卡贝的理想国中受到青睐，这个理想国被称为伊卡里亚。那里有对公共事务的严格的控制和苛刻的国家出版审查制度。所有公民平等，他们的财产不得被暴力剥夺。向这个完美国家的转变应该随着税收的增多和军事预算的废除而发生。卡贝在田纳西建立这样一个殖民地的企图失败了，但是关于一个严格组织起来的共产主义国家的观点很可能对马克思有所影响。

当布朗、勒鲁、卡贝和他们的追随者把自己限制在理论活动和社会试验并且摒弃暴力的时候，奥古斯特·布朗基组织了武装起义。他看到不公、压迫和剥削包围着他，不信任暂时的缓和与说服的力量，坚信通过有组织的革命暴力推翻邪恶的秩序。为了做到这一点，他用一生

的时间把自己完善为一个职业革命家,学习革命的技巧,召集追随者并
且在他漫长监狱生涯的间歇里对他们进行起义斗争的技巧训练。他是
巴贝夫追随者的信徒,一个战斗的无神论者,提倡经由职业训练出的革 115
命精英。他坚信废除私有财产,但更进一步坚信废除资本主义的国家,
在这样的国家里所有的一切,或有意或无意,都只对有产阶级有利。他
的主要目标是摧毁现存秩序及其全部制度。不经过战斗,资产阶级是
不会屈服的:通常来说必须用暴力来攻击它;这是一种民主程序,因为
被压迫者——解放者以他们的名义而行事——在人数上大大超过统治
阶级。

他似乎没有明确地构想在革命成功后应该怎样组织社会;他模糊
地认为应该站在被解放的农业和工业奴隶的立场,直接运用民主的方
法。虽然他对于社会主义学说没有做出过什么有意义的贡献,他对无
效果的改良主义的批判、他作为一个鼓动者和政治煽动家的工作,还是
给战斗的社会主义的每一个分支留下了深深的烙印。巴黎1839年的起
义、1848年6月的革命,甚至1871年的巴黎公社,都留有他作为组织者
和军事活动家的技巧的痕迹,这首先就是把分散的不满汇集成集中的
革命暴力。

四

与法国共产主义思想的发展平行,并且不同于国际知名的欧文,在
不列颠存在着本土的社会主义传统。在最杰出的名字里有一个是托马
斯·斯宾塞,他谴责地主们对日益消亡的自耕农财产的过度侵食带来
的罪恶,作为补救,他提出恢复被废弃的教区的古老权利,恢复对土地
的公共所有权。他关于政府的看法是某种教区议会的联邦,并且要经
常消除中央集权的控制和国家官僚体系的形式。威廉·奥吉尔维是一 116
个温和的改革者,他谴责越来越多的土地集中到越来越少人手中的趋

势,主要是集中到那些白痴富人的手里,他称他们为"强盗"[1],并用激烈的言辞加以抨击。他的方案很难说是社会主义的,因为他所构思的社会是一种改良了的封建主义,在其中每个人拥有四十公顷土地,并附带有地租和对领主的规定义务。尽管如此,这种对不正当获取土地财富的谴责滋养了社会主义思想。

更有决定性影响的是五位英国作家,有时候他们被一起当作马克思主义的先驱。查尔斯·霍尔指出生产劳动的果实在资本家和工人之间的分配比例是八比一。生产所得的八分之七要给雇主——而这似乎并不是他们该得的——这样一个事实要归咎于富人对国家的控制,财富就是强迫其他人放弃理应属于他们的东西的力量。这种力量的运用势必导致富者愈富、贫者愈贫,拉大他们的差距。掌握在有产者手里的教育倾向于让不平等变得永恒。战争起源于贪婪的动机并且扩大了现存的不平等的鸿沟。霍尔的补救方案和奥吉尔维的类似,是在土地上建立小的自耕农,并且改革那种主要是出口穷人的必需品以便为富人进口奢侈品的贸易体系。

威廉·汤普森深刻地揭示了工人对其全部"劳动产品"[2]的自然权
117 利与经济自由的要求之间的冲突,根据后者任何人可以在任何时间、任何地点合法地用任何东西换取其他东西,这就使资本主义合法化了。他声称资本家强迫工人消费得尽可能少,而自己却消费全部剩余。汤普森对此没有提出明确的解决方法,但他首先使用了这个因以后的马

1　例如在他的《关于土地［……］所有权的论文》中（伦敦,1782）,46页:"一个强盗［……］找到了欺骗或抢劫大众的方法,尤其是对他生活的那个地区的穷人。"

2　有时是"他的苦工（toil或toils）的成果"。《关于最有利于人类幸福的财产分配原则的研究》（伦敦,1824）,67页（toil）,81、177页（toils）,199页。参较:"他们努力的全部成果","他们辛劳的全部成果",同上书,284、597页。见《劳动的不公和劳动的补救,或,强权时代与权利时代》（利兹等,1839）,122页。J. F. 布雷写道,"工人得到他劳动的全部成果与资本家的利益"不符。

克思主义者而著名的词汇:"剩余价值"[1],尽管在这里它的意思是指由机器创造的生产的增加,雇主占有其全部,并同其他雇主一起在自己的国家里和国际上使用它们,其结果是迫使劳动者的生活水平更低。

这样的一个主题在托马斯·霍奇斯金那里得到进一步的加强,这位前海军军官的观点混合了对各种国家控制和干涉的厌恶,以及对控制而不是废除私有财产的渴望。他认为控制私有财产要通过消灭整个不事生产的有产阶级或中产阶级,他们从生产者那里窃取不劳而获的收入;他们必须被"主人"[2],即企业的管理者和天才的商人取代,后两个阶级都应该获得报酬,但是要远远少于在现存秩序下他们所获得的。

在1839年出版的小册子《劳动的不公和劳动的补救》里,J. F. 布雷在为作为所有生命——动物、植物——的自然功能的劳动大唱赞歌,然后指出有产者阶级以社会其他成员为代价逃避了这个责任。资本家没有任何目的地获取:他甚至没有花费资本,因为他的财富总是在增加。这样的结果显然比合法的掠夺好不了多少。改良的方法是变更继承法和实行某种谨慎的共产主义,借此每个人可以进入一个大的、普遍的利益分享组织,即某种整个世界的合伙公司。这是欧文学说和后来的费边主义的某些因素的一种模糊混合。

约翰·格雷构思了一种关于报酬的"铁律",据此每个人最后都一无所有,因为所有的事情都在竞争中进行,所有的产品都是为了利润而不是为了给社会使用:劳动者被给予尽可能低的工资;资本家们在与其他资本家的激烈竞争中只获得最少可能的利润;劳动力变成了一手以某种价格买进,一手以另一种价格卖出的商品;而所有这些都导致了那些不事生产的白痴们对大部分社会劳动成果的不正当占有,而他们

118

1　同上书,14、167、169页。
2　例如见他的《德国北部[……]游记》(爱丁堡,1820),123页等;《大众政治经济学》(伦敦,1827),247、248页;《财产的自然权利与人造权利对比》(伦敦,1832),93页等。

本应从事有益于社会的劳动。这些观念——诸如人对人的剥削,剩余价值,一个社会的政治权力分配、教育和伦理观念取决于它的经济结构而不是相反,社会不幸归咎于无限制的自由放任——在这些思想家的著作里表现得很清楚,有时甚至很激烈。这其中还必须提到无政府主义之父威廉·戈德温的名字,他认为理性的原则使人们可以根据自己合理的需求去获取应得的东西,不管在实际社会秩序的不公正和非理性的分配体系中谁会碰巧占有这些东西。他的根据理性原则分配资源的看法可以回溯到马布利和柏拉图,并且与哲学的无政府主义传统建立了一种强有力的联系。

这些社会反抗的观念生长在肥沃的土壤上。拿破仑战争后欧洲经济不稳定和政治不稳定相结合,加剧了现存政权内部的不满,而这种情况几乎与某一特定国家内部的政治压迫程度成正比,由此就刺激了阴谋反叛的产生。一般而言,它们以温和的自由主义和民主的目标开始,但是逐渐地,随着一方施压的增大和另一方经济、社会和政治痛苦与失望的加剧,开始采取越来越不妥协的形式。在法国,七月王朝统治下的政治压迫相对缓和,因此社会主义的论点受到激进的作家和记者们的公开宣传,甚至包括某些教士例如拉梅内(基督教社会主义的最伟大代表),以及贡斯当神父;革命的密谋因此也相应地较少和不重要。现在这些观点进入了德语国家,在那里,由于梅特涅和普鲁士政府的高压措施,它们被赶入地下。

最早在1836年,一个具有纯粹共产主义目标的秘密团体就由德国流亡者在巴黎建立了。激进知识分子,例如赫斯和格伦在德国中等阶层特别是在学术圈子里传播共产主义思想。在某种程度上这些思想甚至影响了当时在反抗俄国压迫的波兰民族主义者。在半封建的俄国内部,模糊的社会主义思想在19世纪30年代也开始在莫斯科和圣彼得堡的知识分子中变得清晰。在意大利和西班牙,反对威权政府的斗争仍然采取了以前的民族主义和自由主义的形式。在英格兰,大宪章运动提出明确的纲领，工业革命的受害者们满怀着对上层的堕落和自己的不幸的愤恨，热切地欢迎这个运动。这些不幸都是突然异常迅猛的工业发展带给政治上无助的工厂工人和工业劳动者的，他们的人数日益增多。从单独几个思想家提出纯抽象的学说开始，社会主义开始与日益形成威胁的心怀不满的工人大众的实际要求联系在了一起，而且社会主义者开始把自己视为即将到来的最终革命性社会转型的天然政治领袖。共产主义或社会主义思想——如上文提到的，这一对词在当时并无明确区分——同样影响了大学知识分子（特别在德国）和不满的工人及手工业者团体。半合法或非法的小圈子建立了起来，小册子和秘密传单在传阅：激进记者海因岑和受到天启的狂热裁缝魏特林就是这类社会团体的典型代表。但是，这种态势的最为雄辩和最有影响力的发言人是法国的蒲鲁东和德国的卡尔·马克思及费迪南德·拉萨尔。

蒲鲁东强调阶级斗争的不可避免性——一边是所有者，掌握着公共生活、政治、经济、社会、宗教和思想的机器；另一边是大多数人，被所有者无情而又愚蠢地剥削着。他把所有的国家都视为单纯的压迫机器并且支持这样的观点，即没有真正的经济平等就不可能有真正的自由，只有当国家被废除并且社会生产要素转入有着共同目的的自由联合体中时，真正的自由才是可以实现的。在充满悖论的语言中，在对黑格尔的肤浅模仿中，蒲鲁东坚持认为历史和其他自然进程一样，并非平滑地前行，而是沿着一条由对立力量的冲突所决定的（实际是由这些冲突构成的）道路前进；这些持续的、时隐时现的小冲突聚集成革命的跳跃——对这些危机彻底的解决构成了进步。

作为社会内在冲突的典型例证，蒲鲁东在一本开门见山提出其著名悖论"财产即偷窃！"[1]的书里揭露了资本主义自我摧毁的本性——出于增加其财富的天性，肆无忌惮的少数人导致了对大多数人创造本能

120

1　"La propriété, c'est le vol!" J. P. 蒲鲁东。《什么是财产？》（巴黎，1840），2页。

的压制，并且最终也毁灭了他们自己。而若为了改良这种情况而代之
以一种威权性丝毫不差的集体共产主义体制，国家依然严格控制着它
的公民，这样做，纵令如路易·布朗所赞成的那样是出于无产阶级的利
益，也是在传播疾病，因为国家共产主义在毁灭个人方面不比无限制的
资本主义好多少。国家总体上是邪恶的，完全是压迫性的，因此甚至作
为反对它自己的武器都没有什么用处。蒲鲁东的思想与布朗和其后的
俄国革命流亡者彼得·特卡契夫的观点截然对立，后者坚持反对自愿
的合作组织，因为国家如此强大以至于无法忽视或抵抗它，并且如果可
以成功的话，必须通过革命把国家转向为自己的目的服务。

　　蒲鲁东坚持拥有有限私有财产的权利，并坚持保留家庭不可侵犯
的权利，对于后者他与卢梭没有什么不同，也采取了坚持妇女从属地位
的父系社会观点：这些制度被设计出来，以保证个人不受国家和贪婪的
资本主义的野蛮与过度的侵食。为了重建个人和阶级的自尊，为了给
人类的创造能量以充分的空间，所有的中央压迫性权威必须被摧毁，代
之以和平的经济合作组织。对蒲鲁东而言，这种侵食或剥削意味着任
何施加于被剥削者的不正当权力，无论是租金、利息或者其他形式的巧
取豪夺，由此弱势一方，即无产阶级或穷人，就不得不无谓地放弃一些
东西，以避免饥饿或者失去人身自由。这种邪恶无法通过圣西门派或
共产主义者所说的强制性的联合体来治愈，因为这样将赋予组织者太
大的权力并因此让工人丧失了人性——毁灭了他们的身体和灵魂。这
与蒲鲁东的价值理论有关，按照这个理论，物品应该依据生产中花费
的时间比例进行交换，信贷应该以尽可能低的利率广为发展，通过生产
者自己自由的合作集资，如果可能的话，信贷最好是无息的。

　　任何能够提高个人品质，发展其自由、创造性人格的事情，甚至战
争，都是好的；毁坏个人和摧毁他们抵抗的工业剥削，是终极的邪恶。
这种暴力的、自我肯定的个人主义以一种无法预见的方式把蒲鲁东与
尼采、法西斯的非理性主义和中世纪的怀旧情结联系在了一起，由此他

在罗马天主教的那些国家里有着不逊于巴枯宁的影响。蒲鲁东的说教没有构成一套融贯的学说，但是他对无限制的财产所有权的摒弃（与卢梭和傅立叶遥相呼应），对政治中央集权化的反对，以及他对建立在工人合作之上的非中央化经济体系的雄辩的呼吁，对社会思想和行动有着深刻的影响，尤其在拉丁美洲国家，并且形成了无政府主义和工团主义运动的基础。此二者成了中央集权化的政治社会主义和共产主义的传统反对者。

五

毫无疑问，当代最著名和最具影响力的社会主义思想家是卡尔·马克思。他创立了最持久而融贯的社会主义学说，并且在此基础上建立了有着革命目标的国际组织。他的观点最吸引人的解释在《共产党宣言》里，这本书是他与弗里德里希·恩格斯一起，应当时西欧流亡的德国工人组成的共产主义小组之一的要求，在1847年底完成的。作为一个大胆的新综合体系——综合了之前以一种松散的、不连贯的形式陆续积累起来的观念，例如，卢梭、圣西门、傅立叶以及霍奇斯金的观点——它是独一无二的论战的杰作。它的主要观点如下：人类社会的历史是由经济决定的阶级之间斗争的历史——这在很大程度上已经由资产阶级历史学家揭示出来了，但是他们没有指出今天这样的斗争是在资产阶级和无产阶级之间进行的，而且后者注定要获胜。这样的战争采取了政治的形式，因为一个阶级要凭借政治权力来打败另一个阶级，而且现代国家仅仅是执行统治阶级意志的机器。现代工业资源的大规模发展已经摧毁了经济生活的传统封建和田园特色，并且创建了一个世界市场来满足已经建立的巨大的世界性工业结构；而这些反过来，并非有意识地，必然把不同国家、民族和不同生活方式的工人组织成一支赤贫的劳动力大军。

决定个人和社会生活的是在生产过程中他们彼此之间的关系。因此对当代社会唯一正确的科学分析是对参与生产过程的各方之间历史关系的分析——生产者，消费者，工人，雇主，中产阶级。如同列宁后来所说的，马克思最根本的问题是谁剥削谁；其他问题都是这个问题的副产品。个人或社会的智力、道德、宗教和艺术活动是"上层建筑"[1]，即不是生产中物质因素的原因而是结果，上层建筑依赖于这些因素，并且倾向于阻碍人们发现在这个世界上的真实位置，即发现最终——虽然并不总是很明显——决定他们生活经历和性格的物质原因。黑格尔提到的永恒的冲突实际上是物质的、经济的和社会的利益之间的斗争；当这些斗争达到周期性的危机时，就会有革命性的爆发，这意味着构成一个社会的那些社会的、工业的、政治的、思想的，首先是经济结构的外部关系不再适合于其内部生产力的发展了。革命于是发生，新的更有利于促进生产力发展的形式开始形成。

资本主义体系是一个充满内在冲突的过渡现象：每一个资本家只有在致命的竞争中击败别人才可以发展，这样的竞争把政府和各大洲都卷入了血腥的争斗里。为了追求自己的工业目标，资本主义训练了一支庞大的工人大军，恰恰是工人的组织结构既使他们越来越远离他们表面上是其成员的那个社会的真正目标和价值，而且与此同时，也使工人组织不断改进，从而成为对他们的雇主更有威胁性的力量。

资本的积累依靠对工人的系统掠夺和贬低。在世界市场中交换的物质商品的价值由在其生产中花费的社会必要劳动时间形成。劳动力本身变成了商品，即他的价值依据他得以生存并保持适当效率所需要的劳动来估量；但是他所生产的要多于他维持自身生活的消耗。他创造的大于他消费的那部分价值就是资本家从他身上攫取的"剩余价

1　"Ôberbau"：尤其参见《政治经济学批判》(1859)，序言，MEW 卷 13，8 页；CW 卷 29，264 页。

值"[1]。与古典经济或中世纪经济中的工人不同,他被剥夺了生产工具和他自己劳动的产品,最终也被剥夺了他自己对于产品的权力,所有这些都由别人拥有和交换,而这些人的目的忽视了或野蛮地摧毁了他作为人的最低的需要。人类被当成有用的商品,他们的才能被买卖以换取金钱。这由一门资产阶级称为"经济学"的社会科学证明有理,它把人与人之间历史上的交换关系看作永恒的、不变的法则,该法则控制了称为货物、商品、金钱、供给、需求等的数量或过程。

随着竞争越来越激烈,资本主义的企业越来越集中形成垄断,为了降低成本,卡特尔就注定要出现。资本家的数量必须越来越少,同时其力量越来越强大,工人的数量则越来越多,越来越赤贫化,越来越集中,组织得比工业体系本身还完善。这就是一种黑格尔式的矛盾过程,资本主义在走向自己的宿命,创造出自己的掘墓人。无产阶级注定在时间的流逝中获得力量、中央化、组织、国际联合和高度的革命自觉意识,以至于它会发现,通过把日益减少的资本家从集中控制的地位上消灭来控制整个经济体系是必然的和相对容易的,从而最终获得其劳动的全部果实以用于自己的目的。由此,如同马克思在《资本论》里写的那样,"剥夺剥夺者"。[2]

由于无产阶级处于经济领域的最底层,阶级斗争随着他们的最终胜利而结束,因为随着资产阶级的消失将不存在别的让他们反对的阶级。当这发生的时候,作为一个阶级压迫其余阶级工具的国家将变成多余的;人类的能量将从阶级斗争(以往全部历史变化的动力)中解放出来,同时按照马克思的学说,也从为经济权力甚至生存而进行的斗争中解放出来。没有人剥削人,农业、工业和商业以及人类艺术和科学的

125

1　"Mehrwert":尤其参见《资本论》,卷1(1867),第1册,第3篇,第5章(MEW)/第7章(CW);MEW卷23,192页;CW卷35,187页。

2　同上书,1.7.24/8.32,"Die Expropriateurs werden expropriett":MEW卷23,791页;CW卷35,750页。

产品将更加丰富，人类最终将享有完全的自由，在其中他可以最充分地
126 发挥自己的能力（不再因为卷入人反对人的非自然的战争而被扭曲，远
离作为人的一般目的）："史前时期"[1]将结束，人类历史将开始。

　　马克思通过一系列的著作发展了这些观点，一开始就攻击法国和
德国的空想社会主义，攻击左派黑格尔分子，攻击赫斯和蒲鲁东以及形
形色色的半自由主义的同情者。对马克思而言，他们最主要的错误就
在于对其所处的这个世界的本质理解错误，因而也就错误地理解了历
史变化的原因，这就使他们中的一些人设想现存的国家可以为革命所
利用；或者换个说法，认为阶级间的妥协和解是可能的。马克思宣称这
个想法是个愚蠢的错误，必然使持有它的人遭受挫败，并且会导致错误
的扩散，这必然混淆视听并背叛工人阶级。现代国家必然是资产阶级
的工具，不可能为工人们利用而又不扭曲他们的目的。至于改革的企
图，在马克思看来，无论是温和的还是激进的，都同样是无效的，因为它
们预设了一种可能性，即存在与敌对阶级共享的价值，存在一些普遍的
善，为了这些善可以形成合作：但这是主人用来迷惑奴隶的致命的假
象。改革者们出于相似的错误也假定现存体系可以改变而无须毁灭，
但是每一个现存制度自身都含有毁灭自己的种子，如同黑格尔指出的
那样；直到随着无产阶级的胜利而使阶级斗争最终消亡，所有的制度都
只不过具有过渡性的历史价值。因此通过改革带来改进的企图，例如
所有通过和平的劝说和教育来改变人的习惯的努力，都是建立在火山
127 上的；历史将席卷这些盲目的企图并从废墟中重建大厦。

　　马克思一直坚持反对任何对道德情感的诉求，并且（除了因斗争
策略的考虑）反对阶级间暂时的共同利益。道德和其他东西一样也是
由生产系统的状况决定的。唯一理性的诉求是那赋有自身适当道德体

　　1　"Vorgeschichte"：例如见《政治经济学批判》(1859)，序言，MEW 卷 13, 9 页；CW
卷 29, 164 页。

系的未来人类生活方式,这是历史——在下一步,即在人类生产力的发展以及由它决定的各种人类关系的发展中——必然会带来的。通过用所有的努力来引导工人懂得这些真理(尤其是让他们正确地意识到阶级斗争和他们在其中的位置),通过把他们组织进武装革命军队,可以加速这个不可避免的过程,新社会的诞生也会少些阵痛。这些最初在1848年以前的文章里得到阐述的观点(有些文章在他去世后才出版,例如《关于犹太人的问题》《经济学－哲学手稿》《德意志意识形态》《神圣家族》),在马克思以后的著作里得到了充分的阐释,尤其是在《政治经济学批判导言》《资本论》《哥达纲领批判》中,以及在弗里德里希·恩格斯的更为流行的阐释作品中。

六

如野火燎原般烧遍意大利、法国和德语国家的1848年革命很快提供了一个对马克思的分析的检验。他们通常以自由主义者、激进的民族主义民主分子与形形色色的社会主义者的联盟开始。无论在法国还是在德国,社会主义者和资产阶级民主派以及自由主义者之间的分裂都日益加深,而革命通常是以对社会主义者的暴力镇压而结束的,镇压通常来自自由主义者和激进派里的温和分子同更反动的力量的联盟。 128
在紧随1848—1849年革命失败之后而来的幻灭时期里,社会主义似乎消失了并被许多人永远放弃了。

就是在这段时期里费迪南德·拉萨尔建立了他的全德工人联合会。他的观点与马克思的类似。他的最值得铭记的思想是他受自由主义经济学者启发得来的,即"工资铁律"[1]总是驱使资本家在无情的竞争

---

1 拉萨尔的表述,他在1863年3月称之为"经济铁律":"给筹备莱比锡全德工人代表大会的中央委员会的公开答复",《拉萨尔演讲和作品集》,Ed. Bermstein编(柏林,1892—1893),卷2,421页。

里，在经济上可能的情况下降低生产的成本，以及工人的工资。这就意味着所有对他们的人性或自利动机的指望都注定要落空，工人们只能依靠自己。他接受了路易·布朗的观点，认为只有政治方法才是有效的，因此一个工人政党的正确目的必须是重新控制国家机器。拉萨尔也受到洛贝尔图斯提出的"铁律"观点的很大影响，这位波美拉尼亚的土地所有者认为无限制的自由放任必然导致所有者对于社会产品（物品和服务）不断增长的需求，这种需求借助于一种体系的运作，在该体系下工人们只得到仅够维持生活的工资，而他们生产出来的价值却在不断增长。[1]同时它也会导致间接税收，这些税收更多地落在工人头上而不是有产者头上，因而引起消费不足和周期性的世界经济危机。只有对经济生活的理性计划才可以挽救这种局面，而只有国家才可以有效地做到这一点。工人不应该要求"他们劳动的全部果实"，因为有劳动以外的因素进入的生产的社会过程是无法被分解成各个成分的；因此除非作为整体的这一社会过程被理性地组织，劳动本身是无法指望获得适当的报酬的。但是只有通过可能要几个世纪才能发展起来的和平方法才可以实现这一切。为度过这个过渡时期洛贝尔图斯提出了许多暂时性的建议，这些成了欧洲所有非社会主义的左翼政党的共同主张。

马克思坚持认为现代国家是资产阶级的压迫工具，即使被胜利的工人们掌握也无法为其服务，因而必须被转变成"无产阶级专政"[2]——一个过渡时期，在此时期代表工人利益的政党将防止失败了的敌人的

1　洛贝尔图斯提到"必要工资"：卡尔·洛贝尔图斯，《生产过剩和经济危机》（1850—1851），Julia Franklin英译（伦敦和纽约，1898），93—94、105页。

2　"Diktaturdes Proletariats"：参见例如1850年的两篇文章，后来（1895）收入《1849年至1850年的法兰西阶级斗争》——"1848年6月的失败"，MEW卷7，33页；CW卷10，69页（"工人阶级专政"）和"1849年6月事件的后果"，MEW卷7，90页；CW卷10，127页（"无产阶级的'阶级专政'"）——以及马克思致约瑟夫·魏登奈尔，1852年3月5日，MEW卷28，508页；CW卷39，62—65页（"'无产阶级专政'"）。

反攻以捍卫胜利了的革命，直到最终敌人变得彻底无力时对这种专政的需要才会消失。拉萨尔沿袭了洛贝尔图斯的想法，寻求直接的国家干预以抵制自由放任的资本主义，按照社会主义的方法设计工人集体福利，并站在蒲鲁东及其追随者思想的对立面，后者和巴枯宁及无政府主义者们一样，把国家看作所有邪恶的体现和来源，并且支持单纯的非政治的经济组织和对政府施加压力。拉萨尔是一个热忱的鼓动者和出色的组织者。他的全德工人联合会成了第一个建立在明确的社会主义纲领上的正式的政党，追求通过公民投票获得议会议席。在他于1864年死于决斗后该政党继续增强了力量。

130

七

除此之外，1848年之后的十年是社会主义历史上的一个低潮期。在1848年6月的毫无结果的起义失败后，无组织的法国社会主义者遭到迫害、流放或保持了沉默。在法国以外，除了1850年代后期拉萨尔的追随者，情况都是如此。在1860年代，1848年的幸存者们又显示了生命的迹象，并且1864年在伦敦马克思帮助成立了国际工人协会，现代社会主义的历史由此开始。该协会由来自不同欧洲国家的行业联盟和其他工人组织的代表组成，不仅要求工人阶级生活状况的改善，也要求政治状况的改变。它由马克思支配，他的最有力的对手是俄国无政府主义者巴枯宁。

在反对任何形式的国家控制或压迫方面，巴枯宁比蒲鲁东走得更远。他认为既然有组织暴力的使用是正义和自由的主要障碍，任何可能导致人们反抗其主人的东西都应该得到鼓励（包括人们对破坏的天然热爱，或者强盗和掠夺者的活动，他们是强加的政治秩序的天敌），直到在一次最终的革命行动中所有的权威都被毁灭——之后人的天赋理性、善良和对自由的热爱将得到自我肯定，人们将永远生活在自由和快乐的相互合作、非政治的联合体里。这些观点在创造无政府主义和工团主义政党方面起了重要作用。

作为马克思和巴枯宁之间持续冲突的一个后果，第一国际大约经历了十年的活跃存在后最终于1876年解散，在此期间它实现了国际劳动者的某种程度的联合，但仅此而已。而同时马克思的追随者在德国建立了一个社会主义政党，该政党反对拉萨尔领导的国家主义的工人。最终拉萨尔的追随者和马克思的追随者之间实现了联合（1875年的哥达会议和1891年的埃尔富特会议），一个统一的社会民主党在德国出现了，声势之大令俾斯麦在1878年感到惧怕并通过了反社会主义的立法。

在法国，社会主义作为工人革命政党的发展因为1871年的巴黎公社而被赋予了新的方向。它在1870年法国对德国的战争失败后兴起，是激进政党在巴黎对梯也尔的自由主义政府的反叛。马克思的国际组织中的成员在这次起义里扮演了相对不怎么重要的角色。它主要由新雅各宾左翼激进分子、蒲鲁东主义者和布朗基的追随者组织而成，这些人相信在一切可能的时间和地点发动恐怖主义和革命，同时还有一些不太好确定的革命因素的参与。在短暂而激烈的抵抗后公社被摧毁了，其成员被处死和遭到大规模流放。尽管马克思不赞成公社委员会的策略和理论错误，他还是把公社看作为了促进社会主义原则和建立无产阶级专政而建立的第一个革命政府，并且在两本小册子里歌颂了它的殉难者。

巴黎公社的暴力是如此地震撼了欧洲保守主义者、自由主义者甚至是社会主义者的观念，以至于马克思主义者对它的公开支持，以及模糊认同马克思主义的社会主义者不那么明显的同情态度，若干年里都倾向于使社会主义在进步分子的圈子里名声受损。当"社会主义国际"（第二国际）在1889年重建的时候，一种非常不同的思潮占了上风。大部分欧洲国家中的大部分工人的经济状况得到了改善。马克思已经逝世，许多好战分子也大都或者死去或者被遗忘了。欧洲各国只有很少的一些还受到世纪早期曾相当普遍的那种程度的专制控制（那种专制

仍然存在于俄国或西班牙），工人的主要目的在于他们的经济地位、教 132
育、社会服务等方面的普遍改善。彼此独立而又起源于相同的一般状
况，出现了一大批民族"改革派"社会主义运动。

在从来没有一个组织良好的社会主义政党的英国，由马克思的
追随者如辛德曼和准马克思主义的同情者如威廉·莫里斯、贝尔弗
特·巴克斯所建立的社会民主党联盟，以及后来的社会主义者联盟，在
影响上很快就小于由西德尼·韦伯、比阿特丽丝·韦伯、西德尼·奥利
维尔、萧伯纳等激进知识分子建立的费边社，后者更坚定地支持李嘉图
的租金理论而不是马克思的剩余价值理论。费边主义者不相信革命
（在英国的环境里，革命似乎是不可能的），而是相信国家和城市对个人
企业控制的逐步增长和对现存社会控制形式的采用，例如在内政服务、
地方管理和其他公共组织方面，他们希望可以不断加强由理性的专家
操纵的、对整个国家的社会和经济生活的集体控制。费边主义者有时
候谈论起来就好像是所有这样的国家控制都将导致社会主义；他们赞
成股份公司，因为它们远在民族国家形成之前就代表了一种集体组织
的形式；他们也与路易·布朗的观点相呼应，认为私有企业不会因为特
别的社会主义立法或剥夺而消亡，而是会因为公共组织、市政机构和国
家议会的更有效的工作而消亡，后三者将在旧式的资本主义的游戏里
用它自己的武器击败它。这种对政府部门、地方和城市机构逐步渗透
的社会主义学说否认了马克思的社会主义学说的基础，及其对阶级斗
争和革命之不可避免性的强调，而且在逐步的社会主义化和国有化方
面与马克思主义相对立。

尽管成立于1893年的独立工党对武装斗争的马克思主义比对费边
主义所相信的"渐进的必然性"[1]更加同情，它在实际中并没有从事革命

1　西德尼·韦伯，"主席演说"（1923年6月26日），工党，《第23届年度会议的报告》
［伦敦，(1923)］，179页。

活动。人们认为，主要关心其成员生活水准改善的英国工会，只有某个不通过公开反对政府的阴谋而威胁到这一目标的政党，才可能赢得它们的支持，而且工会主义者和社会主义者在英国的联盟是通过延续至今的组织和意识形态方面的妥协而实现的，也被忠实的马克思主义者谴责为对社会主义的背叛。虽然有些马克思主义者偶尔也同意革命在其发生的时候并不必然是暴力的——这点是马克思自己在谈到高度工业化的国家如英国和荷兰时曾经表明的——但这与相信教化和启蒙的缓慢过程相去甚远，费边主义者和工会主义者正是持有后一种想法，这两种人对1900年劳动代表委员会的成立起了很大作用，从该委员会发展出了后来的英国工党。

英国的一个有趣但短命的运动是行会社会主义运动，它试图结合马克思主义的阶级斗争信条和所有生产分配方式社会主义化的必然性，并试图回归到某种植根于中世纪经济组织并在工团主义者和合作运动中仍然存在的早期传统，即不是让选举产生的全体公民的代表控制经济生活，而是把对经济生活的控制交到按照职业或手艺而组织起来的生产者（某种程度上也是消费者）手里。按此理论，一个人在其不同活动的方方面面都应该有通过选举产生的代表：因为既然他属于不止一种关系，分别是生产者、消费者、中立的专家或业余爱好者，他就可以投票选举出那些能够代表其生活的所有这些不同功能的人。为了预防一个单调的、统一的官僚体系的中央集权化，以及防止一个集体主义的国家对个人价值的破坏，人类的需求和利益将在丰富的多样性里获得自我实现的更广范围和更多手段——通过某种合理程度的地方和功能自治，最大限度的实际上的权力分散，对个人自我表达和个人及团体自由的最充分的和最有想象力的鼓励。行会社会主义接受了工党通过和平的议会手段获得对英国的生产、分配和交换方式的公共控制的纲领。

在法国，一个更为革命的传统继续存在着：1871年的挫败之后，正统马克思主义者被儒勒·盖德和马克思的女婿保罗·拉法格重新组织起来,并且继续进行政治斗争,反对由保罗·布鲁斯领导的在意识形态上更灵活的那些团体,后者倾向于对工人阶级的角色做出蒲鲁东主义的和非政治的解释。1890年法国存在着多达六个社会主义政党派系,主要是马克思主义者、布朗基主义者、阿勒曼主义者、布鲁斯主义者(有时也称为"机会主义者",这是因为他们被指责有与非社会主义激进分子发展机会主义联盟的趋向),以及这些派系的一些分支。他们在作为无神论者、共和主义者、国际主义者方面是一致的,并且在不同程度上支持共产主义或集体主义原则。然而只有马克思主义者是严格地革命的,尽管那些继续着蒲鲁东和巴枯宁的反政治传统的工团主义团体也这么宣称;他们从乔治·索列尔的暴力反议会统治的学说中汲取灵感,后者警告工人要小心自由主义民主的有害影响,并敦促他们在工厂和车间里通过联合行动——罢工和其他形式的反抗——来把自己限制在无情的经济斗争里,这将保持他们的道德纯洁性和英雄主义,使他们成为这个腐败和堕落的世界的拯救者。像工团主义者拉加戴尔一样,索列尔给他们设立了"总罢工"[1]的目标;这如同早期的基督"再临"一样,起到了神话、旗帜和信念的作用,可以激励起各种感情和行动,即使它从来没有实现过;索列尔接受了马克思的天启式的观点和他的武装革命思想,但是反对马克思的理性主义。

在他们的英国兄弟成功地把一位社会主义者选进议会之前几年,法国的社会主义者就开始往议会里选举代表;1899年,当米勒兰这位杰出的革命的社会主义者在未经其所属政党批准的情况下同意进入内

1　拉加戴尔,见《总罢工与社会主义:国际调查——舆论与文件》[巴黎,1905(文章最初发表在1904年的《社会主义运动》中)]。索列尔,见他的《关于暴力的思考》[巴黎,1908(基于最初在1905—1906年以意大利文发表在《社会主义的形成》杂志上的文章)],第4章和第5章;但索列尔1897年就在思考总罢工的观点,他后来写道,他当时没有发表是因为"总罢工的观点是令大多数重要的法国社会主义者十分厌恶的":"革命的工团主义",《社会主义运动》,1905年12月1日和15日,166页。

阁时, 法国社会主义阵营里发生了最激烈的分歧。它使法国社会主义阵营分裂为盖德领导的法兰西社会党和让·饶勒斯领导的法国社会党, 前者坚持不妥协的马克思主义, 后者承认与非社会主义的进步政党暂时联盟的可能性。然而当1904年的社会主义国际会议谴责所有这种类型的妥协时, 饶勒斯接受了他的失败并帮助将政党重新统一为单独一个组织。从那时起, 法国社会党作为一个合法政党持续存在, 历经了种种际遇。第一次世界大战结束后, 许多社会主义者加入了共产党。

136 法国社会主义中的保守因素逐渐减弱, 大部分转入了激进党这一全然非马克思主义的政党。

八

在德国, 马克思主义的原则是由奥古斯特·倍倍尔和卡尔·考茨基代表的, 他们正式皈依阶级斗争的原则, 并且投身革命。德国改良派的异端学说主要是由"修正分子"[1] E. 伯恩施坦来阐释的, 他在19世纪90年代比他的前人更为清楚地指出了许多马克思主义的预言明显没有实现。他坚持认为事实就是事实, 尽管马克思提供了对历史变化的正确分析, 并且预见了大工业的普遍兴起, 他和恩格斯还是误解了许多东西。比如, 当对金融和工业的控制实际上逐渐集中到越来越少的人手里时, 股份公司里的小股东和其他企业家的数量似乎也在同时增长; 工人的生活标准在稳步提高, 而不是迫于"工资铁律"的压力而下降; 农业里中等面积的个人份地, 远没有被集中的大地产所吞并, 其数量实际上在西欧以各种比例增长; 中产阶级远没有像马克思预言的那样被劳

---

1 这个词的发明, 伯恩施坦归功于阿尔弗雷德·诺西格的《社会主义的修正: 社会主义制度》(柏林, 1901—1902), 卷1,《社会主义制度》: 见导论第 IV 节(xxxv—xxxix)。爱德华·伯恩施坦,《社会民主党内的修正主义》(阿姆斯特丹, 1909), 5页。

动者和大企业家的钳形攻势挤垮，相反，他们正在吸纳那些变得富裕的工人，并且倾向于变成这些资本主义企业的股份持有者。阶级之间的鸿沟并没有扩大，而是被各色各样的岛屿和桥梁弥合在了一起，使得它 137 本来的属性无法辨认了。

伯恩施坦认为没有什么理由相信历史进程像严格的马克思主义者宣称的那样具有必然性，他在自由国家里也没有找到一个阶级用以压迫另一个阶级的工具；相反，他甚至对工会也抱有怀疑的态度，认为它在变得自私和反对社会整体利益方面并不比个人资本家好多少；同时他也宣扬普选权的好处，敦促真正的社会民主的兴起，这些将使工人们能够通过简单地在议会选举中获得多数而满足需要。基于这些理由，伯恩施坦攻击了行会社会主义，因为它提出了诸如工厂管理者应该由工厂选出这样的原则，而这就让社会的一部分掌握了过多的任意控制权，使得生产者反对消费者，并导致无效率。他也不同意马克思主义者的"无产阶级无国家"的口号。他指出工人阶级的国际联合在涉及国际行动时并不是一个强有力的联合，一国内部民主的增长缓和了它的阶级冲突并且在其公民之间创造了某种内部的联合，长期来看必然会使工人成为与其他人一样自由、活跃和有影响的社会共同体成员。

这个过程可能要花些时间，只有通过民主的传播才可以缩短该过程，而不是通过痛苦的阶级斗争的狭隘策略。社会主义政党在国民议会里可以施加的政治压力看上去在满足工人阶级的个别要求方面颇为有效。资本主义远不是在资本和劳动者之间造成越来越宽的鸿沟，它本身也在不断让步，如果工人运动沿着渐进的政治和经济发展道路前进，那么它和酝酿革命氛围相比，就有更好的机会来按照自己的理念改造社会。伯恩施坦的公式"目的不算什么，运动才是一切"[1]代表了这 138

---

1 "Dieses Ziel, was immer es sei, ist mir gar nichts, die Bewegung alles"（"这目的，无论是什么，对我绝对什么也不是，运动是一切"）：爱德华·伯恩施坦，"社会民主党的斗争和社会革命2：崩溃论和殖民政策"，《新时代》16 i，第18期（1897—1898），556页。

一信念。据此，资本主义世界中社会主义性质的公有企业的增多，以及其政治和经济力量的相应增长，将消除对暴力剥夺财产的需要。一般社会主义者的某些理想——自由，政治和司法平等，经济保障和机会平等，国际主义，反帝国主义，和平——与一般左翼自由派的理想也并无很大不同。因此与其他同情工人目的的政党合作很吸引人，实际上在英国、法国、斯堪的纳维亚国家里已经这么做了。自然地，这种观点使伯恩施坦成为马克思主义者和革命工团主义者不共戴天的敌人，但是他的观点对于德国社会民主运动有着决定性的影响，并且同时是该运动的优势和弱点的原因与症状。

即使是在政治和社会状况的某些方面仍处于中世纪的俄国，渐进主义的社会主义也有所发展。俄国第一个正式的社会主义政党是由格奥尔基·普列汉诺夫、列奥·多伊奇和维拉·查苏里奇在1898年建立的俄国社会民主党，该政党继承了无组织的自由主义、民粹主义和早期的革命（某种程度上是农民的）恐怖主义的传统。最初这是一个马克思主义政党，坚持认为要想把俄国从专制和剥削中解救出来，就只有通过俄国不断增长的工业带来的有组织的无产阶级，而不能通过被解放的农民公社向现代农业公有产权结构的发展，持这种观点的有早期的激进分子和革命者，从渐进主义者如赫尔岑、拉甫罗夫到"活动分子"如车尔尼雪夫斯基和刺杀沙皇亚历山大二世的那些人。在俄国，渐进的社会主义在知识分子中也有拥护者，如斯特鲁夫、普罗科波维奇、库斯柯娃，他们维护"经济的"和合法的工会行动，反对来自正统马克思主义者如普列汉诺夫和列宁的强烈进攻。早期诉诸道德情感的传统，以及认为把农民公社直接转化为有组织的农业社会主义就可以避免工业化恶果的信念，为社会革命党所继承，该政党不接受关于阶级斗争必然性的马克思学说，并且相信通过民主的即议会斗争的方式可以把俄国变成工农业的民主国家，而反对无法忍受的沙皇专制压迫的个人恐怖主义可以实际地帮助达到此目的。奇怪的是，无政府主义，尽管有巴枯宁和克鲁泡特金所起的作用，从来没有在俄罗斯帝国里站稳脚跟。

在拉丁国家里巴枯宁和蒲鲁东的影响要比马克思更大：虽然意大利和西班牙有社会民主党派，革命的社会主义者的主体却属于各种工团主义和无政府主义的团体，他们受到反对资产阶级的经济斗争和无产阶级自助信念的激励，偶尔采取怠工和罢工的方式来作为比公开的政治斗争更有效的社会压力形式。在美国，世界产业工人组织的成员偶尔采取恐怖行动，也代表了一种工团主义活动的方式。

一些新趋向同时也开始显现。社会和经济理论家如 J. A. 霍布森、V. I. 列宁、鲁道夫·希法亭和罗莎·卢森堡为马克思的理论加入了关于帝国主义的不平衡发展及其对阶级斗争的影响的学说。因为在他们看来帝国主义是由金融和工业资本对投资领域的追求所导致的，而且也因为在这场竞赛里一些国家比其他国家更早地攫取了土地、劳动力和自然财富，不同国家资产阶级间的冲突的可能性（新兴的"饥饿者"反对老牌的"餍食者"）明显离现实更近了。更有甚者，在俄国社会民主党内部发生了决定性的分裂。领导左翼的列宁要求在党的执行权上实现更大程度的权威中央化，并要求在领导核心里只保留职业革命者，这些人将制定合法公开的工会和俄国马克思主义政党所遵循的政策。普列汉诺夫（党的首席理论家）和马尔托夫（党的最好的宣传者和组织者之一）则相信一种更少等级制色彩、民主气氛更浓的组织形式。党分裂为由列宁领导的布尔什维克和由马尔托夫（后来由普列汉诺夫）领导的孟什维克。在终极目标上——革命之后建立资产阶级共和国，然后由马克思主义者毫不留情地转化为完全的社会主义——这两派看起来是一致的。

第一次世界大战在欧洲的社会主义阵营里制造了一起危机：就在敌意爆发前不久，法国和德国的社会主义者还互相保证要通过对各自的政府显示他们的团结来避免战争。这种保证被证明是无效的。在1914年几乎所有的德国和法国社会主义代表都赞成战争债券，尽管随

140

着战争的拖延在德国显示出了难以驾驭的迹象。持异见的社会主义者的组织谴责战争为帝国主义的冲突，既无关也不利于工人的利益，并分别于1915年和1916年在瑞士城市齐默瓦尔德和肯塔尔召开了两次会议。列宁和他的布尔什维克追随者们以及"左翼孟什维克"出席了会议，而普列汉诺夫和正统的俄国社会民主党成员则支持盖德领导的法国同志们，并且保证支持协约国，因为它正站在自由和国际理想的一边，与普鲁士军国主义、专制和奥匈帝国镇压反抗民族的行为做着斗争。

当俄国民主革命在1917年推翻了沙皇专制时，孟什维克坚持认为根据马克思对历史的分析，俄国必须首先经历资产阶级民主的阶段，在此阶段里它的工业和农业可以沿着西欧的道路发展，因而可以壮大和教育无产阶级队伍，直到其成为多数并且技术的进步使它准备好去控制一切。他们坚持说社会主义预设了远比俄国现实情况要发达的工业发展；并说马克思警告过，在物质不发达条件下突然的革命成功，有可能导致仅仅是国家对劳动者的剥削代替了资本家的剥削；无产阶级过于缺乏组织、没有受过教育、软弱，以至于无力进行民主统治。而农民的情况显然更是如此，即使在资产阶级共和国里他们也几乎没有能力扮演马克思主义要求的角色。在孟什维克看来，获取权力而没有适当的民众支持，只不过是布朗基式的或波拿巴式的机会主义，并且与社会主义的民主基础相抵牾。

与上述观点相反，列宁和他现在最亲近的合作者托洛茨基坚持认为，除非社会主义政党在对他们而言显然是革命的形势中夺取政权并建立无产阶级专政，否则它将丧失信誉和士气低落。不可避免的资本主义阶段的确必须发生，但是它不能在受到工人组织压力的自由资产阶级的领导下向前发展，而是必须置于无产阶级的直接控制下；除非苏维埃像1871年巴黎公社那样立即获得政权，否则革命就会像1905年那样失败。

全俄工农兵苏维埃像在1905年革命中一样，被选举出来并赋予几乎无限的功能，它现在在临时自由主义政府一旁扮演着一个替代的权威来源的角色；布尔什维克在社会革命党左翼的支持下，宣称只有它才真正代表无产阶级和人民大众，因此也是将在普遍混乱中建立的唯一真正的民主实体。而且，马克思自己不是同意如果俄国革命将点燃世界大火的话，它能无须经过资产阶级民主这一过渡阶段而取得胜利吗？列宁在1917年到1918年之间很自信地认为，根本没必要去听那些来自西欧正统社会主义政党的警告声音；因为他们，也包括正统的俄国社会民主党，在列宁看来早在1914年就背叛了这一事业。 142

列宁在1917年10月对政权的成功夺取，把世界社会主义运动分为了两个截然对立的部分。由于第二国际的领导人并没有抵制，而且在一些情况下还支持了大战，由于它的主要理论家、德国正统马克思主义者的领袖卡尔·考茨基攻击布尔什维克的革命是一小撮极端社会民主分子的背叛行为，也由于列宁指责考茨基的说法为倒退，俄国的布尔什维克，现在的名称是共产党，决定与第二国际及同它联系在一起的国际工会联合会决裂，并且创立了他们自己的共产国际（第三国际）和自己的世界工会组织，"红色工会国际"（Profintern）。

在巴伐利亚和匈牙利爆发了共产主义革命。同样失败的尝试也发生在普鲁士。1919年德国左翼社会主义者卡尔·李卜克内西和罗莎·卢森堡在柏林被暗杀，他们的同志库特·埃斯纳和欧仁·列维涅在巴伐利亚遭暗杀，那里的共产主义共和国被镇压。在匈牙利，继红色恐怖而来的是更加无情和野蛮的白色恐怖。在俄国，对共产主义政权的反对者的系统清除采取了大清洗和大量监禁的方式。在每一个国家劳工运动都分裂为几部分，一部分人宣称支持列宁的共产党的威权专政，反对西方的民主程序，赞成武力和圣西门式由上而下的路线；一部分人则把这些当作专制而加以抵制；还有一些人在不同程度上倾向于这个或那个极端。 143

经过几年的形势不明朗——其间另一个国际兴起了，即所谓的"两个半国际"，其中心在维也纳——最终"结晶"为两部分，一边是社会民主党和与它们相连的工会组织，他们继续相信民主的、非暴力的政治和经济活动与和平的鼓动；另一边是致力于推翻现行非共产主义政权的共产党（如果需要将使用暴力），对所有其他社会主义政党充满敌意，认为他们是妥协者和叛徒。1928年托洛茨基被逐出俄国，这导致了另一个组织，即第四国际的出现，它宣称是马克思和列宁的真正继承者，反对由斯大林领导的，被它描述为官僚体系腐败、充满机会主义和民族主义的俄国共产党。

一些小的独立团体——不同时期在大不列颠、美国以及拉丁国家里有若干这样的团体——虽处在社会主义运动之外，但是仍然对其有意识形态上的同情，此外还存在着工团主义和无政府主义的政党，他们或者继续了蒲鲁东主义的、非革命的、和平的和互助的传统，或者继续了巴枯宁主义的阴谋、恐怖主义和反对一切权威的传统。为了对付某些特殊的危机，不同类型的社会主义间会形成暂时的联盟。1935年到1938年的西欧人民阵线运动就试图把所有的反法西斯力量，特别是社会民主党人和共产主义者，团结为一个反对法西斯国家和民主国家中可能与之妥协的那些力量的政治联盟。相似地，在西班牙革命和1935年到1939年内战期间，西班牙的左翼政党结成了暂时的联盟，最后是斯大林式的共产主义者几乎清除了竞争对手，以及由佛朗哥将军领导的法西斯分子获得胜利。

第二次世界大战后，大部分的社会党和劳动党都包含对与共产党合作——合作的方式或多或少要有些限制——持同情态度的派别，或至少是成员。这些倾向在东欧自然要强些，那里苏联的影响处于支配地位；在西欧就弱些，那里人们惧怕苏联。[1]但是有一种情况仍然是真

1　但见本书 xix 页注1。

实的，即把共产主义者，包括南斯拉夫的独立民族共产主义政权，和其他社会主义政党分开的鸿沟比任何时候都要宽阔了。正统的社会主义有自己的民主组织，有在同一框架内对不同观点的宽容，相信通过合法的和议会斗争的方式获取权力，相信逐步的社会主义化，总之对个人的公民自由采取稳健的观点。它所追寻的道路与共产主义相去甚远，后者有着严格的等级制的中央集权，对任何程度的与非共产主义者的政治妥协怀有深深的憎恨，有着苛严的纪律，有着对其信徒中所有持不同意见者或政策分歧者进行身心压制的机制，总之它相信它的终极目的——推翻一切形式的资本主义——使它可以合法使用任何通往这一目的的手段。至于学说方面的基础，任何形式的社会民主党（非共产党）信念自1919年以来都没有发生什么重要的变化，那是最后一次它在共产国际领导人的进攻面前不得不表述自己的立场。[1] 145

1　本文首次发表于1950年，1966年发表了修订版。这里做了进一步的改动，但伯林没有根据更晚近的一些事件，尤其是东欧共产主义的失败和苏联解体这样的事件，做实质性的修订。

马克思主义和19世纪的
国际工人协会

一

1864年9月28日，第一国际工人协会在伦敦的圣马丁教堂成立。它的章程在同年10月的最后一个星期被二十几个成员通过，当时的情形极为混乱，这些人中的大部分，可以说，在此事件过去一百年后甚至更不为人们熟知。[1]即使在饱读史书、专攻19世纪社会历史的学者当中，又有多少记得黎姆辛、杜布莱、莱斯纳、赫尔曼·容格、夏佩尔、博布琴斯基的名字？或是日内瓦的列维和少校路易吉·沃尔夫的名字？谁还记得共产主义同盟其他成员的名字？托兰、弗赖堡、瓦尔林、德帕普、埃卡留斯[2]、豪厄尔、奥杰、克莱莫等人的经历可能更有名一些。但是，如果不是因为该组织幕后的那位核心人物，即使这个组织的那些奠基人也不可能萦绕在人们的记忆里。正是他，从这些分散的个人的结合

1　现在已过去一百五十多年了（本篇写于1964年）。

2　值得指出的是，埃卡留斯，马克思倾向于信任他是一个真正的革命的社会主义者，最后证明是受雇于普鲁士政府的间谍。

中——他们不是那么富有思想,甚至也没有太多组织才能——锻造出了一种工具,这种工具即使本身没有改变历史,也为一种改变历史的运动奠定了基础。

卡尔·马克思旅居伦敦。他远远超出一些有共产主义观念的不太重要的德国流亡者,如埃卡留斯、莱斯纳、夏佩尔等,后面这些人很自然地把他视为精神领袖。当时英国工人阶级的领袖们对他并不是很了解,但他们中更有冒险精神的一些人把他看作一个饱学的革命理论家,擅长为一个国际工人联合体提供和形成一套理念;因此他(和他的朋友恩格斯)被带入这个运动,在英国扮演了领导者的角色,而且在十五年的默默无闻之后,最终作为一个具有支配性影响的人物登上了欧洲和世界历史的公共舞台。

国际社会主义历史上的两个关键时刻,即1864年和1903年(这年在同一城市列宁创建了布尔什维克党),出现在这样一个国家里,想起来是颇有讽刺意味的。该国的居民在当时和以后对在他们中间发生的历史事件一无所知,尤其是全然不知正在基于某些原则做出一系列决定,而这些原则在很大程度上基于他们自己的社会和经济历史——他们无视马克思和马克思主义给他们设定的角色,并没有而且现在仍然没有在那些决定中扮演任何真正重要的角色。

让我回想一下当时的情形。欧洲大陆上,紧随1848年大失败而来的社会反动时期远没有过去。在1864年,工人运动非常微弱。拉萨尔罢工在德国的成功显示了在法律的和社会的障碍面前,天赋和精力可以做什么,但这样的例子是独一无二的。聚集在圣马丁教堂里的人,无论是法国人还是英国人,无论是巴尔干人还是瑞士人,都没有当时即使是二流的政党领袖的影响力。蒲鲁东被流放到布鲁塞尔,处于无能为力的境地;巴枯宁卷入了伦敦或是瑞士的子虚乌有的阴谋里。马克思是一个并不存在的派别的穷领导,在大英博物馆里埋头苦读,即使对于职业社会主义者来说他也是一个非常不熟悉的作者,更不用说对于受

146

147

过教育的公众了。

那么，人们也许要问，是什么让第一国际和如此有力地体现在它的宣言、纲领和原则里的马克思主义学说在人们的想象里打上深深的烙印；并且不仅此，还获得了比当时所有其他有组织的社会运动更大的影响力呢？——比如孔德的实证主义或功利主义，圣西门运动或基督教社会主义，自由派改良主义或和平与自由联盟，它们中的一些建立在清楚地提出并阐释的、全面的、合理的、有说服力的原则之上，并为困惑者和受压迫者提供了一个与马克思主义本身相比，在全面性上、有时也在末日预言图景上毫不逊色的解脱方法。一句话，什么造就了马克思主义运动的动力、成功和压倒一切的冲击力？是它的原则还是它的组织，抑或是二者的结合？我对这个问题不会试图做出即使是简短的回答。在今天，这个问题对于全体人类的生存和前途来说，比在一个世纪之前更为生死攸关。尽管事实上第一国际在其观点方面远远不是马克思主义的组织——在其短暂的存在期间，它一直是高度分歧的各种观点间颇为不易的联合，有蒲鲁东主义、雅各宾主义、巴枯宁主义、民粹主义，以及就工会而言，还有过于模糊以至于无法分类的观点——其历史重要性却来自它和马克思的名字及其学说的联系。正是这一点创造了想象和神话：在历史上这些至少是与它们所围绕形成的那些基本事实同样有力的。这一现象有三方面：组织本身；以它为平台的马克思学说，并且日后它颇为神奇地与这些学说等同；以及它的名声和威望，这是共产主义从巴黎公社的行动和苦难中，尤其是从它的名字中获得的。

148 　　让我从这个组织曾极大地推动过的那些观点谈起。我计划在五个标题下讨论这些：

（1）马克思主义宣称对人类历史进行解释。特别是对冲突、压迫和苦难的解释，这宣称是科学的和历史的，同时也引导出对光明未来的预见——自由、平等和普世繁荣。换句话说，这是一种科学方法、历史现实主义和终极回报之保证的综合,这种保证的真实性和确定性,和以往提供类似保证的宗教或哲学所达到的程度一样。

(2)提出了具体目标。包括短期的和长期的,这些目标对人而言都是要自然地去追求的;尤其是界定了某个特定的敌人,战胜这个敌人本身就可以扩大人类的自由。

(3)把人类清楚地区分为光明之子和黑暗之子。并且推论说是客观事实的本质,而不是自由的、可撤销的决定,应对后者的命运负责,这群人受到历史本身的谴责,必然要灭亡;由此推论出对其进行仁慈的挽救是注定要失败的,而且是非理性的。

(4)任何一个社会里普遍价值的表达,都是该社会某个统治阶级的利益的表达。因此自然地,人类风尚向一种新形式的必然转化就对应着一个新阶级的兴起,这个阶级进行着与社会不公平和剥削的决战。这个阶级的要求,由于这些要求与人类本身的要求是一致的,压倒了一切其他伦理的考虑。

(5)把某个特殊人类群体或阶级的利益,如工人、被剥削的无产者,甚至更简单些,比如穷人们,等同于全人类的利益。

马克思实际上创造的是一个新的反教会的普世性组织,有概念和范畴的充分装备,至少在理论上有能力对所有可能的问题提供清楚和最终的答案,无论这些问题是私人的还是公共的,是科学的还是历史的,是道德的还是美学的,是个人的还是组织的。这个圣西门和孔德梦想过、由马克思和恩格斯创建的新制度的福音,诉诸现实中人的理性和热情,对他们而言,欧洲日益扩展的工业主义早已给予了他们一种自觉意识,即他们是由共同的苦难和共同的利益联合起来的整体。他们是工厂和商店里以及土地上的工人——简言之,是那些不拥有自己的生产工具的人,是那些其境遇构成19世纪所谓社会问题的核心的人。

虽然我不想详细阐释为人熟知的马克思主义的原则,我仍认为有

149

必要指出它们建立在一个绝不是不言自明的形而上学基础上，建立在一个巨大的假设上，这个假设是马克思从黑格尔和古典哲学那里继承来的，他自己用不着费劲去论证。这个假设——不仅是从内在来看，而且就它曾有的巨大影响而言，都很重要——就是一元论的历史概念。

俄国马克思主义者普列汉诺夫在这样描述马克思主义时是无比正确的，对于马克思主义，和对于古典思想家一样，现实是一个单一的理性体系。那些以这种模式思考的人不仅仅把历史和自然——人类经验的重要两维——看作是可以由一个单一的、无所不包的体系来解释的：这是一个由支配着人类和无生命自然的可发现法则组成的体系，尽管不同的学派分支有自己的法则并宣称那是自己首先发现的。而且马克思主义还进一步宣称（在这方面类似孔德的实证主义），这些法则本身就可以解释人类历史迄今为止思想上的错误和实践中的失败与磨难；[1] 并且不仅如此，其自身就可以区分什么是进步的，什么是反动的，也就是说，什么可以有助于实现正确的、能为理性证明的人类目的，什么阻碍或忽略这些目的。马克思主义基于这样的前提假设，即人类所有的问题都是可以解决的，人类永远是这样被组织起来的（这被认为是一个公理，既是心理学的也是社会学的），他们要寻求的是和平不是战争，是和谐不是混乱，是统一不是分裂。人类之间的争斗、冲突、竞争本质上是一个病理过程：也许人就是这样被构造出来的，以至于这些趋向在他们的特定发展阶段里是不可避免的。不正常的是，他们没有实现那些人作为人必然共同具有的目的——那些使人成为人的共同而永恒的目的。

正是这个认为所有人都有共同本性，虽然会有差别但可以由某些非常一致的、特定的人类目标来定义的假设——这个信条是亚里士多

1　过去的错误和磨难被看作是不可避免的序幕，是未来幸福的迹象和证据：伟大人类历史戏剧必需的章节，不是偶然事件，不是无意义的灾难。——伯林

德和《圣经》的根本,也是阿奎那、笛卡尔、路德和18世纪巴黎美学家们的根本信条——使得谈论人类的挫败、退化与扭曲成为可能。人类具有永恒的精神和物质潜能,但只有在一系列最终的条件组合下才可能实现它们:当他们停止互相毁灭的时候,当他们不再把精力用于彼此争斗并联合起来按照理性去征服环境的时候;在这里,理性被认为是用来理解和寻求满足人类必定会有的需求,这些需求在过去由于可解释的历史原因错误地形成,并且被错误地用来证明侵略和压迫的正当性。核心的(而且是不受批评置疑的)假设认定所有人类目的在原则上是和谐一致的,并且是可以得到满足的;认定人是或可以是并将是这样的,即一个人"自然"目的的实现在某一天不会妨碍他的兄弟对于类似实现的寻求。

151

这使某些理论变成了错误,所有这些理论都接受冲突的不可避免性,甚至,例如在康德的例子里,坚持认为没有争斗就没有进步,认为正是每个个体努力要胜过对手的对光线的争夺使树木长得更高。这与"社会达尔文主义"[1]的任何形式都是直接对立的;它否认了如下的假设,即认为是原罪或内在的邪恶,或天生的攻击性,甚或是人类欲望和理念的变化无常和矛盾不一,破坏了一种天衣无缝的和谐的可能性,破坏了全体理性生物完全联合的可能性,在这种联合里,他们亲密无间地合作,通向被普遍接受的、和谐一致的目标。因此它根本对立于出自更早期观念的一些推论,例如认为政治活动的目的不是某种静态的完善,而是在各种利益和活动出现的时候,随着它们的出现对它们加以调整;按照这样的看法,人很自然地要追求不同的,有时候还是不相容的目的;这也不是一种邪恶——因为差异性就是自由行动的代价,有时也许是本质。因此所有政治活动能够达到的成就便是创建一种机制,用以

1　约瑟夫·费希尔创造的一个词,见"爱尔兰地权史",《皇家历史学会会刊》5 (1877),250页。

抑制过多的摩擦,抑制那些由于过多的冲突和撞击引起的磨难,而不是试图把它们一股脑地压制下去。因为这样做,无论怎么说,都是把人硬放到普罗克汝斯忒斯的床上,把人硬塞到一种人为的一致性里,导致人类精神的枯竭,有时是毁灭。马克思主义反对这一观点。

在很大程度上,政治思想的历史是由两种截然不同的关于社会的概念的竞争构成的。一边是多元论、多样性和百家争鸣的支持者,他们152 支持一种包含冲突的事物秩序,始终需要协调、调整、平衡,一种总是处于不完善的平衡状态,需要有意识地努力去维持的秩序。另一边是那些认为这种不稳定状态是社会混乱和个人疾病的一种形式的人,因为健康依存于统一、和平,依存于消除一切不一致的可能性,依存于一种认同,即认为只有一个目的或一系列不冲突的目的才是理性的,以及由此得到的推论,即理性的不一致只能影响到手段——他们是柏拉图和斯多葛派、中世纪经院哲学、斯宾诺莎与爱尔维修、卢梭与费希特以及古典政治学理论所代表的那一传统的支持者。马克思终其一生都是这种传统的忠实信徒: 他对内在于社会发展的矛盾与冲突的强调,只是不间断的人类进步主题的一个变奏,人类被构想成致力于理解和控制自身及其环境的存在物。

从这些古典的前提中他得出了他所有结论中最为原创的、最有影153 响力的结论——著名的关于实践与理论统一的学说。[1]你之所做不仅仅

1　这个马克思主义的基本方法,马克思本人并未严格地如此表述,恩格斯也没有。见格奥尔格·卢卡奇,"什么是正统马克思主义?"(1919),《历史与阶级意识: 关于马克思主义辩证法的研究》(1923),Rodney Lvingstone英译(伦敦,1972),2—3页。莱谢克·柯拉柯夫斯基加了一条评注,"对现实的理解与改造不是两个分开的过程,而是同一个现象":《马克思主义的主要流派: 起源、发展和瓦解》(牛津,1978)卷3,《瓦解》,270页。在将它重复到令人腻烦的苏联哲学中,其意思大致是:"自然科学应该为苏联工业服务,社会与人文科学是政治宣传的工具。"相似的语言表达也出现在马克思同时代的人中(但不应被视为意义等同,即使是做了"必要的改动"之后)。例如,密尔本人就在"论天才"(1832)中把"理论与实践结合"归给古希腊人,《密尔全集》,J. M. Robinson等编(多伦多/伦敦,1963—1991),卷1,336页; 奥古斯特·孔德也提到过"harmonie entre la（转下页）

是你之所想最好的证明，而且是比任何你自己所说或所信的信条或原则更能发现你的真正信念的标准。有时候马克思主义被简化成这种类型的公理，但这样做是固化了一种漫画式理解。马克思主义的信条是：你所做的就是你所相信的；实践不仅是信仰的证明，而且与信仰等同。理解某种东西就是按照某种方式生活，即行动；反之亦然。如果这种理解和知识属于理论的范围，那么它就是沿着某些思路思考的活动；如果发生在行为的世界里，那么它包含着随时准备按照某种方式去行动的意愿，包含着某种行为类型的肇始。信仰、思想、感情、意志、决定、行动不像那么多的行为或状态或过程是可以彼此区分的：它们是同一实践（praxis）的不同方面——对于世界的行动或反应。

这导致了一种关于价值以及道德、政治和美学目的的观点，它不总是能为头脑简单的马克思信徒们所理解，而且实际上有时候被简化为庸俗的公理。在马克思看来，要变得理性就是要理解自己和生活于其中的环境，尤其是阶级结构，以及自己与之的关系。这种模式是历史地发展的，我身处其中的社会之所以如此，是由于社会成员之间的关系，这些关系本身是被它们与生产过程的联系决定的。要理解任何东西就是要理解它在这个过程中扮演的角色，这个过程把满足人类真正的并可发现的利益作为其终极的、客观的、不变的目的（马克思主义绝对是目的论的）。而且，理解就是依据世界本身来看世界：按照某种方式生活。对于任何既定的难题只能有一个真正的答案，无论是理论的或实践的，只有一条路不是自我毁灭的，只有一种社会政策或生活方式在任

154

（接上页）théorie et la pratique"（"理论与实践相协调"），见《实证政治体系》（巴黎，1851—1854）卷5（1854），5、7、45、171页。更一般地来说，关于理论与实践关系的讨论可以追溯到古代，也许源于苏格拉底关于美德即知识的教导；另见第欧根尼·拉尔修（7.125）论斯多葛派的观点："有德之人既是理论家，又是可为之事的实践者。"尤其著名的是莱布尼茨1700年提议在柏林建立勃兰登堡学院时的建议，"Theoriam cum praxi zu vereinigen"（"结合理论与实践"）：见汉斯－斯蒂芬·布拉特，《莱布尼茨和他的学院：柏林科学院历史精编，1697—1716》（柏林，1993），72，参见《自由论》，230页。

何既定的环境里都是理性的；不管它是什么，它总是必须着眼于争斗的消除，着眼于为了建立对自然而不是对人的威权（就像圣西门说的那样）而对人类能量进行组织，因为建立对人的威权无法实现人类的目的，这些目的依存于一个让所有成员的目的都可以充分实现的和谐的社会。唯有这种解决方案才是理性的。所有其他形式的行为都不是理性的，也就是说，它们导致不同种类和不同程度的自我扭曲和挫折。要想知道什么是我必须做的，我就必须知道在决定每个社会的轮廓及其成员生活的生产过程的模式里，我是什么和处于什么位置。价值被哲学家们错误地与事实分开了：因为价值判断就是行动。一个理性的价值判断就是对于目的、方法、环境以及其中诸动因的正确评价。发现真理也就是应用真理。按照这种观点，不可能正确地分析了一种情形而没有相应地行动，反之亦然。虽然这个过程无须总是一个自觉的过程。如果我无法知道我的真实目标是什么，以及如何达到目标，我就不会是理性的，我也不会在这种知识的指引下决定自己如何行动。

　这不是（有时候被错误地归给马克思的）那种浅陋的功利主义，即一个人告诉自己："某些客观的法则支配着世界和历史；我最好找出它们是什么然后适应它们，否则我会被历史的车轮轧碎；没有什么理性的生物想要这种下场。"人类的道德自觉意识在每个时期都反抗着这种对必然力量的诉求；因为有时候人们知道，在任何困难面前捍卫他们的绝对原则，而不是屈服和谨小慎微，在道德上（甚至在政治上）要好得多，而且当这种意识的准则被称为堂吉诃德式的或乌托邦式的或不明智的时候，它也仍然未被动摇。马克思主义的立场更加复杂些。如同黑格尔，马克思把价值和事实间的区分看作浅薄的谬见：任何思想都体现着价值判断，任何一种行为和感情也是如此；价值已经被内化于我对待世界的一般态度里了，内化于塑造了我的所知、所感、所想、所言，或可以在所有我想到的、看到的、相信的、理解的、发现的、知道的、言说的东西中察觉到的总体世界观。价值的概念，乃至与价值无涉的行动之可能性的概念——超然的沉思，对存在的不动感情的描述，不带任何价值倾向——按照这种观点，是一种谬见。我用眼睛看到了我所见的东西，而眼睛独属于我的时代及其观念，属于我的文化及其价值，属于我的禀性及其动机。当然，首先是属于我的阶级及其利益。若假设认为事实是客观的实体，独自存在（自在地处于中性的空间）且可以按照其真实的样子、不掺杂任何评论或解释（即没有评判）地被观察到——基于这样一个假设之上的实在主义，就等同于否认人是追求目的、有计划性的、可以产生意图的生物。客观观察者的概念，即观察者不受历史潮流的影响，不是由那潮流决定他去寻求什么和避免什么，并使得他属于一个特殊群体，与其传统和观念紧密缠联，或者反对那传统和观念；简言之，把自我看作是静止的实体而不是永恒的行为，即不把自我看作是试图行动和时刻变化的永恒努力，与事物、自己的性格以及所有其他人面对面地去行动——这样的观点是极其谬误的。更坏的是，这是对逃避的掩饰，逃离现实，却摆出客观超然的姿态——也就是萨特所说的"自欺"（bad faith）。因此，只有这样一种价值判断以及表述它的行为才会是理性的，即源于对自我历史地位的正确把握，也就是认清自我在由无论什么支配因素决定的过程中的地位——这些因素可以是上帝或自然法、国家、教会或阶级——并且只选择在此前提下有效的方法，即可以有效地促进实现我作为一个理性生命忍不住要追求的那些目的；这里的"忍不住"不是机体意义上的，如我忍不住要消化，而是这样一种意义上的：我如果采用逻辑推理的方法，就必然要得出逻辑上的结论；以此逻辑，我必然试图保护自己远离危险，如果我真的相信它们会威胁到我和我的目的。

156

　　因此乔治·利希泰姆是极为正确的，他断言马克思不认为仅因为革命是不可避免的就为革命而工作是理性的；马克思之所以认为革命是不可避免的，是因为存在于生产力的新状态与旧的法律、政治或经济力量之间的张力，它对于那些了解了一个理性地组织起来的社会应该以及将会是什么样子的人来说，逐渐变得无法忍受。[1] 因此一方面是生产方式的日益社会化（一个自觉的、理性的、自由的人类行为的范例，它体现了对如何实现我忍不住要去追求的目的的现实把握），另一方面是从一个早期经济阶段残存下来的非社会化的分配方式，二者之间的冲突必然导致大爆发和理性的解决方案。这就是"理性恒有理"（la raison a toujours raison，普列汉诺夫最喜爱的引语）[2] 更深的、更精妙的意义。在马克思看来，这种张力使得一个特定的社会必然要抵制起源于其自身的无可避免的疏忽或愚蠢的衰败，并且必然采取维持现有制度的形式，这些制度最初是它为回应真实需要而创建的，但是现在没有能力去实现这些需要了，而且退化成人类进步的绊脚石，退化成在社会进程赋予的形式下满足人类基本需要的绊脚石。无疑，像这样，在部分实现目的时产生其自身矛盾张力，而疾病又产生其自身治疗方法，这种模式本身是难以避免的: 但是从人类本性的角度看它是可以解释的——人类理性与创造力带来的苦难和辉煌——而无须从某些无论人类喜欢与否都在塑造着人类的外部的、非人的力量的角度去解释。剧本是预先决定的，但演员不是被外界力量用线控制的木偶: 他们决定他们自己。他们的路线是由他们的困境定好的，但他们理解且严肃地对待这些路线，因为这些目的也是他们自己的。

这种表面上清楚、一致和自圆其说的观点，掩盖了一个爆炸性的力量，一个不是经常为马克思主义的思想家明确承认的辩证法转向。事实和价值混为一谈；人被历史的、社会的和物质－自然的因素的交互作用塑造成他现在的样子，他们的价值被历史设定的任务所决定，而历史为任何理性的生物都设定了同样的一些社会目的，这些目的是他们

1　乔治·利希泰姆，《马克思主义: 历史的与批评的研究》（伦敦，1961），55页。

2　这句半谚语式的话出处不详。J. G. A. 居维利耶曾用在"奇幻哑剧"《穿靴子的猫: 24小时的小丑》（巴黎，1802）的歌词中。但可能不是没有先例的。

的理性本质所必然要具备、理解和为之奋斗的。到这里为止，还说得过去。但是，如果历史是一个永恒变化的过程；如果人类在追求其历史目的的时候不仅仅改变了环境，也在这个过程中改变了自己，就像马克思（在黑格尔之后）精彩而深刻地主张的那样；而且如果人类发展的核心动力是阶级冲突的话，那么社会目的，也即规则、原则、价值，在那走向革命的历史进程中，必然永恒地被变化着的各个阶级以及阶级中不同个人的相互关系所改变（因为最终阶级只是个体的集合，阶级结构就是个人互动的功能形式）；因此在阶级斗争继续进行的时候，不可能存在 158 普遍的、共同的人类目标。没有什么目的或原则可以是如此不可改变和神圣，以至于在特定情形中，自我改变的人性在上升中更进一步的要求——正因为人被他们自己的努力所改变，所以这一步不是他们能预见的，在他们达到它之前也无法完全了解——不能有理由地压倒它们。到最终的社会理性秩序建成前，亦即马克思所说的"史前时期"[1]达到了其终极目标之前，都是这样的。

　　根据这种观点，人类的终极目的就是按照自己不受束缚的理性去自我决定的人的自由，因此进步就被等同于某一部分人类的胜利，例如无产阶级，这部分人被看作这种理性发展的唯一执行者；因此可以得出他们的利益压倒一切的结论——他们代表全人类的利益。但是——这是一个很关键的"但是"——由于这些利益和具体的要求是自身及其理念、观点和价值尺度都处于永恒变动中的人类的利益，它们随着斗争的起起落落而时时变化，因此它们要求的东西就是不可预见的，且可能与我们今天奉为圭臬的一切都截然相反。最终就是这点让那些发现某些马克思主义立场缺乏道德或有些专制的人感到恼火。无论赫尔岑与巴枯宁、克鲁泡特金与拉甫罗夫、饶勒斯与马尔托夫、罗莎·卢森堡与卡尔·李卜克内西多么真诚地认同对历史的阶级分析方法的有效性，

1　见本书127页注1。

很明显的是，他们并不真的相信价值只是变化着的具体环境的功能，而且可以直接从中推导出来；[1]他们无法让自己全盘接受像一些合格的马克思主义分析者阐释的那种公理，即无产阶级的利益扮演着罗盘那样的角色，始终指向道德上以及实践中正确的政策（因为这二者必然是同时的），其实历史上，真理常常被以这样直接的形式，与特权教士的形形色色的声明联系在一起，做出这些声明的宗教都认为它们自己的教会才是所有真理和有效性的终极的、不可摧毁的保有地。

这些思想家中的一些人有时候会在他们的研究中或公共领域中相信与此相似的某些东西：但是当就此会得出一些推论，如在一个特定国家和特定环境下农民应该被忽略，因为理论认为（不是没有道理的）他们是一个反动阶级；或者当理论——以历史辩证法的名义——要求为了有利于选择领导精英而压制工人阶级成员的民主权利；或者命令你去抵制一场同某些人和制度的战争，而你知道它们是文明的敌人，这种文明珍视人类的价值，没有这种文明生活里就没有什么值得你去捍卫了（1914年和1939年的情况）；或者命令你去压制基本人权，如果这是革命的需要的话（如同普列汉诺夫在1903年许可的那样），或者去服从一个自封的政党领袖的专制（如同罗莎·卢森堡在1918年谴责的那样）；或者要求背信弃义、弄虚作假、与希特勒联盟、谋杀和屠杀无辜者——所有这些在政党内部引起道德危机、道德破产和道德退化的熟悉的暴行——这时，在我看来，愤怒感的根源总是这样一种时隐时现的信念，即认为人类价值的存在要比由不断变化的经济基础决定的不断变化的上层建筑的存在永恒得多（无论是不是绝对的）。

正是在这点上，最早的异端们，赫斯和格伦、蒲鲁东和无政府主义者不肯让步：正是因为这点他们受到诅咒并被革出教门。也正是因为回到这种不那么革命的道德观点，使得伯恩施坦的修正主义在正统马

1　卡尔·李卜克内西是个公开宣称的新康德主义者。——伯林

克思主义者看来是一个严重的危险：他对于普遍理念的支持，比起他向 160
不加批判地接受导师理论的信徒们提出的那堆指控，如理论的错误、虚
假的预言、战术和战略上的谬误等等，要危险得多。把他和正统派区分
开来的是他那不可折服的信念，即时代与环境迥然不同的人们可以通过
共同人类价值的内核（或重叠的内核）互相理解，因此有可能去理解希
伯来的先知或希腊哲学家或中世纪的教士，以及印度的、中国的、日本
的制度，尽管存在把这些社会与我们自己的社会区分开来的生产体系
上的巨大差异。实际上，在现实生活和写作里，马克思可能证明了他对
于这个所有人类交往基于其上的、无可怀疑的事实的接受，但他的学说
走到了反面，或至少对他的某些最狂热信徒来说是这样的。

　　当盖德拒绝支持德雷福斯的捍卫者的时候，其理由是这是一场不
可能关心无产阶级的资产阶级的内部争论，他的行为就是一个忠实的
马克思主义教条家的典型。一个教条家是这样一个人：他如果碰到自
己可能怀疑为真实的东西，倾向于压制它；实际上他的日常行为就是让
教条指导他去思考、感觉和行动。因此当列宁被莫洛托夫或其他同事
指责为"无限制的玩世不恭"的时候，这也许是不完全公正的。没有人
否认列宁一生工作的全部目的就是取得他所设想的无产阶级革命的胜
利。他的每个被认为是玩世不恭的行动——从在俄罗斯社会民主党大
会上狡黠的政治策略到为武装暴动或党员搞恐吓活动辩护——从革命
运动的需要的角度看（这被他看作是唯一和充分的角度），都可以而且
的确证明是合理的。如果这也被谴责为玩世不恭，那也是用于攻击各
种与一个为了胜利而斗争的战斗阶级的眼前需要无关的价值；或者这
不是玩世不恭，而是一个坚定的、革命的马克思主义者的原则。列宁的 161
反对者说过，并且仍然在说，列宁可能犯了战术错误；他可能误解了他
为之服务的那个阶级的真正利益，或误解了这个阶级的领袖的正确角
色：但真正把他的批评者，包括极"左"的社会主义者（罗莎·卢森堡
或马尔托夫）吓坏了的，不是思想或策略上的错误，而是极端大过——

对社会主义道德犯下的不可原谅的罪过。

是什么样的道德呢？列宁在理论上或实践中具体否认了马克思——或者在这方面是恩格斯——曾说的什么呢？至多可以认为，通过建立自己的原则，列宁远远偏离了包含在经典社会民主理论框架中的、关于特定社会中无产阶级革命形式的学说——在这种社会中，工业状况还没有成熟到产生有足够的技术进行统治的无产阶级大多数。但这最坏也只是一种理论的偏差，一种对历史的误读。但何来玩世不恭，或者野蛮残忍？那些使用这些词语的人很明显仍保持着老式的道德观的残痕，这种道德观与严格的革命的马克思主义道德观不一致，后者是后来的马克思主义人道主义捍卫者们（基于最初的马克思著作）没有强调的。

进化的相对主义是马克思思想的一个内在因素，无论是早期还是晚期。马克思主义的一个主要力量源泉，至少在政治上，就是无论恩格斯、考茨基、普列汉诺夫或源于他们著作的马克思主义教科书说了些什么，在马克思的学说中都有一种大胆而惊人的绝对威权与进化式道德的混合：人在征服自然的斗争中改变了自然，改变了自己及其价值；但是那些指导斗争与掌握新价值的人（也即共产主义政党，或者它的领袖，那些只有他们才充分理解历史发展趋势的精英）所宣称和掌握的东西，对他们自己的时代而言是绝对的。

162　　这种相对性——在最终达到无产阶级胜利的过程中每个阶段具备自己的历史价值，不能被其他阶段的价值同化——是很关键的：马克思谴责的资产阶级价值不在于它们是客观地错误的，就像我们讲燃素说是错误的，因为它经不起时间的检验；而是因为它们是资产阶级的，表达或导致了与人类进步模式相冲突的生活观念和行为方式，并且只能扭曲事实，在这种意义上它们是错误的。从这个角度看，真理存在于一个时代最进步人士的观念里：他们是那些事实上把自己的利益与当代最进步的阶级的利益联系起来的人。他们正确地认识事实的证据存在于行动中；他们对历史及其要求的解释的正确性，在实践中是成功的，在推动人性走向真实的也即唯一真正值得追求的人类目标时是成功的。船员遵守的规则可以变化，但是唯一知道目的地的船长和大副的话是最终的和不可辩驳的，并且决定了什么是真实和正确的。

无论在理论上或实践上，把真理和权威与一个可确认的人类团体的活动联系起来，是迄今为止世俗思想家们没有实践过的。当然，教会这样做过，但只是诉诸超自然的约束力。马克思划时代的举动，就是用历史的运动取代了教会的上帝（上帝是唯一和绝对的，但在不同时刻展示出不同的方面）：把一切都押在它上面，确定它的权威解释者，并以它和这些解释者的名义发出绝对命令。这个认为真理即把权威凌驾于个人之上，或为了实践的目的，把集体领袖的权威凌驾于集体之上的观点，当前[1]在马克思主义占主导的地方很流行，它取代了先前的客观真理的观念，这种客观真理是所有人应该去追寻和发现的，可以为对所有人开放的公共标准所检验。

这就是马克思主义与世界上某些伟大宗教学说的共同点：这点使得即使是实证主义或圣西门主义，更不用说自由主义或功利主义或民主社会主义，以及所有那些与马克思主义争夺欧洲思潮中的自由、进步和革命话语权的世俗（反教会）体系——尤其是那些相信马克思主义建立在自然科学规律基础之上的人，都难以成功地与马克思主义相竞争。马克思主义像尼采或涅恰耶夫所能做到的一样，有效地把它的支持者从过时的、永恒的"资产阶级"道德观里解放出来。这并不意味着在实践中，某些社会民主党人和马克思主义者（至少在我们的时代以前）不可能是高尚和体面的人。这点曾被认为是理所当然的——对某些人来说太过理所当然了。

1　1964年。

二

活着就要有所作为。有所作为就要去追求某些目标，就要去选择、接受、拒绝、追寻、抵制、逃避，就要去赞成或反对某种生活方式或其中的某些因素。有自觉意识的人知道这些，没有的仅仅是去做而已。因此价值就是包括思考、感觉和意志的生活的机理的一部分；我们不需要在世界之外找一个阿基米德点，以便我们可以自由地选择这个或那个观点，就像选择商店里的货物。就像亚里士多德坚持认为的那样，我们生来就处在一个世界和一个社会里。我们发现自己通过正常的行为方式，通过成为此时此地此样的我们（以及我们的社会）的事实，与它们紧密联系在一起。在意识到这点的过程中，我们察觉到了事实与我们的观念或幻想之间，或我们的不同理想之间，或目的与实现目的的手段之间的矛盾；而且可以——这是作为理性存在的要旨所在——寻求通

164 过对事实的更充分的理解来消除这些矛盾。如果我们是黑格尔式的唯心主义者，"事实"就是行为的精神-文化过程的因子；如果我们是唯物主义者，"事实"就包含着物质客体，它们遵循的法则，以及时空里具体的个人——他们自己也是自然的实体——为了支配这些外部的客体（包括他们自己的身体和其他人）而做的努力。这些努力是为了使主体摆脱不可控制的因素的制约，使他可以通过"驾驭"他赖以为生的一切来指导自己，首先是食物、住所、安全，但最终是一切在自然规定的物理和心理领域中他可以控制的东西。因此像休谟和其他人所做的那样把事实和价值区分开来——把"是什么"和"应该是什么"区分开来的描述——是不可能的。任何对于"是什么"的描述都体现着一种态度，即从"应该是什么"的角度看待它的观点：我们不是在探察一个静止的花园，我们是被卷入了一场可以察觉其方向的运动；它可以被正确地或不正确地描述，但是任何描述都必然体现某种价值判断，也即相对于该运

动指向的目标所做的参照,只有从这种目标的角度看这运动才可以"被理解",那些虽非我们所选择,却是我们本质的一部分并决定我们自己选择或拒斥什么。

这是亚里士多德派、黑格尔派和马克思主义体系的共同的形而上学基础,19世纪30年代和40年代早期的青年黑格尔派对此也不会持有异议。建立在社会阶级学说上的历史的概念也不是新事物。像马克思本人认可的那样,这种概念是复辟王朝时期法国自由派历史学家手中的有力武器,他们从或多或少地由经济形式孕育的阶级冲突的角度去解释社会发展。马克思的分析中最有创意的东西是认为资产阶级和无产阶级的概念都是历史范畴,必然在特定的历史阶段兴起,在特定的历史阶段灭亡。无产阶级是一些人(工人)的阶级,他们与其工具(生产工具)以及原材料和产品分割开来,所有这些都属于雇主,并被雇主夺走;一个雇主事实上拥有他的工人,因为虽然没有法律上的奴隶制度,工人已经变成了在市场上像买卖其他商品一样买卖自己的劳动力的生物。这个阶级(无产阶级)已经丧失了它在社会中的道德或社会功能;它已经不再被看作是在一个社会整体中并对这个整体的共同目标——所有社会成员都有意识地为这个目标做出贡献——有着自己独特贡献的因子。根据马克思的观点,劳动,或劳动能力,已经变成了纯粹受"剥削"的物质——成了一个客体而非主体,一种商品,被当作(不管人们会怎么说或怎么想)一个事物,一个非人的实体。就像是木材或皮革或一部机器,被当作是有用的东西而不是使用者,被当作"人力资料"[1],而不是一切事情都或至少应该是为之而做的人。这个论点,无论是否成立,都有着重要的政治和道德后果。

165

---

1 以后的马克思主义者很自然地在一种不带贬义的、描述性的意义上使用这一短语——这标志着一些人比如说布哈林同马克思本人的距离。——伯林〔马克思对这个词的使用例见《资本论》,卷1(1867),MEW卷23,416—417、495、661—662页;CW卷35,398—399、474、626—627页。〕

首先，它有助于确定敌人。历史发展的动力被认为是阶级斗争，一种病理状况，没有哪个特定的个人应该对之"负责"。而且根据马克思（和他的前人如亚当·弗格森），这是一种出自由控制自然的斗争所创造的劳动分工的状态，这种斗争本身起源于人类实际的身心结构以及更广泛的物理学和生物学事实。那么，如果阶级斗争是人类历史的动力，就可以得出两个斗争的阶级中的一个（为什么只有两个？但这就是马克思所说的，他不像黑格尔，后者与流行的误解相反，认可多方面的冲突）代表了进步，也即体现了（迄至当时）更接近对自然和自我进行控制的人类发展阶段；而它的对立面代表着早一些的阶段，离人类发展的目标更远些，因而必须作为一个阶级被打败，以便产生向这个目标再迈进一步的可能性——它在自己那个进化阶段中的绝对正当性不容置疑。

人类的世界观、信仰、理想、制度、文化和宗教都是历史环境的重要组成部分，受到生产力发展的制约，既是阶级斗争所达到的特定阶段中的活跃因素，也是该阶段的最清楚的表征。理想和行为准则是斗争的武器，无论是否自觉到它们；这指的也就是利益，虽然通常为崇高的抽象形式所掩盖；是某个阶级的利益，虽然通常被塑造为人类的普遍目的；是某个时期和情形中的活动，虽然通常被戴上一副可以避免变化的、不可更改的、永恒的、普遍的自然法则的"假面"。要揭示它们的本来面目也就是要对它们"解魅"，除去面具，消除神话。

但是马克思最大胆的，在政治上也是最有决定性的一击，是把一个特定阶级等同于人类本身。所有先前的阶级追寻的都是派系的利益：专制导向的官僚阶层，罗马的贵族和骑士，封建地主，资本主义的蝇营狗苟者。但是现代被剥削、被欺压、被凌辱的无产阶级——最底层的阶级——由于没有比它更低的阶级，代表了人类本身；他们的阶级利益，同时也是人类本身的最小需求，就是全人类的利益，因为他们没有和其他任何人类群体相冲突的利益；他们最大限度地受到剥夺，仅仅可以满足最低的生活和动物性活动的需要，他所需要和要求的是人类本身必须拥有的，如果他们要过一种可以被称为人的生活的话。

由此引出了一个非常重要的结论和预言。所有其他的阶级都是历史的产物，注定要和它们时代与情境中的特殊利益一起消亡，无论它们看上去是多么的永恒和不变。它们将要灭亡，服务于它们的特殊利益而形成的制度也将与之俱往，虽然它们假装体现了永恒正义（司法体系），或是供求规律（经济体系）的永恒法则，或是关于人、人的目的及其命运的永恒真理（教派和教会）。所有这些制度和规则的暂时性和阶级局限性可以被揭穿，历史充满着这类伪装的碎片。但存在这样一个阶级——无产阶级，它的利益就是全体人类的利益，因为它没有什么特征不是所有其他人共有的；它的理想没有掩饰着其他东西——隐藏的派别利益。

把一个特定阶级的利益等同于全人类的利益，这是一个天才而有效的举动；这样，尽管所有先前的属于这种或那种社会秩序的信仰和制度，都可以看作是存在诸多对现实或有意或无意的歪曲（各种类型和程度的假象、自我欺骗和刻意的欺诈，目的是支持某个阶级的统治），有一套信仰、一种社会结构模式是免于这种不可避免的欺骗性的：它们是属于工人阶级的，至少体现在那些了解无产阶级真实地位和期望的人的行动和观点中，无论这些人自己是否属于无产阶级。

在他们那里，对任何其他阶级而言必然是虚幻的东西变成了真理，变成了对现实的正确看法和对行动的正确指导。只有当与其他利益冲突的时候，一种利益才被归类为纯粹的利益；在它的确具有普遍性的地方，它就不再是纯粹的利益，而变成了正确的、普遍有效的人类目的。之前教条家们曾在真正信徒的灵魂里、在神圣典籍里、在教会的声明里、在形而上学的洞见里、在科学的启蒙中或在（卢梭理论中）一个未受腐蚀的社会的公意里，发现过关于真理的具有解放作用的知识，马克思则将其注入了更为具体的东西——劳动人民的思想和行为，他们（在他

167

168

的帮助下）已经获得了对他们生活于其中的这个世界、它的机制以及它的不可变更的发展方向的理解。

无论怎么说也不会夸大这一举动的政治后果：马克思为愤怒的人、悲惨的人、穷人和不满的人提供了一个特定的敌人——资本主义剥削者，资产阶级。他宣告了一场圣战，这不仅给予了穷人和被剥削者以希望，而且告诉了他们具体要去做的事情，不再只是简单地在实证科学中进行自我教育的任务（例如像孔德推荐的那样），或通过由宪政确立的权威所许可的法律渠道施加政治压力（像密尔和自由主义者支持的那样），也不再是通过消极避世来获得关于世界的价值和建立安定与幸福（某些基督教传道者不同程度地这样建议过），而是为了残酷的战争组织起来：虽然可以预见战争带来的血泪、死亡和可能出现的暂时失败，但在所有这些之外，马克思保证会有一个幸福的结局。因为天道就是要达到这样的最终圆满。

没有任何一个与马克思对立的理论家许诺或要求过这点：蒲鲁东离这点最近，但他对于集权主义的深恶痛绝使他反对民众组织和政治行动。马克思和俾斯麦一样看得很清楚，对抗武力的唯一手段就是武力，而现代世界里的武力要求组织起尽可能多的人，并且让他们或为了他们的利益采取唯一可以摧毁一切抵抗的工具——政治和军事手段。如果敌人的制度和力量要被摧毁的话，那么唯一可以达到这点的就是通过夺取政权；只有通过强制的行动，通过革命，敌人才会被彻底摧毁。

胜利者的目的本身可能根本不是政治性的；对马克思（以及巴枯宁）而言，国家只是挤脚的靴子，只是压迫的工具，应该尽早摆脱；但方法必须是政治性的，因为这些是当代世界唯一有效的武器，是由生产力的特定阶段和在不同程度上决定了欧洲社会轮廓的各种关系所锻造的——是历史本身可理解的模式赋予阶级斗争的特殊现代形式。这个学说给予了工人们一个具体的计划，而且不仅如此，还给予了他们一个整体的世界观（Weltanschauung），一种道德观，一种形而上学，一种社会教条，一种检验所有由教师、教士、政治家、书本和任何其他塑造观点的力量提供的东西的方式，一个我们赖以生存的整体体系，一种对对立理论框架的完全取代——那些理论是由基督教会、自由主义的无神论者、民族主义者，或所有其他这些的复杂而令人困惑的混合体提供的。

请容许我更明确地谈论这点。马克思独到的成就是把人类分为两个世界，其分裂程度之深也许是自基督徒与异教徒的对立以来仅有的。在马克思之前，我认为可以正确地认为在西方世界里存在着一个普遍的假设，像希腊斯多葛派认为的那样，就是存在着某些共同的价值，某些所有人类都共有的价值。试图使异教徒皈依的基督徒，或与天主教徒争论的新教徒，甚或是在战争或革命中的敌对双方中间，都有这样的假设：在原则上任何人除非他的心智不健全，都可能理解他人；人如果犯了错误，可以通过争论把他们纠正过来；虽然一个人可能沉迷于邪说与迷幻，但总是可以做些什么，或至少试着做些什么把他们带回到清醒的状态；在极端的情况下，需要用强制和压迫去摧毁阻挠获取真理的障碍——甚至需要死亡，这将至少解放异端们的灵魂，并使得他们在未来世界看到对所有人都一样的闪耀的光明。

在战争和革命中这种诉求可能沦为纯粹的权宜之计，但仍然有一 170 个假定，即认为被征服的人会通过理性的选择而屈服——因为他们和其他人一样，被赋予了理解什么对他们有利的能力，他们会明白在这种情况下，抵抗要比承认失败失去的东西更多。无论争论是建立在普遍的原则上，基于观察和推理的科学真理之上，或纯粹优势的力量上，仍然可以假设交流总是可以建立的——至少在理论上，恐怖或暴力的目的是使人诚心接受那些使用这些武器的人的观点。那些非杀不可的人一定是少数：是那些不可救药的幻想者、变态者和疯子。

但是如果历史的阶级冲突理论是正确的，这个基本的假设就是不对的。如果我思我所思、做我所做，那是因为我属于一个特定阶级的身份决定了我之所是，无论我是否意识到这点，这个阶级正在某个特定人类发展阶段中进行着争取胜利的斗争或绝望的挣扎；我很难指望自己从另一个阶级的角度去看这个世界，对这个阶级的消灭（或至少是中性化）是我自己的阶级的全部存在理由（raison d'être）。我之所以成为我，是因为我处在历史阶梯上我的阶级的客观情境里；即使指望我理解不同情形的另一个阶级的发言人使用的语言也是不可能的，因为尽管我可以试着去听，我必然要把它转换进自己的概念框架里并相应地行动；因此不会有什么真正的交流。但如果是这样的话，就没有必要试图向他人解释他们方式里的错误，没有必要争论，也就没有必要希望如果一个人可以让对手相信他们自己处于绝境，承认他们的命运已经被历史地注定了这个事实，他们就会放弃斗争和抵抗并获得拯救。更为荒谬的是要使他们认识到自己的邪恶——因为这假定了一个最低的普遍道德或道德理解的标准，而如果认为每个阶级都有自己的道德观的话，这个标准按假定并不存在。

171

　　这点如果成立，就是一个根本性的发现：因为它削弱了有关理性争辩的基本假定，削弱了有关非强迫性意见一致的可能性的假定，而后者证明了民主政府存在的合理性。在一个阶级分化的社会里，原则上不能彼此理解、实际上不能不试图互相消灭的团体之间不可能存在理性的妥协。仇恨，历史形成的不可避免的仇恨，构成了迄今所有中央集权国家、社会、政府、正义、道德和政治的全部基础。仇恨剥夺了那些受到历史诅咒的人们的理解力。他们就像那些要被以色列人全部驱除的异端，最终受到上帝的谴责。另一些人也从阶级冲突的角度谈论问题——圣西门、傅立叶、欧文、魏特林、"真正的社会主义者"、赫斯、洛贝尔图斯、蒲鲁东、巴枯宁都是这样做的。但是他们容许有这样的想法，即一个和平的解决方案至少在原则上是可以考虑的——只要有足够的争论，对每一方的利益有妥善的合理安排（无论实践中这点多么难以做到），这样也许对手会理解并放弃斗争。因此圣西门曾经认为法国大革命中的雅各宾恐怖统治可以避免，如果雅各宾派，和"暴徒们"，不是如此的不开化，如此的愚蠢，以至于未想到如果他们没有处死拉瓦锡或造成孔多塞自杀，而是相反，受到这两个人的指引的话，他们会获得多大的成就。这在马克思看来恰恰是使得这些思想家的学说显得荒谬的非历史态度：因为这与他最深层的信仰相抵牾，即历史是阶级斗争的历史。这对他而言就意味着人是由他们在历史中的客观情境所决定的，而且不可能看到其环境使他看不到的东西：无论看上去多混乱，雅各宾派代表了无法与拉瓦锡和孔多塞所属阶级的利益相一致的利益；无论多么不情愿，他们都必须按照这些利益去思考和行动。阶级意识就是一切。

让我用三幅图景来阐释这点。假设我站在上升的扶梯上，我可以做到不带恐惧地去看待事实，因为无论发生什么，都会是我所属的阶级的最终胜利的证据——真实证据，如果我正确地做出了预测的话，就像马克思和恩格斯认为他们做了的那样，因为我对上升的意识不是虚幻的。但如果我是在下降的扶梯上，我就不会正确看待这些事实：因为它们太骇人了。人类，就像经常被（特别是被基督教思想家）指出的那样，是无法直面太多的现实的。[1]马克思认为这只对即将面临失败、不断衰落的群体是成立的。他们企图通过每一个可能的方法合理化自己的地位：把他们"纯粹的"（也即有阶级局限性的）利益狡辩成普遍理想；把他们自己阶级创立的为本阶级服务的制度看作是公正或合理的，而且实际上看作永恒的和不变的；把人类昙花一现的成就，包含着人类暂时性的观念的结构，宗教和教派，法律和司法体系，艺术、哲学、社会和经济结构，看作拥有自然力量的稳定性和不可避免性，进而认为它们体现了价值和真理的绝对标准。他把这种错误称为物化[2]，把那些崇拜这种

1　见本书44页注1。

2　或"拜物教"（fetishism），《资本论》，卷1，1.1.1.4，MEW卷23，85—98页；CW卷25，81—94页。

人造的制度、视之为超自然的或自然而不可更改的力量的人看作是被"异化"[1]了的，他们与他们本身的创造相分离，与他们自己的或先辈缔造的社会相分离，这些缔造的东西被转化成了一个外在的实体，一个超验的权威，一个用来崇拜的偶像。

我的第二幅图景是关于一个溺水的人：这当然不是向他询问水的温度或他对任何其他东西的看法的时候；他会做一切努力来挽救自己，即使这是完全无效的。在马克思看来，这就是资产阶级现在的境地。由于受到历史地位的局限而无法正确看待现实，使得我们无法与之争论，也无法说服它。只能尽可能有效和迅速地终结其命运，如果下一步，即全人类的解放，想要尽可能迅速和无痛苦地实现的话。

也许我的第三幅图景（来自临床医学）会最好地说明这个观点：一个理解现实，理解决定着整个阶级的思想和行为的阶级冲突之本质和发生方式的人，就像是一个既了解他自己又了解他的病人的精神病专家；病人则既不了解他自己也不了解精神病专家。面对现实对于医师不会有什么损失——因为只有知识使得在不同方法中进行合乎理性的选择成为可能。在这里他就是有自觉意识的无产者（其领袖更是如此），他看到了他的利益就是全人类的利益，看到追求它们就是打开了通往普遍解放的大门，看到了由于不可避免的历史模式，他不需要躲避什么：因为发生的一切都是对他有利的。那个病人，那个可怜的神志不清的病人，就是无法正确看待事实的、注定灭亡的资本主义统治，因为它的视野受到了历史角色的损害：它可悲地死抓住那些错误幻想不放，因为只有这些能使它活着、思考和行动；如果它能够看到事物的本来面目的话，它会明白自己是注定要灭亡的了。因此问它对自己和别的东西的看法是愚蠢的；病人自己的观察和想法的唯一价值，像其身体状况

1　"Entfremdet"，见《1844年经济学和哲学手稿》，MEW卷40，510页以下；CW卷3，270页以下。

的许多症状一样,只对医生有帮助;作为对现实的描述,它们是毫无价值的。但是当然,如果医生疏忽大意的话,这个疯子仍然有足够的剩余力量伤或杀害医生;医生必须控制住这个疯子;必须给他穿上紧身衣或杀了他,如果医生想让清醒的人的世界安全的话。总而言之,对资产阶级说教是无用的:它无法听到,无法理解,历史使得它在理性和现实面前变得又聋又瞎。这就是在其后继者面前,这些阶级是如何衰落的。 174

这个观点一举破坏了人类联合的整个概念,削弱了在具有不同世界观和信仰的人之间存在理性的(或任何其他类型的)争论的可能性,亦即在先前所有人生观中居于核心的人的概念;也是迄今整个西方传统——宗教的和世俗的,道德的和科学的——建立于其上的枢轴。马克思主义学说是一种可怕的新武器,因为它的真理性导致了人类中某些部分整个都可以实际被牺牲。试图拯救被历史无可辩驳地诅咒的阶级,只能是虚伪的博爱主义。当然个人可以免于这种毁灭,甚至可以在帮助下逃生——毕竟马克思和恩格斯就是这样做的,他们放弃了自己降生到的下沉的大船,跳上了经得起风浪的无产阶级的航船;他们跑到了生的一边;别的人也是这么做的。但是阶级自身命运已定,无法被拯救。不可能有根本的逆转,因为人类群体的命运不是依赖于人头脑中的自由行动——精神的运动,而是依赖于客观的社会条件,后者确保了一个阶级的生存和它的敌人的毁灭。

这种把人分为可以(且其中大部分会)被拯救的和不可被拯救且(其中大部分会)必然灭亡的两部分的新加尔文式的区分,是新颖的和有些骇人的。当这种选民和无法自助的恶人的区分转化为种族的形式时,在我们的世纪里导致了大规模的屠杀——人类历史上史无前例的道德和精神灾难。当然,作为理性主义者的马克思会竭尽所能地反对这种如同恶魔梦魇的非理性潮流,这个事实不在此处讨论之列。把人分为好的绵羊和坏的、危险的山羊,后者无法变成绵羊,没有获救的希望,是人类的敌人——而且宣称这种死刑判决建立在对事实的科学检 175

验之上——这是人类历史上的转折点。一种学说，界定了敌人，证明了向那些"被清算"才对全体人类有利的人发动圣战的合理性，它迄今释放出的攻击力和破坏力，只有疯狂的宗教运动才可与之匹敌。但至少在理论上，这些宗教运动还在宣传着人类的一致性：如果异教徒接受了真正的信仰，他就会被当作兄弟受到欢迎。但是马克思主义，由于它强调客观条件而不是主观信念，是不容许这点的。

马克思和恩格斯都没有明确说出这点，但是他们的追随者们在可能的最有效形式里理解和相信了这点——他们在实践中实现了它。当年在比斯利教授，一个左翼孔德派，怀着极大慈悲心的主持下，聚集在圣马丁教堂的那些人可能远远没有想到这些含意，但这个事实并不能减弱其效力和历史重要性：列宁，以他惯常的一心一意的执着基于这些前提展开行动，并没有在任何方面背弃他的导师的原则。无论他们是否意识到，那些在这种实践面前退缩的人，他们不是在某些被疯狂地夸大了的马克思主义学说面前退缩，而是在马克思主义本身面前退缩了。正是因为做不到直接地把道德标准和特定一群人的变化着的需求联系起来，蒲鲁东和赫斯、赫尔岑和拉萨尔才被指责为傻瓜或无赖。

三

这可能使我们远离了19世纪里作为一种运动的马克思主义，当然这种说法也是千真万确的，即马克思哲学观点的全部力量，是丰富和宏阔的，但也是复杂的且有时不是很清楚，很少为大多数甚至是他最紧密的追随者们所意识到，更不用说第一国际的创建者们了。我上文提出的那些思想不太可能存在于托兰、容格、奥杰、克雷默，甚至是忠实的埃卡留斯[1]的心里，他们只是简单地把马克思看作是一位博学的、不可取代

1　见本书146页注2。

的德国激进思想家,维护劳动阶级利益的斗士,剥削者、老板及其统治的怒斥者,一个可能比他们自己拥有更多吸引人的观点和更大鼓动力量的人,有能力去指导一个他们感觉自己没有足够的力量去胜任的国际性运动。

即使是恩格斯和李卜克内西也没有完全上升到马克思令人生畏的思想的高度。在他们手中,马克思主义依据19世纪所理解的自然科学而被重新塑造了。恩格斯的阐释与孔德的实证主义极为相似:自然和人类遵循着不可抗拒的法则,这些法则不是他们发明的且他们无法改变,一个人如果想在行动中有成效,最好是理解这些解释过去和预示未来的法则。在恩格斯那里,马克思主义变成了唯物主义–实证主义的社会学,具有与孔德或巴克尔不同的法则,但还是同样意义上的法则;从普列汉诺夫以降的一代代马克思主义者,都采取了这种遗漏了最核心的学说——理论与实践的绝对统一[1]——的简化版本。他们说着同样的词语,强调"辩证法";众所周知,实际上是普列汉诺夫发明了"辩证唯物主义"[2]一词。但是如果想在他的著作里,或者在列宁、考茨基、梅林、伯恩施坦、盖德或拉法格的著作里寻找这些词语的令人满意的解释或它们在马克思思想中的作用,那将是不明智的。要寻求这些,我们必须等到我们自己世纪里的马克思主义者的出现,他们给我们展现了一个与恩格斯建构的社会科学达尔文,考茨基或普列汉诺夫描述的冷静的社会学家,或后来俄国传统里的杰出政治战略家、战术家和革命家都极为不同的马克思。所有这些都是这样的。当然,原真马克思的某些东西的确渗入了第一和第二国际。在我看来,就是这些独一无二的"某些东西",赋予了它们独一无二的特色。

177

1　见本书153页注1。

2　见"黑格尔逝世六十周年纪念"(1891),G. V. 普列汉诺夫,《文集》(莫斯科/彼得格勒,1923—1927),卷7,53页;G. 普列汉诺夫,《哲学著作选集》(伦敦,1961—1981),卷1,477页。

　　先来看阶级斗争的理论: 关于"我们"和"他们"的态度; 最重要的, 是认为阶级间不可能存在社会妥协的观念。这在原则上不同于早期的极端主义者、宗教或政治运动与政党领袖的"或者这样或者那样"的理论——天主教或加尔文教, 巴贝夫或迈斯特, 布朗基或激进无政府主义者。对这些人而言, 他们虽然宣称对立理论的完全不相容性, 但确实给出了最终统一的可能性——实际上是期望, 敌人通过皈依获得拯救的可能性。在起草第一国际的发言稿时, 马克思同意了这样的公式, 即"应该支配私人关系的简单的道德和正义法则, [也是]国家间交往的主要原则"[1], 但是这样做时, 他非常清楚这是在对荒谬的普遍道德的观点做出纯粹策略性让步, 那种观点愚弄了那些对它笃信的不理解历史的理想主义者, 例如摩西·赫斯或更为愚蠢的自由主义者们。马克思写信给恩格斯, 说他不得不加入一些"不会有什么坏作用"[2]的关于权利和正义的短语——而且这不像有时被解释成的那样, 只是厌恶每一个自由主义和社会主义团体、每一次人类进步的运动都曾自动采用的, 以至于丧失了一切力量和意义的陈词滥调与口头禅。这是对**他们**的道德观的真正敌视, 也即敌视认为存在终极的、对所有人都一样的人类目的的观点。

　　对马克思而言, 这是所有异端邪说中最危险的, 因为它认为有和敌人妥协、合作的可能性——不仅仅是他相信的暂时的休战, 亦即为了发起更有效的进攻, 最好是（像列宁日后坚持的那样）从敌人的大后方发起进攻, 而采取战术上的撤退（退一步、进两步）; 而是利益的真正和谐一致, 差异的和平消失, 不是以一个阶级对另一个阶级的彻底消灭而告终。对马克思而言, 任何对**他们**的真正让步都会毁了让步者, 因为让步必然随着事件的进程（随着新的革命者的出现）而受到谴责。这就是为

178

---

1 《国际工人协会成立宣言》(1864), CW卷20, 13页; MEW卷16, 13页。

2 "[E]inen Schaden nicht tun kann": 1864年11月4日马克思致恩格斯的信, MEW卷31, 15页; CW卷42, 18页。

什么拉萨尔虽然在他领导的反对资产阶级的猛烈斗争里无懈可击,却因为支持工人去利用国家机器而受到谴责——后者总是镇压阶级反抗的阶级工具,拉萨尔却认为可以把它当作服务于工人进步的工具,工人们通过渐进的政治行动,可以逐渐控制它并为己所用。

拉萨尔在对德法战争的恐惧中已经露了马脚,因为他坚持说这对于欧洲文化的统一和进步是一个危险,就好像存在一个单一的欧洲文化,而不是阶级文化和阶级国家,要想有可能建立起其他什么东西的话就必须首先摧毁后两者。普列汉诺夫在1914年显示了对德国的一种类似的态度;他是一个真诚的国际主义者——也没有人可以指责他讨好沙皇政权,但是轴心势力的胜利威胁到了他清楚地把自己与之联系在一起的欧洲文明的基础,于是他本能地退回到类似于盖德的立场——尽管说出过种种革命话语。对盖德来说,马克思主义的胜利与法国所代表的民主和反教会原则有密切的关系,尽管法国代表得也不完善,但德国和奥地利根本不代表这些原则。

列宁认为马克思一定会彻底地攻击这种态度,我认为他是基本正确的。他厌恶整个构架;在市侩们的城市被完全摧毁前是无法进入自由王国的。在对法兰西内战的阐述里,马克思反复强调整个邪恶结构必须被彻底摧毁,片瓦不留,注满了一个阶级的意识形态的东西对征服者和后继者来说是毫无用处的。这也是为什么他坚持工会的重要性(拉萨尔则认为这妨碍了国家的理性和集权化的行为),因为它们无论多么反动和盲目,有一天会变成阶级利益的代表,而国家则不可救药地是民族性的。国家不能被"生擒活捉",它必须被消灭,当然不是像大多数无政府主义者想的那样通过对政治活动的抵制和恐怖主义,而是通过有组织的政治行动,后者是这个世界上唯一有效的手段。

这一点具有历史重要性。在任何对国家的尊敬是民族传统一部分的地方,在任何这种尊敬与最深层和最内在的民族文化与神话的源流交织在一起的地方,例如法国和德国,马克思学说的阶级内容就被淡化了。那里有很多勇敢的用语：但情况仍然是，不仅饶勒斯和范德韦尔德，伯恩施坦、大卫和福尔马尔，而且正统派和顽固派——考茨基和倍倍尔、盖德和德帕普——并不是真的仇视国家，也不认为没有可能和其他阶级交流，甚至在有限的方式内与他们合作。在波兰和俄国、亚洲和非洲则是另一种情形，那里国家是一个外在的官僚体系，对工人和知识分子也没有什么感情上的控制。乔治·索列尔抓住了马克思理论里的这个要素并改为己用，但它仍然与饶勒斯普遍的、无所不包的、民主的、不狂热的人道主义相去甚远。

马克思抓住这点不放。在《哥达纲领批判》里，他不仅攻击认为可能存在工人的"自由国家"[1]的观点——因为国家已经是太自由了，自由地推进资产阶级的利益；由于在本质上它是压迫的一种形式，在无阶级的社会里是没有用的——而且拒绝"兄弟国家"[2]这样的短语，因为国家不可能是兄弟，只有工人可以彼此是兄弟。任何关于终极原则和普遍道德的言谈都会惹怒他。这在著名的关于权利的论述（草率之人的又一个陷阱）里体现得最尖锐，该论述极大地鼓舞了列宁，"权利永远不会超越经济结构和文化发展所决定的范畴"，因此平等的权利——对压迫或侵蚀的抵制——在"狭隘的资产阶级权利"被抛到身后[3]时会变得不必要；只有在那个时候，阶级结构和战争将被克服，合作的、社会化的措施将确保每个个人的充分发展。

这种观点大大有助于证明残酷无情的政治行为的合理性，这些行为是与普通的、正派的德国或法国或俄国的社会民主党人的一般道德原则相抵牾的。在"狭隘的资产阶级权利"的客观条件被消灭之前——谁能说出要用多长时间呢？——也许不存在什么可以诉求的绝

---

1 "Freier Staat"：《哥达纲领批判》，MEW卷19,27页；CW卷24,94页。

2 "[I]nternationale Vökerverbrüderung"：同上书，MEW卷19,23—24页；CW卷24,89—90页。

3 同上书，MEW卷19,21页；CW卷24,87页。

对标准,而只有阶级利益的标准;而且阶级利益是要由这个阶级本身或它的最杰出代表(政党,负责其行动的战略家)来决定的。我强调马克思思想的这个方面,是因为正是这种令人生畏的性质,即把自己从大多数值得尊敬的人类中分割开来,自认属于一个公开蔑视政治声望、强调对未来而不是对现在之忠诚的组织,正是这使得第一国际尽管有很多内部冲突,有蒲鲁东分子和巴枯宁分子以及相对的缺乏效率和软弱,仍在欧洲的图景中抹上了有力的和有点骇人的一笔。 181

第一国际的成就不是很大。它带领一国的工人群体去援助他国工人的罢工或暴动;它使得外国流亡者从一个国家转移到另一个国家;在追求社会福利和改革的不同国土上的工人之间有了比以前更多的合作。所有这些努力都是新颖的,也不是全无用处的。它也被与它很少有关的阴谋、"émeutes"[1]和骚乱联系在一起——当然也被认为导致了巴黎公社;同新雅各宾派和布朗基主义者相比,马克思的追随者们在巴黎公社中只扮演了一个小角色。但是,第一国际仅仅因为存在就造成了巨大的冲击,而且不仅仅是对工人。即使远在圣彼得堡的陀思妥耶夫斯基,也把它看作(特别是在巴黎公社之后)是一个强大的敌人,一个巨大的反教会系统,一个公开建立在过时的、可憎的启蒙哲学家们的原则(唯物主义和由无助的人类之手在尘世建立天国的可能性)之上的世界组织,一个真正基督教的危险的对手,与可憎的罗马天主教会一样危险、普遍和邪恶。

陀思妥耶夫斯基喊出了先前出现在俄国媒体上的一些情绪。1866年的日内瓦会议、1868年的布鲁塞尔会议和1869年的巴塞尔会议并没有被忽视。自由派的媒体带着紧张的客观性报道它们;右翼组织则带有更多的敌意。1871年以后,书报审查制度不容许提及它们。"国际"成了警察眼里的妖魔。当西班牙政府要求对"国际"采取国际行动时

---

1 "动乱"。

182　，俄国人（也只有他们）积极响应。1871年一个无辜的英国商人在敖德萨被捕，他被怀疑是易容过的文人卡尔·马克思。不管怎样，这个组织在俄国被看作是一种力量，而在别的地方，例如英国，却不是这样。因此，"国际"的确对俄国有这么大的影响。它在俄国革命的历史上也起了作用。"国际"中明确为马克思主义的部分由默默无闻的人占据：乌丁在当时和以后倒是很出名；但是特鲁索夫、托曼诺夫斯卡娅、维克多·I. 巴尔捷涅夫和E. G. 巴尔捷涅娃——这些人早就被遗忘了，也许不完全是没有理由的。马克思自己在总委员会上代表俄国人，而民粹主义的英雄赫尔曼·洛帕丁（一个真正勇猛的革命家，也是总委员会的成员）尽管与马克思交好，却不比拉甫罗夫更多马克思主义成分，后者代表巴提尼奥尔区。然而，是第一国际使俄国人摆脱了他们自己无法解脱的民族问题，并完全进入了世界性的运动；直到1914年，没有比俄国人更真诚的国际主义者的群体，也没有谁比他们更忠实于这个世界运动了，孟什维克和布尔什维克都是这样。就此而言，第一国际工人协会对于创造一种具有决定性影响的传统扮演了一个直接的和关键的角色，这种影响如果不是对社会环境的影响，至少也影响了造就俄国革命的人和观念。

　　的确，"国际"中的国别部分，主要的功能是作为一些马克思与对立思潮斗争的平台，偶尔在马克思看来展现了过分的独立性和派系性。如果不是拉萨尔恰巧在它成立的那年死去以及蒲鲁东随后不久死去的话，马克思可能会有更多的麻烦。即使不说这些，巴枯宁也证明了是一个难缠的家伙，蒲鲁东主义者们和他本人的更为幼稚的追随者也可能显得无动于衷和碍手碍脚。导致"国际"分裂的争吵通常被归咎于马

183　克思的权威和他不宽容的性格。这在我看来不是一个充分的解释，虽然这在最后的争斗和"国际"的终结中明显地起了作用。

　　马克思从来没有试图建立一个为了短期目的的组织。他希望发动一场世界革命。因此，他也希望为它训练骨干成员。他相信一件事情，

就像列宁在他之后也相信的那样，即任何严肃的运动要想成功的话，就必须有一个清楚的和坚固的理论基础；即如果思想没有条理，行动就没有效力；即尽管清楚的理论基础本身是不够的，它们却是必不可少的；即从19世纪30年代到60年代各种共产主义俱乐部和小团体的缺乏成效，从蒲鲁东到布朗基的新巴贝夫主义者团体，到1848年以后的互助主义者，以及所有其他说出观点后随即瓦解的社会主义和激进团体，原因之一就是缺乏建立在关于人类历史和人类潜能的科学可靠的理论之上的哲学，没有这点，任何运动都不会是严肃和持久的。即使是拉萨尔出色地建立起来的德国工人党，马克思也坚信它不会长久，因为它建立在拉萨尔（一个根本不是什么理论大师的人）建立的不稳固的思想基础上。因此为了正统派的要求，几乎可以牺牲一切，包括最终牺牲"国际"本身。没有运动的正确原则要比没有正确原则的运动好得多；因为在一个坚实的正确原则的基础上，一个新的运动可以建立起来，而一个建立在不成体系的权宜之计、机会主义、为达到短期目标而与敌人合作的思潮上的，或者更糟糕地建立在错误原则上的运动，就是建立在流沙上：它白白浪费人们的实力和鲜血，而且它难以避免的缺陷削弱了胜利的决心。

马克思下定决心要么把国际建立在坚实的基础上，要么干脆就别建立。而且就此而言他的确成功了：他创建了一个有着清楚的和不可改变的教义的组织，它不仅激励了思想的一致或事实上的合作，而且，归功于有控制的但富有激情的语言——他有时是这种既具体又富有鼓动性的语言的大师——它可以在人们心里激发出信仰，激发出既是非理性的又是理性的东西。他而且只有他的确建立了世界范围的左翼大众政党的基础；并奠定了一份可以用一种简单的、实际上常常是过于简单的语言表达出来的事业：他还提出了具体的程式，也即包含着对所要领导的行动类型的具体指示的程式，这种程式可以为宣传家和鼓动家所利用，他们不需要达到这个运动的奠基者或领袖们的思想高度就可以同样有效。而且，他把一些工会主义的生力军融入了这场运动，并保

184

护他们远离知识分子和理论家的不屑，因而不仅给予了该运动成为协调的产业工人行动的更大可能性，也给予了它在挫折或政府镇压之后保持连续性的更大可能性，由思想理论家个人组成的运动很少可以做到这一点。他把核心的"机构"建立在宽容、超然而自由的英国，就在伦敦。而我们可以注意到，在那里由于乖异的命运发生了两起影响俄国历史的最重要事件——1864年第一国际的诞生和1903年布尔什维克的诞生。

马克思是为战争而存在的人，他自己的战斗精力赋予了他的组织和继承者们以革命的动力，这是他们从来没有完全丢失的。最重要的是把这个运动和有组织的阶级斗争联系起来。因此马克思对布朗基是相对宽容的，后者在理论上远远不算马克思主义的。最起码布朗基战斗过，而且战斗得很英勇，很聪明也很无情。同样地，在开始时他不赞成巴黎公社（他与它的建立没什么关系），但最后，在巴黎公社失败以后，他转而支持它。巴黎公社强调松散的联邦制和非中央集权化，以及对核心成员的自由选举；最后一点，并非没经过一些思想上的杂耍般的变化，日后被称为代表了无产阶级专政的胚胎。但雅各宾派并未致力于无产阶级的事业；布朗基分子在"国际"中也没起什么作用；公社中没有什么精神上或本质上的马克思主义者；它在社会立法方面也鲜有成就；马克思指责它不够强硬，不够暴力，以至于没能胁迫凡尔赛的势力与之妥协。但是它具有重要的本质：它是革命的，是集体主义的，是平等主义的，是反资产阶级的；它不惧怕流血牺牲。因此马克思大胆地把它加入了他的政党的神话里。没有其他什么人欢迎它：欧洲舆论普遍地带着恐惧看待它；甚至是激进派，路易·布朗，马志尼，密尔，都无法接受它的恐怖主义行为。马克思并不赞成它的策略，但是，像1848年倒在街垒中的工人一样，巴黎公社成员也是反资本主义战争中的殉难者和牺牲品。因此马克思坚定地宣称它是一个胜利，时间虽短却是历史上的创举，是将要继承这个世界的新兴工人阶级的年轻的但不断成长的、极具威胁的队伍的胜利。公社里满是反马克思主义的异端分子；

在它灭亡后马克思却接受了它留下的烂摊子。这一方面给"国际"带来了恐怖分子组织的恶名，但另一方面，也给它披上了伟大历史力量的高贵外衣，几乎是各个政府必须重视的一种欧洲的力量。这不是真实的情况。但是马克思的人格和恩格斯战略天赋的力量制造了一种神话和幻象，这在对未来的塑造中起了决定性的作用。

原则已经被建立起来了。这场运动可以宣布它的圣徒和殉道者了：最严重的危险来自内部的反叛，来自异端或软弱。战争已经打响。巴枯宁威胁着要分裂他的政党；马克思则毫不犹豫地埋葬了它，寄希望于日后重生。德国马克思主义者保留着神圣的火种。在威廉·李卜克内西的领导下聚集在哥达的人没有形成世界性的运动，但是他们装备了战略和战术上的现实主义的定向仪，而且他们有了自己的圣经：这已远远超出了蒲鲁东或巴枯宁、布朗基或左翼宪章派留给他们的追随者的东西了。哥达的人们最终接受了拉萨尔分子，他们的确保持着组织性，但理论修养很差：后者证明要比实用主义者想象的有更大的历史重要性。的确，贝克领导下的拉萨尔分子发展出一个强大的传统，并在很大的程度上影响了其马克思主义的同伴；因此他们对普鲁士国家的容忍，以及站在德国社会民主党的角度与政府某种程度上的实际合作，远不符合马克思的口味。1880年盖德在法国创建了马克思主义的政党，尽管它一直顶多是法国众多社会主义运动中的一个分支，它却体现了马克思方法的全部正统思想，而且致力于群众发动。作为一种新兴政治运动的马克思主义在它的奠基者去世前就启动了，到恩格斯去世的时候已经是世界范围的了。

四

让我暂时回到马克思的意识形态方面的成就上来。他在有生之年成功做到的（他死后更为成功），是分析人类原子化的感觉、人性丧失的感觉——众多的非人格化的制度、官僚体系、工厂、军队、政党既是它的原因也是它的表现——以及随之而来的日益增长的窒息感，对此尼采、卡莱尔和易卜生、梭罗和惠特曼、托尔斯泰、罗斯金和福楼拜以各自不同的方式做出过满含愤怒的诗一般的深刻表达。马克思不是把这种对牛马般生活的恐惧转化成乌托邦式的梦想，像傅立叶或卡贝那样，也不是转化成自由主义的抗议，像托克维尔或密尔那样，更不是转化成通过松散的合作体制来挽救人类自由的企图，像蒲鲁东或巴枯宁或克鲁泡特金的追随者们那样（这类方法他看作是注定失败的落后手段），而是把它转化为人类发展中一个不可避免的阶段，它在人类脑力和精力的集中化和理性化上有自己强大的创造性的一面。对他而言，资本主义既不是邪恶的罪行也不是非人格化的灾难：它是可以合理解释的，因此必然而且（既然历史是一个理性的、虽然不是完全自觉的过程）最终是有益的。像所有其他建立在阶级基础上的制度一样，它在自掘坟墓；因此聪明的历史学者可以从整个这一过程中得出一种末世论的确信，即新的制度将从旧制度的残骸中兴起，不可避免地在它们之后到来，摆脱了所有以前人类成就的缺陷，没有任何死亡或衰朽的种子，注定永世长存。

　　这对于那些被1848年以前的自由主义口号欺骗的人来说是很难抗拒的，这些自由主义的口号只是建立在道德理想的基础上，而且由于这些革命的失败，在现实主义者眼中已经破产。所有国度上被欺骗的人们现在在寻找相反的东西：不是寻找无论多么高尚和感人的理想主义的雄辩，而是寻找不含水分的真理，现实主义的计划，像马基雅维利在他的时代提出的关于事实是什么的评判，以及可以由现实的人而不是天使做的事情。马克思关于历史的观点的冷峻严苛性，对社会进程阴暗面的坚持，对需要长期的、乏味的、痛苦的劳动的坚持，他的反英雄论的现实主义，辛辣的、反讽的警句，刻意的和猛烈的反理想主义的语调，它们本身就是这个时期巨大的感情和智力炎症的受欢迎的解毒剂，尤其是在经历了19世纪50年代的长期反动之后，实际行动中的机会，无论多么温和,似乎在再次抬头的时候。

当第二国际在1889年建立的时候,曾试图保持同样的对基本事实 **188**
的专注,以此来反对工团主义的以及无政府主义的幻想,如法国机会主
义者与联盟主义者,无政府主义者和工团主义者,以及各种类型的原型
修正主义,它们已经在起作用了,尤其在德国和英国。通常我们说第二
国际和第一国际相比基本上从开始就是平庸的,尽管有恩格斯对它的
早期监护。它缺乏吸引力,而且很倚重出色组织起来的、获得议席的德
国社会民主党。当然它聪明地和清楚地讨论所有热点问题;它是真诚
的国际主义者的集体;德国人和法国人、俄国人和日本人在这里,也只
有在这里,表现得像兄弟一样;它甚至同意采取统一的行动——一次大
罢工,拒绝参加不可理喻的战争。但是当1914年来临时,它却不太光彩
地分裂成国别派系,每个部都爱国地支持各自政府的战争法案,并因此
使"社会民主党国际"永远名誉扫地,导致各个国家重新缩回到它自己
的特殊的社会主义形式里。

当然,这些有很多都是真的。但是,让我们也记住下面这些:

(1)"国际"由于包括了工会的真正代表,成了许多国家社会主义
政党和劳动党的养母和护士。德国的政党没有它也许也可以前行;但
是其他政党的许多最根本的观念要归功于它毫无疑问地灌输给它的成
员的团结观念。

(2)它是唯一一个这样的国际组织,在其中反保守主义者和反教士
者,那些相信无论是在个体化地组织起来的社会里还是在阶级分化的
社会里都无法获得社会公正的人,各种类型的平等主义者和激进派,找 **189**
到了一个共同的家。

(3)它的国际主义,抛开所有对它不利的言论,是非常真诚的。它
的领袖们知道,就像他们中的许多人现在知道的那样(在铁幕¹那边甚

至比在我们的世界里知道得更清楚），他们的追随者的国家认同感要比国际联合感强烈。情况是否会相反，实际中民族主义是否会被社会主义的国际主义击败——无论它是如何组织起来的，也无论它采取什么战略——这似乎值得怀疑。（我在下面继续讨论这点。）

让我们记住1914年的形势。那时的维克多·阿德勒知道如果他宣布自己反对战争的话，奥地利的工人们是不会跟他走的，即使是像他的儿子弗里德里希想的那样，利用战争的爆发作为革命的机会也不行。德国社会民主党人谢德曼、缪勒、海尔芬德可以引用马克思的难以辩驳的反对沙皇帝国的话来指责俄国是世界反动力量的聚集地，因此马克思为针对俄国的战争所做的辩护至少不是没有道理的——在他看来，要比针对拿破仑三世的战争有道理得多（毕竟马克思对后者没有明确地反对过）。这时法国社会主义者发现他们捍卫着共和国，共和国即使不是像他们希望的那样民主，也给人更多的关于这种理想的希望，而且面临工人的政治压力时具有伸缩性，总比德国铁血统治要好，后者尽管有伟大的工人政党——国际劳动者的骄傲——却丝毫没有屈服，很少有什么让步。他们会抵制（或试着这样做）这场所有法国人都不怀疑是反对所有欧洲最反动和最野蛮势力的纯粹的自卫战吗？如果经验丰富的马克思主义者像普列汉诺夫或维拉·查苏里奇都真诚地相信这点，盖德、饶勒斯、凯尔·哈迪为什么就不能相信呢？这些领袖要做什么呢？如果他们想要拯救自己的灵魂，就必须牺牲他们的身体，也即他们的政治运动本身。如果他们谴责或试图抵制战争，他们的命运很可能就是像支持1863年波兰起义的赫尔岑那样，赫尔岑的确因这样做而获得了不朽的道德声誉，但失去了在俄国的影响，并且把他的对手都赶到沙皇主义那边去了。而且他没有领导什么运动，没有需要解决的令人头疼的实际问题。

第一国际的名声和影响部分地要归于这样一个事实，即在征兵制和可动员的爱国主义的年代里（那时国家力量主要是依靠民族感情而不是雇佣军和职业军队），他们勇敢地起来加以反对。但是西方劳工运动在成功地影响和融入国家政策时，反爱国主义倒是相应地被削弱了，就像工团主义者和无政府主义者经常警告的那样。只有在社会主义者受迫害的地方[1]，反爱国主义才得以高涨。有一种观点认为，饶勒斯和考茨基，如果他们当时选择这么做了，还有可能赶在可以挽回的时候，通过强调他们的反战决定来制止战争；就我所知没有哪个知名的历史学家准备为这个观点辩护。我不是说社会主义的政党做对了，但是列宁的怀疑和罗莎·卢森堡的抗议，在某种意义上只能来自那些没有站在大众运动的前沿并在本国的日常政治生活中起到有效作用的人——就像马克思主义者针对无政府主义者和工团主义者而鼓吹的那样。实际上，我应该再重复一下，我仍然认为第一国际的国际主义是非常真诚的：不是简单地作为一个抽象的教条，而是作为一个在这些人的实际行动中发挥着环境所容许的最大效力的信仰。当饶勒斯在1904年为了保持运动的统一性而向德国人"投降"的时候，当普列汉诺夫在日俄战争期间毫不掩饰地与日本社会主义者片山（Katayama）握手的时候，这些都不是空洞的姿态。事实上，最后证明民族主义要强过社会主义，当二者冲突时前者证明是胜利的（这是整个19世纪和20世纪的一个显著而无法否认的特点），随之而来的推论，即日后的社会主义或共产主义，例如在非洲和亚洲的例子，只有在与民族主义并肩前进时才会成功——这点也许令人悲哀，也许受人赞颂，也许只是被客观地记录下来：但这不是国际本身可以负责或因此该被指责的一个事实。

在不妥协派和革命家的眼里，削弱了国际的东西既不是领导人性格上的软弱，也不是他们自己或追随者对享乐的追逐，更不是伯恩施坦或费边社所证明的马克思的错误。伯恩施坦和其他人的确令人信服地指出，无论绝对还是相对地看，工人的工资都没有像马克思的理论所说

1　俄国、波兰、巴尔干、亚洲及其他地区。——伯林

的那样下降，相反倒是提高了；土地的占有，即使伯恩施坦夸大了这个过程，也没有逐渐集中在少数有权人的手里，其集中程度也没有接近理论所宣称的那样；工人通过和平的手段，要比通过与国家寸步不让的战争获得更多的好处；低层资产阶级和熟练工人的上层之间的差距逐渐消失；一般而言，恩格斯自己也指出过，既然俾斯麦的法律解除了，工人通过对立法体系施压，可以比同它做斗争得到更多的东西。所有这些，和所有旨在得出同样的"修正主义"结论的论点一起，实际上由英国的费边社成员，以及部分地由俄国的"经济学家们"[1] 强调过。但这不是驯服德国社会主义者的主要因素。也没有必要把原因归于值得怀疑的权宜说法，例如民族性格。减弱了德国社会民主党战斗性的恰恰是它的成功。马克思曾支持过政治行动；支持民众运动而不是狂热的阴谋家的政治密谋式的派系行动，不是布朗基式的把民众陷入水深火热之中，不是工团主义者和无政府主义者式的对所有政治参与的拒绝。"将军"本人——弗里德里希·恩格斯——在19世纪90年代写就的一篇文章里不是有下面一段著名的论述吗？

> 1848年的方法已经过时了 [……] 实行突然袭击的时代，由自觉的少数人带领着不自觉的群众实现革命的时代，已经过去了。凡是要把社会组织完全加以改造的地方，群众自己就一定要参加进去，自己就一定要弄明白这为的是什么，他们为争取什么而去流血牺牲。近五十年来的历史，已经教会我们认识这一点。[2]

"已经过去了"——这是对谁而言的？恩格斯并没有指明是西方；

1　列宁在《与经济主义辩护者的谈话》(1901)和《怎么办？》(1902)。

2　选自恩格斯1895年为马克思的新版《1848年至1850年的法兰西阶级斗争》所写的导言，MEW卷22，513、523页；CW卷27，510、520页。

如果普列汉诺夫和俄国的马克思主义者认为列宁将这一特定指示置若罔闻是异端的话，也很难对他们进行指责：此后，无论被看作是确定的描述还是尝试性的提法（这二者有原则区别，黑格尔－马克思学说没有意识到这一点），对这一说法的致敬更多体现为背离而不是遵守。

德国社会民主党执行了这个纲领，而且发现它太容易了，鉴于该党的非暴力的、坚定的民主传统。通过利用议会手段去获取权力，通过从19世纪90年代到20世纪初利用不断的选举增加它在国民议会中的议席，它不可避免地与德国国家的一般政治生活相接触，尤其是和其他政党相接触。这不仅仅是一个社会保障或教育政策的问题。它的非凡成就（不论是好是坏）就是在一个世界内部创造了另一个世界，在中产阶级制度框架内建立了一个独立的、几乎是自足的社会。德国社会民主党的成员主要生活在他们自己牢固地建立起来的、自给自足的福利组织里，有自己的学校和教育以及体育组织；他们参与自己的讲演、野餐和音乐会，被供给着一个体面的德国人所需要的一切。这必然导致一定程度上的舒适和安逸；这就是权力的实施以及责任感的代价。正因为德国是法治国家——一个真正守法的社会，尽管它有许多缺点，却使得他们变得平和、乐观，而且相信渐进的方法。在其中他们发现自己不知不觉成为一个发展着的社会的日益成长的栋梁；因此，伯恩施坦说（而且考茨基也相信这点，虽然他不承认），如果事情像这样继续发展的话，在可预见的时期里可能出现向社会主义的和平过渡，这并不是完全没有道理的。

马克思的确同意革命并不一定是暴力的；在一个高度工业化了的社会里，政权的夺取可以在没有恐怖和暴行的情况下发生；"无产阶级专政"[1]的确切含义，在19世纪50年代早期之后，在德国昙花一现的[2]共

1　见本书130页注1。

2　"Bund der Gerechten"：见共产主义者同盟第一次代表大会向成员传发的通告，1847年6月9日，CW卷6，589—600页（MEW没有收录，因为1968年才发现）。

产主义的"正义联盟"的美梦和希望之后，在那些它似乎不太可能被实现的环境里，从来就没有得到过清楚的阐释。马克思无论是在他的《哥达纲领批判》还是在之后的什么重要场合，毕竟都没有把巴黎公社描述成体现了任何这类专政；这是列宁对恩格斯的曲解。马克思可能强烈攻击的不是社会民主党人对专政的兴味索然，而是缓慢地资产阶级化（embourgeoisement）的观点，是工人阶级随着他们缓慢增长的财富和政治力量，逐渐获取资产阶级生活的所有属性和享受的观点。

无论马克思还想要什么，他都要求激进的转变：他像他的对手赫尔岑一样焦急，恨不得通过一次大清洗就了结下流的资产阶级的价值世界。这就是他把革命说成是必需的催化剂的含义：一个社会必须通过革命来洗清自身早期的、低级阶段的污秽，洗清在穿越（在他看来是）资本主义的兴起必然带来的污泥和鲜血时沾染的污秽。这种末日审判式的观点，在考茨基和他的党徒的一贯的、理想主义的和不那么革命的著作里全无踪迹，在福尔马尔或大卫温和的要求里也是如此，饶勒斯和维维亚尼，或范德韦尔德和倍倍尔，约翰·伯恩斯和丹尼尔·德·利昂也一样，更不要说是塞缪尔·冈珀斯*和那个时期普通的美国劳工领袖了，后者具备基本上是工团主义的和反政治的观念。

但如果这就是马克思真实的目的，它就并非注定要在马克思当作革命的剧院的工业化国家里实现。这里一个致命的两难命题开始显露狰狞头角：如果只有在效率不断增长的生产力扩张的基础上才可以建立理性的社会主义体系的话，就像每个社会民主党人理由十足地不断强调的那样，该体系的建立既不需要革命，也不必要源自革命；这不是革命力量繁荣的气候条件。马克思相信阶级斗争在工业社会里有可能达到最激烈的程度，因为正是在那里，相互斗争的经济阶级真正地面对

---

* 冈珀斯（1850—1924），生于英国，1886—1924年（1895年除外）任美国劳工联合会会长，为工会成员争取到了更高的工资、更短的工作时间和更大的自由。——译注

面,而在发展程度差一些的国家里不会这样。他坚持认为,在垄断和生产、交换、分配方式的集中日益发展的情况下最终会发生大爆炸,在这种形势下,越来越少的资本家控制着越来越广大的帝国,他们的数目由于不断的自相残杀而减少,直到被他们无意地但不可避免地锻造出的,具有严格的社会和技术效率与统一性的无产阶级不费吹灰之力地铲除并取而代之。我们都知道这并没有发生。集中和垄断迅速地增长,但是无论带来了什么社会恶果,它们都没有逐渐把无产阶级异化为高度纪律化的革命力量。由于两个国际都建立在这些假设上,它们其实是建立在失算上的。这个错误的本质与我们时代最令人困惑的和最重要的问题有关。

五

[……]劳动者在经济上受劳动资料即生活资源的垄断者的支配,是一切形式的奴役、社会贫困、精神屈辱和政治依附的基础;因而工人阶级的经济解放是一项伟大的目标,一切政治运动都应该作为手段服从于这一目标[……][1]

1864年11月出版的国际工人协会的临时章程这样写道。1891年统一的德国社会民主党谈到了"一支前所未有的失业工人大军,剥削者和被剥削者之间前所未有的尖锐冲突",以及"生活不安全感的增加,不幸、压迫、奴役、贬抑和剥削的增长"。[2]如果这些理论的目标是工业国家,那是奇怪的;那样就代表学说真正压倒了现实。即使在1891年

1　《国际工人协会临时章程》,CW卷20,14页;MEW卷16,14页。
2　摘自《埃尔富特纲领》,即《德国社会民主党1891年埃尔富特代表大会决议纲领》,4页,选自《德国社会民主党会议记录》(柏林,1891),4页。

的德国，认为贫困、奴役、不安全以及诸如此类情形实际上在增长，也是有些荒谬的。没有一个标准，参照它可以看出德国工人经济上或政治上要比1864年糟糕；而且在这个世纪最后十年里，社会组织、财富和安全的增长都是很大的。如果说有什么"降低"的话，只能归咎于党自身日益增长的官僚体系的本质，归咎于工业社会所有阶层的普遍本质，而不能归咎于压迫者阶层的特殊行为。像巴枯宁预见的那样，所有事实都指出了西方伟大工业国家中紧张状态的缓和而不是增强。德国社会民主党的制度迅速融入了德国国家体系，它在经济方面以及社会方面变成了其他地方工人阶级艳羡的对象，而且成了很少受到那些不妥协的正统社会主义者批判的典范，例如普列汉诺夫、列宁、罗莎·卢森堡、盖德，他们可没有沾染自由主义。英国1867年的《改革法案》似乎把英国工会领导人的精力从国际舞台上转到了自我改善上，他们不愿与臭名昭著的1871年"公社社员"合作，更使这个过程得以加速。想必是大约在1867—1875年的工会立法，以及随后的社会立法，导致了费边社的纲领在劳工领袖看起来比马克思的似乎更有道理，这些立法的影响大大超过了下述这些因素——常常受到失望的激进分子的指责的因素，例如英国民族性格中某些深层的非革命的因素，或者工人的狭隘岛民性，或者他们传统的忠诚，或者非国教教徒的力量。

197　　在某种意义上，至少在这些国家里和在那个时期里，是马克思主义而不是资本主义扮演了自己的掘墓人。西方工人的政治组织越是有效，他们就可以从国家那里得到越多的让步，就越来越被拖入和平改革的道路，他们也就越来越不可避免地感到与现存制度的一致性，这些制度被证明不像马克思所预言的，是受到历史诅咒而应该抵制的反动者的石墙（不论这种抵制是多么盲目、无用和自杀性的），而是灵活得多的可以做出让步的实体。抵抗加强了武装政党的纪律性和理论狂热，和平演变则软化了它们。在法国，米勒兰接受资产阶级委任的政府官职，因而受到了国际的猛烈谴责；但是，这也说明了有一种这样的可能：资产阶级政党随时准备以这种方式收买它的反对者，这种情形不仅迎合他们的自满感，而且提出了站在对立面的工人阶级力量日益增长的具体证据。

我不讨论20世纪：但是对于马克思的预见的最好描述包含在那位诚实而睿智的已故思想家约翰·斯特雷奇的分析里，他在差不多是他最后的著作里[1]，批判性地对待马克思的基本假设，即资本家之间的国际竞争使得他们在客观上必然把工资压低到工人维持生存的最低水平。这证明是不对的：已经做出让步了；在马克思的预见里永不会让步的财阀和士兵们，却是梅纳德·凯恩斯的听话的学生，并且成功地避免了马克思认为的迫在眉睫的最终危机。他自己的工资铁律与拉萨尔的不同，但至少有一点相同，即认为资本家被客观力量驱使着要从劳动中榨取最大的剩余价值，这被证明是错误的。

198

马克思明显悲观地过度估计了这个军事－工业复合体的不灵活和愚钝，也许还有它的力量，布克哈特和赖特·米尔斯从相反的政治观点出发，也警告过我们要当心这个复合体。对工会的让步，劳合·乔治在英国和富兰克林·罗斯福在美国推行的激进社会立法，斯堪的纳维亚国家的进步社会政策和作为福利国家的英国，凯恩斯和后凯恩斯的经济政策，所有这些在我讨论的1914年之前的时代里，都不可能在任何马克思主义者的学说里存在。苏联有很多失误，其原因是领导人忠实地追随，不是像通常认为的那样，追随了纯粹的权术阴谋或冷酷的机会主义，而是追随了对世界形势中经济方面的过于拘泥的马克思式分析，其后果就是在20世纪30年代对德国、40年代对欧洲以及对亚非广大地区的错误估计。也许可以争辩说，如果马克思主义不曾存在并且没有变为政党观念的基础，资产阶级民主派也许不会像他们做的那样，同时出于斥力和引力而如此有想象力和有效地反应。如果是这样的，那将

---

1 《当代资本主义》(伦敦和纽约，1956)，第5章。

是辩证法的一个出人意料的逆转, 借此马克思主义产生了它自己的抗
体——历史社会学的一个有趣的话题。

众所周知, 马克思策略的真正胜利, 不是发生在高度工业化的社会
里, 而是发生在它们的极端对立面, 那些经济落后而且受发达工业国家
剥削的地方——俄国、西班牙、中国、亚洲其他地区、非洲和古巴。这些
都没有超出巴枯宁所说的（马克思在思想上对他极为不屑）; 巴枯宁认
为, 他和马克思都相信的那种革命——彻底摧毁整个体系并建立一个
新世界的革命, 只有真正异化了的、走投无路的人才可以实现, 他们没
有被利益派系有机地结合在一起, 对于他们将要摧毁的世界也没有什
么留恋之情。因此, 他认为马克思关于有秩序的政党的概念本身注定
在精神上是资产阶级的; 因为被组织进一个在正确思想领导下的（巴
枯宁所谓的"腐儒政治"）[1] 严格的、有效率的政党的人, 那些稳健的、严
肃的、有头脑的工人, 他们有家庭和固定的职业, 在他们动手摧毁一个

199

1　巴枯宁似乎没有用过这个词语本身, 不过他确实谈到过这个问题。例如, 在《鞑
靼式德意志帝国与社会革命》（1870—1871）中, 他谈到"科学的统治"和"哲人的统治"
（sc. 马克思主义/马克思主义者）, 并说他们显示了"教条主义的野心和迂腐"（"ambition
et pédantisme doctrinaires"）:《巴枯宁档案》, Arthur Lehming 编（莱顿, 1961—1981）, 卷
7, 121、128—129 页（参 284 页）; 米哈伊尔·巴枯宁,《上帝与国家》[巴枯宁著作的后面
部分最初发表于 1882 年, 题为 Dieu et l'état], Ben[jamin] R[icketson] Tucker 英译（波士顿/
坦布里奇韦尔斯, 1883）, 34、39 页。在《国家制度与无政府主义》（1873）中, 他写道:"成
为腐儒的奴隶——怎样一种人类命运啊!"《巴枯宁档案》, 卷 2, 112 页; 米哈伊尔·巴枯
宁,《国家制度与无政府主义》, Marshall Shatz 英译（剑桥, 1990）, 134。伯林也许从 J. S.
密尔那里借用了这个词, 后者似乎曾在 1842 年 2 月 15 日给奥古斯特·孔德的信中创造
了它。《密尔全集》, 卷 13, 502 页。多处看到有种说法, 认为孔德本人在 1840 年《政治和
文学辩论杂志》上的《学院腐儒政治》一文中创造了这个词, 这似乎是错误的。没有这
样一篇文章, 而且孔德 1842 年 3 月给密尔的回信中提到了 "votre heureuse expression de
pédantocratie"（"你贴切的表述'腐儒政治'"）, 还有后来孔德和密尔的对话, 都表明是
密尔创造了这个词:《奥古斯特·孔德与 J. S. 密尔的信, 1841—1846》（巴黎, 1877）, 14
页。密尔后来谈到官僚有堕落为腐儒政治的危险, 见《论自由》（1859）, 第 5 章, 和《代议
制政府思考》（1861）, 第 6 章,《密尔全集》, 卷 18, 308 页; 卷 19, 439 页。

社会前当然要三思而行，毕竟这个社会曾使他们有可能达到现有的教育、组织和财产水平，最主要的是现有的体面，单是后者就可以使他们在政治上仍然有影响力。

他因此总结道，唯一有效的革命者是这样一些人，他们由于各种原因和现存社会没有利益关系，他们在其中从来没有赌本，也从来没有被剥夺过赌本，从沿着现有轨迹发展的社会中，他们一无所获，因此即使是最极端的动乱，他们也一无所失。因此，欠发达和落后的社会，要比按等级制组织起来的工业社会有更好的革命预期；被压迫的、无组织的、落后的和无知的农民，无论他们在哪里——俄国、巴尔干、意大利、西班牙——对国家或资产阶级或工业发展的确一无所求——他们是厄运缠身的阶级，也是罪犯、违法分子和肆无忌惮的盗匪，陷入越来越深的贫困中，而且甚至比19世纪六七十年代的工人都更近似无产阶级，后者像马克思所说的那样失去的只是锁链——这个描述也许过于依赖19世纪三四十年代的情况了。

历史在某种程度上证明了这一点。第二国际采取的是马克思在19世纪四五十年代的学说，也许是半心半意地，也没有任何加以完善的意图，而马克思本人为了支持更为渐进的方法，不久以后就悄悄地收回了这些理论。但正是这种较早的学说，这种半布朗基式的革命策略，最终证明是有效的，当然实际上不是在西方，而是在欠发达的社会里，如俄国和亚洲，而1847年到1850年之间的马克思恐怕根本不会想到它们。有这样一种学说，被宣讲给了1849年莱茵兰的革命者以及其后的共产主义小团体，该学说认为，在经济上属于前工业状态的社会里，想要发动无产阶级革命的人首先必须与资产阶级合作，以推翻经济落后的、反动的、半封建的政权，而且要容许，实际上还要积极合作以促成资产阶级民主共和国的诞生，只有在这样的共和国里工人阶级的组织才能相对自由地成长。下一步——在资产阶级民主形成以后，是要无情地鞭策昔日的盟友，直到它们也被彻底推翻。

200

201　这是一种逐渐扩展的特洛伊木马的策略——在自由-民主的巢穴里孵出无产阶级的布谷鸟的策略。只要无产阶级在数量和力量上还过于软弱，无法夺取政权并进行统治，它唯一需要的就是它可以在其中安稳地发展成熟的条件，也即一个宽容的资产阶级共和国，在其中它受到滋养，走向健康与强壮。这种情况将一直继续到无产阶级实际上占人口大多数的时候，那时它可以按照形势的要求夺取政权，使用或不使用暴力。有充足的理由认为《埃尔富特纲领》根本忽略了这一点，因为按照恩格斯所说的，没有人会看不到1891年的德国和1849年的德国的区别。尽管有强硬的革命措辞，在这份文件里根本没有关于无产阶级专政、非法手段或对国家本身的摈弃的任何说法。此前马克思主义的全部战略所指向的阶级间尖锐冲突的前景，已经变得比温和派人士如考茨基更不用说恩格斯所能设想的还要微弱了。

但是在俄国一种非常不同的形势占了上风，这种情况非常接近马克思最为熟悉的德国的情况。那里的政权使得某种形式的革命在客观上是可能的。无产阶级无足轻重：中产阶级起的作用要比马克思主义的历史学家容许的多得多。实际权利的拥有者（一边是中产阶级，相对的另一边是贵族和沙皇官僚体系）之间的政治紧张稳步地增长，迟早会形成公开冲突。在俄罗斯帝国里，统治阶级（地主和官僚阶级）的确如马克思错误地认为西方资本家必然会做的那样行动着：如同被自己的体系束缚的人们那样，他们即使在某个时刻看到了这个体系在走向可怕的灾难，也没有办法，甚至无法开始认真地去尝试把自己从他们的命运中解救出来。

202　在这种形势下对于掌权的人来说，让步似乎会导致与盲目顽抗一样致命的革命，因为顽抗——谁知道呢？——也许仍然可以设法阻止可怕的潮流，至少暂时可以。保皇派的思想家列昂季耶夫和波布多诺斯采夫实际上就是这样说的。与西方相比，这里的确存在一种形势，在其中规模较小但不断增长的无产阶级，以及比他们多得多的广大迟钝的农民的无知和不幸,使得谈论坚定的社会主义者知识精英领导大众是有意义的:这样一个精英引导着散乱的民众,如果不是无产阶级至少也是"无衣无食"[1]的人,走向一场大革命。在这里有一个盲目的反动政府,为了反对它可以毫不费力地动员起自由派以及劳动阶级和农民团体,在其中经深思熟虑后与资产阶级的有策略的联合,似乎是理性的和现实的步骤。俄国资产阶级本身,如果比许多人想象的要强大一些的话,也根本说不上是有力量的;所有的党派都统一在对政府共同的恐惧和厌恶里;这样假设并不荒谬,即无产阶级如果被正确地组织起来,在战斗打响的时候就可以使自己成为自由民主派的难以对付但又不可或缺的盟友,帮助他们取得权力——以便在第二次革命中把他们赶下台,第二次革命也必然是最后一次。这也许就是为什么普列汉诺夫要扣下马克思写给俄国民粹派的令人头疼的书信[2](在这些信里,无论多么勉强,马克思容许了走向社会主义的非社会民主道路存在的可能性)。因为有必要在这里推翻马克思对自由主义口号的无情否认,例如"自由""道德再生""利他主义""人类团结"这样的词语;在西方,这些陈词滥调可能显得毫无意义甚至是令人作呕的虚伪;但是巴尔干的社会主义者,例如在1893年,却坚持把这些词汇写进他们的纲领,因为他们还没准备好用别的词汇为社会主义服务;而且那些在比利时真实的东西在俄国要更真实得多,在那里这些词语仍然表达了一个完全压迫性体制下真诚的人类要求,在坚定的革命者口里并不虚假。

在一个欠发达的地区,它周围是快速增长的世界,统治它的人不愿意或无力足够迅速地调整自己以应付对其国家的民族完整性的威胁,或至少是对它的经济利益的威胁———一种由潜在掠食性的、高速发展

203

1　例如见布雷,前揭书(见本书117页注2,在118页),38页。

2　例如,马克思1877年11月致《祖国纪事》编辑部(未发);马克思1879年4月10日致丹尼尔森;马克思1881年3月8日致维拉·查苏里奇;等等。

的邻国带来的威胁；于是，革命，在世界上任何可以预见的事情中，是最近乎不可避免的。它什么时候发生、怎样发生，是另一回事。这就是19世纪日本和俄国的形势，是19世纪晚期和20世纪早期土耳其帝国和中国、西班牙和葡萄牙以及巴尔干诸国的形势，也是今天非洲和拉丁美洲的形势。鉴于这些力量的模式，因革命的期望值很高，感到绝望的中产阶级必然要成为革命者，至少部分如此。

马克思在1848—1851年之间开的药方，就是适用于这种"危机时刻"[1]的。实际上列宁在1917年采取的也就是这个模式。人人都知道列宁偏离普列汉诺夫和考茨基完美无缺地阐释的严格的正统道路有多远，但这不是我要说的。我要说的是，1917年俄国的形势，以及在其他相应时刻其他欠发达国家里的形势，使得1848—1851年之间马克思主义者的策略更为适合；而相比之下，19世纪晚期（或其他任何时间里）工业国家的形势，则使得从马克思本人对马克思主义的修正中得出的后期马克思主义的公式和策略不那么适合。早期的公式应用到了落后的俄国：后期的公式既没有应用于19世纪70年代的欧洲，在随后的半个世纪里也没有这么做。马克思的门徒拒绝看到这一点，或至少拒绝阐明这一点的事实，让人回想起尖刻的伊格纳斯·奥尔在提到伯恩施坦对马克思主义的批评时的一句名言："他并不这样说；而只是这样**做**。"[2]

六

如果第二国际令人伤感的终结想得到公正评价的话，还有另外一

---

1 马克思在两种语言中都用过这个词：德文（"Konjunktur"）和英文（"conjuncture"）。

2 "[S]o erwas *sagt* man nicht, so erwas *tut* man." 1899年7月13日的信，转引自爱德华·伯恩施坦，"伊格纳斯·奥尔，元首、弗洛伊德和贝拉特"，《社会主义月刊》13，第5期（1907年5月），346页；另见爱德华·伯恩施坦，《伊格纳斯·奥尔：纪念文集》（柏林，1907），63页。

个不可忽略的因素，上文已简要提及[1]：民族主义。所有原创性理论的作者都倾向于夸张。也许没有这种夸张，就不可能冲破一个特定时代的正统和主流观点。大多数著名的思想家都是这样做的，马克思也不例外。没有人会真的否认他的伟大的圣西门式的真知灼见的创造性和在批判上的重要性——他，而不是别人，使我们意识到社会化的生产与私人化的分配机制不相称；他比别人更早地预见到了大工业的兴起。不仅如此，他具体地说出了圣西门的洞见，即人通过技术革新，改变了他们自己，他们的性格和生活，以及他们的社会和政治组织。他很清楚地说明了人类过去的创造在束缚他们自己日后的进步中扮演的角色，即这些生产力的"枷锁"扮演的角色，它们是由人创造的制度或信仰体系或行为方式组成的，却使得后代的人们误以为它们是客观有效和永恒的：一种只有通过"对谁有利？"（cui bono）的追问才可以驱散的错觉——是什么样的团体或阶级，其权力或生存，无论他们意识到与否，因这些制度而得到加强？（如果他们保持自己的神圣地位还会得到更多。）

205

马克思而不是其他人强调社会组织的重要性，不是作为一个永恒的、在社会层面上有用的武器，而是作为不可避免地由工业化进程本身导致的某种东西。同样也是他使我们习惯于（有人也许会说习惯于我们的命运）为了做出各种社会蛋饼要勇于打碎鸡蛋，不管它多么神圣；习惯于暴力和屠杀无辜，这点使许多人退缩了，但是马克思不仅把这看成是不可避免的，有时还看成几乎是要积极去争取的。马克思关于思想和行为关系的特殊学说，关于词语和它们的真实含义与社会角色的学说（词语一会儿被这个，一会儿被那个阶级和它们的代表所使用）——所有这些都是塑造性的观点，它们，无论如何已经改变了我们的世界。

1　见本书190、192页。

第二国际吸收了这些观点，而且在某种程度上改变了这些观点，但从没有完全失去它们。没有倍倍尔、考茨基和普列汉诺夫，没有对正统学说的强调和对异端的排斥，无论是列宁还是老殖民主义垂死挣扎时采取的形式，都不会以他们的样子出现。纯粹的和未加稀释的马克思主义传统，从来没有消亡：但是它从其观点的激烈性、思想的连贯性和对革命统一性与革命组织的追求中，无论赢得了什么，它付出的代价非常巨大，就是对社会现实的视而不见。我已经提及了它对于聪明的资本主义的弹性和社会创新性的低估，对国家自身可以显示的进取心的低估——无论这进取心是因为社会进步，例如在斯堪的纳维亚国家或英语国家，还是因为压力和战争，例如在大战前的德国和意大利。

206　　我要重新谈谈在我看来最有力的因素：民族主义。它甚至比为了安全而放弃个人和群体的自由时那种选择还有力，甚至比历史感情或传统与惯性的力量还有力，后者被马克思主义教条家们系统地低估或消解了。民族主义逐渐产生了巨大的影响力，尽管在过去的一百年里那么多国际联合的力量都在起作用。这里不是审视它的根源的地方。也许回想起一件众所周知的事情就足够——无论在18世纪末期和19世纪早期的德国出现了什么样的自由国际主义的萌芽，它们在1815年反拿破仑的民族主义热浪中都枯萎了。1848年的革命在它的帮助下被破坏了。如果没有奥匈帝国内部沙文主义的冲突，没有1870年法国的受伤害的民族主义（即使是在1871年的巴黎公社里它也有很大分量），没有1864年到1914年之间民族利益和资本家利益在帝国主义中的联盟，没有1919年把俄国民族整合的事业与革命等同起来，我们世界的历史肯定是大不一样的。

欧洲工人阶级组织的历史不能与拉萨尔创建的模范政党的命运分开，不能与这个赋予人它的形式分开，而马克思正确地怀疑他滑向"民族精神"以及某种非常类似德国浪漫民族主义的东西。由于他们的经济和社会进步的程度，工人们被拖入了这种潮流，而且几乎不可能指望他们成功地逆流而动。当1914年打破了第二国际的表面一致时，列宁和罗莎·卢森堡都大吃一惊。但至少部分地是因为，在俄罗斯帝国工人们处于相对的前工业化阶段，与西方社会的其余部分及其民族主义是隔绝的，因此即使俄国的工厂工人中有某种程度的民族主义，也相对要弱得多。在它深一些的地方——例如在波兰，它在反对俄国人、奥地利人和德国人时也同样是无力的：甚至不如说，它是和奥地利人的恐俄情绪联系在一起的。我们知道，列宁、罗莎·卢森堡和马尔托夫就他们个人而言是没有这种感情的。对列宁而言，对托洛茨基也是一样（尽管世人有过一些错误的对比），俄国革命的重要性更多地在于这是对敌人战线中最薄弱一环发起的攻击——世界范围的革命的开始——而不在于它是在俄国发生的。

一国之内的社会主义并不是原初设计中的一部分；列宁也不是俄国民族主义者，就像斯大林不是格鲁吉亚民族主义者一样，或者像马尔托夫不是初期的犹太民族主义的支持者一样——马尔托夫对它的各种形式进行了凶猛的攻击。但是迄今为止历史的教训在我看来就是，社会革命在这样的情况下是最成功的：社会和民族敌人可以被确定，政治权利和人权的被剥夺、贫穷和不公正与某种程度的民族耻辱同时发生：在那里这些邪恶可以被归咎于外国剥削者以及国内的暴君们。也许这个事实，即马克思主义的运动似乎在英国和"白人联邦"里、在斯堪的纳维亚国家和北美最为孱弱，并不是和这样一些历史因素不相干的：它们在这些难以入侵的国家里阻止了日积月累的社会不公正与受到伤害的民族主义者的怒火同时发生———一种似乎必然导致革命性变革的混合。

因此出现了一个奇怪的悖论：是俄国新雅各宾派的特卡契夫的理论（恩格斯在1875年曾强烈地谴责过他），提出了一个行动纲领；列宁，无论他意识到与否，在1917年完善了它；而半马克思主义的、渐进主义的和民主派拉甫罗夫的计划（恩格斯曾颇为关切）证明在俄国是行不通

207

的，至于它们在西欧确实被证明可行，却是缓和了武装的马克思主义，把它转入了相对温和和半费边主义的轨道。如果这些是历史的辩证变化，它们不太可能是马克思期望的。没有人比他更经常地或以更深的洞察力谈论人类行为的不可逆料的后果；但是人们仍然可以琢磨，尽管他相信使用暴力，马克思从这样一个事实中会作何感想，这个事实就是，他的学说注定要通过某些社会中，至少到那时为止是欠发达社会中，不可避免地由残存的不成熟和野蛮成分所决定的方法和形式进入这些社会里，而他自己设想的，却是一个自由社会，作为人类文明的最丰硕的成果——最先进的生产技术的最大可能性的发展顶点，这是由通过对环境的理性控制而达到自由和无阶级的人类锻造的。在俄国、中国和巴尔干国家，取得胜利的是1848年到1850年的原则，在这些地方没有马克思主义意义上的大众，领袖们没有广泛的社会和政治责任，在他们的肩头上不担负着世界；在这些地方社会主义政党可以自己行动，它们主要是由知识分子组成的。

我想表明（无论是多么尝试性地），这至少在俄国是成立的，因为与现实隔绝的被囚禁的人，能够更无畏地去信仰；他们的思想要狭窄些，也更清楚和更集中，他们的信仰更真诚。这就是布朗基的信仰方式；这就是葛兰西的信仰方式；这就是19世纪40年代和50年代德国革命者的观点，也是90年代俄国革命社会主义者的观点。这个时候在德国和法国，在奥匈帝国和不列颠，在比利时和荷兰，的确存在大众，但是这些地方也有民族主义和受尊敬的宗教组织，有逐渐增长的财富和经济安全的希望，以及自然而然的对渐进方法的信仰。阶级之间的隔墙变得比理论所认为的要薄了，而且领袖们感到应该对大规模的、精心构建的、温和的、社会民主的或可尊敬的劳动政党成千上万成员的日常生活负责。在这里与资产阶级没有合作，不要改良主义和渐进主义的学说——工人要么仅凭借自己的力量获胜，要么失败——不再是可行的了；在欠发达国家里，由于明显的原因，则可行得多。

尽管马克思主义的分析在19世纪80年代显出极大相关性——在这个时期里出现了自由贸易和社会流动性的下降，保护主义的抬头，官僚国家的控制和军事帝国主义的加强，以及权力精英的联姻，包括工会和民族主义者的团体——换句话说，尽管出现了马克思以高度技巧和深刻见地分析和预言过的集权主义的增长，这些其他的因素实际证明是与之抗衡的。劳动者的领袖们，甚至马克思主义者，被拖入了和平的竞技场，也许与他们的意愿相反并且不为他们察觉，在其中不同利益获得调整而不是走向冲突，而且妥协的观点、多元论、与其他阶级不完善的但可容忍的暂时妥协，或多或少地被认为是理所当然的。

因此这样的信念，即人类的一个群体（无产阶级）是整个未来人类的代表，是历史选择的工具，违背它的真实意愿（它的领袖解释的意愿）是反人类的（lèse-humanité），是对人类精神犯下的罪行——这种信念被削弱了；而且马克思主义本身倾向于被简化为一种粗糙的唯物实证主义，一种纯粹的关于历史的理论，它不声称提供终极价值，因此可以被连接在——被焊接在其他道德体系上：新康德主义、基督教、平等主义或民族主义。第二国际就是这样消亡的——慢慢地和凄凉地，没有什么标志，即使饶勒斯的被暗杀有时被看成是一个确切的标志。

但是和其他任何渊源相比，一些最令人痛苦的问题的最强烈表达要归因于这受人蔑视的逝去的第二国际，这些问题在今天比以往更加令人痛苦，例如这样的问题：自由和集权化权威的关系，无论我们公开宣称的理论信仰是什么，后者都是工业主义本身强加给我们的（即使把它称为辩证的也没有使这个关系变得更清楚或更可以容忍）；民族相对于国际力量的生命力；工会与社会主义政党的关系；直接经济行动与政党活动的关系在压迫性政权下采取阴谋方法的后果；在反帝国主义斗争的过程中诞生的新民族主义（和种族主义），与在集权化指导下、为全人类的利益而对欠发达地区的资源进行最佳利用的冲突；纯粹经济因素相对于民族或帝国主义情结（它们本身不是直接由经济形式造

210

成的）引发战争和革命中所起的作用；通过"工业行动"——大罢工和其他由工人组织发动的干涉——来防止战争的可能性；更不用说大量的有关社会立法、移民政策、刑法改革、妇女权利的问题，和这些问题有关的冗长的各种会议和它们冗长的发言，在巴黎，在布鲁塞尔，在伦敦，在阿姆斯特丹，在斯图加特，在哥本哈根，在巴塞尔，充斥于1889年到1914年间。

　　这些问题尚未解决。它们甚至没有随着时间而老旧。我们自己的记录，无论我们生活在铁幕的哪一边，都还没有够格去丢第一块石头。尽管马克思主义自1918年以来发生了这么多巨大变化，事实是，在我们的世界里这些古老问题在今天远远没有过时。这是因为我们落后于时代吗？因为我们本身是一个巨大的、异常的年代错误的产物，是最后的史前人类，我们的最终消失将标志着新世界的诞生吗？或者也许是因为，我忍不住要这样想，马克思像许多天才的先哲一样，极度地夸大而且过分强调了所有社会问题的历史的相对性和暂时性？——不仅是在时间和变化的过程面前，还相对于人类通过发现一个最终的理性解决方案而一劳永逸解决所有问题的能力：因此我们的问题将被送进古董博物馆里（用恩格斯的话来说）[1]，巨大的革命转型的行动，不是今天就是明天，将为这场巨大而可怕的争论永远画上句号，而且人类历史将最终开始。由于许多马克思的具体预言还没有实现，我相信，也许这个伟大的包罗万象的观念，将证明只不过是虚妄的。

211

212

---

1 《家庭［……］的起源》，9，MEW卷21，168页；CW卷26，271页。

浪漫主义革命：
现代思想史的一场危机

一

我的研究对象是西方政治思想史中的一个转折点，而且实际上更广泛地说，也是欧洲人的思想和行为历史中的一个转折点。关于转折点，我说的是观念的一种转变。这是和那种当一个发现，甚至是极其重要的发现，解决了甚至是最为核心和麻烦的问题时发生的变化不同的东西。某个问题的解决方案是依据该问题而得到的，并不必然地改变该问题得以提出时所依据的范畴和概念；如果它赋予了这些范畴什么的话，那只是更多的权威性和活力。牛顿的发现并没有改变开普勒和伽利略物理学的基础。凯恩斯的经济学观点和方法也没有打断由亚当·斯密和李嘉图所创造的研究课题的连续性。关于转折点，我说的是某种不同的东西：整个概念框架的剧烈变化，在该框架中一些问题得以提出；从新观点、新词汇、新关系的角度看，那些老问题显得微不足道、过时以及有时显得不明智，以至于以前的那些折磨人的问题和疑问像是古怪的思想方式，或者是属于一个已经消逝了的世界的混乱。

在西方政治思想史中，至少发生了（在我看来似乎是）三次这种类

213 型的转折。第一个转折点通常被定位在亚里士多德死后到斯多葛学派兴起之间的短暂而神秘的时期，那时在不足二十年的时间里，雅典占统治地位的哲学学派变成不再认为个人只有在社会生活的环境里才是聪慧的，停止讨论那些曾支配着柏拉图学派和吕克昂学园的、与公共及政治生活相关的问题，就好像这些问题不再处于核心，甚至不再有意义，并且突然开始纯粹地从内在经验和个人救赎的角度谈论人，把人作为孤立的实体，而人的道德就在于更进一步把自己孤立起来。对所有价值的大规模重新评判——从公共的到私人的，从外在的到内在的，从政治的到伦理的，从城邦的到个人的，从社会秩序到反政治的无政府主义，以及观念和语言中相应的变化，几乎不可能发生在思想史家所划定的、亚历山大大帝死后仅仅十五年或二十年的时间里。我们不知道，也许永远不会知道，在此前的一百年里，存在着多少对体现在柏拉图和亚里士多德观念里的哲学图景的系统反对。我们对认为公共事务不受客观理性影响的早期犬儒派、怀疑论者和诡辩派的思想知之甚少。我们知道的关于这些先驱者（同时也是柏拉图与亚里士多德的反对者）的一切，或者说几乎一切，都是来自他们敌人的作品；这就好像我们所知道的关于伯特兰·罗素的学说的一切都来自苏联教科书，又好像我们所知道的中世纪学说源自伯特兰·罗素的学说。但是无论如何，这的确是人类思想史上的一个主要转折点，其后没有什么可以与之相比。

　　在我看来，马基雅维利揭开了一场同样重要的颠覆运动的序幕。自然价值与道德价值间的鲜明区分、关于政治价值不仅不同于而且可
214 能根本上与基督教伦理不相容的假设，对于宗教的功利主义的看法，对神学以及对形而上学的和神学的证明的怀疑，对在理论上是一个逻辑矛盾、在实践中必然是大灾难的理想共和国的观念的怀疑——所有这些都是新颖和让人震惊的东西。人类此前从来没有被公开地号召在一个没有目的的世界里、在不可调和的私人和公共价值体系之间做出选择，并且被预先告知可能根本不存在关于这个选择的终极的、客观的标

准,因为这两条道路通常指向相反的方向,很少有什么共同点。在这里我不想夸大这把插在欧洲传统里的匕首的严重后果,梅尼克就是这么称呼它的。[1]

第三个大转折点(在我看来是最重大的,因为此后再没有发生过如此有革命性的事情)发生在18世纪末叶,主要是在德国;而且它虽然因"浪漫主义"的称呼而广为人知,它的全部意义和重要性即使在今天也没有得到应有的认识。我将以最简单的方式叙述我的论点——这过于简单,也许不完全准确或公正。这就是:18世纪见证了伦理和政治学中关于真理和有效性观念的破灭,不仅仅是客观真理或绝对真理,也包括主观真理和相对真理——真理和有效性本身的破灭;同时也因此出现了大量的、实际上是无法估量的后果。我们称为浪漫主义的运动使现代伦理学和政治学发生的转型,远比我们意识到的要深刻得多。

二

在整个西方思想的核心传统里,人们一直假定所有的普遍问题都是同一逻辑类型的:它们是关于事实的问题。因此只有那些处于某 215 个位置、知道相关数据和能够正确地解释它们的人才可以回答这些问题。认为一个问题如果根本无法回答就不是一个明智的问题,认为在某处存在着对每一个难题的解决办法,虽然可能被隐藏或难以接近,就像是隐藏的财宝(这被启蒙时期和19世纪的实证主义者们认为是理所当然的,在我们今天也如此)——这样一种信念是直到我讨论的时间点为止的西方思想所抱持的主要假设。在这方面,道德和政治问题不

---

1 弗里德里希·梅尼克,《现代史上的国家理性观念》(慕尼黑,1924),Douglas Scott 英译为《马基雅维利主义》(伦敦,1957),49页("Schwert");参较本书419页;《反潮流》第二版,48页。

是迥然不同的。"什么是人最好的生活？""为什么我应该服从你或别人？"（这也许是政治哲学最核心的问题）"什么是权利？""什么是自由，为什么要追求它？""什么是义务、权力、公正、平等？"以及其他诸如此类的问题，从根本上被认为可以用回答更为明显的事实问题的同样方法来回答，这类事实问题比如："水是什么组成的？""有多少星星？""尤利乌斯·恺撒什么时候死的？""当他越过卢比孔河的时候先迈出的是哪只脚？""为什么希特勒要杀这么多人？""上帝存在吗？"我自己也可能无法说出里斯本离君士坦丁堡有多远，或者某个病人是否会死于某种疾病，但是我知道去哪里寻找答案，该做什么，该咨询什么样的权威。我知道什么类型的命题可能成为我的问题的答案，什么类型的不可能。当我说我知道真正的答案在本质上一定是可以发现的时，我的意思就是上述的这些，尽管我可能不知道答案，而且也许实际上没有谁知道——除了万能的存在。

　　在对这种知识的互相竞争的追求者中间存在着激烈的争辩。有的人在个人天启经验里、在教义信仰和经典书籍里寻找真理；或者在这些真理的专职解释者的声明里寻找——巫医、教士、教会、预言家，各种与看不见的力量有接触的人。各种教派可能不会总是提供相同的答案，但这样的答案被认为一定是可以发现的；如果不在这个派别或宗教的声明里，那么就在其他派别或宗教里。有的人寻找答案时借助形而上学的洞察力，或个人的良知，抑或借助部落或文化的不朽智慧，单纯善良的人的未被腐蚀的心灵；有的人倾听人民集会时的声音，有的则倾听神圣的国王或领袖的声音。有些人认为真理是永恒不变的，其他人则认为它是历史地发展形成的；人们到处搜索真理，在过去或在未来，在今生或在来世，在理性的宣言或神话及其他非理性源泉中，在神学中，在数学方法对经验数据分析的应用里，在常识的归纳里，或者在自然科学的实验室里。在互相竞争的认为可以真正回答这些问题的各种宣言之间，上演着你死我活的争斗。当最后要得到的是对有关生死、个人救赎、按照真理生活的问题的解决时，情况就不可能是别的样子。这是柏拉图主义者和斯多葛主义者的信仰，是基督徒和犹太教徒的信仰，是思想家和实干家的信仰，是千差万别的信徒和非信徒的信仰，直到今天都是这样。

且不论区分这些不同观点的各种巨大差异，有一个大的前提假设，或者说是一个假设的三个子命题，构成了它们全体的基础。第一个是存在着人类天性这样一个实体，它是自然的或超自然的，可以通过相关的专业知识来理解；第二个是拥有某种特殊的天赋意味着，要去追求由上帝或一个非人格化的事物本质加之于它或内在于它的某种特殊的目标，而且对这些目标的追求本身就是使人之所以成为人的东西；第三个是这些目标以及相应的利益和价值（这是需要神学、哲学或科学去发现和界定的工作）不可能彼此冲突——实际上，它们必须组成一个和谐的整体。

这些假设的最大体现是古典、中世纪和现代的自然法概念。它们被每一个人所接受：即使是某些最尖刻的自然法批评者也没有质疑——怀疑主义者、经验主义者、主观主义者、有机论者或历史进化论的信徒。按照亚里士多德的说法，一名古代的诡辩派人士的确说过，火在雅典和波斯同样燃烧，而社会和道德观念就在我们的眼前改变。[1] 相似地，孟德斯鸠也说过，当蒙提祖马告诉科特斯*，基督教对于斯巴达人来说可能是最好的，但阿兹特克宗教对于他的人民是最好的时，他所言非虚。[2] 这是令那些相信道德的、宗教的或政治的真理是放之四海而皆准的人感到厌恶的思想；也就是说，既令基督教教会厌恶，也令机械唯物主义者和实证主义者如爱尔维修、孔狄亚克和他们的朋友厌恶。但

217

---

[1]　亚里士多德，《尼各马可伦理学》，1134b 26。

*　科特斯（1485—1547），西班牙探险家，他为西班牙征服了阿兹特克人的墨西哥。——译注

[2]　《论法的精神》，第24篇，第24章。

是即使相对主义者和怀疑论者也不过是认为每个人和每个社会，依据不同的地理或气候条件，或不同的法律和教育体系，或一般观点与生活模式，会有不同的需求——这些孟德斯鸠都称为法的精神。然而，这些问题的客观答案当然是可以发现的：你只需要知道人们生活于其中的情境。就此而言，你可以用永恒的客观真理的名义宣布，因为波斯人的需求不同于巴黎人的，在波斯是好的东西在巴黎可能是坏的。但是答案仍然是客观的，波斯的法规的正确性并不和巴黎的相抵牾。我在布哈拉揍了我的妻子，我没有在伯明翰打她：不同的环境决定不同的方法，尽管目的是一致的；或根据不同的刺激而有所不同。

即使对于极端的怀疑论者如休谟来说，这也同样是真的：为了寻找生活的正确道路而诉诸内在观念或先验真理是毫无用处的。前者根本不存在；后者没有提供关于这个世界的什么信息，只提供了我们使用词汇和象征符号的方法。但是否没有什么可以去求助的呢？实际上有。价值就是人们所追求的：他们追求自己需要的满足。经验心理学会告诉你人们想要什么，他们赞成和不赞成什么；社会学或社会人类学会告诉你不同国家、团体、阶级、文化（以及它们内部）的需求和道德及政治价值间的异同。德国历史学派最强烈地反对一切不变的、普遍的原则，并用一种具体的"有机"实体的连续感来取代它们——一个特定的民族，或部落，或一种传统，但即使是这样一个学派，在其早期学说里，在赫尔德、萨维尼，尼布尔（以及在英国的柏克）的著作里，也没有在任何程度上宣称或暗示这些不同的发展模式是彼此对立的，或者说它们不是一个大的宇宙整体的元素，一个大的有差异性的统一体。道路也许是必然不同的；但目的对于所有人来说只有一个：它包括了和平、正义、美德、幸福、和谐的共存。那就是莱辛关于三个戒指的著名寓言的核心，它是为整个启蒙运动而说的。

霍尔巴赫指出，人在本质上是与其他三维实体相似的东西：伦理学是第一个发现人的本质是什么、人需要什么以及最终如何满足这些需要的科学；政治学是应用于集体的科学——德行和政治是喂养和满足人类兽性的科学，或者换个说法，按照爱尔维修的说法是"心灵的农业"。[1] 勒梅西耶·德·拉里维埃断言人类的目的是被给定的：是由人类本质的结构所给定的。我们无法改变它们，只能去理解它们的法则并照此行事。政治学就是航海术——航海术要求具备关于海洋、季风、礁石以及人们不能但想要到达的港口的知识：这就是所谓理性的方法。法律的专制和立法者个人的专制是一回事：勒梅西耶认为都是不可抗拒的证据的力量。[2] 立法者只不过是建筑者而已：自然已经画好了整个蓝图。爱尔维修宣称他根本不关心人是道德的还是不道德的；只要他们是智慧的[3]——因为如果他们是智慧的，事实上他们就可以用最有效的方法追求幸福，无论他们是否认识到这一点，也无论他们如何解释自己的行为。孟德斯鸠认为为达到这样一些对所有人类都一样的目的，如幸福、正义或稳定，其方法在不同环境里会有所不同；休谟认为这些目的是主观的，无法先验地证明；赫尔德认为它们不是普遍性的或完全理性的，并且依赖于一个追求自己特殊的、唯一的道路的特定社会在这个有机发展过程中所达到的阶段。但是如果这些目的，主观的或客观的，统一的或变化的，是由上帝、理性、传统给定的，那么剩下来的唯一真正的问题是关于方法的。政治问题转变为纯粹的技术问题。

当然，也会有不同的情况。某些追随柏拉图的人相信只有经过特殊训练的人才能发现这些目的：圣哲，或受到天启的预言家，或启蒙思想家，或科学家，或历史学家。孔多塞看不出为什么进步不能由人类科学专家组成的政府在人类事务中取得，如果人类采用与蜜蜂社会和水

219

1　《自然的体系》[伦敦（sc. 阿姆斯特丹），1770]，卷1，11页。

2　《论政治社会的自然的和根本的秩序》（伦敦，1767），卷1，311页。

3　"Peu importe que les homes soient vicieux: c'en est assez s'ils sort éclairés."[《论人》（sc. 海牙）1773]9页6行。"人是邪恶的毫不重要，只要是智慧的便足矣。" W. Hooper 英译（*A Treatise on Man [...]*，伦敦，1777），卷2，301页。

220　獭社会同样的方法。[1]赫尔德根本不同意孔多塞的看法，因为人类社会通过追求精神目标来发展和转变自己，而蜜蜂和水獭的社会不是这样的。但是他没说什么反对孔多塞的"自然用不可打断的链条联结起真理、幸福和美德"[2]这一命题的话；因为否则就没有什么和谐了。举例来说，如果你可以证明真理可能和幸福不相容，或者幸福和美德不相容，那么，假设这三者都被看作是绝对价值的话（这一点在18世纪以及其他时代的大部分时间里，都是公理），接下来的问题就是，对于"我们应该追求什么样的目标""什么是最好的生活方式"这样的问题从根本上不可能给出任何客观的、可以证明的答案。但是除非这些问题可以从根本上得到回答，否则我们追问的到底是什么呢？康德和卢梭与柏拉图不同，他们断言对于价值问题的回答根本不是专家的事，因为每一个理性的人（而且每一个人都可以是理性的）都能够找到这些基本道德问题的答案；而且所有理性人的答案都应该必然地是一致的。实际上，他们对于民主的信念就是依赖于这个原则。

　　我想说明的是，而且这在我看来很关键：所有这些不同的学派都同意价值的问题是事实问题的一种。既然一个真理，例如对"我是否该追求正义"这个问题的回答，不可能与另一个真理（例如对"我是否该慈悲为怀"这个问题的回答）不相容（因为一个真命题在逻辑上不可能与另一个冲突），那么至少在理论上，可以营造一种理想状态，其中包含着对所有社会生活核心问题的正确解答。所有阻碍该理想状态实现的障碍都必然是暂时的或偶然的。人类所有的弱点、失误、愚蠢、腐化、不幸，所有的冲突以及所有的邪恶和悲剧，都要归咎于无知和错误。如

221　果人类预先知道，他们就不会犯错；如果他们不犯错，他们就能够——

　　1　孔多塞，"1782年2月21日星期四当选院士时在法兰西学院宣读的论文"，《孔多塞著作集》，A. Condorcer O'Connor 和 M. F. Arago 编（巴黎，1847—1849），卷1，392页。

　　2　*Esquise d'un tableau historique de progrès de l'esprit humain*（《人类精神进步史纲要》，巴黎，1795），346页；英译本（伦敦，1795），355页。

而且作为理性的人，他们就愿意——通过最有效的方法来追求他们真正利益的满足。这些基于理性之上的活动永远不会互相冲突；因为在人或这个世界的本质里没有什么使悲剧变得不可避免的东西。罪、恶、痛苦都只是因为盲目产生的失调的形式。知识，无论它是科学的还是神话的，经验的还是神学的，尘世的还是天堂的，都创造出美、和谐与幸福。这个世界里并没有什么容不得圣人或天使的东西。

<h1 style="text-align:center">三</h1>

美德即知识。这个核心的西方信仰以及它的各种支派，历经古典希腊哲学的衰落、基督教的兴起、蛮族入侵和中世纪教会以及文艺复兴和宗教改革而幸存下来，并且实际上以这种或那种形式发生着影响，这个欧洲理性主义最强有力的支柱，这个三足鼎的中心足，被浪漫主义运动削弱了，或者至少是被破坏了。

首先，在我看来，某些浪漫主义者最彻底地切断了古典观念的所有根基，即认为价值，那些关于行动和选择的问题的答案是可以被发现的这样一种信念，并且坚持认为那类问题是没有答案的，无论是主观的还是客观的，经验的还是先验的。

其次，对他们而言没有什么可以保证各种价值在理论上不彼此冲突，或者如果它们是冲突的会有什么解决的办法；而且像马基雅维利那样，他们认为否认这一点就是某种形式的自欺欺人，幼稚或浅薄，是可怜的并总是灾难性的。

最后，我认为从他们学说的积极方面看，浪漫主义者引进了一组新价值，与旧的价值毫不相容，而今天大多数欧洲人是这两种互相对立的 222 传统的继承者。这两种观点我们都接受，而且以一种如果我们对自己诚实就无法避免的模式在二者中间摇摆，但这从思想上说不是内在一致的。

追溯这种在不同观点间的重大转移可能是一生的事业。这里我只能简单地谈几点，来说明这种革命性现象的大致轮廓。

四

这个破坏性的因素——日益逼近的地震带来的最初震颤——首先可以在卢梭和康德的著作里看到。每个人都知道，按照卢梭和康德的说法，要发现自己应该做什么就必须倾听某种内在的声音。这种声音提出了要求：它发出命令。卢梭称其为理性。康德也称其为理性，并提出了把它发出的命令与其他命令（例如来自情感或自利的敌对声音）区分开来的标准。但是这两位思想家，尽管他们对启蒙哲学的某些特定方面极不赞成，在很大程度上仍然属于启蒙阵营，这体现在无论理性的内在声音要求什么，在他们看来都是客观的、普遍的、永恒的，无论何时何地对任何人都是真实的，就像自然法的传统宣扬的那样。

在康德的学说里，这种声音获得了某些特殊的特性。他的核心概念是个人责任的概念。这个关于人应该做什么（而且可以自然地引申到一个社会共同体应该做什么，这一点他由于在政治上过于谨小慎微而没有强调）的问题的提出，暗示了一个人或一个团体可以有不同的行为方式；换句话说，可以选择。一个人的选择，如果要恰当地被称为选择的话，必须是自由的；如果他被他无法控制的力量强制着去行动，无论这些力量是身体上的，如一些17世纪的哲学家所坚持的那样，还是心理上的——欲望、恐惧、希望——以及生理上的和生物学上的，如18世纪的唯物主义者所宣称的那样，那么对康德来说，所谓选择的观点是空洞的，而且无法赋予诸如"应该""目的""责任"等词汇任何意义。卢梭也认为个人体现着他的自由的本质；限制一个人的自由，无论如何仁慈地出于假想的他自己的利益，就像18世纪的改革者建议开明专制所做的那样，都是扼杀一个人的人性，把他变成动物或某个物体。

223

对康德而言，一个人要真正地自由，就必须可以自由地走向恶与善；否则（理性地）选择善就没有任何价值，关于美德的观点也就变得空洞了。要想自由就要自我引导，如果我被我无法控制的东西所左右，我就不是自由的。但是对幸福的渴求可能是这种类型的外部制约因素：我可能无法控制它。而且幸福是某种我或者可以或者无法得到的东西：它取决于太多的个人无法驾驭的条件。如果完成一个特定的行为是我的目的或责任，那么我必须能够去做；我不能因为无法做不由我控制的事情而受到指责。只有当我有能力自由选择，我（引申一下，还有我的文化和国家）才可以被视为负有义务或责任，实际上就是被视为道德行为者。如果道德或政治规则的资源外在于我，我就不是自由的，没有能力做出理性选择。

按照这种思路，理性生物的价值必须是自己加之于自己的，因为如果价值来自外部资源，我依赖于这种资源，我就不自由。这就是康德说自治是一切道德的基础时，所意味的：听命于某种外在力量，无论是无目的的自然，还是按照它的意志命令我的超验力量如上帝或天理，都是异化统治，是一种依赖于我无法控制的东西的形式，是奴役。我，而只有我自己，必须是我自己的价值的权威。如同卢梭宣扬的那样，事实上我必须遵循规则，但我是自由的，因为这些规则是我创制的。外部命令会贬低人；实际上，因为人而且只有人自己是价值的创造者，所以他们本身就是有最高价值的；为了那些不属于人类自己的目的而使用人，剥削他们，贬低他们，侮辱他们，就是否认他们人的本质，否认他们是人；而且这是所有罪恶中最令人发指的。要证明压迫、奴役或毁灭某个生物是合理的，我就必须保证我是以某种价值的名义来行事，该价值要高于我侵犯了其自由的这个生物。但是理论上说不可能有这样的价值，因为所有的价值都是自由（理性）人类的选择所创造的，因此这样的恶行就是践踏最高的价值——人类理性为自己设定的终极目的：理性和理性选择是人性的本质，是作为人类的尊严的本质，是他们作为自由

224

本体区别于物体和野兽的本质。无论我们是谁，当我们看到类似我们自己的生物被奴役，被践踏，被侮辱，被当作或被变成野兽时，就会在我们中间引起如此强烈的情感激变。

康德的说法听上去就好像这些规则都是理性的命令，因此如果它们对我是成立的，它们就必须对所有其他的理性生物成立，因为这是理性的本质，无论是理论上的还是实践上的，无论在科学里还是在生活里，都是普遍有效的。无论是在宗教的还是在人道的掩饰下，这一点并且只有这一点才是我们的道德权利和道德规范观念的基础，才是全体人类之自由、平等、尊严等观念的基础。他称这些规则为绝对律令。

与休谟不同，康德也许没有有意地把绝对律令和事实陈述截然区分开来；但是无论如何，他的体系具有革命性的后果。要求或律令不是事实陈述；它们不是描述，无所谓真假。律令可以是对的或错的，可以是不公正的或公正的，可以是明智的或混乱的，可以是微不足道的或重要的，但它们不描述任何东西：它们命令行动，指导行动，威吓行动，产生行动。类似地，一个目的或一种价值也是某种人以之作为自己目标的东西，它不是可以依赖的独立实体。价值不是某种科学，例如心理学或社会学可以研究的自然过程，它们是人制造的，是自由行动或自由创造的形式。

康德实际上没有得出这个结论；实际上这个结论走向了所有他相信的东西的对立面——理性的普世性，对道德价值的理性证明的可能性。但是康德的某些浪漫主义继承者充分引申了这个观点，认为价值就是命令，它们是被创造的，而不是被发现的。道德（或政治）知识与科学知识或形而上学知识或神学知识间的传统类比被打破了。道德，以及作为社会道德的政治，是一个创造性的过程：新的浪漫主义的模式是艺术的模式。

那么艺术家都做什么？他创造某些东西，他表达他自己；他不复制，不模仿，不翻译（这只是工匠的技艺）。他主动行动，他制造，他发明；他不发现，不计算，不证明，不推理。在某种意义上，创造就是只依赖自己。一个人既发明目的，也发明通向它的道路。一首歌在被作曲家谱写出来以前在哪里呢？一支舞在被跳出来之前在哪里呢？一首诗在诗人吟诵它之前在哪里呢？[1]赫尔岑曾这样问道。它们不是在那里——在某个外部的空间里——等着被人发现，无论是专家还是普通人。所有的创造在某种意义上都是无中生有。它是人类唯一的充分自治的行为。它摆脱了因果律，摆脱了外部世界的机械规律，摆脱了专制或环境影响，摆脱了激情，这些支配着我——当与这些因素有联系时，我最多是像树木、石头或动物一样的自然物体。

226

　　如果人的本质是自我控制——对自己的目的和生活方式的有意识的选择，这就构成了与那种早期模式的根本决裂，该模式支配着关于人在宇宙中的位置的观念。从前苏格拉底时期到卢梭为止一直未受质疑的欧洲道德观和精神观的基础——自然法的观念被摧毁了，这些观念是出于与自然和谐一致的需要，出于对一个关于人的功能性概念的需要：人通过发现自己在宇宙合唱团里的位置来充分实现自己。因为，试图让自己适应某种遵循自身规律的东西，无论这种东西被设想为静止的还是变动的，是置身经验流之上的不变的实体还是在自然或历史中得到实现的有目的的过程，都同样是服从某种一个人无法决定的东西，服从从外部发布命令的法则；或者即使它们从内部发话，它们也不是被创造的，无法被个人或社会自由改变。如果自由是人之为人的条件，如果自由就是为我自己立法，那么行动的准则之所以正当且符合真理，就并不是因为它来自外部的权威，无论这权威有多么崇高，而是因为这些准则是由一个自由的主体规定的。

　　1　这是一个自由的，有时不大准确的意译和引申。见《赫尔岑全集》，卷6，33、335页；亚历山大·赫尔岑，《彼岸书》，Moura Budberg［和伯林］英译；《俄国人民和社会主义》，Richard Wollheim英译，以赛亚·伯林作序（伦敦，1996），35；《俄国思想家》第二版，xiv页注2。赫尔岑写道："歌手所唱之歌的目的是什么？"

这就颠覆了把真理看作对应于给定的、永恒的"rerum natura"[1]（它是自然法的基础）或至少与它有固定联系的观点。关于世界的传统观念被改变了。艺术不是模仿，也不是再现，而是表达；当我创造的时候我才真正是我自己——这一点，而不是推理的能力，才是内在于我的神圣火花；这才是我按照上帝的样子（sicut Deus[2]）被创造出来的意义。自然不再是贵妇人或情人，也不是休谟所说的和善的管家，更不是沙夫茨伯里的"能生的自然"[3]，"是爱一切的，一切都可爱的，一切都神圣的"[4]，相反，无论我遇到她的什么样的伪装，她都是艺术或精神的对应物，是我的意志加诸其上的东西，是我锻造的。

227

这幅图景一直萦绕在德国浪漫主义者的心头，如瓦肯罗德、蒂克、雅各比、席勒、诺瓦利斯、施莱格尔兄弟、谢林。它最初的，可能也是最生动的表达见于费希特的早期著作中，他发展了绝对律令的观念，超越了康德并与之对立。费希特认为，自我并不是作为某个更大模式的要素被一个人意识到的，而是在与非我（the Anstoss）的冲突中，在与逝去事物的猛烈冲突中被意识到的，这是一个人抵制并且必须让它屈服于我自由的创造性设计的：自我是能动的、积极的和自我指导的。它根据它自己的概念与范畴在思想和行为两方面支配、改变、塑造这个世界。在康德看来这是想象力的无意识活动，在费希特看来则是有意识的创造性活动。"我从来不因为必须接受而接受某些东西"，费希特如是说（以前的思想家如笛卡尔、洛克也是这样说的），"我相信它是因为我愿

---

1 "自然本性"。

2 像神。

3 有些晦涩的托马斯主义和斯宾诺莎主义概念"natura naturans"（"能生的自然"），大致是挑出了自然的能动方面，相对于"natura naturata"（"被生的自然"），即它的被动方面。沙夫茨伯里并未用过这个词：伯林引用的那句话前文是："哦，光辉的大自然！至美，至善！"

4 《道德家：一部哲学狂想曲》（伦敦，1709），第3部分，第1节，158页。

意"[1]，而且，"如果人允许由他人的意志来为自己制定法律，他就使自己成为野兽，即他侮辱了自己与生俱来的人类尊严"[2]。我是两个世界的成员，一个是由因果律统治的物质世界，一个是精神世界[3]，在那里"我完全是自己的创造物"[4]。乔西亚·罗伊斯概括了费希特这方面的观点，写道："世界是一首诗……是由内在生活构想出来的。"[5] 如果我们在精神上是不同的，我们的世界就真正是不同的。成为一个诗人、一个士兵、一个银行家就是去创造不同的世界。我的哲学取决于我是什么样的人，而不是相反。在某种意义上我的世界必须依赖我的自由选择。物质的、无生命的自然（包括我的身体及其功能）是给定的。我所理解的它则不是这样：如果是，那么我也应该进入支配着无生命物质的循环往复——原因、结果、原因，或者进入决定着有机自然、植物、动物、我自己的身体、我的感觉自我以及所有我无法自由控制的东西的进化模式。

这在费希特著名的《对德意志民族的演讲》（在他的晚年发表）最精彩部分得到了阐述，该演讲是所有德国民族主义者的基本教科书：

> 无论你相信人天生的本质——自由、可臻完美性［……］还是你不相信［……］所有那些在其自身之中拥有创造性的生命兴奋的人；或者假定这种天赋被剥夺了，但至少拒斥空虚，并且等待着卷入原创性的生命潮流的那一刻；或者甚至是这样，如果他们还没有处在这个时刻，只在不同程度上有一些关于自由的混乱的预

1　《论人的使命》(1800)，第3章：《约翰·戈特利普·费希特作品全集》，I. H. 费希特编(柏林，1845—1846)(以下简称《费希特全集》)，卷2, 256页。以后对费希特的引用都出自这一版本。

2　《纠正公众对于法国革命的评论》(1793)，第1章，1页，《费希特全集》，卷2, 282、288页。《费希特全集》，卷6, 82页。

3　例如《论人的使命》，第3章，《费希特全集》，卷2, 282、288页。

4　前揭书(见上文注2)。

5　乔西亚·罗伊斯，《现代哲学精神》(波士顿和纽约，1892)，162页。

感——他们既不会怀着厌恶也不会怀着恐惧，而是怀着爱的感觉迎向它——这些是基本人性的一部分［……］。另一方面，所有那些把自己降低为一个派生物、一个二手产品的人［……］所有那些仅仅是多余的人［……］。如果把他们看作人的话也是一些陌生人和局外人［……］。所有相信精神自由的人［……］他们与我们在一起［……］所有那些相信被压抑的存在或退化，或认为无生命的自然是世界主宰的人［……］对我们而言他们就是陌生人。[1]

费希特想要说明德国人是有创造力的而法国人是死气沉沉的，这229 与我们无关：重要的是他的主题思想是认为价值是被制造的，而不是被发现的。在他早期激进的政治作品里，那个时候卢梭还是他的导师，他认为价值是理性的个人创造的，而且因为所有人的理性都是一样的，理性生活的法则和价值对他们都是有约束力的。在他后期的著作中，自我首先被等同于那个超验的造物主，那个我们都只是它的一方面或一部分的伟大的创造精神，也就是说，上帝；然后被等同于一般的人；再然后被等同于德国人，或者任何"创造性"集体或共同体，只需通过这个集体就可以实现个人真实的、内在的、永恒的、创造性的自我。"个人是不存在的，"费希特宣称，"他不应该算什么，而必须完全消失；只有集体是存在的。"[2]"理性的生活就包含于此，个人在种群中忘记自己——为了所有人的生命而置生死于度外，并为了他们而牺牲自己的生命。"[3]文化的功能就是实现"完全的自由，独立于任何不是我们自己的、不是我们纯粹自我的东西"[4]。如果这个自我等同于"民族"，那么民族就有运用一切狡计和暴力的武器去实现它的尊严的道德权利。

1　《对德意志民族的演讲》（1808）第7篇，《费希特全集》，卷7，374—375页。
2　《现时代的根本特征》，《费希特全集》，卷7，37—38页。
3　《现时代的根本特征》，《费希特全集》，卷6，35页。
4　前揭书（见本书228页注3），《费希特全集》，卷6，86—87页。

我把注意力引向费希特思想的这个方面，不是为了说明神秘民族主义的一个来源，也不是为了证明对他早期个人主义的曲解，而是为了说明人的本质现在是怎样地被等同于作为行动之源的意志，而不是被等同于所有人都有的同样的理性；人类的意志可以彼此冲突，而理性的产物——真实的描述性陈述，在逻辑上不会冲突。我只引用了费希特的论述，但是很少有浪漫主义作者没有这种类型的长篇大论：与古典的客观世界（柏拉图、阿奎那和伏尔泰共有的世界图景）的决裂是非常剧烈的。

很多新的政治上的以及美学和哲学上的推论起源于此。费希特 230 的体现在所有尘世自我当中的"纯粹自我"，为大胆的、不受拘束的个人艺术家或创造性的人格开辟了道路，这种人孕育自己的价值，为之而生，为之而死，因为它们是他的价值——因为它们没有别的来源。在弗里德里希·施莱格尔的小说《卢辛德》和蒂克的《威廉·罗维尔》中受到推崇的自由的无政府精神，在它的社会化形式里导致了自给自足的观念——费希特、弗里德里希·李斯特，以及许多社会主义者的封闭的、中央计划的社会，这种社会把自己与外界干涉隔绝起来，以便可以独立并且在没有其他人干预的情况下表现自己的内部特性。

这种自我隔绝——关注内部生活并只关注我可以控制的东西，根据某种不屈从于外界影响的东西来定义自我或我自己的社会共同体——毫无疑问是与黎塞留和路易十四加之于德国的失败和灾难有历史渊源的，同时也是和一个屈辱的民族接下来恢复自尊的情感要求联系在一起的，其方法就是退回到一个征服者无法占领的内部堡垒——它的内部生活，任何暴君都无法占领，任何自然灾难都无法毁灭的精神领域。在20世纪，这同一种由战争失败引起的需要，导致了这些防御—进攻症状的更为暴力的展现，并且接下来导致了这种病态的传播，其骇人后果是尽人皆知的。

不管情况如何，无论是不是黎塞留的野心（或亚历山大大帝或尤利乌斯·恺撒的野心），以及普通德国（或雅典或罗马）市民（尤其是他们当中的知识分子）随后的无力感，导致了个人的、美学的或形而上学的
231 问题对社会或政治问题的取代，这个在17世纪末叶专制德意志国家的虔信派中几乎是毫无迹象地开始的过程，造成了现代时期里最激剧的精神动荡。把这些现象放到它的历史情境中当然很重要；但是它们对我们时代的影响，比任何关于它们的历史解释可能引导我们去设想的要根本得多。

个人性格，意志，行为——这就是一切。工作不再被设想为一个痛苦的必需品，而是变成了（在费希特那里）人的神圣任务，因为只有这样他才可以在无生命的自然上打下他独特的、创造性的人格烙印。这导致了由人保证的，而不是由对上帝的服务保证的，关于劳动尊严和工作权利的概念。人的真正本质不是消极接受——休闲、沉思，而是能动性。创造者和创造过程中的单纯合作者是截然不同的，与那些费希特所说的沉睡者或随波逐流者也是截然不同的。das Gegebene（给定的东西）现在和 das Aufgegebene（自加的任务）是迥然对立的，后者弥足珍贵是因为它源自我自己的不受羁绊的"理性"意志。处于路德教社会教条核心的职业（Beruf）概念，在浪漫主义哲学里得到了保留和推崇，只不过权威的来源现在不是上帝或自然，而是个人对选择自己目的的自由的关注，这个目的本身就可以满足他的道德的，或美学的，或哲学的，或政治的本性的要求。"人应该是某种东西并做些什么。"[1]知道某种东西是我的使命（或我的民族、我的文化或教会的使命）不同于知道科学或哲学精神里的事实或思考假设，也不仅仅是被情感所感动（情感不是浪漫主义的核心：这是许多历史学家和批评家犯的一个大错误），而是更类似于艺术家在他灵感迸发的时刻、在他展现真实自我的时刻所
232 处的那种状态，那时他知道为了实现他的内在观念必须做什么，那既是

---

1 《关于学者使命的讲演》(1794)，《费希特全集》，卷6，383页。

他自己的一部分，又是他给自己提出的客观要求——以某种方式行动或生存。这种知识是所有创造性的人格所拥有的：无论他们是艺术家、思想家还是行动家，也无论他们是单独创作还是集体创作。知道自己的真实目标并不是知道启蒙思想所构思的那种真理，按照后者的说法，你要首先发现真理，然后应用它；相反，你的行动本身（与你是一体的）表达了你的信念。道德和政治不是一组命题：它们是行动，是对具体化的目标的献身。要成为人不是要去理解或推理，而是去行动；去行动，去制造，去创造，去做自由的人，这些都是一回事：这就是动物和人的区别。艺术家创造而不转录或发现。但是像赫尔德宣称的那样，个人被丢入他的社会的本原潮流里；一个社会的生活不是它的成员的生活的简单相加。社会共同体，真正的社会共同体，是集体创造的。于是这个美学模式就被移植到了社会和政治范畴里，后者注定要在现代欧洲历史中扮演决定性的角色。费希特对这点的阐述要比赫尔德和柏克的阐述清楚得多。从他开始的道路直接通向了19世纪德国历史学家的浪漫沙文主义。

<h1 style="text-align:center">五</h1>

这种态度的一个特殊变种是弗里德里希·席勒希望在艺术里发现自由的领域的企图，他把它设想为某种游戏。物质世界是囚禁我们身体的因果的领地，在其中我们的行为被自然科学所描绘和解释的方式所决定。那么是什么把我们和自然界的其余部分区分开来呢？并非我们与自然界的其余部分相比，不是那么严格地被决定的（尽管或许是以某种不同的方式被决定），这是以前的理论家的回答；替代答案是，我们有力量把我们的精神从自然界里抽象出来（"提升出来"），并且构建一种精神，在其中不同的法律和规则有效，由于是我们发明的，因而是自由的。当我们在游戏的时候，我们自己就在构建宇宙和它的法

233

则。在游戏里扮演红皮肤印第安人的孩子们**就是**红皮肤印第安人：没有什么妨碍他们；普通的法则——社会的、心理的甚至物理的法则——都被悬搁了起来；我们可以改变任何东西，甚至可能是逻辑的法则，因为我们的想象力在选择。这个"本体"的世界是我们的想象力和理性在其中得以充分扩展的世界。在这个世界里，美德得到嘉奖，真善美受到推崇，罪恶消失，而在所谓的真实世界里，它们（很显然）并不是这样。艺术实际上就是游戏，发明就是无中生有，在其中世界的内容和它遵循的法则都是按照我们自己那自由的、不受羁绊的意愿所塑造的。只要我们高兴可以随时躲进这个世界，并从物质生活的琐事里解脱出来。

这是艺术、道德和理性的世界。它的价值不是被发现的而是被创造的，而这些价值的关系正是我们乐见其成的。因此，谢林也把这个世界构想为绝对精神的连续创造活动，而人的聪睿程度和对世界的理解根据他们的创造能力而定。在这些里面，像柏格森后来做的那样，谢林认为哲学家、艺术家、诗人、历史学家和演说家，同那些试图把从"死"科学如化学或数学得到的不正确的模式应用于"活"的生活的推理者相比，对于人类历史和他们生活中生理的、精神的及心理的过程有着深刻得多的洞察力。

和当时所有其他的思想家相比，谢林更认为价值和神话远不是早期人类的自我欺骗，也不是由教士或诗人刻意做出的神秘化结果，而是人类想创造某种和全部自然界共享的东西的冲动的集中体现。与维柯呼应，谢林坚持认为人只理解作为演员的他从内在世界看到的东西，而不了解他作为观察者从外部世界看到的东西。这可以区分自然、历史和艺术等方面的有生命的和无生命的研究者。作为一种形而上学的学说，谢林的教条仍然是晦涩和神秘的；但是它有足够的影响力来激发已经膨胀的浪漫主义的政治思潮，尤其是认为社会生活的目标是由天才人物创造的观点。这些天才不是靠仔细的推理前进，而是靠意外发现的闪光，靠巨大的非理性跳跃，而且携带着其余的人一起在伟大的创造热潮里前进，释放出蕴藏的力量。

六

由此引发的政治后果是非常新颖的。如果我们自己就是价值的创造者，那么重要的就是我们的内在状态——动机，而不是结果。因为我们无法确保结果：它们是自然世界的一部分，那是因果的世界，是必然性的世界，不是自由的世界。我们只对处于我们力量控制内的东西负责。于是出现了一个修正的道德和政治价值标准，这在欧洲的意识里是全新的东西。现在重要的是动机、诚实、真诚、忠于原则、心灵的纯洁性、自发性；而不再是那些外在于道德自由领域的东西，如幸福、力量、智慧、成功、自然美或其他的自然价值，因为它们依赖于在很大程度上超出我们控制的外部因素。圣哲，专家，有知识的人，通过理解的方法或通过基于理解之上的行动而获得幸福、美德或智慧的人，被为了实现自我而不惜一切代价、不怕任何险阻、不计任何后果的悲剧英雄所取代了；而且按照世俗的观点，无论他成功与否都是永垂不朽的。

旧世界观的全部三个基本前提假设都被这场价值的颠覆破坏了。首先，人类没有任何可以确定的本质，无论是静止的还是变化的，因为他创造他自己：他创造自己的价值，然后就改变了自己，而且被改变的自我创造新价值，因此理论上我们永远无法知道人类实现自我的企图的上限；因为人只能去企图——他无法对结果负责，无法知道自己是否可以成功。

其次，既然他的价值不是被发现的而是被创造的，那就无法构建任何命题体系来加以描述，因为它们不是事实，不是世界中的实体；它们不是在那里等着让科学、伦理学或政治学去分类和贴标签，无论是经验地还是先验地。

235

最后，没有什么可以保证不同文明、不同民族或不同个人的价值会必然地和谐共存。同一个人在不同时期的价值之间也会有冲突，甚至在同一时期也是这样。谁可以回答知识是否在任何时期都与幸福相容呢？想去了解世界可能让一个人陷入不幸；公正会妨碍仁慈；平等会制约自由；效率会扼杀自发性；美德会赶走愉悦、权力或知识。

知识可能根本不是一种道德价值，尽管柏拉图以后没有哲学家这么否认过。因为一个人有可能知道了所有可知的东西但仍然去拥抱邪恶，如果他有这方面的心思：如果人不能自由地选择邪恶，他就不是真正自由的，创造就会变成沿着可靠的全知全能者的外围运行的半机械的自我推进，虽然是和谐的和无摩擦的，但与选择或自由是不一致的。当一个人追求他自己的价值时，在他身上让我们学会去尊敬的是他的精神态度——真诚、热情、试图追随自己内心的灵光的献身精神。我们无法知道他是否会成功地创造出一件艺术品、一种生活模式、一场政治运动、一个哲学体系。在他力所能及的范围内的一切，都将朝这个方向努力。只有一种完全无法原谅的行为——背叛一个人信仰的东西。这个信条可能采取无节制的狂热形式，并导致骇人的后果。

19世纪的英雄形象是贝多芬：一个人可以是无知的、粗俗的、自我中心的、野蛮的、与社会或自己作对的，但是只要他追随自己的理想，服从内心的声音，他就得救了，他就是自治的。要是他否认自己，或为了金钱、地位、舒适、权力或享乐——外部世界的东西——而出卖自己，他就会因为把自己变成了某种异质的东西、一个自然物体而犯下最严重的罪行。只有动机，état d'âme，才是有关系的。如果我坚信一种生活方式而你坚信另一种并且我们之间有冲突，那么与其达成一个背叛了对我们每个人都很珍贵的东西的妥协，倒不如我们互相争斗，其中一个人被杀死或两个人都被杀死的好。把理想主义看作贵族特性的概念是很新颖的。表扬某些人是理想主义者，就是说他为了那些因它们本身的原因而使他相信的目的，会随时准备放弃生命。关于这些目的是否正

236

确的问题不再是明智的了，因为所有人——而且对于那些认为创造性力量不是个人而是一种文化、一个民族、一种宗教、一个传统的人来说，所有这些——都按照他们自己唯一的、独特的观念生活。

这一点是新颖的，因为它在18世纪中叶以前无法被理解。毫无疑问，一个基督徒为自己的信仰而死总是正确的；但那是因为这个信仰是真正的信仰，一个人借此才可以得救，因此该信仰在他的标准中构成了最高价值，并且不仅是在他个人的标准里，而且是在全体人类的标准里。如果一个基督徒在某次十字军运动中杀死了一个穆斯林，或者一个天主教徒在某次宗教战争中杀死了一个新教徒，他若是一个有良知的人，将不会往他死去敌人的坟墓上吐唾沫：他可能会为了一个如此勇敢，也许如此善良的人竟会因错误的信仰死去而感到遗憾。那些人真诚地坚持这个信仰并为其付出生命的事实，远没有消弭他们的罪，只是让它更严重了。如果这个信仰是错误的或邪恶的，那么敌人对于他的信仰或邪说的信奉越是纯粹、强烈、热情和"本真"，他就越邪恶，越不值得尊重。

浪漫主义的态度是对这点的完全颠覆。在19世纪早期，人们对殉教者和少数团体怀有深深的敬意，他们与极大的困难做斗争，为了自己的理想而遭受挫折。对基于自己的追求而发动的公然挑衅，对挫折和失败，人们有许多赞美之词，这与妥协和世俗的成功形成了鲜明对比。一个全身心地致力于表达其内心的人，即使他失败了，没有产生什么伟大的作品，例如巴尔扎克笔下的疯画家，只有颜色的混乱，但是他也成功地保持了人的本性并拯救了灵魂，而那些出卖自己天赋的赶时髦的画家就不是这样。这对于亚里士多德可能没有什么意义，他只考虑值得称赞的成就；对于一个16世纪的基督徒也没有什么意义，他只关心真理——公共的、客观的、普遍的真理。在18世纪中叶莱辛的《明娜·冯·巴恩赫姆》里那个理想主义者特莱姆少校，是一个很能打动人的、心高气傲的（可敬的骄傲），同时也是荒谬的人物：二十五年后他成

237

199

了一个悲剧性的英雄，就像席勒在《强盗》里塑造的卡尔·莫尔，以及后来所有那些离经叛道的、撒旦般的男女英雄，唐璜们、浮士德们和美狄亚们。

主观主义导致了价值的颠覆：崇拜真诚和纯洁而不是效率以及探索与知识的能力；崇拜自由而不是幸福；崇拜冲突、战争、自我牺牲而不是妥协、调整、宽容；崇拜野性的天才、流浪者、受难的英雄、拜伦笔下的邪教徒、家神和恶魔，而不是被作乱者们的宣言和纲领吓呆了的顺从的、文明的、值得尊敬的或市侩的社会。正是责任感、自我克制和自我肯定同谨慎、算计和现实主义形成了对比。正是在这个时期"现实主义"一词变成了贬义，其主要意思是冷酷无情、玩世不恭，与低级价值可鄙的妥协。"奉献你能奉献的一切，"华兹华斯宣称，"天堂拒绝博学/无论多么精于计算。"[1] 天堂接受那些人类拒绝的人：席勒的英雄们，易卜生戏剧里孤独的思想家和行动家，以及克莱斯特或司汤达和巴尔扎克笔下的更为暴力的个人主义者——洪堡亲王、于连·索列尔、拉斯蒂涅、卡莱尔的英雄的国家缔造者们、斯蒂尔福斯、陀思妥耶夫斯基笔下恶魔般的人物。

如果说新的浪漫主义的美学理想在社会方面相对无害，对于政治个人主义的崇拜则会采取更为有害的形式。贝多芬的对应者是拿破仑。拿破仑的浪漫主义的崇拜者们把他对人类做的事情描述为同贝多芬用音乐或莎士比亚用语言做的事情一样。人们或者拥有创造性的力量或者没有，而且如果他们没有，如果他们是"昏睡的和消极的"，他们就必须为创造者的目的服务，并且通过被创造者塑造来实现自我；虽然在这个过程中他们可能被侵犯，被折磨，被毁灭，但他们可以被提升到一个凭借他们自己的努力不可能达到的更高境界。他们的痛苦对一件伟大的艺术作品有贡献。拿破仑的帝国被认为类似于一部交响乐，一

---

1 《不要苛责高贵的圣人》，选自《宗教十四行诗》3.43。

部史诗——人类自由精神的一个巨大创造。雨果、维尼和蒂克也是这样。这个原则支持着民族主义、法西斯主义和任何依赖于道德的运动，在这些运动中，起源于艺术创造或自我实现与生命冲动的自由模式已经取代了早期的科学、理性的幸福或知识的模式；并且认为自由是随意对待一切抵抗我的东西。

这是观念的巨大革命。它所依赖的主观主义在我们中间以及我们的政治观念里仍然起着作用。事实上黑格尔和卡尔·马克思都尝试过发动一场针对它的对抗革命——想要重建客观价值，而客观价值不是源自不变的自然法的概念，而是源自体现在社会、民族、国家或阶级历史的自我改造中的客观力量这一概念。这些思想家以非常不同的方式教导我们，利益的自然和谐是一个浅陋的观点，他们认为冲突，无论被设想为起源于形而上学的必然还是社会发展的模式，都是内在于个人和社会的。他们坚持认为，拒绝承认注定要获胜的东西（其胜利是由"理性"自身的发展所决定的）——例如，国家的成长或特定阶级的利益——是不对的，也是愚蠢的，因为这种拒绝所依据的原则是反理性的。制度的历史就是人类理性增长的历史，试图拘执或阻碍这个运动，就是依赖那些被历史本身的进程证明为过时的原则和方法；紧抓着过时的东西不放就是与道德作对——实际上，就是不道德，如果道德与追求理性目标的人性逐渐展开的需要和趋向一起发展的话。

康德，这个世俗思想家中第一个在责任和利益之间掘下了不可逾越的鸿沟的人，还是足可称为启蒙运动的产儿，相信正义应该得到奖赏。这一点不能被理性地证明：但是，使一个正直的人在其中受苦的世界是坏的世界，而且他通过信仰上帝的最高的善来拒斥这种可能性。莱辛、夏多布里昂、青年克莱斯特、中年席勒，在基础同样危险的——堂吉诃德式、非理性的——世界秩序中建立了他们的信念。对于克莱斯特来说它们垮掉了，像约瑟夫·德·迈斯特一样，他看不出有什么理性的或个人的解脱方法，可以脱离被日益增长且无法解释的暴力、残酷与

239

240 挫折弄得毫无意义的生活景象。黑格尔大胆地指出历史就是日积月累的冲突的历史——是人性的"屠宰台"[1]，并且以极大的机智与勇气试图把这个战场表述为一个客观的进程，它作为人类自我理解的增长进程，可以被表述为作为理性存在物的人的实现，是理性的要求（这在人身上和外部世界里都是一样的，并且试图达到最终的和谐），因而也是真正自我指导的王国，是人类自由的王国。进步——自我觉醒的、从任何阻碍精神前进的障碍中自我解放的过程，必定在理性的胜利中达到巅峰，那时一切都将变得清楚、真实与和谐。马克思把这种痛苦的上升过程翻译成了物质的（社会经济的）术语：他的学说里也有一个黄金时代，在其中，集体的人类摆脱了各种幻象和以这些幻象为症状的奴役，并将永远幸福。我们回到了柏拉图、自然法和永恒哲学（philosophia perennis）：除非我们创造出理解所必须的条件——并且去理解和依据理解行动，否则，现实将继续分裂和毁灭我们。

这种重建客观标准的企图总体上都不成功；它没有赢得任何决定性的胜利。浪漫主义运动的主观道德深深地进入了欧洲的意识。人们随时准备着为了某些原则去反抗，实际上可以为之牺牲。他们并不认为这些原则是局部的或暂时的，也不认为是某个特定集团或文明的利益，而是认为它们既是绝对的也是个人的，也就是说，没有任何客观的标准去保证它们，这些标准验证事实陈述或使普遍真理变得普世化、客观、对所有人有效。

实际上，就是这样的一种观念在现代以存在主义的形式复活了，尤其是在它的美学支派里。对这些思想家来说价值不是事实，世界是"价值中立的"（wertfrei），不受价值的拘束，不追求任何目的，不支持任何评判性的命题，无论是伦理的还是美学的或政治的。它只是作为一系列

---

1 《历史哲学》（1830），导言 3.2.2.24，《黑格尔全集》，赫尔曼·格罗克纳编（斯图加特，1927—1940），卷 11，49 页。

冰冷的事实呈现给人类，在其中人可以辨析出模式，对它可以有各种态度，但它自己并没有揭示什么。要想证明这种或那种道德秩序或政治成就更好、更值得追求或更理性是因为事物的普遍结构使然，这在这种类型的思想家看来纯粹是自我欺骗——起源于可悲地急欲在事物本质里寻找对自己观点的支持。因为在这种意义上事物没有本质可言；它们的属性与人类的目的或行为没有任何逻辑的或精神的联系。

对存在主义者而言，和浪漫主义者一样，自由把人和自然界的物体区分开来。它存在于对这种或那种行动过程、这种或那种生活方式所担负的义务里，这些东西无法在本身以外得到理由证明。在人类意志之外，在某些外在权威如自然的、历史的、社会的、道德的权威中寻找托词，是纯粹的懦夫行为——自欺欺人的企图。而且这在语词上也是矛盾的。权威、判断、目的——这些是仅仅在个人决定以这种或那种方式生活或行动的过程中才产生的概念；把它们转到外部事物上，无论是神圣的还是自然的，都只能是因为软弱，是因为害怕承认我们，而且只有我们自己，要对在属于我们的领域里所做的一切负责，对这一切我们不能给出任何理由，除了那是我们所着眼的东西，那是我们自己的目标（因为我们选择了它们）——因为没有也不可能有任何我们可以求助的东西；像邦雅曼·贡斯当曾经说过的那样，只有我们自己的祈祷、愿望和挽歌的回音，它从一个非人格的世界的铜色穹顶折返回来，就好像是来自我们内部的声音一样。这和情感伦理学的观点相去不远——所有这些都为严苛的现代实证主义所许可——这种学说也认为，我们的政治判断和道德判断，只要它们牵涉到价值，就什么也没有描述，尽管它们可以表达、传递、体现对于我们至关重要的态度——但不是以命题的形式，因为命题必然有对错；伦理态度、政治信仰和忠诚同样什么也没有描述。因此它们无所谓对错，它们只是它们自己，是生活的形式、态度、选择，是观念的形式、政策、心灵状态、感觉或意志——个人的或集体的，被决定的或自由的。

七

最后，有一点必须说明：新的浪漫主义的价值再估用动机的道德观取代了结果的道德观，用内省的生活取代了在外部世界中的有效性。这对街头巷尾的人们，对西方社会的没有哲学思想的成员有什么影响呢？深刻，使他们发生变化，但不是决定性的。因为在我看来，老式的道德观，像亚里士多德或功利主义者或一切客观道德论学派（包括一些道德律废弃论者如休谟、孟德斯鸠以及赫尔德的追随者）那样对行为进行评判，也就是说，在很大程度上依据行为的结果来评判——这种道德观在这次革命浪潮面前没有衰落。我们自己的政治评判是建立在什么之上呢？我们是否真的相信价值判断根本不是判断，而只是自我承诺的武断行为？我们是否相信人类的科学与政治目标无关，相信人类学、心理学、社会学只能在方法和技术上指导我们？用列宁的话来说，"谁是谁？"[1]谁会知道"什么""哪里""何时""怎样"？我们是否相信既然不同价值互相冲突，就没有理由选择这种而不选那种，因此如果人们或不同的群体有不同的观念（而且这终究是如此），那么他们之间的战争，较之试图寻找一个无法充分满足任何一方真实信仰的折中解决方案，就是一种更加荣耀的做法呢（对于那些相信荣誉的人来说）？

243 　对这点的回答在我看来既是肯定的也是否定的。康德曾经真诚地写道（在一段旁白里），人性这根曲木，决然造不出任何笔直之物。[2]我们试图同时相信动机的道德观和结果的道德观。我们崇拜有效性、美、智慧这些自然价值：像亚里士多德主义者、功利主义者和马克思主义者

1　V. I. 列宁，"新经济政策和政治教育委员会的任务"，在全俄政治教育委员会第二次代表大会上的报告，1921年10月17日，《全集》，卷44（莫斯科，1964），161页。

2　"Idee zu einer allgemeinen Geschichte in weltbürgerlicher Absicht" (1784):《康德作品全集》（柏林，1900—　　）（以下简称《康德全集》），卷8，23页22行。

一样，我们赞扬那些实际上通过那些价值来造福人类的人，绝大多数的人，在一个很长的时期里，在许多地方，都把那些价值作为自己的价值，而且我们推崇他们，而不论他们的动机是什么。但是同样，像自由主义者和存在主义者（而且我恐怕必须加上民族主义者甚至法西斯主义者）一样，我们也钦佩动机的道德观，我们钦佩那样一些人无论他们行为的可预期的结果是什么，那些人都被我们和他们珍视的目的——为了它们自身的原因而珍视的目的所驱动，而不去考虑后果。

我们钦佩那些被权力欲、嫉妒心和偏执的虚荣心所激发的人（即使我们会厌恶这些特性），如果他们可以带来我们认为对人类有益的东西。我们钦佩彼得大帝、腓特烈大帝或拿破仑，而且无论对他们的动机在道德上评价多低，我们都称他们为伟大的，研究他们的生平和行为。我们关于人类潜能的看法受这些研究的深刻影响。有些人，像托尔斯泰等，试图把他们扮演的角色尽可能弱化；而另一些人，像 H. G. 威尔斯等，试图贬低他们，因为他们被不光彩的动机驱使，或追逐低级的目的——这些观点我们认为都是古怪的、无关的、主观的、非历史的。同时我们认为那些审判者和毁灭者——托克马达、莱顿的约翰或列宁（即使我们害怕他们的观点）不仅仅是引起历史变化的、有这种或那种重要性的人类行动者，而且是我们因其动机的真诚和可理解性而赋予积极的道德（以及政治）价值的人。我们并不仅仅因为他们引起了广泛传播的、不该有的苦难而认为他们是恶魔，就像功利主义者——詹姆斯·密尔或边沁——及其今天的信徒们肯定会让我们想的那样。

244

很明显这自相矛盾；但事实如此。我们是两种传统的继承者。后一种在某种程度上颠覆了前一种；结果是，在那些顽固坚持旧传统的人面前，例如无论在马克思主义的圈子里还是在罗马天主教的圈子里，那些不接受这些学说的人抱怨说对人给人带来的痛苦有太多的道德冷漠，客观主义太过冷酷无情。西方社会大多数受过教育的人继续保持一种引起更多逻辑不适而不是道德不适的态度：我们不自在地从一只脚换到另一只脚, 从动机转向结果, 从对性格的估量转向对成就的估量。为了这种在逻辑上无法让人满意, 但在历史中和心理上被丰富的对人类和社会的理解能力的发展, 我们要感谢上一次伟大的价值和标准革命。没有任何人类观念的运动有类似的深广影响。它仍然在等待其历史学家: 因为除非它被理解, 否则在我看来没有什么现代政治运动是完全可以理解的。仅此一点对我而言, 就是去关注这个不同寻常的、有时是不祥的现象的充分理由。

245

艺术的责任：一份俄国遗产

我的目的有两个方面：首先，对现代文化史上的一个现象提供说明，我觉得它既有趣又重要，大概是因为过于不证自明，它反而没有得到经常的强调；然后，为俄国自由主义知识分子阶层的几位奠基人做一辩护，反驳对他们再三的指责，即指控他们无论多么无意，终究是锻造了某些束缚20世纪苏联艺术家，尤其是作家的锁链。让我们从第一点开始。

一

不止一位19世纪俄国批评家说过：在自然科学和其他专门学科之外，每一种对俄国思想有点儿影响的观念——每一种较普遍的观念——都来自国外，没有哪怕是一种有生命力的哲学、历史、社会或艺术的学说或观点是俄国土生土长的。这种说法我认为大略不谬，但在我看来更有趣的是所有那些思想观念，不管源自何方，进入俄国后都落到了一片极其热情、极其肥沃的精神泥土中，并且很快就在上面长得枝繁叶茂、蔚为大观，在这个过程中它们得到了改造。

这一现象的历史原因我们再熟悉不过了。因为19世纪上半期俄国　246

受过教育的人为数很少，而且在文化上与人口中的大多数隔绝，因此就被迫从别处寻求精神支援，而这又造成了这些少数人对思想——一切思想——的一种渴求，在众多因素的作用下，这种热望日益增长，这些因素有：教育缓慢却稳步地扩大，一直普及到对社会不满的群体；通过读书和参加沙龙，但更多还是通过访问西方国家，特别是在1814—1815年俄军胜利进抵巴黎以后，他们接触了西方自由主义思想；通过寻找信仰和思想体系，以填补宗教衰败以及一个"发展中"国家里一种赤裸裸的中世纪专制主义日益显出的无能所留下的真空；尤其是通过痛苦地寻求解决"社会问题"——由于存在那条巨大鸿沟而造成的伤害，鸿沟横亘在有特权、有文化的人和他们无数受压迫、穷困潦倒、没有文化的同胞之间，后者的悲惨境况深深触动了知识分子中有同情心的人，使他们感到愤怒，在个人内心充满无法忍受的负罪感。

以上这些我们都很熟悉。但我想强调的是，文化落后地区接受新思想时偶尔表现出来的强烈的、常常是盲目的热情，给新思想注入了巨大的情感、希望和信念，结果在这种新的、更强化、过于简单化的状态下，它们变得比原来在本土处于早期阶段的时候更令人生畏，在本土时它们与其他学说和理论相互冲突、竞争，形成了一种思想大环境，其中没有哪一种潮流或趋势是绝对主导、不可抗拒的。经过接触无穷无尽的俄国想象力——经过被决心实践自己信念的人奉为圭臬——其中一些思想得到了改造，焕发了生机，回到老家，对西方产生了巨大的影响。传出西方时，它们是非宗教的、理论性的、抽象的学说；回来时却是炽热的、偏执的、类似宗教的信念。民粹主义就是这样一个例子，它源自赫尔德及其他德国人，但在其俄国外表下远远传播到了中欧以外的地方，今天变成了一场爆炸性的世界范围内的运动；历史主义也一样，尤其是它的马克思主义形式；"共产党"这一概念甚至更是如此，不管如何密切地从马克思、恩格斯所阐明的原理中推出，它都已经被列宁变成了共产主义创始人做梦也想不到的一种工具。

247

我称这种现象为"反弹"或"回旋效应"。我不知道过去有没有与此相当的情形：希腊的斯多葛主义经罗马人改造之后，并没有返回去改造其故土东地中海地区；同样也不能令人信服地说，美国在其境外的影响导致欧洲被洛克、孟德斯鸠、清教主义或普通法的思想再次征服。相反，俄国与西方之间的互动似乎多少有些独特，尽管事实是当西方思想冲击文化上落后的国家时，它们的影响本身既不独特也不陌生。我要讨论的就是这类回旋效应中的一种，即艺术的尤其是文学的社会责任，或人们后来称为"社会参与"的那种现象，在极大程度上左右了俄国的思想和艺术，并以此为媒介在世界上的每个地方都产生了极为深刻的后果，尽管到现在其影响大概已过巅峰。

当然，艺术家应该为自己的行为向社会负责——负有社会责任——这一理论由来已久。柏拉图大概是第一个提出这一有争议问题的欧洲作家（因为西方大部分具有永久影响的问题都是由他首先提出的），他视艺术家的责任为当然。在《伊安篇》中，诗人是受神灵感召，领悟真理并在超自然力量的影响下道出真理的预言家。在《理想国》中诗人则是有害的天才撒谎者。不管在哪种情况下他都没有否认诗人的社会价值。而且据我所知，在后来的古典时代或中世纪也没有人明确否认或轻视艺术家的力量以及责任。作家，甚至一切艺术家，都必须或者是传道授业的教师，或者是某种习俗或政权的颂扬者，或者是一个带来欢乐的人，或者是一位受神灵感召的先知，或者最起码是个提供有用知识或说出有用话语的匠人。甚至在文艺复兴这一并不倾向于功利主义学说的时代，艺术家在地位最高时近乎神圣，是"sicut Deus"[1]，因为在上帝创造的世界旁边，他也创造了一个世界，因为他以自己创造性的灵魂使他的艺术作品有了生命，正如上帝赋予真实世界以生命；所以创

248

---

1 "像神"。

造活动是绝妙的，因为这是一种与 "anima mundi"[1] 合为一体的方式，对新柏拉图主义基督教来说，这种 "宇宙精神" 赋予宇宙以生命，使它运转。但丁、塔索、弥尔顿被他们的崇拜者，可能也被他们自己看成是受到神灵感召的先知；其他艺术家则被看作带来欢乐的人——薄伽丘、拉伯雷、莎士比亚很可能就这样看待自己。所有艺术都有一个外在的目的：讲出真理、教导人、娱乐人、治病救人、改变人；或者通过修饰美化上帝创造的宇宙，通过激发人们的头脑和心灵去实现上帝的（或自然的）意图，达到为上帝服务的目的。

为艺术而艺术的原则，以及相应地否认艺术家的社会责任或社会作用，认为艺术家的创作就像枝头鸟儿歌唱、水中百合盛开，显然除了当时当地的兴趣并没有其他目的；艺术家因而是自然之子，如果他愿意，就有资格对他周围各种对人的不可靠解释毫不在意，等等——这类观念，即艺术本身就是艺术正当性的理由，是晚近的思想，是对陈旧的、传统的、已经变得有压迫性的、至少是不再令人信服的观点的一次反拨。"本身就是目的"——完全只为了目标本身而追求目标——这一观念据我所知在古典世界及其以外的西方各大宗教中都是找不到的。宇宙以及人在其中的活动被视为某个统一整体模式的一部分，不管把这一模式设想成什么：时空以外不变的和谐，朝着某个预示世界末日或超越尘世的高潮发展的一出宇宙大剧，等等；或者用更有人情味的、目的论味道不是那么浓的术语来说，视为寻求幸福、真理、知识、正义、爱、人类创造能力的实现等——总之是为了寻求完全自我实现的某种一元论方案。只为了目标本身而追求目标，不管结果如何，不管这样的追求是否符合其他活动、自然进程或世界结构——这一观念出自新教（或许还有希伯来宗教）的一支，首先在18世纪的德国得到充分阐明，甚至可能早于康德的年代。为工作而工作的原则一经阐明，整体性的魔咒便被

249

---

1 "宇宙精神"。

打破，接受多个彼此独立甚至可能互不相容的目标并存就成为一种可能的意识形态。为美而美、为权力而权力、快乐、光荣、知识、个人独特人格和品性的表现——所有这些（或与它们相反的东西）能被看作它们本身的目的，相互独立；追求它们不是因为它们被客观地认为是某个普遍公认的人类目标不可或缺的成分，而是因为它们自身即目的——属于某个个人、某个民族、某个教会、某种文化、某个种族等。与追求人们必须服从的客观真理相反，自我表达作为一种支配性范畴兴起，无论是个人还是集体的自我表达，它与浪漫主义、民族主义、精英主义、无政府主义及民粹主义在本质上是类似的。

　　这是产生为艺术而艺术思想的沃土。它是作为艺术家的一种反抗诞生的，反抗强迫他去为某个他觉得格格不入的、束缚人的或可耻的无关目的服务。这是康德、歌德、谢林及施莱格尔兄弟的立场。这是反功利主义、反市侩的，其矛头直指雅各宾派、督政府或拿破仑的所作所为，他们企图征用艺术家，尤其在复辟期间，企图控制颠覆性思想，把观念和艺术引入在政治或宗教上符合他们愿望的轨道。1830年后，反抗的形式变为大声疾呼反对艺术商业化、反对资产阶级消费者的统治、反对把艺术家看作大众市场商品供应者的观念，拒绝那种几乎不加掩饰的要求——要他们出卖正直、才华和独立以换取名利、声望或官方青睐。对同一性、法则、纪律以及一切非自由自愿接受的（更谈不上是由有创造力的艺术家为了自身目的自发创立的）规则的浪漫主义反抗，逐渐同抨击工业制度消除个体差别的野蛮进程及其后果——对人的标准化、贬损人的尊严和非人化——相融合。反抗神话中的英雄形象是那些孤独的艺术家，他们的真实生活在其内心和艺术中：比如查特顿、伦茨、贝多芬、拜伦等，这些人蔑视或挑战文化艺术的顽固敌人——庸俗堕落的公众、野蛮的暴民、教会、警察、军事压迫者。甚至像司各特、巴尔扎克、雨果这样的浪漫主义名人都遭到一部分更极端的"纯粹"浪漫主义者的谴责，说他们背叛了神圣的使命，将自己的艺术出卖给了大众口味，

250

就像仲马父子或欧仁·苏那样为金钱或为名誉写作。

这一思想的哲学基础，是那些被康德的宣言"非功利性是一切终极价值（真理、正义、美等）的条件"迷住的批评家和教授们建立的。传播这种启示性思想的有巴黎的立法者、萨西、卡特勒梅尔·德·昆西，后来有库辛和儒弗瓦，甚至还有邦雅曼·贡斯当，他视雅各宾派的恐怖统治和对个人的严格控制为一场噩梦，并早在1804年就谈到了"为艺术而艺术"。[1] 如果说起初自由艺术家的敌人只是现存制度——政府、教会、市场、传统，那么不久以后从左翼便又开辟了一条攻击他们的战线：炮火来自由圣西门和傅立叶发起的早期集体主义运动，它攻击放荡、享乐的18世纪的不负责任，并转而攻击19世纪那些仿效上世纪作风的人。席勒曾说，在一个分崩离析的社会里，人已经偏离他们一度完整和谐的真实的、整体的灵魂，这时艺术的作用就是为受辱的自然复仇，努力使人类及社会恢复本性。只有艺术、只有想象才能治愈劳动分工、工作专门化、大众社会的扩张、人的机械化日益加剧等造成的创伤。

艺术的作用因此成了治疗——重塑完整的人。甚至歌德这样痛恨一切哪怕是稍微带点功利性的东西的人，也倾向于这一卢梭式的观点，即视艺术为"塑造"（bildung）——完整人格的塑造。圣西门走得更远。愚蠢、无知、轻率、懒惰导致了雅各宾派革命这一大灾难——野蛮大众对才智和天赋的毁灭，愚昧力量的胜利。常识，甚至天才，都是不够的。社会必须在新的、"稳如磐石"[2]的理性基础上重建，这一基础由社会学专家来构筑——他们都是懂得社会进程的性质和目标的人：艺术家在社会的和平重建中扮演十分重要的角色。参与创造新的理性社会的艺

页边码：251

1　他在1804年2月11日的一则日记中提及"L'art pour l'art"：《邦雅曼·贡斯当的私人日记和致亲友的书信》（巴黎，1328），8页。

2　陀思妥耶夫斯基，《作家日记》（1873），《十八卷陀思妥耶夫斯基全集》（莫斯科，2003—2006），卷11，12页，描述了别林斯基对社会主义的观点；参见《俄国思想家》第二版，196、216页。

术家不该任其艺术服务于某种无关目的。

圣西门主义者是第一批发展出一套近似于连贯的教条或涵盖一切的思想体系的思想家：他们教导说，艺术必须是交流，否则它就毫无价值；艺术用来表达一个人关于自身的需要和理想的意识，后者由他所属的阶级的需要和理想决定，最终又由社会所处的特定技术发展阶段决定。既然一切借助于言辞或其他媒介的表达必定是企图行动、说服、劝诫、谴责、揭露、警告、提出具体看法等等，这种企图就必须让人意识到，并被用来为一种建立在真正的亦即科学理解的历史进程基础上的、内部完美一致的生活理想服务。如果人们想要在他们反正都只能在其中生活和行动的社会环境当中避免错误观念、揭穿假预言家，并由此最大限度地实现人们的潜能，那么只有这种对历史进程的科学理解才能决定某个特定社会真正的目标是什么，以及不同个人和集体应该扮演什么角色。这就是后来被各个马克思主义派别采纳、发展并加以系统化的学说。十分自然地，圣西门的信徒中那些论述艺术功能的人，特别是布歇、皮埃尔·勒鲁及其盟友，认为对社会问题保持冷漠或中立不仅是轻浮或自私，而且本身就是一种道德态度，是一种恶劣的态度——蔑视某些价值，它们被艺术家忽视或拒斥，是由于他自己盲目，或者由于他太虚弱、胆怯、道德扭曲而无法面对当时的社会问题并根据自己的所见行动。[1]

252

1　"今日社会之艺术家"，X. 琼西埃［也许是《环球报》主编皮埃尔·勒鲁的笔名］写道："［……］从未理解诗与社会的联盟关系。而另一方面，我们希望将一切都与最大意义上的政治联系起来，［……］我们正在很快地将所能触及的一切都和政治联系起来。文学就在那里，所以它必须获得公民权利并在我们的政治生活中占有一席之地。"［"论文学批评"，《环球报》，1832年4月8日，396页第1栏。］请比较《环球报》另一位［未具名］撰稿人的话："艺术的功用，按照其神圣的意义来理解，是在人类向着日益美好的命运的前进过程中，时而用和谐的音乐，时而用粗犷严厉的声音，不断地陪伴、指引和鼓励他们。"［"当今时代的艺术"，《环球报》，1831年3月10日，275页第2栏。］这几段乔治·G. 伊格尔斯在其《权威崇拜，圣西门派的政治哲学，极权主义思想史上的一章》(海牙，1958)一书173页有引用和翻译，此处转引时略有改动。——伯林

253　　这是19世纪30年代欧洲激进者的信念。所以出现了对18世纪文学的攻击，其中卡莱尔的谴责无疑最激烈也最著名。"青年法兰西""青年德意志""青年意大利"，甚至英国的华兹华斯、柯勒律治，当然还有雪莱，都浸润在艺术是一种个人的和政治的、公共的和私人的救赎这一信仰当中。艺术是精神上有天赋的人（诗人、思想家、预言家）的神圣功能，他们拥有谢林所宣扬的那种比科学家、政治家或平庸的资产阶级市侩对现实更深刻的洞察。由此产生的社会责任观念就是19世纪30年代左翼对下述学说的攻击的实质，这种学说认为：艺术家必须是完全独立的，否则他就毫无价值，他必须只献身于心灵之光而不是其他的东西，不管别人是否承认这点，也不管是否具有传统观点的辩护者所认为的那些社会、道德、宗教或政治涵义。

　　为艺术而艺术这一新学说最具口才的辩护者、诗人兼小说家泰奥菲尔·戈蒂耶，他著名的谴责所针对的，就是这一把艺术家视为某种社会宗教的宣传者的圣西门式概念，以及为了达到全社会一致而实行的更为粗俗的压制。这在他的小说《莫班小姐》的著名前言中可以找到：

　　　　不，傻瓜们！不！笨蛋和白痴们，一本书做不出一盆汤；一本小说不是一双靴子；一首十四行诗不是一支注射器；一出戏不是一条铁路——总之，不是曾使人类沿着进步道路前进的那些形式的文明。

　　　　凭着过去、现在和未来所有教皇的肠子发誓，不！一万次的不！

　　　　你不可能以一个转喻做出一顶帽子，你也不可能以卧室拖鞋
254　　的形式造出一个明喻来，你更不可能把一个对比当作一把伞来用[……]而一首颂歌在冬天里当大衣穿是太轻薄了[……][1]

1　《莫班小姐：双重之爱》（巴黎，1835），41—42页（前言的日期署为1834年5月）。

　　戈蒂耶的痛斥，虽然可能是冲着各色各样的实证主义、功利主义和社会主义，特别是冲着他那个时代所谓的"现实主义"和后来的"自然主义"，但只是从此以后从未停止过的一场论战中的一次最响亮爆发而已。坚持认为艺术只有在它是无用的时候才是艺术；美的事物本身便是目的，丑的事物也是一样，怪诞的事物以及一切事物都是这样，除了七月王朝和银行家、工厂主、骗子、野心家，或者愚蠢的或腐败的、墨守成规的大多数人世界的"中庸之道"；将艺术作为社会或政治工具使用，为它以外的目的服务，就是出卖艺术——这一观点得到了缪塞、梅里美以及晚年海涅的回应。海涅尽管有过圣西门主义阶段和年轻时的政治激进，他还是保留了对那些宣扬征用艺术为政治目的服务之人的极其辛辣的嘲讽。福楼拜和波德莱尔、莫泊桑和龚古尔兄弟、巴纳斯派及唯美主义者在这一旗帜下与宣扬社会责任者进行斗争，后者包括传教士和预言家、自然主义者、社会主义者、卫道士、民族主义者、神职人员和浪漫的乌托邦主义者。但对于纯艺术主义最热情洋溢的并且最终影响最大的反击，来自这一盛宴的迟来者，东边未开化的野蛮人——俄国作家和俄国批评家——在那个时候，他们在西方几乎完全不为人　255所知。

二

　　俄国也曾有一段时间受到为艺术而艺术的学说的影响。1830年普希金在他的伟大诗篇《致诗人》中写道："你是帝王：在自由之路上自行其是。"[1] "诗的目的即诗，"他宣称，"如杰利维格所说（如果这不是他从别人那儿剽窃来的话），雷列耶夫的《沉思录》总是有个目标却总是不

　　1　《致诗人》，A. S. 普希金，《选集》（莫斯科，1959—1962），卷2，225页。（此处用的是查良铮的中译，见《普希金抒情诗选》，译林出版社，1991年，339页。——译注）

得要领。"[1]这一立场（对其最著名的表达当然是在《诗人和群众》中诗人的信条）不独为普希金所有，而且是他的同道，出生并大都植根于18世纪的才华横溢的贵族艺术爱好者群体共同持有的。他们对十二月党人运动的同情，大部分而言，并未导致市民艺术的理想，尽管有雷列耶夫，或者还有库彻尔贝克。请对比普希金逝世数年后别林斯基写的一些话，无论人们对别林斯基有什么别的看法，当他说出下面一段话的时候，他代表了俄国社会的整整一个阶层：

> 除了眼界狭隘或精神幼稚的人，没有人能命令诗人必须为美德唱赞歌，或写讽刺作品惩罚罪恶；但每一位才智之士都有权要求一个诗人的诗作或者为他提供对时代问题的回答，或者至少使他为了这些沉重的、难以解决的问题而内心充满悲哀。[2]

这打响了一场引起深刻后果、至今仍未过时的论战的第一枪。屠格涅夫在他的回忆录中感人而有趣地描绘了读着普希金以诗人的口吻居高临下地致群众的诗行，在地板上踱来踱去的别林斯基的形象。普希金的诗是这样的："……锅碗瓢盆对你来说更值钱/你靠它给自己做饭！"[3]

> "没错，"别林斯基一边说，一边大步流星地来回踱步，双眼愤怒地扫视着，"没错，我是靠它给自己做饭，不光给自己做，还给家人和另一个穷人做。我得先养活我的家人和我自己，不然怎么有

1　1825年4月20日致V. A. 茹科夫斯基的信，同上书，卷9，154—155页，引文在155页。

2　《亚历山大·普希金文集》，第5篇（1844），V. G. 别林斯基，《别林斯基全集》（莫斯科，1953—1959），卷7，345页。

3　《诗人和群众》（1828），24—25行，普希金，《选集》，卷2，234—235页，引文在235页。

力气参拜那些石像？就算它们是什么伟大的菲迪亚斯雕刻出来的，我也得先吃饱饭才行！让你们这些愤怒的绅士诗人全都见鬼去吧！"[1]

他19世纪40年代激烈的反唯美主义，常常代表了对他自己早年观点的一种彻底和痛苦的批判。他曾经和费希特一样（他自己觉得），并且在此前后和谢林一样，相信艺术构成了自我的解放，精神从经验现实遁入一个精神自由的纯粹世界，其中人类灵魂可以沉思甚至是最低级的动物也在其灵魂中反映的理想。上升到这样一种美好前景当中，脱离混乱、丑恶、冲突景象——日常世界和感官的意外事件——的能力，是灵魂自由的精英分子的特质，他们能够沉思真正的现实。

别林斯基19世纪30年代晚期的文字充满了激情狂热的、新柏拉图主义式的唯美主义，它通过谢林的折射，由别林斯基的导师斯坦凯维奇和巴枯宁教导给他（别林斯基几乎不懂德文）。他在1839年或1840年向黑格尔式寂静主义的转变——他忍受了精神上如此巨大的痛苦才坚持下来——也并未很大地改变他关于所有真正艺术的独立性和自身合理性的观点。如果"实在的即是合理的"；如果（如黑格尔的预示者蒲柏认为的那样），所有的恶只是被误解的善；如果理解某事就是把握其理性的必然性，因此也是把握其合理性；如果现实可以看作是精神进步的一种涵括一切的模式，因此近看起来野蛮、丑陋、不公、令人反感的东西，如果从一个更高的立场来看，将被看作道德精神在其辩证上升过程（精神企图理解自身和外部世界，后者不过是从精神真正的自身切割、分离出去的）中所达到的一种更具包容性的和谐的一个不可或缺的因

257

1　《回忆别林斯基》，I. S. 屠格涅夫，《屠格涅夫作品与书信全集》（莫斯科／列宁格勒，1950—1968），《作品》（以下简称《全集·作品》），卷14，45—46页。（此处用的是张捷的中译，见屠格涅夫，《文论·回忆录》，河北教育出版社，1994年，556—557页。——译注）

素——如果这些都是真的,那么所有对社会秩序的抗议,所有企图使艺术为改善人类当下状况服务的努力,都是庸俗的、短视的、不成熟的、无效的、幼稚的,是对人类精神最深层旨趣的误解。

因此他痛斥席勒的早期剧作,痛斥维克多·雨果(在他的《国家取乐》被压制后,雨果从右翼阵营回到了左翼阵营)、乔治·桑、勒鲁以及法国整个社会批评和社会艺术学派。以类似的(多少有些柏克式的)精神,他批评了格里鲍耶陀夫及其他俄国批评家和吹毛求疵者,他们没有上升到这样一个高度,在那里理性精神能够认识到为什么存在的就必然是合理的,为什么希望一夜之间改变世界去适应幼稚的乌托邦式的、反复无常的、主观的奇想是不理性的。他在1840年说,真正的诗的内容,“不是一时的,而是千百年的问题;不是一国的,而是世界的问题;不是一部分人的,而是全人类的问题”[1]。在同一篇文章里他写道:艺术“通过表达其自身意识服务于一个社会——它不是作为某种独立的、只为自身而存在的东西而服务于社会——它的目的、它的原因在自身”[2]。戈蒂耶或福楼拜在这里发现不了什么有差错的东西。这一观点在当时不是别林斯基独有,有着相同观点的包括斯坦凯维奇(这是他人生的最后一年)周围的哲学圈子里的人、屠格涅夫和巴枯宁;卡特科夫、博特金、巴纳耶夫,无论是斯拉夫派还是西方人都一样;除了像赫尔岑和奥加廖夫这样的圣西门式狂热头脑之外。

258   然而,假如一个有着别林斯基的性情或许还有同样出身的人对社会批评的冷漠态度维持得并不长久,我们不应该感到奇怪。别林斯基实际上强烈拒绝了以黑格尔的方式接受一种道德上令人难以忍受的现实——以在人世之外存在一种其中所有事情都被视为合理必要、在智者看来也是完全可以理解的和谐现实的名义,与一个充满压迫、不公、

---

1 《冈采尔,歌德的批评家》,《别林斯基全集》,卷3,399页。
2 同上书,397页。

残忍和人类苦难的世界"讲和"[1]。不管是什么东西，如果它不能给受难中的人带来安慰，不能回应那些呼求正义的人们，现在对他来说都是骗局和愚弄。甚至在他的黑格尔主义时期，当他强压住自己的怀疑时，他还是不能毫无疑问地接受黑格尔在其美学演讲中阐述的对艺术的看法。"我们时代的艺术，"他在1843年写道，"是［……］以美学形式实现现代意识，实现关于生活的意义和目的、人类的道路、存在的永恒真理的现代思想。"[2]然而只有"专业的热爱艺术者"才能满足于为艺术而艺术。[3]"像真和善一样，美本身即是目的"[4]；"错过这一刻便不再懂得什么是艺术；但停留在这个立场上就只能对它一知半解"[5]。他甚至还说："我们的时代对艺术中的这一倾向特别地怀有敌意。它坚决否定了为艺术而艺术，为美而美。"[6]

以上引用的话直接回应了当时使巴黎的杂志分成各个阵营的大论战中，那种圣西门式的"旗帜鲜明的"立场。它们表明，到1843年，在论尼基钦科"关于批评的演讲"的文章——他所谓的对唯美主义者的猛烈抨击——之中，其立场的转变已经完成，无可挽回了："现实是我们时代第一个词语，也是最后一个词语。"[7]乔治·桑，一个曾被他斥为和雨果、席勒及格里鲍耶陀夫一样无视理性现实缓缓展现的宏伟前景的肤浅抗议者，现在被他宣布为"肯定是我们时代的圣女贞德、救赎之星、辉煌未来的女预言家"[8]。对于她的艺术和她热情的社会主义民粹主义，他成了一位全心全意、不加批判的崇拜者；而且不仅是他。赫尔岑的小说

259

1　比较本书361页注2。

2　《关于批评的讲话》（1842），《别林斯基全集》，卷6，280页。

3　同上书，277页。

4　《莱蒙托夫诗集》（1841），《别林斯基全集》，卷4，497页。

5　《关于批评的讲话》，《别林斯基全集》，卷6，276页。

6　同上书，277页。

7　同上书，268页。

8　1842年11月7日致V. P. 博特金的信，《别林斯基全集》，卷12，115页。

《谁之罪？》就是在她的直接影响下写出的。有一段时间，屠格涅夫、萨尔蒂科夫甚至陀思妥耶夫斯基，都将她看作卓越的天才。皮谢姆斯基因为发表了明显受到乔治·桑的《雅克》启发的危险观点，而在审查员那里惹了麻烦；甚至"纯粹的唯美主义者"德鲁日宁也在他的小说《波林卡·萨克斯》中得益于她；尼古拉一世时期的莫斯科和彼得堡整整一代俄国青年似乎都拜倒在她的脚下。然而，这并未导致向某种初级马克思主义或哪怕是初级自然主义的投降。1843年——那时他正处于对巴黎社会主义者最着迷的时候——别林斯基宣称，说"艺术应该是**理智的、真实的、深刻的但没有诗意的**"[1]，并不能给艺术带来任何好处，而且艺术理想

> 不是一种夸夸其谈、一个谎言、一个幼稚的幻想；它是实实在在的现实的一个事实，但并不是从现实复制的事实，而是经过了诗人的想象，得到了普遍（不是孤立的、特殊的或者偶然的）意义之光的照耀，"培养成了一颗创造的明珠"[2]，因此，更像它自己，比最盲从的对现实的复制更加忠实于自身。[3]

260　为艺术而艺术或许是一种谬论，但如果一件艺术品不是艺术，如果它并没有通过美学的检验，那么，不管有多少在道德上可贵的情感或者智识上的敏锐，都不能挽救它。

这一信念他从未放弃。四年以后，在他最激进的时期之一，他比较了赫尔岑的小说《谁之罪？》和冈察洛夫同时期发表的一部小说。赫尔岑"首先并且最主要的是一位哲学家"，别林斯基说，"仅有一丁点儿诗

1　《亚历山大·普希金文集》，第5篇，《别林斯基全集》，卷7，319页。

2　来自 N. V. 果戈理《死魂灵》第7章的一个意象。《果戈理全集》（莫斯科，1937—1952），卷6，134页。

3　《1842年的俄国文学》，《别林斯基全集》，卷6，526页。

人的特点"。[1]在这方面和他形成最完整对照的是冈察洛夫，《平凡的故事》的作者。后者则是一位诗人，一位艺术家，仅此而已。他对自己创造的角色并无爱憎；他们并不使他感到快乐或者恼怒；无论对他们还是读者，他都不做什么道德上的训诫。他的态度是这样的："如果他们遇到了麻烦，那该他们自己操心——不关我的事。"[2]

> 在所有同时代的作家当中只有他，只有他一个人，接近了纯艺术的理想，而其他所有人都已经离这个理想不知有多远了——并因为远离理想而飞黄腾达。所有同时代的作家，都有一些在天分之上的东西，这些东西比天分更重要，是它的力量所在；冈察洛夫先生除了天分以外一无所有；他比今天任何人都更是一位艺术家–诗人。他的天才并非一流，却是强大和显著的。[3]

还有：

> 亚历山大［即赫尔岑］的情况是，思想统御着一切——他事先知道自己写的是什么，为什么写——他以非凡的忠实程度描述一个现实场景，只是为了说出自己要对它说的话，做出某种判断。冈察洛夫先生刻画形象、角色、场景，首先是为了满足他的内在需要，为了从他本身的刻画能力中抽取快乐；至于讨论、判断、引起道德上的后果——他得留给读者们去做。亚历山大描绘的图景……之所以不同凡响，与其说是因为他描绘的忠实程度和他的手笔，不如说是因为他对所描述的事物理解的深度；它们了不起，更多地是因

261

---

1 《1847年俄国文学一瞥》(1848)，第1篇，《别林斯基全集》，卷10，326页。

2 同上。

3 同上书，326—327页。

为它们的现实性，而不是诗的真实（poetic truth）。使它们引人入胜的与其说是一种诗意的风格，不如说是一种用才智、思想、幽默、机智等品质所造成的风格，以其原创性和新颖性永远吸引人［……］对于冈察洛夫，诗是第一位的和唯一的因素。[1]

冈察洛夫在回忆中告诉我们，别林斯基有时批评他毫不显露愤怒、恼火和个人感受：

> "不管那是个无赖、傻瓜、怪物，还是个正派的善良人，对你来说都没什么分别——你统统把他们描写得一个样：对谁都没有什么爱憎！"他曾带着好心的怒气这么说道，有一天还亲切地把两手按在我的肩上，又耳语般地说："这没错，这是必要的，这是艺术家的标志。"——仿佛害怕被偷听，然后被人指责同情一个没有立场的作家。[2]

或许别林斯基更喜欢赫尔岑，但在他认为，冈察洛夫是一个艺术家，而赫尔岑终究不是。

别林斯基的立场是清清楚楚的："不管一首诗中的思想是多么美妙，它多有力地回应了当时的现实问题，如果它缺少诗意，那么其中就不可能有美妙的思想，也不可能有现实问题，只能说它意图很好，执行很糟。"[3]这是因为艺术家的奉献"不仅必须在作家的头脑里，而且首先必须在他的心里［……］一个思想［……］如果没有经过一个人的本性，没有打上本人个性的烙印，不但对诗，对任何文学活动来说，都是死

262

---

1 《1847年俄国文学一瞥》（1848），第1篇，《别林斯基全集》，卷10，343—344页。
2 《记别林斯基的为人》（1881），I. A. 冈察洛夫，《全集》（莫斯科，1972），卷6，427页。
3 前揭书（见本书261页注1），303页。

的资本"。[1] 但他并不满足于此。我们已经看到他1844年在关于普希金的文章里所宣称的："每一位才智之士都有权要求一个诗人的诗作或者为他提供对时代问题的回答，或者至少使他为着这些沉重的、难以解决的问题而内心充满悲哀。"[2] 这已经差不多和他1845年那段众所周知的断言同样极端了："在我们的时代，艺术不是主人，而是奴隶。它服务于自身以外的利益。"[3] 尽管他补充说这只适用于"关键"年代——对过渡时期的圣西门式说法，即当老的已经变得无法忍受，已经摇摇欲坠，注定要灭亡，而新的正蒸蒸日上之时——但这的确是发自真心的大声疾呼。他只是用一种激烈的方式说了他1843年说过的话："我们的时代渴望信念，它为缺乏真理而遭受折磨"[4]，"我们的时代整个都在发问，都在追求，都在寻找和渴望着真理"[5]。

这是以后一直折磨着俄国知识分子的那种令人焦躁不安、有时使人极度痛苦的自我反省的最早的，也是最激烈的系统阐述。自此，没有俄国作家觉得可以完全摆脱这一道德立场：即便他拒绝按照其要求行事，他也会觉得应该与之达成妥协，和它把账算清。但在1846年别林斯基向我们提到了普希金的《石客》[6]，说它是一篇了不起的杰作，对于真正热爱艺术的人们它肯定"在艺术上是最出色的，是普希金的最高创造，是他诗歌王冠上最绚丽璀璨的宝石"。他还说，这种艺术不可能平民化，它只为少数人创造，而这些少数人将以巨大的"激情"和"热忱"来爱它，他将自己算作这少数人中的一个。[7] 这些自相矛盾，或者表面上　263

1　前揭书（见本书261页注1），312页。

2　前揭书（见本书256页注3）。

3　《旅行马车》，《别林斯基全集》，卷9，78页。

4　《关于批评的讲话》，《别林斯基全集》，卷6，267页。

5　同上书，269页。

6　《石客》，《别林斯基全集》，卷4，335—370页。

7　《亚历山大·普希金文集》，《别林斯基全集》，卷7，569页。

的自相矛盾，直到他生命结束都在不断增加。在他对1847年俄国文学的评论中——我已经引用了其中一些话，此文是一鸿篇巨制，从某种意义上说是他的绝唱——有他所有文字中最为著名的句子：

> 剥夺艺术服务公众利益的权利，不是提升而是贬低艺术，因为这意味着剥夺它最重要的力量——思想的力量，把它变成某种奢侈堕落的享乐对象，游手好闲者手中的玩物。这甚至意味着杀害艺术，我们当代绘画的可怜现状即是见证。这种艺术，仿佛没有注意到它周围火热的生活，它已经对所有活生生的、当代的、真实的东西闭上了眼睛，只是到毫无生气的过去寻找灵感，企图从中找到现成的观念，这些观念人们很久以前就置之脑后了，它们不再引起任何人的兴趣，不再使人激动，不再能激发任何人内心活的同情了。[1]

但过了一会儿，他在我已经部分引用过的一段文字中这样写道：

> 很多人现在着迷于“责任”［napravlenie］这一充满魔力的词语，人们认为这是唯一重要的，并不懂得在艺术范畴里，首先，除非有天分，否则任何奉献都一文不值；其次，奉献不能只限于头脑，它首先必须在作家的心灵和血液里，它首先必须是一种情感，一种本能，只有那时，或许才有自觉的思想——这种奉献本身必须经过创作，正如艺术本身必须经过创作。在书中读到或听到的一种思想，即使对它有了相当正确的理解，如果这一思想并未和本人血肉交融，没有打上本人个性的烙印，它不过是死的资本［……］如果你没有诗才［……］你的思想和目的将永远只是修辞上的陈词

264

1　前揭书（见本书261页注1），第1篇，311页。

滥调。[1]

　　一个真正的作家创作的"已经和本人血肉交融，打上本人个性烙印"的形象或者文字——如果这些宣称自己是艺术作品，甚至最形式主义的批评家也不会加以否认，即使它们讨论的是当时"可恶的问题"（"the proklyatye voprosy"）[2]。但别林斯基似乎走得更远。他声称社会现实给作家提出了具体要求：在这样的时代，作家并不能随心所欲地单纯为他自己的快乐而创作——享乐主义是不够的，读者有权利要求作品讨论迫在眉睫的社会问题。虽然这样的话别林斯基可能只说过一次，但他已经做出了致命的宣言，宣称在我们这样糟糕的时代，艺术必须是奴仆，服务于其自身以外的目的[3]——正是这话犯下了"滔天罪行"，促使法国纯艺术的捍卫者们进行了如此猛烈的、肯定也是应该的反击。然而，别林斯基说得很清楚，歌德的艺术即使对他来说也是最卓越的艺术，就像所有伟大的艺术那样，它反映了时代最深刻的趋势。但它没有"责任感"；普希金创作中的"明珠"《石客》也没有。至于《奥涅金》——"俄国生活的大百科全书"[4]，其"方向"，如果说有的话，也是

1　［前揭书（见本书261页注1），第1篇，312页。］参［《亚历山大·普希金文集》，第5篇（1844），《全集》，卷7，311页］："如果一个人不是天生的诗人，他持有的思想，或许深刻、真实，甚至神圣，但无法改变地，他的作品还会是小气的、虚假的、错误的、扭曲的、僵死的。"——伯林

2　虽然"voprosy"（"问题"）一词在19世纪30年代被广泛地用来指俄国知识分子最关心的问题，"proklyatye voprosy"（"可恶的问题"）这一特定短语似乎是在1858年由米哈伊尔·L.米哈伊洛夫创造的，在翻译海涅的诗《致拉萨卢斯》（"Zum Lazarus"，1853—1854）时，用它翻译"die verdammten Fragen"（"该死的问题"）。见《海涅的诗》（"Stikhotvoreniya Geine"），《现代人》，1858年第3期，125页；及《海因里希·海涅全集》，奥斯卡·沃尔泽尔编（莱比锡，1911—1929），卷3，225页。也有可能，米哈伊洛夫利用了这样的事实，即一个现成的俄语表达十分妥帖地符合海涅的原话，但我尚未在出版物中见到比这更早的对它的使用。

3　见本书263页注3。

4　《亚历山大·普希金文集》，第10篇（1845），《全集》，卷7，503页。

错误的：普希金遭到了公然抨击，因为为了鼓吹对塔吉亚娜所处社会的
265 错误价值观的遵从，普希金让她和丈夫维持了一段没有爱情的婚姻，这
正像安娜·阿赫玛托娃曾经抱怨说，托尔斯泰让安娜·卡列尼娜死，不
是为了满足他自己的道德准则（因为他比这要高明），而是为了满足他
那些莫斯科姨妈的道德准则。[1]但对于普希金最纯粹、最不"指向"社会
的诗作的无上诗才，别林斯基做梦也丝毫没有想过要加以否定；他从未
抱怨普希金的唯美主义。

那么究竟他在说些什么？难道他只是一个头脑糊涂、过分容易激
动、半桶水的、因为不够聪明而被大学开除的书生？仅仅集中了许多强
烈却杂乱无章、没有约束的情绪？是仅有真诚和热心是不够的这一道
理的活生生的例子？一个可怜的自学成才者？难道他真的就像后世
的批评者们——沃林斯基、艾亨瓦尔德、奇热夫斯基等——所描绘的那
样？这些批评者说他从别人那里拿来现成的思想，说他不假思索、不加
限制、毫无组织地将它们一股脑儿倒出来，当初怎么乱七八糟来的就还
是乱七八糟地倒出去；还说我们或许应该原谅这个人，因为他为了糊口
不得不拼命地匆忙工作，虽然他的观点并不因此变得值得严肃对待；他
是个正派的甚至高尚的人，但并不是一个权威，甚至不是个有独创见解
的思想家，最多表现了他那个时代智识上半生不熟、浮躁不安的青年一
代的典型毛病。作为批评家，他和施莱格尔、圣伯夫甚至格申森根本无
法相比。同样，在我们的时代，他也不时被指责为始作俑者，或至少煽
风点火，引发了乏味的功利主义或教条主义批评观，使为艺术而艺术的
理论和实践遭到了粗鲁野蛮的冲击，这些冲击最初气势汹汹地来自他
的追随者们，现在则出自当代苏联文学的政府检察官。

实际上，这是当代美国批评家鲁福斯·马修森的观点。他，依我看
266 来，就这个主题写了一本最具洞察力、最有原创性的作品。他的《俄国

1　这个抱怨是在伯林本人面前说的：见《个人印象》第3版，408—409页。

文学中的正面英雄》[1]一书，甚至在我并不同意其中观点的时候，也作为一部极具批评深度的杰作而深深打动了我。不过马修森的判断，即别林斯基既不是专制主义者也不是极权主义者，但两者的出现都离不了他，我并不认为是有充分根据的。[2]别林斯基当时所做的，甚至在他最激烈、最反唯美主义的时期，实际上并不是要否认艺术毕竟还是艺术，要用美学标准来判断。就此而言，他在冈察洛夫和赫尔岑之间所做的比较，在我看来是最关键的。他被赫尔岑所打动，他全心全意地接受其"责任感"；但他宣布为艺术家的却是冈察洛夫，而不是赫尔岑。而且在他对俄国文学做出决定性的贡献时——如确立普希金的至高地位，盛赞果戈理，发现陀思妥耶夫斯基、冈察洛夫、屠格涅夫，把库科尔尼克们、马尔林斯基们、扎戈斯金们以及申科夫斯基们最后扫出道路——在他从事这一名闻遐迩、在文学史上开创新时代的行动时，别林斯基并没有考虑这些作家的社会关怀，不管有意还是无意，他并没有采用马修森精彩阐述的，用以区分激进立场和自由立场的那一标准：前者视作家为其意识形态的一个功能，后者则相反，视意识形态为个体性情和作家个性的一个功能。[3]

当然，别林斯基是关心社会的，比任何人都关心；他无疑希望当时最优秀的艺术家能够在道德上对社会现实做出回应，因为他们肯定要比别人对现实更有觉悟、更敏感。他可能更希望冈察洛夫不是那样一个对自己所创造的角色的道德和社会品质冷漠而超然的旁观者；而且不管对错，他可能以为深刻的道德关怀并不必然限制艺术上的成就。他明白而且也说过，格里戈罗维奇是个二流的艺术家，虽然别林斯基赞扬他揭示了农民生活的惨状；他宁愿普希金与其所属阶级、等级

1　鲁福斯·W.马修森，《俄国文学中的正面英雄》（纽约，1958）。

2　同上书，52页（他把这一观点归于伯林）。

3　同上书，122页。

和所受教育的传统道德决裂；等等。但在我看来，他似乎从来没有让这些考虑——我承认自己并不完全反感它们——带偏到否定或者歪曲他所分析的作家的艺术品质，他们中的一些人毕竟是由他最早发现的。

别林斯基的错误在我看来主要是在趣味上，而非在社会或政治或道德倾向的表达上；他并没有随心所欲地为了提升进步主义者而贬抑反动和保守人士、犹豫不决的自由派或无立场的中间派。歌德的《浮士德》在他看来之所以是其时代和社会精神的表达，正因为它是一部伟大的艺术作品：它之所以是一部伟大的艺术作品，并不是因为它的作者有意为它规定了一个社会方向。别林斯基对歌德冷漠的性格及其循规蹈矩、胆小、保守的生活感到深深的蔑视，但是在和才能较差的作家比较的时候，他从未怀疑过歌德卓越的天才，即使这些作家献身社会，关心被侮辱和被压迫的人们，如雨果、欧仁·苏、格里戈罗维奇等，虽然他像其他所有人一样，曾极大地高估了乔治·桑的才能。

马修森正确地认为奉献社会的教条压制了艺术的发展，哪怕仅仅是因为它是反对有问题的、矛盾的艺术。他引用契诃夫的话，说艺术家的任务是在读者前面好好地说明问题，而不是提供解决方案[1]——这恰恰是别林斯基认为冈察洛夫在做的事情。归根到底，除了创作的才能和真实性，即以自身经历当中最真实的东西来形象地探索和表达的才能以外，别林斯基对艺术家没有别的要求。他只谴责在他看来弄虚作假的东西：例如无视现实，代之以田园诗、幻想、假古典的仿制品、夸张、奢侈、拟古——所有向作家并未"生活过"[2]的东西的逃遁。所以，他时不时地会向浪漫的好古癖以及地区文化热大发雷霆——对于他，这些

1　马修森，《俄国文学中的正面英雄》，93 页：这段话摘自 1888 年 10 月 27 日（马修森给出的日期 1888 年 5 月 30 日是错误的）契诃夫致 A. S. 苏佛林的一封信。A. P. 契诃夫，《三十卷本作品与书信全集》（莫斯科，1974—1983），《书信》，卷 3，46 页。

2　真正地，一个思想必须"通过你的本性传达出来，[……]印刻在你的灵魂上"：前揭书（见本书 261 页注 1），312 页。

都是向生活中偏远或奇异角落的孤注一掷的探险，都是为了逃避了解自身。这的确引出了一种艺术道德，引出了在某种意义上负有责任（如发誓只说真话）的艺术家的概念。但这并不等于容忍，更谈不上主动要求对艺术进行社会或政治控制，或由国家来办艺术，甚至连圣伯夫（以及其他人）要求拿破仑三世做的那种程度都没有。

让我进一步说明：别林斯基的观点确实导致他相信艺术是一种话语声，是一个人和另一个人之间交流的形式，或者创作新旧《埃达》或建造吴哥窟各个寺庙的无名人群之间交流的形式。这才实实在在地和与之对抗的观点相冲突，戈蒂耶或许是后者最好的代表，其观点认为，艺术家的全部目的就是创造美的客体，无论是一部史诗，还是一个银盒，艺术家的个性、他的动机、他的生活、他的关怀、他的性格、塑造他的社会或心理过程等等，统统和艺术作品本身无关；因为，正如 T. S. 艾略特相信的那样，艺术作品依靠本身的光辉而存在。[1] 这当然是 17 世纪或 18 世纪的古典批评家们的信念，这一学说，波德莱尔和福楼拜、马拉美和艾略特、佩特和普鲁斯特，当然还有歌德本人，都曾经以各种方式一贯地加以维护。它在今天仍不缺乏维护者。

269

这对别林斯基来说，是一个灾难性的谬误：但并不是出于那些鼓舞着弗洛伊德主义者、马克思主义者或今天同类学派的原因。别林斯基相信人是一个整体，并不是由相互独立的机能或功能凑成的。如果一个人在某一角色中所说的话与他在另一角色中所说的话相互矛盾，那么，有些东西已经被伪造了或者至少被变得无足轻重，变成了某种机械的或者习惯性的姿态。如果一个人说的话，无论作为什么角色——作为艺术家、法官、士兵、扫烟囱的人等等，当他作为另一些角色——作为父亲、革命者、爱人——说出来时，将被证明是虚假的或不诚实的，那

1　艾略特说到"诗歌本身""散发的光辉"可以自足，见《批评的边界》（明尼阿波利斯，1956），33 页。

么，这些话在最初本来就是虚假或肤浅的。一个人无论在什么地方，都不能因为他只是发挥某种功能、从事某种职业或扮演某种角色而免除作为人的责任。如果你决定要压制真理并代之以空想，在你的材料里掺假，像玩弄工具一样利用人们的反应，如果你选择了刺激、逗乐、恐吓和引诱人们，那你就在将你的才干变成获取权利、享乐或利润的手段，这是将你的人性出卖给政治——低级丑恶意义上的政治——是肆无忌惮地践踏，或至少是逃避你及所有人都知道的人类真正的目标。

艺术不是新闻，艺术不是道德说教。但并不是说因为它是艺术，它或者艺术家就可以不负责任。艺术活动也不是一套衣服，一个人想穿就穿想脱就脱：它或者是一种完整人性的表达，或者什么也不是。集创造性天才和庸人于一身，不是不可能——《赫尔曼与窦绿苔》或者《亲和力》中的道德观就表明了歌德身上的这种情况，黑格尔的个性和生活当中也有这样的情形。唯一重要的是艺术作品所表达的内容，看它到底是自觉的组织还是蒙昧的本能的产物：因为作品等于作者，就是他最真实的声音，就是他自己。对他来说，莎士比亚、弥尔顿、狄更斯、拉斐尔、果戈理就是他们的作品；他并不直接关心他们的私人生活：他只关心他们/它们所表现的生活、它们的深度、它们的正确性、它们与那些在一切时代都使人极度痛苦的中心问题的关系。

这一立场，他在1842—1843年之后就再也没有放弃过。与其说它出自费尔巴哈，不如说出自圣西门或其信徒。它最初发端于席勒的艺术家概念，即受侮辱的人性的复仇者和被习俗扭曲或破坏的完整的人的修复者——还有奥古斯特·威廉·施莱格尔将艺术家比作聚焦镜，通过他，他所处社会和时代最深刻最具特征的趋势得到聚集、结晶，化为对现实的一种集中和精粹的表达。而这是复制日常支离破碎的经验所难以达到的。俄国文学史家将在这里发现一种传统的发端，它将引向屠格涅夫和托尔斯泰，引向米哈伊洛夫斯基和普列汉诺夫一些最出色的批评文字——在标尺的相反一端则引向60年代的人、车尔尼雪夫斯基简单化的唯物主义、杜勃罗留波夫意识形态上的激进主义、皮萨列夫的科学主义和对艺术追求的夸张的轻蔑，更不用提苏联官方套话机械死板的喋喋不休了。俄国思想和写作中的这一中心潮流及其过去一百年里对西方无可估量的影响，我认为，直接发源于圣西门主义者与为艺术而艺术学说的拥护者之间的争论。这一决定性对抗的社会根源及隐含意义，则另当别论。

<h1 style="text-align:center">三</h1>

要说的还不止这些。别林斯基的呐喊"在我们的时代艺术不是主人，而是奴隶"[1]，或"在我们的时代，纯艺术是不可能的"[2]，虽然孤独，却并不等于说艺术家及其艺术就必须植根于某种特殊的社会条件，一旦与之割裂，就会枯萎或变成纯粹的消遣。他的意思不限于此——远远超越了法国的始作俑者。无论如何，这确实使得杜勃罗留波夫是别林斯基传人的说法变得相当有凭据。我认为真实的情况是，借用屠格涅夫的说法，别林斯基是堂吉诃德，热情、坚定、随时准备为他的思想献身，但同时又是一个被无法解决的内心冲突折磨着的堂吉诃德。一方面，他痴爱文学，他对什么是文学、什么不是文学具有一种非凡的本能的判断力，这已经经受了时间的考验，使他成为19世纪最具原创性、最有影响和（尽管有几次在鉴赏力上大失水准）最公正、最有眼光的俄国批评家。文学是他一生的挚爱，完全进入作家的世界、感受其经历、完全沉溺于其想象之中，这种需要，是个人主观的一种心理学和美学专注能力，即赫尔德所谓的"内在感受"（Hineinfühlen）[3]，不受社会条件的要

271

1　前揭书（见本书263页注3）。

2　同上书，77页。

3　《另一种历史哲学》（1774），《赫尔德全集》，伯恩哈德·苏芬编（柏林，1877—1913），卷5，503页。

求和人们历史地改变的需要的限制。

同时，他寻求一种包罗万象和具有不可动摇的正确性的意识形态；"golod istiny"[1] 是他那个时代一种普遍现象；没有人比他更深刻地受到当时俄国生活中的不公、苦难和野蛮专制的痛苦折磨，他的文字比历史上任何人都要生动地表现了这一点。由此，他着迷地去寻找答案，试图回答人该是什么样、生活该怎么过这类问题；而且他希望和企盼人类的每一才能，尤其是文学——那是他的生命——能够关切这些问题并帮助追寻这些真理的人们。他决心为理想而献身，他决心与他经过这么多磨难所获得的信念的敌人们做殊死搏斗。他内心很清楚这一点：他知道自己容易高估某个作品纯粹的社会意义，他明白如果作品没有艺术价值，那么，无论它的目的是多么值得赞扬，它或许有价值，但它并不是一件文学作品。直到生命的最后日子，他仍在反复强调这一点。但他坦白内心还是有所偏好。在一封致博特金的著名的信中，他说即使某个故事缺乏艺术性和诗意，那么，除非它主动地端起了"博士论文"的架子，或"蜕变成寓言"，假如它还多少有点实质内容，"我就不仅会读它，我简直就是吞下它……要紧的是，它应该提出问题，对社会产生道义上的影响"[2]。他承认，即使是一篇不怎么样的纯文学作品（belles-lettres），如果它有重要社会意义，如果它有思想、提出问题，就他个人而言，有时就能比一部艺术作品更深地吸引他。我的观点是，他并没有混淆这些类别：艺术还是艺术，不管它有没有社会意义，仍有着它不朽的价值，而不管它的社会价值如何；另一方面，不管作家多关心社会问题，不管他有多聪明、多真诚，仅凭这点是无法创造艺术作品的。席勒比歌德更高尚，更具同情心，但歌德是更伟大的艺术家。别林斯基对此毫不怀疑。

1　"渴求真理"。
2　1847年12月2日—6日致博特金的信，《别林斯基全集》，卷12,445页。

这些令人极度痛苦的讨论，深刻地影响了他的同代人，别林斯基的作品当时在国外并没有人阅读，但在那些岁月里成长起来的伟大小说家们，以及后来的社会主义布道者们，不久以后即影响了西方思想。这就是我所谓的"回旋效应"[1]的一个例子。忽略它，将使西方的文化史不完整。 273

<h2 style="text-align:center">四</h2>

法国圣西门主义运动的命运已经是众所周知的了：圣西门的一些最早的追随者们从有计划的集中工业化的构想中得到灵感，成了极其成功的铁路大王和银行家，组织了苏伊士和巴拿马运河的开掘。圣西门主义学说发展成了圣西门的信徒奥古斯特·孔德的实证主义，深深地影响了马克思主义，但也渗透了19世纪后半叶比较温和的社会主义和更加激进的学说。圣西门主义思想由这个源头辐射开来，与当时各种保守的、自由的、君主主义的、马克思主义的、教权主义的、反教权主义的思潮并行，占有自己的一席之地，同时也与这些思潮以种种方式结合，形成了第二帝国和第三共和国的社会、经济及思想史。

在俄国，其影响较不明显，但更深刻，更具革命性。这是一群智识和道德上敏锐的少数人在寻找一套指导行动的原则时，发现的第一种连贯的意识形态。对它进行具体阐述的是圣西门主义左派的作品——皮埃尔·勒鲁和他在《独立评论》（*Revue Indépendante*）的合作者们的社会主义小册子和文章，他们全心全意的追随者拉梅内对资本主义愤怒的谴责，但最重要的是乔治·桑的社会主义主题的小说。这一运动道德上的理想主义，在人生最容易受影响的岁月里影响了赫尔岑、别林斯基及其朋友们，而且无论他们具体的观点有多么大的变化，这一人道

1　见本书248页。

主义的文明的激进思想, 连同它对社会上的不平等和弱肉强食的真实的憎恨, 一直到最后都对他们有着决定性的影响。陀思妥耶夫斯基日后讽刺和抨击的, 正是以体制化、组织化了的形式——不管是马克思主义的还是实证主义的——出现的这种关怀, 虽然他年轻的时候处于傅立叶相对狭窄但甚至更激进的社会学说的类似影响下。

274

我并不想暗示, 假如赫尔岑和他的朋友们并未读过圣西门, 别林斯基和屠格涅夫在那时并未读过乔治·桑, 假如皮埃尔·勒鲁或路易·布朗, 或者就此而言还有傅立叶或费尔巴哈所写的小册子并没有被偷偷运进俄国, 那么, 就不会有社会抗议运动, 就不会有19世纪40年代忏悔的士绅阶层, 也就不会有19世纪60年代的密谋、镇压、有组织革命运动的发端。这将是个荒谬的论点。我想说明的只不过是, 俄国文学和思想在当时之所以采取了那样的方式, 很大程度上是因为这些法国学说以及对它们的论争, 尤其是在艺术领域, 对19世纪三四十年代俄国特定的环境产生了影响。我不知道这应该称为必然的起因抑或仅仅是偶然的发生: 无论如何, 圣西门主义的煽动以及对它的反抗, 使赫尔岑和别林斯基走上了一条终其一生再也没有背弃的道路。我想说明的是, 这一特殊的思想种子在追寻理想的青年俄国知识分子这一特别肥沃的土壤中生根发芽的过程, 在无论是较温和的还是革命的俄国自由主义和俄国激进主义的成长中, 起到了比一般认为的要更具决定性的作用; 而且可以推论, 这种作用是通过对这一时期最中心的人物——别林斯基的改变性影响而产生的, 他是所能发现的具有道德关怀的作家的最纯粹例子, 他的影响力——通过吸引人也通过使人反感, 在思想上也在行动上, 在他的祖国并由此在世界的其他地方——在我看来还没有得到充分的评价。

这是我的一个论点。我还有第二个论点, 就是无论是别林斯基还是他的朋友, 都从未误入歧途, 发表现在我们已经相当熟悉的观点, 即认为艺术, 特别是文学, 除非它发挥直接的社会功能——成为实现进步

人类的目标的武器，否则便是失败的。无论别林斯基偶尔多么接近于 275
要求艺术放弃其固有目的为其他需要服务，他从未将艺术和任何种类
的道德更不用说舆论宣传相混淆。在这一方面车尔尼雪夫斯基和杜勃
罗留波夫、普列汉诺夫及苏联评论家们只是从他那里取他们之所需，事
实上歪曲了他的形象。

　　或许对我们更有启发的一个例子是他的朋友，在一定程度上也是
他的信徒伊凡·屠格涅夫。在所有俄国的散文作家中，屠格涅夫或许
最接近西方纯艺术家的理想。如果他在生活中有过某种一贯的信念，
那就是：最高的艺术不是传达艺术家直觉信念的工具，艺术是一种"消
极才能"[1]，如在莎士比亚那里。席勒称莎士比亚为藏在其作品之中的
神，在作品中完成自己的过程本身就是目的。屠格涅夫不喜欢车尔尼
雪夫斯基的主要原因（除了对他的为人以及作为批评家的所作所为嗤
之以鼻之外），是后者坚持功利主义的观点，认为艺术必须服从于政治、
科学和伦理，认为艺术的首要目的是行动——改变社会，塑造社会主义
新人。当屠格涅夫让罗亭说出"我再说一次，如果一个人没有他所信仰
的坚定原则，没有坚定的立场，他怎么能确定他的人民的需要、价值和
未来？他怎么能知道他自己必须做些什么，如果……"[2]，这其实是巴枯
宁或者19世纪40年代别的某个典型的俄国激进主义者而非作者在说
话，这不是作者的声音。在我看来，在1848年一封致波琳娜·维亚尔多
的信里最真实的屠格涅夫说话了： 276

　　　　生活、现实以及它的奇妙变化、它的偶然性、它的常性、它的瞬

　　1　"我指的是'消极才能'，就是一个人能够处在不确定感、神秘感、怀疑感当中，
而不焦躁地去试图抓到事实和理由。"约翰·济慈，给乔治和托马斯·济慈的信，第21
封，1817年12月27日。约翰·济慈，《书信集》，Robert Gittings 编，Jon Meex 修订（牛津，
2002），41—42页。

　　2　《罗亭》，第3章，《全集·作品》，卷6，263页。

息万变的美……这一切的一切，我都爱慕不已。要知道，我是扎根在大地上的。我宁愿观赏小鸭忙不迭的动作，看它在池边用湿漉漉小蹼抓搔后颈的姿态，或是看刚刚从没膝深的水池饮完水走出来的牛。它伫立在池边，一串长长的、闪光的水珠从它嘴上缓缓流下，这一切的一切比天使［……］在天上所能看到的更称意……[1]

这到底是为什么呢？因为天空不是大地，因为它是"永恒、无限的苍穹"[2]，是普遍的、抽象的、非具体化的，不关地上世界的人事、情感、感受、思想、色彩、气味、行动、生与死——而自然世界无论多么地转瞬即逝，无论对人类的喜怒哀乐多么地无动于衷，是我们所能拥有的一切；别的都是空话，都是捕风捉影。

然而屠格涅夫毕竟不能脱离所处的时代，而来自西方的社会主义宣传已经影响了他和他的同时代人。无论是在19世纪40年代他们非常亲密的时候，还是别林斯基死后，屠格涅夫都感受到别林斯基的目光，因此，"可恶的"社会问题在他所有的小说中都占有中心地位。对此我不用再多说了：《前夜》《处女地》，当然首先是《父与子》，这些在今天远非没有意义——《父与子》大概只在我们今天才得到了充分认识。同时，屠格涅夫坚持说他没有立场——他不过是个创作者；他明白当作者正确地不表达自己的同情时，那么，不得不自己想办法、没有方向、没有"立场"（napravlenie）的读者就会感到迷惑；他究竟怎么想？要自己得出结论，使他感到恼火：现实——现实的混乱及不规则——使读者恼
277　怒，因为他需要指引，需要正面英雄。

1　I. S. 屠格涅夫，《作品与书信全集》（莫斯科和列宁格勒，1960—1968），《书信》（以下简称《全集·书信》），卷1，297—298页（信是用法文写的）。（此处用的是张金长等的中译，见刘硕良主编《屠格涅夫全集》，河北教育出版社，1994年，卷12，70—71页，文字略有改动。——译注）

2　I. S. 屠格涅夫，《全集·书信》，卷1，297页。

屠格涅夫骄傲地拒绝向读者提供这些东西。像莎士比亚或果戈理这样的作家所创造的角色脱离了作者并过上了他们自己独立的生活，在他看来这类作家比那些所创造的人物并不具有自驱力、与作者有着明显联系的作家，要高一个层次。后一类作家表现了更多的热情、更多的感情、更多的真诚、更加个人但更不客观的真理，对艺术把握较差，缺乏艺术性。[1]然而在1855年，即别林斯基死后七年，他写信给博特金（后者这时已经成了为艺术而艺术的一位热情捍卫者）："有一些时代文学不能仅仅是艺术——还有比诗更高的利益"，然后他宣称，有自知之明、进行自我批评的时刻在国家生活中也和在个人生活中一样必要。[2]同样地，他在1858年对托尔斯泰说，时代呼唤的不是"抒情的唧唧喳喳"，不是"鸟儿在枝头歌唱"[3]，他拒绝参加当时托尔斯泰正在考虑创办的一份不受社会问题污染的纯艺术杂志："你憎恶所有这些政治上的肮脏混乱：的确，这是肮脏无聊粗鄙的勾当。但街上也有泥土和灰尘，然而我们无论如何不能没有城镇。"[4]最后，是给萨尔蒂科夫的信里关于《父与子》的那段著名的话："我愿承认［……］我没有权利给那帮反动的乌合之众以任何机会给我起诨名、起骂名；我内心的作家，应该为公民做出这一牺牲。"[5]

即便如上文表明的那样，屠格涅夫写这段话是为了在顽固的萨尔蒂科夫面前为自己辩护，它仍是一个标志，一种征象，反映了他们所共同理解的艺术要求——这些19世纪五六十年代的作家（大概除了涅克拉索夫，他在这点上从未彻底清楚地表明立场）对于艺术的本质并无不 278

1　"Plemyannitsa roman Evgeni Tur"（1852），《全集·书信》，卷5，368页。

2　1855年6月17日的信，同上书，卷2，282页。

3　1858年1月17日的信，同上书，卷3，188页。

4　1858年3月27日的信，同上书，210页。

5　1876年1月3日的信，同上书，卷11，191页。此处的"诨名"屠格涅夫指的是"虚无主义者"。

同意见——与个人道德或政治信念的要求之间长期的冲突。这一冲突与其说存在于"唯美主义"者与"自然主义者"之间（当然，这也的确发生了），不如说是在这些具体的个体作家内心：托尔斯泰、屠格涅夫、冈察洛夫、皮谢姆斯基都受其折磨，由于各自性情不同，有的平静，有的极其痛苦。这与激进的《现代人》杂志（*Sovremennik*）的评论家们没有什么关系。到了19世纪60年代，他们对车尔尼雪夫斯基、杜勃罗留波夫、安东诺维奇甚至涅克拉索夫还有什么尊敬可言？赫尔岑本人没有负起指导从伦敦到日内瓦的俄国作家的文学良心的任务，甚至对那些和他最亲密的作家也是这样。这肯定是因为别林斯基的幽灵这一可怕的、无法消除的存在在纠缠着他们——正是他一劳永逸地，好也罢坏也罢，在19世纪后半叶的俄国，为具有社会意识的文学和关于它的性质和价值的争论定下了道德基调，从某种意义上说，余音至今未绝。

这是一次真正的危机，一次信仰危机，而不仅是一次简单的论战或一系列党争。甚至青年车尔尼雪夫斯基也没有对艺术的要求完全置若罔闻：在1856年评论托尔斯泰的《童年》、《少年》以及他的《军旅故事》时，他说道：

> 我们和其余的人一样要求小说描写社会生活。但我们仍必须明白，不是每一种诗意思想都允许作品提出社会问题。我们一定不要忘记，艺术性的首要原则就是作品的统一，因此描写"童年"时，童年生活而不是别的什么才是我们必须描写的明确对象，不是社会问题，不是战争场面，不是彼得大帝，不是浮士德，不是印第安纳，也不是罗亭，而是孩子以及他的情感和想法。而那些表达了如此狭隘的要求的人们竟然大谈创造性艺术的自由！他们没有在《伊利亚特》里找麦克白、在沃尔特·司各特里找狄更斯、在果戈理里找普希金，倒让人奇怪！我们应该明白，作品中引入不相干因素会毁掉诗意思想。举个例子，假如普希金打算在他的《石客》里

279

描写俄国地主或者他对彼得大帝的同情，《石客》在艺术上就会变成可笑的作品。每一样东西都有它合适的位置：《石客》里南方的爱情场景、《奥涅金》里的俄国生活场面、《青铜骑士》里的彼得大帝。因此，同样在《童年》或《少年》中，只有那些符合那个年龄特征的才是恰当的，而爱国主义、英雄主义、军旅生活的位置是在《军旅故事》里，一出可怕的道德剧的位置是在《台球房记分员笔记》里，一个女子的肖像的位置是在《两个轻骑兵》里。你还记得那个姑娘夜里坐在窗边的绝妙形象吗？你还记得她的心如何跳得厉害，她的心情如何甜蜜地沉醉在爱的前兆里吗？[1]

然后他因为托尔斯泰没有在其作品中引入不相关的东西而赞扬了他。托尔斯泰是一位诗人，一位真正的美和真正的诗的大师。但尽管车尔尼雪夫斯基有着老生常谈的情感和更俗不可耐的文风，这段话仍然与别林斯基、屠格涅夫甚至格里高里耶夫的艺术标准相符合的。

然而，这一趋势并不长久。当我们读到他关于屠格涅夫的《阿霞》的著名文章时，我们就碰到了典型的车尔尼雪夫斯基："忘了这些淫秽的问题吧，忘了它们！我们时代的读者不能被它们所打扰，因为他全心关注的是政府和司法改进、财政改革或者农奴解放等问题。"[2]他还有一段著名的话，宣称"海景画的主要价值是能够使或许永远都没有机会看到大海的内陆省份的居民一瞥大海的风采"[3]正是这些令人尊敬的但在艺术上并无天赋的评论家——俄罗斯社会主义的殉道者们——这样的畸形观点，加上杜勃罗留波夫的仅仅将文学作为社会分析的武器来衡量的文学批评观（它导致宣扬用革命来解决问题），开辟了普列汉诺

280

1　N. G. 车尔尼雪夫斯基，《全集》，共16卷（莫斯科，1939—1953），卷3，429—430页。

2　"幽会中的俄罗斯人"（1858），N. G. 车尔尼雪夫斯基，《全集》，卷5，166页。

3　"艺术与现实的审美关系"（1855），同上书，卷2，77页。

夫、列宁及其所有追随者后来所走的道路。如果说别林斯基是这一潮流的始作俑者，那么屠格涅夫、托尔斯泰、萨尔蒂科夫都是，甚至连阿波隆·格里高里耶夫也是，如果考虑到他所写的一页页关于乔治·桑无上天才的心醉神迷的文字。

让我再说一遍：关键的转折点在我看来出现在19世纪40年代早期，当时圣西门主义学说已经在别林斯基这个痛苦的、不停地回应的评论家的心灵和血液里稳固地有了回应，也激烈地影响了其他主要作家，虽然他们不总是同情他的观点。在我看来，别林斯基在他的后继者们身上留下的，是对自我保护的幻想的一种真正憎恶，即憎恶一切挡在作家及其对象之间、使他看不到离他最近的现实的东西。所以，他一般对拟古主义、多愁善感的地方主义，以及有关异国和偏远文化的浪漫主义，特别是田园牧歌式的斯拉夫的过去，都加以愤怒拒斥。相应地，他还热情地强调艺术的本真性，强调对作家只应有两个要求这一事实：第一，他必须拥有艺术才能——不管这才能是怎么来的，哪怕是上天赋予的也好；第二，他不能背叛真理，艺术作品应该通过作家的 "Erlebniss"[1]产生，或者说已经由他在现实或想象中 "经历"[2]过了。由此伴随着一种相应的对纯技巧、纯匠艺的轻蔑，看不起硬塞进来的杂七杂八的思想，因为它妨害了创造性想象的自由发挥。他最后要求作者应该认识到他描写的场景的道德中心点——相对于它对读者的临时意义，更要把握它对人类的普遍意义，因为读者的心思和处境变化无常。这些经典教条对屠格涅夫的影响是显而易见的，但别林斯基拥有另外一位更惊人的，虽然是间接的，当然也是不自觉的信徒。

托尔斯泰是他自己的艺术天才和社会良心的著名牺牲品。有一段时间，他的由费特和博特金鼓动起来的对纯艺术的热情和对政治的憎

281

1　"体验"。
2　前揭书（见本书269页注1）。

恶达到了最高点。他在1858年写道：

> 大多数公众开始认为，整个文学的任务只是对邪恶进行揭露、谴责并加以纠正，[……]说有趣的小故事和小诗的时代已经一去不复返了，在正要来临的时代里，普希金将被忘记，并束之高阁，纯艺术不可能存在，文学只是促进社会上公民精神发扬的工具云云。的确，在那个时候，也可以听见被政治的喧嚷所淹没的费特、屠格涅夫和奥斯特洛夫斯基的声音[……]但是，社会知道它在做什么，仍然只赞同政治的文学，并认为唯有它才是文学。这种追求曾是高尚的、必要的，甚至在短时间内是正确的。我们的社会为了拥有力量跨出它近年来所跨出过的巨大前进步伐，它必须是片面的，它必须醉心于超过目的方能达到目的，必须只看到眼前这个目的。而确确实实，当环绕我们周围的邪恶的画面第一次在眼前展开，而摆脱邪恶的可能性又已出现的时候，还能想到诗歌吗？人感到病痛的时候，又怎么能想到美的事物呢？我们既享受这种追求的果实，就不应责备人们这一追求。[……]然而，不论这种片面性的追求如何崇高，又有如何良好的影响，它像任何追求一样是不可能持续不衰的。人民的文学是人民的完整的、全面的意识，在这种意识里，不论是人民对于善和真理的爱，还是人民在某一发展时期对于美的直观，都会同样地反映出来。[1]

然而，他从未放弃这一信念：除了政治文学以外，还有另外一种文学，"它反映永恒的、普遍的人类意义和人们最珍贵的发自内心的意识，

282

1　"在俄国文学爱好者协会上的讲话"，列夫·托尔斯泰，《全集》（莫斯科/列宁格勒，1928—1958），卷5，271—272页。（此处用的是陈燊的中译，见《列夫·托尔斯泰文集》，人民文学出版社，卷14，7—8页，文字略有改动。——译注）

一种每个民族、每个时代的人都能理解的文学，一种离了它就没有哪一个拥有力量和财富的民族曾可以发展前进的文学"[1]。七年以后他在给博博雷金的一封信中写道：

> 如果有人对我说，我能够写出一部长篇小说，其中我可以毋庸置辩地建立起一种自以为是正确的观点，借此去解决所有的社会问题，那么，对于这样的小说，我连两个小时也不会去花。但是，如果有人对我说，我写出的东西，现在的孩子过二十年后还会读，并且在阅读的时候会哭泣、发笑和热爱生活，那么，我会为这部书献出自己毕生的精力。[2]

不管后来发生了什么——他后来谴责所有的艺术，说它们无助于医治人们的道德创伤，是虚荣和腐败——他的艺术冲动还是无法压抑。当他晚年完成《哈吉穆拉特》时，有人问他为什么要写这个，这部作品在道德或精神上到底要宣扬些什么？他冷冷地回答，他的艺术作品和他的道德劝诫是两码事。他并不要求契诃夫做道德说教；而且另一方面，他不接受萧伯纳，尽管实际上并不能指责后者不够直接明了，或者逃避社会问题，或者缺乏明确信念。萧伯纳带着崇敬之情写信给他：不管怎么说，他曾攻击过那些托尔斯泰谴责过的人，他们有一些共同敌人，但老人家坚持认为萧伯纳的作品粗俗、肤浅，最糟糕的是压根儿就没有艺术性。他企图在颠扑不破的真理的基础上达到一种单一连贯的生活哲学，这种努力甚至更悲壮，与别林斯基和屠格涅夫类似的努力相比，也对他本人的天赋、渴望和洞见造成了更强烈的损害，他因此最后

283

---

[1] 列夫·托尔斯泰，《全集》，卷5，272页。

[2] 给P. D. 博博雷金的未寄出的信，1865年7月/8月，同上书，卷61，100页。（此处用的是章其的中译，见其译《托尔斯泰文学书简》，湖南人民出版社，1984年，718页。——译注）

也遭到了相应的更骇人的失败。同样的困境——这一试图变圆为方的努力——构成了勃洛克后期《知识分子与人民》和《人文主义的翻船》[1]这两篇文章的主要内容。这一问题如果说有什么变化的话，那就是在《日瓦戈医生》和辛尼亚夫斯基及其同伴们已发表的作品，或许还有未发表抑或未写成的作品中，变得甚至更令人痛苦了。

现在回到托尔斯泰与别林斯基的特殊关系。1856年，屠格涅夫和德鲁日宁好不容易劝动托尔斯泰读了别林斯基的作品。德鲁日宁憎恶别林斯基而屠格涅夫崇拜他，托尔斯泰宣称他有一天晚上梦见别林斯基主张社会主义学说只有在被"推到极端"[2]的时候才是真的，然后他接受了这个观点。他很喜欢别林斯基关于普希金的文章，尤其喜欢别林斯基的这样一种观点，即如果要理解一位作家就必须使自己完全沉浸于此人之中——除了此人之外看不到任何别的东西。1857年1月2日他在日记中写道："早上读了别林斯基，我开始喜欢他了。"[3]虽然后来他觉得别林斯基是一个枯燥乏味、没有天赋的作家，但后者阐明的原则已经永远地进入了托尔斯泰的见解。以本人没有承认、也许没有意识到却异乎寻常的忠诚，托尔斯泰实践了别林斯基的文艺批评要求，在我看来这并不是偶然的。在托尔斯泰的批评词汇中，最轻蔑的词是"做作"，只要直截了当，只要简单明了，只要明确无误——如果作家相当清楚他想说的是什么，如果他的视野未受妨碍，结果就自然而然会是艺术。这甚至比别林斯基在他最极端的时候准备走的还要远。别林斯基从未抛弃这样的观点，即艺术才能完全是一种非常特殊的东西，因此，本真性——即这样的事实：个人所见为其自己的而非他人的，而且个人清楚直接地表达其所见——本身并非创作艺术作品的充分条件。托尔

284

1　伯林将后一篇文章翻译为《人文主义的破产》，《牛津展望》卷二第55期（1931年6月），89—112页。

2　1856年10月17日笔记，前揭书（见本书283页注1），卷47，198页。

3　同上书，108页。

斯泰的观点像他经常那样，是对一种已经很简单的观点的简化和夸大。

　　坚持艺术的本真性，指责我们今天在新黑格尔主义和存在主义影响下被称为虚假意识和自欺的东西，在托尔斯泰对其他作家，特别是19世纪作家的毁灭性批判当中最为频繁地出现。比如歌德就被指责看待自己作品时立场过于遥远；因此他的小说和剧作，因为它们并没有"亲身经历"[1]，所以无论写得多么精巧，无论作者对自己和创作素材有多么绝对的把握，始终还是不能令人信服——虽然精彩但冷漠、孤僻，无法实现直接的情感交流，而这点对于托尔斯泰是最重要的，是艺术的唯一目的。当这样指责歌德得意倨傲的自我满足、暗讽他在社会剧变当中超凡入圣的平静、顽固的自满、明哲保身、轻易不为所动的时候，托尔斯泰是在呼应别林斯基。尽管仰慕歌德的天才，屠格涅夫还是在论《浮士德》的文章中及别处重复了托尔斯泰的批判。在评论歌德方面，没有任何俄国作家比屠格涅夫做得更好：从性情上说，也没有任何俄国作家比赫尔岑或托尔斯泰对歌德更不同情了。但圣西门主义的药力已经起作用了：他更喜欢席勒、拜伦和乔治·桑，并且公开承认这一点。以同样的风格，托尔斯泰带着他典型的讽刺口气谈到，他自问福楼拜在那种情况下是否会做同样的事情（福楼拜那么精细生动地描述了行善者圣朱利安如何拥抱一个麻风病人，那个麻风病人就是基督）；这一怀疑使他动摇了对作家的信心，动摇了对作家真实性的信念，这种真实性对他来说是所有真正艺术的基础。

　　这种态度，不管你觉得是可以接受的还是荒谬的，就是别林斯基身上的那种受其追随者仰慕、反对者痛恨的道德准则。同样地，当托尔斯泰想公开嘲笑同时代一些最受尊敬的作家的缺点时，他那样准确无误地拿起来瞄准的毒箭，正是从别林斯基的箭筒中取出的。他是根据所需要的三样东西——问题的严肃性、道德上的真诚和艺术上的能

1　前揭书（见本书269页注1）。

力——来着手进行评判的。于是他告诉我们屠格涅夫肯定已经"亲身经历"了，或者说在自己最深处经受了那些他描写得如此生动和富有艺术性的体验。但是，当这些没落的俄国贵族成员坐在自己的乡间宅子里闷头思考、讨论自己和其他同样颓废、同样不能代表一般人类的地主之间的私人关系时，他们悲惨的思想和感情值得占据一个严肃的"健康的"人——一个农民、一个正派的工人、一个道德上"健全"的男人或女人的头脑吗？

至于涅克拉索夫，谁又能否认他是个拥有巨大艺术天才的作家呢？他处理的那些问题——农民的苦难和压迫，他们遭受的暴力和不公——谁又能否认这一可怕的题材的重要性或对人类的意义呢？但真实性又从何谈起呢？涅克拉索夫在真实或想象中亲身经历过这些吗？他有没有让读者觉得他本人也参与其中了呢？他的诗作只不过是一些类型画，作者不过是个技巧娴熟但置身事外的画家，实际上他本人就是个农奴主，对手下的农奴丝毫也没有表现出想要解放的迹象，他的私生活及真实的个人考虑远离受苦人们的苦难，远离生活中的社会和道德上的肮脏，这种生活他是如此地擅长于变成诗歌，但就他而言，并没有任何真正个人的、自我认同的投入——这些难道不是事实么？批评涅克拉索夫因为没有足够的投入，所以是不真诚的，这一点再次超出了别林斯基的见解（比如对冈察洛夫）。托尔斯泰比别林斯基将这一点推得更远。后者甚至在某些罕见的情况下当社会良心完全控制他的时候，也未至于此，他一丝不苟地想了解真相，无论真相多么复杂。

最后还有托尔斯泰对陀思妥耶夫斯基下的许多结论之一：他承认后者处理的是精神世界最重要的问题；他也承认其态度是极度真诚的；但可惜，陀思妥耶夫斯基还是没有达到他的（也是别林斯基的）最重要标准，即拥有艺术天赋，就是说简单清楚地表现一种个人想象的能力。他毕竟只是在舞台上罗列他的人物，除此之外，托尔斯泰宣称，就只是机械地展开情节：无数页的内容都是可以预测的、沉闷乏味的、缺乏艺术

286

性的；总之，陀思妥耶夫斯基有很多话要说，但他不会写作或创作。

五

我从屠格涅夫及托尔斯泰那里引这些例子，是因为这些作者一般不被认为属于别林斯基所开启的社会文艺批评传统——我的论点是，为艺术而艺术的主张与艺术为社会服务的主张之间的冲突，在别林斯基那里，并没有简单地以后者的胜利而告终，并由此生发出车尔尼雪夫斯基、皮萨列夫、普列汉诺夫及其马克思主义后继者鲜明的激进传统。这一冲突所导致的两难，从别林斯基的时代开始一直困扰着俄国作家和艺术家，并从此深刻地影响了整个俄国思想、艺术以及实际上还有行为的动向，折磨了自由派、保守派、"进步派"以及那些谴责政治活动而到别处寻求救赎的人，比如托尔斯泰、民粹主义者，或者那些托尔斯泰所憎恶和蔑视的世纪之交的"颓废主义者"。

或许对别林斯基最终立场最清楚的说明，可以在他1843年论批评的文章中找到："有人也许会问我们：同一篇批评怎么能有机地结合两种不同的，即历史的和艺术的观点呢？或者说，怎么能要求诗人自由地追随他的灵感，同时又要求他为时代精神服务，不冒险踏出它的魔法圈呢？"[1] 别林斯基宣称这一问题无论在理论上还是历史上都容易解决：

> 每个人，自然也包括诗人，都不可避免地受到时间和空间的影响。他连同母亲的乳汁一起吮下他那个社会赖以生存的原则和观念的总和。这就是他之所以是法国人、德国人、俄国人……的原因；这就是为什么如果他譬如生于12世纪，他就虔诚地相信活活烧死想法不同于别人的人是神圣的义务，但如果生于19世纪他就

---

1 《关于批评的讲话》，《别林斯基全集》，卷6，284页。

笃信任何人都不应该被烧死或屠杀，社会的职责不是为犯罪的受害者复仇，而是用惩罚来纠正犯罪，通过这种方法，受到伤害的社会将得到补偿，基督教的爱和四海之内皆兄弟的神圣法则将会实现。

但人类并不是一下子从12世纪跳到19世纪：他们不得不经过中间整整六个世纪，在此过程中他们的真理观念经历了各个阶段的发展，而且在这六个世纪的每一个世纪里，这一真理观都有不同的形式。哲学把这些形式称作普遍真理发展的不同"阶段"；正是这种"阶段"才必须是诗人创作的脉搏、他们主要的激情（痛苦）、他们的主题、他们和声的主弦。人不能活在过去或者在经历过去时无视现在：那样多少有些不正常、虚伪和缺乏活力。为什么中世纪欧洲画家只画圣母和圣徒？因为基督教是那时欧洲人生活的支配因素。路德之后，一切企图在欧洲恢复宗教艺术的努力都将是徒劳的。

"然而，"有人会对我们说，"如果人不能逃出他的时代，那么就不会有不属于自己时代之精神的诗人，因此也就不需要拿起武器对付不可能发生的事情。""不，"我们回答，"不但可能发生，而且确实发生了，尤其在我们这个时代。"

这一现象的起因在于，某些社会的观念与其中的现实完全相反，它们在学校里教给孩子们道德，这些道德在孩子们离开学校后成了人们笑话他们的原因。这是一种无信仰、腐朽、分裂、个人主义及作为其必然后果的利己主义的状态：不幸的是，这正是我们这个时代再显著不过的特色！当社会处于这种状态，其生存依靠于与科学发现和历史运动带来的真理相抵触的、不再被人信仰的旧传统；当社会处于这样一种状态时，最高尚、最有才华的人物有时候会觉得自己与社会隔绝，觉得自己很孤独，而他们当中那些较软弱的同胞渐渐远去，变成了利己主义以及各种社会罪恶的传教士和布道者，他们相信这显然是必须的，不可能不那样；他们说，这并不始于我们,也不会终于我们。

还有人——唉,有时是他们时代最优秀的人——遁入内心,在绝望中对侮辱了所有感情和理智的这一现实再也不闻不问。但这是一条错误、自私的拯救之路。当我们的街道失火时,我们必须向着而不是背着火跑,这样才能和别人一道找出灭火的办法;我们必须像兄弟一样携手合作来扑灭它。但是,有很多人相反地将这种自私、怯懦的情感上升为一种信条、一种生活准则,最后上升为自以为绝对正确的最高智慧。他们以此为荣,他们藐视地看着这个世界,对你说:请看,这个世界不值得我们为之辛苦、为之欢乐。藏身于他们想象城堡的经过美化的高塔之中,透过它七彩的玻璃窗朝外面望,他们像鸟儿一般歌唱……天哪! **人**竟然成了**鸟**! 多么活生生的奥维德变形记! 而且这进一步得到了德国艺术信条的魅力的加强。尽管其中有深度、有真理、有洞见,这些思想还是极有德国味,极其俗气、禁欲、反社会。

这注定会有什么结果呢? 天才的毁灭:他们如果换一个方向,会在社会上留下他们存在的鲜明印迹,也许就得到发展、前进,以至成熟。所以就会有这么多小天才、小伟人,他们的确展示了不少的天赋与能力,但热闹过一阵之后便沉寂下来并很快消失,甚至在死去之前,常常是在风华正茂、处于能力和活力高峰的时候便销声匿迹了。创作的自由不难与为当代社会的需要服务取得一致:但做到这一点并不需要强迫自己写一些现成的主题或歪曲自己的想象;人只需成为一位公民、一位社会与时代之子,只需认同社会及时代的利益,使它们的需要成为自己的需要;人需要同情心、爱心、健康、实际的真理感,它不会使信仰脱离行动,不会使艺术作品脱离生活。已经进入并深深融入灵魂的东西会自然而然地流露出来。[1]

---

1 《别林斯基全集》,卷6,284—286页。

　　这并不是也不可能是别林斯基的最终立场。就在同一年，1843年，他开始写作论普希金的文章，在其中第五篇里他发展了深深打动托尔斯泰的那个论点，即要真正读懂一位作家，就必须眼里只有这个作家，世界上其余的东西都看不到了。这才是我们看待《石客》或《茨冈人》时必须采取的方法。这两部作品与歌德冰冷的杰作或（在一个较低层次上）冈察洛夫的《平凡的故事》一样，与民族最深的利益无关。然而，他知道这些是真正的艺术作品，作者是一些就算他们所在的街道着了火也不会跑的人。我之所以从1843年的文章中摘了这么长的一段，是因为在我看来，别林斯基在这里接近于最清楚地说出了他与那些有类似思想的人希望艺术是什么样的（而并非艺术实际是什么样的或能够是什么样的）：他说出了温暖他们心灵的东西，即使他们明白这一立场并不是绝对的，最终说来还是主观的、有着历史局限，会被事实、相反的例子和更广泛的同情心所动摇。

　　但是这一声明，虽像那封著名的给果戈理的信一样是信仰宣言，无论怎么解释都不是服务于社会的直接需要的那种车尔尼雪夫斯基式的要求；它同形式主义和马克思主义的距离同样遥远。毫无疑问它会被福楼拜、波德莱尔或莫泊桑愤怒拒绝。它对司汤达、简·奥斯汀或特罗洛普没有什么意义，甚至对詹姆斯·乔伊斯也是这样，尽管他早年信仰社会主义。它不可能不经过很多限制就被马克思主义者接受；它并未被60年代的人引用。不过，当柯罗连科说"俄罗斯文学成了我的祖国"[1]（而不是俄国），这句话是任何一位19世纪的俄罗斯作家在任何时候都有可能会说的。而这句话，在我看来发端于圣西门主义关于艺术家功能的论战对别林斯基和他圈子里的人的影响，这一影响比其他任何单一的原因所起的作用都要大。假如英格兰的某个柯罗连科的同时代

　　1　V. G. 柯罗连科，《我的同时代人的故事》，第27章：《柯罗连科选集·第5卷·回忆录》（列宁格勒，1989—1991），卷4，270页。

人，比如阿诺德·本涅特，说他的祖国是英国文学，这又到底有什么意义呢？他又怎么可能说这样的话呢？甚至假如像厄普顿·辛克莱或亨利·巴比塞*这样有社会意识的作家说："我的祖国是美国文学"/"法国文学"，这会含糊到让人不知所云的地步。

这就是俄国19世纪40年代的关于艺术责任的学说所造成的不同，它是俄国的，因为它在俄国拥护者那里比在巴黎或别处的首创者们那里更深入心灵和血液。这种情感今天在亚洲或非洲完全可以被理解，在那里它更如鱼得水，也是世界各地的知识分子（我是在一种完全褒扬的意义上使用这个词）始终关心的问题，无论是自由派、改革派、激进派，还是革命派。别林斯基引歌德的话说，读者"**应该忘了我，忘了自己，忘了全世界，**它应该只生活在我的书里"。别林斯基评论道："考虑到这个德国人对在这个广阔世界中存在的一切和人们所做的一切无动于衷的容忍，考虑到他的客观普遍性——通过承认**一切**，它本身就能变得**什么也不是**——歌德阐述的思想使艺术本身即成为目的，从而将艺术从与**生活**的一切联系中解放出来，后者总是高于**艺术**的，因为艺术只是生活的无数种表现之一。"[1]这一立场可以接受或拒绝，怀疑或争论，但它并不含糊。在我看来，中心冲突在于这一主张和别林斯基试图维护的主张之间的冲突（诚然，别林斯基的眼光时有游移，瞥向无忧无虑的、远离"关键"历史阶段特有压力的艺术）。别林斯基的这一立场在我看来在他的1842年"宣言"[2]中得到了最充分的说明，这才是迄今所划定

292

---

　　*　巴比塞（1873—1935），法国作家和编辑，主要作品有《炮火下》，这是一部以他在一战中的经历为基础的小说。他的觉悟使他转向和平主义后又转向共产主义。——译注

　　1　歌德原文是："Welchen Leser ich wünsche? Den unbefangensten, der mich. / Sich und die Welt vergist und in den Buche nur lebt"（"我想要什么样的读者？最不带偏见的，他会忘记我、他自己和全世界，只生活在书中"）。《四季》，第56首，转引自《亚历山大·普希金文集》，第5篇，《别林斯基全集》，卷7，305页。

　　2　《关于批评的讲话》，《别林斯基全集》，卷6，267—334页。

的战线，到现在已有百十来年了：在这儿，而不是在后来一代俄国实证主义者和马克思主义者试图消解问题而不是解决问题的那些木头路标之间。

我试图概括的两种立场同时存在于"纯粹的"与"奉献社会的"俄国批评家和艺术家之间，并且存在于他们各自内部。那些大作家——屠格涅夫、托尔斯泰、赫尔岑、别林斯基——卷入了这一冲突，而从未能够解决问题。这部分地赋予了他们的理论讨论以活力，而他们许多西方同代人的主张——勒鲁、沙斯勒甚至泰纳和勒南*——相比之下似乎死水一潭。因为对于现代社会的社会冲突来说，这是一个中心问题，但只在相对落后的社会里才尤其尖锐，因为它们没有一个丰富和强大的传统文化的约束，被迫调整自身适应一种外来的模式，而且至少到目前为止，它们在生活和艺术上仍未遭到完全的控制。

293

---

* 勒南（1823—1892），法国文献学家、哲学家和历史学家，写有系列著作《基督教起源史》（1863—1881）。——译注

康德：一个鲜为人知的
民族主义源头

接受了自由天赋的人,是不会满足于他人赐予的愉悦享受的。

伊曼纽尔·康德,《系科之争》(1789)[1]

一

乍看起来,没有什么会比这位哥尼斯堡伟大哲学家关于民族性的观点和他清晰的、理性的、自由的国际主义观点更加彼此相悖的东西了。在他那个时代所有有影响的思想家中,康德似乎与民族主义的兴起最不沾边。民族主义,即使在它最温和的版本即民族统一的意识里,也肯定是植根于对人类社会之间的差异,对一种特殊传统、语言、习俗的独特性,以及对长期拥有一片被注入强烈集体感情的特殊土地的深刻感觉。它强调把一个民族共同体内的成员彼此统一起来的特殊亲缘纽带,并且强调这些纽带和其他团体的纽带的不同。在其病态的形式里,它宣扬该民族自己的文化、历史、人种、精神、制度甚至身体特性的

---

1 《康德全集》,卷7,87页19行。

至高价值，并且宣扬自身相对于其他民族，通常是对于它的邻邦的优越性。但是即使在它温和的形式里，民族主义也是起源于情感而非理性，起源于一种本能认同，即一个人属于一种特殊的政治、社会或文化结构，实际上，是属于这三者合一的生活模式，这种模式无法被分割为不相连的几部分，也无法通过某些思想的显微镜去观察；它是某种只能被感觉和体验的东西，无法被思考，被分析，被分割，被赞成或被反对。用于描述它的语言通常都是浪漫的，或者在极端的情况下，是暴力的、非理性的、挑衅的；而且，尤其在我们这个世纪里，倾向于导致残忍和毁灭性的压迫，最终是骇人听闻的大屠杀。

伊曼纽尔·康德恰恰相反，他冷静、理性地思考，憎恶一切纯粹是建立在古老传统或含糊的政治教条上的独占与特权，憎恶一切见不得阳光的或无法被理性的人以理性的、系统的方式检验的东西。没有什么像永恒不变的个人权利那样得到他如此坚定的捍卫，不管是谁，不管他在什么时代、什么地方，也不管他的社会、他的个人特性，只要他是人，是理性的拥有者，那么他就有义务尊重其他人的理性，就像别人尊重他一样。康德厌恶感情主义和混乱的热情，他称其为"Schwärmerei"[1]；在康德看来，实际上正是这种在他看来是多愁善感的修辞，破坏了与他同时代的普鲁士同胞约翰·戈特弗里德·赫尔德的热情洋溢的话语，后者是欧洲（且最终是所有）文化民族主义之父。赫尔德关于每个民族传统的独一无二性的反复说教，关于一个人作为一个有机社会共同体的成员，作为它的民族精神、民族风格的产儿与承继者而获得的力量的说教，他对于世界主义、宇宙主义，对于一切为了普遍原则而抹杀一个共同体与另一个共同体之间的差异的憎恨（对他而言这些都只是巨大的羁绊）——所有这些在康德看来都是混乱的，未经批判的，是情感对不成熟的理性的取代。康德是启蒙运动的信徒，是

294

295

---

1 标准英文本译为"狂热"。词典释义还包括"热情""狂喜""陶醉""涌流"。

它的世界主义和对理性与科学之光的信念的支持者，理性与科学超越
了地方和民族界限，任何有感觉的人都可以自己对它的结论做出证明，
而无须借助特殊的语言、土壤或血统。他憎恨不平等，憎恨世袭制、寡
头制和父权制，无论它们多么仁慈。许多德国人曾欢迎过法国大革命。
康德从未抛弃过对它的信仰，对它宣扬的人和公民普遍权利的信仰，即
使它退化为恐怖主义和血腥杀戮——这曾遭到康德的谴责，并且在许
多地方使大部分它最早的自由主义支持者因为恐惧而远离了它。他严
谨的政治学著作是自由理性主义的杰出典范：我服从法律的原因就在
于，它规定或应该规定任何处于我的位置的有理性之人会要求自己去
做什么或不去做什么；国家应该把资源用在教育、文化和公民道德水平
的提高上，而不是用于增加国家的物质力量和征服；他阐释了一个著名
的国家联盟计划以及其中的永久和平。

　　一方面是深刻的、黑暗的、非理性的力量，被狂热的宗教分裂主义
所点燃，而且可能也被德国面对更加伟大、有力、开明和辉煌的法国时
的民族屈辱感所点燃；另一方面是康德坚定的理性世界主义，对神秘
的或诗化的语言、对比喻式的对话、对顿悟和想象抱有深深的怀疑。那
么，人们也许要问，还有什么比这二者之间的对立更尖锐呢？

　　但是，尽管这似乎是非常矛盾的，实际上在康德的观点和浪漫民族
主义的兴起之间存在着一种联系：一条可追溯的影响路线，而且在我看
来，是一条重要的和核心的路线。康德很可能讨厌存在这样一种不体
面的联系，但我想恐怕这无损于这个观点的真实性。有时候，思想的确
自己发展出活力与力量，而且就像弗兰肯斯坦的怪物，以其制造者完全
料想不到的方式行动，并且有可能违逆他们的意愿，有时甚至会反对乃
至毁灭他们。人们，至少是所有思想家，不应该被认为要对他们思想的
未预见和不可能的后果负责，因为植物由落在肥沃土壤里的种子成长
出来，并在一种耕作者从来不知道或从来无法想象的有利气候中开花，
有时非常繁茂。许多复杂的甚至偶然的因素产生了一个单一的运动；

296

即使是正统马克思主义也不是只从马克思的学说发展而来。比如，因为黑格尔的某些观点在我们的时代被转变为一些邪恶的形式而去责备他是荒谬的。同样地，我也想说对于现代最伟大的哲学家们也是如此。我想要探讨的是康德最高尚的和最人道的学说之一在动荡的19世纪的奇怪经历，以及它对于现代世界和我们自己生活的影响——一个可能让康德自己感到害怕的经历。

二

众所周知，康德的道德哲学（甚至和他的知识理论或人类经验本质理论相比，它都可能产生了更深刻的直接影响）是建立在这样一个信念上，即人类最重要的显著特点就是他们可以自由地行动，可以自由地在至少两种行动过程、两种选择之间做出取舍。除非一个人可以被说成是他的行为的真正作者，否则他就不能被认为要对这些行为负责，而对康德来说，没有责任，就根本没有道德可言。对他而言，道德在很大程度上存在于对理性的承认中，也就是对每一个理性的存在者都有约束力的普遍法则，根据它们，人有义务做出一些特定的行为，有义务不做与之违背的事情。但是除了自由的存在者，你无法说出谁有义务如此这般地行动：物品、植物、动物是不负有义务的，因为它们不是选择者，它们被不受其控制的因果力量决定着去做其所做的一切。这对那些无力控制自己身体或心灵的人类也是同样适用的：婴儿、白痴，或由于药物、麻醉剂、睡眠以及妨碍行为者自由做出理性选择的任何影响而进入一种异常状态的人。对康德而言，行为者的概念要求意志的自由，意志可以自由选择是正确地还是错误地行动，是道德地还是不道德地行动。而且他比大部分自由意志的捍卫者走得更远，坚持认为不仅仅是"外部"因素（物理的、化学的、生物的、生理的、地理的、人种的）妨碍或毁灭了自由，"内部"的心理因素也是如此。如果一个人说他无法以不同

297

的方式做他所做过的事情，是因为他被激情征服了，是因为无法抗拒的
感情冲动，是因为他的教育或性格或无论别的什么导致或决定了他以
他所采取的方式去行动，他就是在宣布他是不自由的：用康德的话来
说，一个纯粹的"转叉狗"[1]，受制于外部的或内部的、物理的或心智的因
果力量，是空间中或至少是时间中的纯粹物体，最终和植物或动物没什
么区别，或者实际上就是无生命的物体；作为宇宙因果机制的一部分，
他在其中最多只是一个齿轮或轮子。

　　最新的科学范畴，它们用概率的作用或统计预测而取代了可以精
确决定的因果序列，但它们对康德而言也没有什么不同。他完全可能
认为这些堆积如山、内容散漫的形而上学话语无关宏旨，它们建立在对
298　物理学或量子力学中不确定性的含义的生糙错误理解上。像对待其他
想与决定论妥协的企图一样，他很可能称其为"糟糕的托词"[2]。除非一
个生物可以决定它自己，否则它就不是道德存在者：无论它是被因果决
定的，还是任意飘荡的，或者服从于统计规律，它都不是道德主体。

　　康德对这一点绝对肯定。对他而言，至少人有一个方面在宇宙中
是独一无二的：尽管因果律可以影响他的身体，它们不会影响他的内
在自我。康德思想的一个核心就是认为物理法则只能用于现象或表象
的世界，对他来说这是外部世界，是唯一由科学来处理的世界。"如果
表象是事物的本质"，他宣称，"自由就无法保留"[3]；而且，"我的思考着
的自我［……］在它自愿的行动中应该是自由的并超越了自然的必然
性［……］是道德和宗教的基石之一"[4]。如果没有自由，就不会有存在道
德法则的可能性。[5]自由不仅仅是对自由的感觉。一只钟如果能说话，

1　"解题"，《实践理性批判》(1788)，1页1行，《康德全集》，卷5，97页19行。

2　"Ein elender Behelf"，《康德全集》，卷5，96页15行。

3　《纯粹理性批判》，A536/B564。

4　同上书，A466/B494。

5　《实践理性批判》，《康德全集》，卷5，4页36行；97页5行。

可能会宣称它因自己的动机力量在运行，但这是一个假象；它运行仅仅是因为它被上了弦。如果人也是这样，自由和道德就"无法保留"。但是道德法则可以被先验地知道；它们是确定的：因此决定论必然是错误的。道德法则不是某种外部主体强加给我们的——甚至不是来自上帝——它们是，如同卢梭清楚阐释的那样，我们自己理性地和自由地加给我们自己的。这就是为什么它们是原则或规则，而不是自然法则：即使服从它们，我们也保持自由，因为我们可以不服从，而且我们可以违背它们，如果我们选择这么做的话（代价就是非理性地行动）。由此就可以得出很多结论。

299

人类独一无二的属性，把他和他所知的宇宙中所有其他的实体区分开来的东西，就是他的自我管理，他的自治。其他的任何东西都处在他治的领域里。自治意味着自己给自己制定法律，不被某种个人无法控制的东西所强制、所决定的自由。他治是相反的：服从一个外在之物的法则，例如，物质的世界，在其中因果律占统治地位，是自然科学的领域；这包括经验心理学的领域——我们心理生活中的一切都被自然法则所支配。认为人本身是目的，而不是通向除自己之外的任何东西的手段的学说，是来自这个观念：既然他是那些他自由遵从的法则的最高制造者，那么让他遵从某种不是源自他自己的理性本质的东西就是贬低他，把他当作一个孩子、一个动物或一个物体。剥夺一个人选择的权力是对他做出的能想象得到的最大伤害。一定会是这样的，无论这么做的时候意图多么仁慈。康德的学说是反对一切家长制的——尤其是反对开明专制，比如他自己的国王，普鲁士的腓特烈大帝的开明专制——并且反对当时主流法国思想家的庸俗唯物主义。

在一篇短小而杰出的论文《答"什么是启蒙？"》[1]中，康德宣称变得开化就是变得成熟，也就是说，不满足于把自己的责任推卸给别人，不

---

1 《康德全集》，卷8，31—42页。

允许自己被当成小孩子，或为了安全和舒适的原因而拿自己的自由去交换。在其他地方他也说"一个家长制的政府"，建立在一位把他的臣民看作"不独立的孩子［……］的统治者的仁慈之上，是想象得到的最大的专制"并且"毁灭了一切自由"[1]。而且，"依附别人的人不再是人了，他已经失去了自己的立场，只是别人的所有物了"[2]。这是对卢梭的呼应，是反对那些庸俗的功利主义者如爱尔维修或霍尔巴赫的，他们坚持认为为了确保和平、幸福、和谐以及美德本身，有必要建立一个有适当奖惩的理性、法律和教育体系，它可以使人们免于做出反社会的行为，并且引导人们按照开明的教育者或立法者设计好的方式去行动——和一个人饲养与驯化家畜的方法很相似。"伦理是心灵的农场"，霍尔巴赫如是说[3]；爱尔维修则说他不关心人是道德的还是邪恶的，只要他们是智慧的——知道是什么使他们幸福或不幸福：统治者可以灵活使用大棒和胡萝卜，来产生想要的性格和行为。[4]

这些人首先想要摆脱无知、偏见、迷信，他们认为这些是残忍、不幸和不公正的原因。他们相信发现和发明的力量，相信普遍启蒙的力量。但即便是他们，也会在自己推荐的再教育方法的现代版本面前畏缩犹豫：调节人类的心理技术，从心理暗示到威胁或洗脑或非人的虐待。在这方面，B. F. 斯金纳在《自由与尊严之外》里赞成的方法与爱尔维修或拉美特利的精神完全一致：他们的目的都是制造和平的、调适良好的、心满意足的人群。

康德恰恰强烈关注着尊严和自由。因此他不断坚持人的人格不仅

1　"论谚语：理论正确，实践无方"（1793）2，《康德全集》，卷8，290页35行。

2　"关于美与崇高之情感的考察"（1764），《康德全集》，卷20，94页，首行。

3　前揭书（见本书219页注释1）。

4　"Peu impote que les homes soient vicieux: c'en est assez s'ils sort éclairés, [...] Les Loix font tout."（"人是邪恶的毫不重要，只要是智慧的便足矣。［……］法律可做一切。"）前揭书（见本书220页注2）。

意味着要独立于人的机制，而且意味着要独立于自然的机制。没有什么行为可以用道德术语来描述，实际上它几乎根本无法被描述为行为，除非它是我自由选择的。主动行动而不是被动行动；主动选择而不是被动选择；被给予坏的选择的机会而不是根本没有选择；这些在康德看来是人类的天赋权利。"所有其他事物都不得不为；人是自愿而为的存在者"，弗里德里希·席勒如是说[1]，作为诗人和激进分子，他是康德的忠实信徒：如果不摧毁作为人的我们，即使上帝也无法从我们这里夺走这种力量。"接受了自由天赋的人，是不会满足于他人赐予的愉悦享受的。"[2]

这句话是康德整个伦理观的关键。这就是为什么康德——毫无疑问他也厌恶其他邪恶：残忍或懦弱或缺乏原则——把他最激烈的言辞留给了我们现在称为剥削的东西：把人当作手段来使用，而不是把他们自身当作目的；这是特殊的不平等形式，你（通过说服或强制，或介于二者之间的什么方式）让其他人去从事某种事业，你知道该事业的目的而他们不知道。关于剥削、贬低、侮辱、非人化的全部术语，以及与此相对的，关于工人、妇女、艺术家、被压迫群体或民族的社会、经济或个人解放的理想——过去两个世纪里自由主义和社会主义意识形态的全部话语——都源于对自我决定的热情诉求和对道德自由之发展的坚持，即使它导致痛苦和殉难。

由此，现代对待自然和自然秩序的整个态度被改变了。西方思想的核心传统，在它的古典希腊-罗马形式里，以及在许多（当然不是全部的）基督教和穆斯林的形式里，都包含了这样一个信念，即存在一个世界结构，在其中人有一个由上帝或自然确立的固定位置。只有在人由于某种盲目而不知道这个位置何在的时候，他才迷失方向，走向错

302

1　《席勒作品集》（魏玛，1963），卷21，38页8行。

2　前揭书（见本书232页注1）。

误，变得邪恶并且给自己和他人带来不幸。

按照某些思想家的看法，世界是一个巨大的自然等级体系，一个金字塔，上帝处于顶点，其下的阶层依次是天使、人、高等动物，最后是低等动物、植物，以及处于最低级的无生命的自然。按照另一些人的看法，世界是一个巨大的组织体系，在其中每一个元素都是其他元素的一种功能；或者，它是一个可以用数学表达的和谐的伟大体系，就像毕达哥拉斯和许多其后的思想家以及神秘主义者所设想的那样；或者是每个表演者都有自己的音阶的合唱团；或者（在笛卡尔和伽利略之后）是一台出色的机器，或一个有齿轮、轮子和链条的工厂。这些想象可以在18世纪的唯物主义者中发现，受到了牛顿科学的胜利的影响；而且之后可以在许多反活力论者中间发现，直到我们今天。

所有这些体系的共同点是这样一种观点，即每一事物都有其被指定的位置；每一事物都遵从不可违背的法则；人也不例外。由于被他们自己的无知或草率所诱导，或被追逐权力或其他不公正利益的肆无忌惮的人故意欺骗，或作为变化多端的技术或地理、种族、气候、制度或无论什么条件的结果，人类偏离了理性或自然的道路，忽视了上帝（或自然）本身提供的指引。于是，问题就是要让人理解自然，同时他们也是自然世界的一部分——比如，通过毁灭令他们的思想必然受到阻碍的社会条件，并代之以别的体系，从而他们会知道真理并生活在真理的光芒中，而且从今以后有能力永远幸福与和谐。

但如果康德是正确的，如果我们屈服于自然的力量，它们就会把我们变成纯粹的"转叉狗"（在他看来，事物和动物就是这样的）的话，那么关于自然的观点就被革命化了。自然不再是法国启蒙运动所说的那个自然了——那是一个美丽的模型，在科学的帮助下我们可以理解并接受它，而且我们自己可以毫无阻力地融合进去。对康德而言，自然或者是中性的事物，我们作为自由的、选择着的生物，必须把它塑造进我们自己的目的；或者是某种更为邪恶或模糊的东西：一种即使促使我们走向有价值的进化或进步，但会通过让我们彼此对立从而威胁到我们的自由的力量，因此它必须被挡开，必须加以抵制，如果我们要升华到完满人类状态，作为自由的、自我决定的道德存在的话。

这实际上是一个戏剧性的变化。毫无疑问这个观点可以回溯到基督教关于与自然对立的神恩的学说；回溯到希伯来的认为生活是牺牲，如果有必要的话；可以回溯到上帝的诫命，而不考虑它是否会给我们带来回报——幸福或我们自然欲望的实现；也可以回溯到新教对内在声音的强调，而不管外部世界是什么样的。它可以回溯到欧洲宗教改革的政治后果，它摧毁了这样一种观念，即存在一个伟大的精神世界，由同一组统治着无生命自然、动物王国及人类的普遍原则所支配；也摧毁了这样一种观念，即理性和信仰的统一，教会和国家、教皇和皇帝就是或应该是这个统一的体现。从社会的角度看，它可能是由于德语国家的人们日益积累的对法国影响的不满，在他们看来，当时法国文化和法国势力在每一个公共行为领域里占了主导地位——尤其是在三十年战争的混乱和屈辱之后。

但是存在着一个即使是骄傲的法国也无法触及的领域，即精神的、真正的内心生活的领域——德国人保持着未被侵犯的自由的、自治的人类精神，一种寻求自己的实现道路、不会因为物质利益而出卖自己的精神。所有这些权力和统治权，所有这些闪光的荣耀，是如何被赢得的呢？难道代价不是精神的死亡吗？——在一个非人的、无灵魂的、机器一般的政治、社会、文化体系中被奴役；服从那些傲慢的法国官员，在他们的协助下，柏林变节亲法的国王腓特烈正试图摧毁一切普鲁士土地上自发的和原创的东西。这种对世俗的进步和科学的胜利的抗议——18世纪中叶这可以在虔诚的德国人中，尤其是在经济落后的东普鲁士听到，也可以在卢梭那里以他自己的表达方式听到——这种对智识的大声反对现在回荡在全世界。

当然，康德无论如何也不是一个追求无节制的意志，与理性和秩序对立的浪漫主义狂热分子。远远不是这样的。他憎恨这种无约束的、狂热的、混乱的态度，像任何启蒙时代的思想家一样深深地憎恨着它们。处于他全部思想核心的是这样一种学说，即人被赋予理性，而且这种功能使人可以在道德以及理论的层面上得到应该做什么、应该怎样生活的答案——对生活在同样状况下的所有其他理性生物都有效的答案，无论他们生活在何时、何地、怎样生活。只有在这种普遍理性的基石上——基于所有人对理性人性的共同尊重，才可以安全地建立和谐的安排、和平、民主、正义、人权和自由。某些这样的假设是洛克和卢梭、杰斐逊和黑格尔所共有的，实际上大多数自由民主主义、社会主义、理想化无政府主义、共产主义、任何信仰和平的世界组织的代表人物都有这样的假设，直到我们今天都是如此；至少在理论上是这样，即使在

305　实践上并非如此——我们通过自己付出的惨重代价知道。但是，在康德身上也有另一种倾向，这是来自他的路德教的、虔信派的、反启蒙的教育背景：对独立性、内心导向、自我决定的着重强调。

　　作为卫理公会前身的虔信派，在17世纪和18世纪兴起于德意志的土地上，对德国人来说那是一个屈辱与政治无能的时代，分裂的土地被三百多个小王公统治着，他们中的许多既无能也没安什么好心。他们的臣民对这种情况的反应越来越像斯多葛派对亚历山大大帝征服希腊城邦的反应：退回到自己的内心生活里。暴君威胁着要夺走我的财产——我就说服自己不想要财产。暴君想要夺走我的家园、我的家庭、我的个人自由——很好；我会学会没有它们而生活。这样他还能对我做什么？我是我的灵魂的舵手；我的内在生活没有任何外界的力量可以触及。这样任何东西都无关紧要了。通过从易受伤害的领域撤离出来，我可以使自己摆脱自然和人的羁绊，就像早期基督徒那样，他们为了躲避异教徒的迫害或世界的、肉体的和魔鬼的诱惑，逃往底比斯沙漠或偏远的修道院小屋。当然，这终究是一种高尚的酸葡萄形式；我无法拥有的东西，我就宣称它是无价值的。如果我无法拥有我想要的东西，

我就只想要我能够拥有的东西。政治的无能意味着精神的自由，物质上的失败意味着道德上的胜利。既然我无法控制自己行为的后果，那么只有我可以控制的东西——我的动机、目的、心灵的纯洁性——才是关乎事体的。

这种禁欲般的自我隔绝的观念在康德身上极为深刻。在他那里它采取了清净无为的形式。但是在他的后继者那里，则变成了对任何企图削减或贬低我的内心王国、我赖以生存和随时准备为之受苦和献身的神圣价值的人或事的反抗与抵制。这处于浪漫主义的核心——对英雄的殉难者的崇拜，对处于混乱和庸俗世界里的孤独思想者的崇拜，支配那个世界的价值对他而言是陌生的，因为它们不是来自内在精神，而是野蛮的力量或商品市场强加给他的。总之，一个人必须对他的内心观念保持真诚，必须永远不会为了成功、权力、和平甚至生存的原因而出卖它或做出妥协。

这实际上是价值的转化。人类传统的英雄曾经是那些成功的人，那些无论在理论上还是在实践中知道正确答案的人——圣人；曾经揭示了存在于宇宙中的客观真理的人；或揭示了一个人应该做什么，什么是真和善，什么值得去做，从而值得崇拜的人（教士和先知，哲学家和科学家，取决于一个人有关怎样和在哪里发现真理的观念）。或者，英雄是行动者——国家或教会的建立者和守卫者，征服者，立法者，领袖，支配其同伴、塑造其生活的行动家和创制者。取而代之的新英雄则是这样的人：他随时准备为了自己的信念、为了内心的光芒而放弃生命，随时准备迎接失败而不是屈服，他不会去计算面前的困难，他是英勇的（或必要时是悲剧性的）忠诚的榜样。

但是从康德毋庸置疑的开明理性主义到浪漫主义还需要走两步。首先是要有这样的观点：当我按照某些价值的指引行动和生活的时候，不是因为这些价值是由存在于所有充分发展的人之中的理性所制造或发现，从而由它来保证，并对所有理性生物都普遍有效的。不：我的确

306

按照这些价值生活, 不是因为它们是普遍的, 而是因为它们是我自己的, 表达了我独特的内在本质, 并属于我的特殊的宇宙观; 以其他什么东西的名义来否认它们就是使我所见、所感、所知的一切都变得虚假。简而言之, 现在在某种意义上可以说我创造了自己的价值。我没有发现它们是我必须服从的宇宙的客观组成部分: 我自由地选择了它们, 它们是我的价值, 因为我是"我", 因为我在最佳状态下自由地选择了它们。

307

实际上, 这就是康德不忠实的门徒费希特, 浪漫主义的真正父亲, 差不多要表达的——尽管他谈到普遍性和理性。他宣称"我不因为必须接受而接受任何东西, 我相信它是因为我愿意"[1]。或者, "我不因为食物放在我面前而感到饥饿; 正是因为我饥饿它才成为食物"[2]。换句话说, 是我的饥饿使某种东西成为对我有益的——如果我不饥饿它就不会有这种性质。康德当然被费希特思想的这种方向吓坏了(滑稽的是, 费希特的第一本书最初是献给康德的)。但我们可以看到, 从康德对自治的价值, 对决定自己的道德行为的极力强调出发, 某些这样的存在主义体系可以得到发展。

其次, 甚至更为关键的, 是关于选择者的新概念——选择着的自我。在康德看来它仍然是个人, 即使他赋予了道德意志超越时空的先验地位——超越了盲目的、因果必然性的低级领域。在费希特看来这个自我变成了永恒的、先验的活动, 经常等同于世界精神, 绝对的、神圣的原则, 既是先验的也是创造性的。但是在费希特的学说里自我的观念有另一种发展, 在先是法国革命军队后是拿破仑对德意志土地的入侵之后, 这种观点在由它激发的莱茵河东部许多欧洲土地上的狂热暴乱和爱国主义反抗中变得突出起来。

1　前揭书(见本书228页注2)。
2　同上书, 1.1,《费希特全集》, 卷2, 264页。

　　赫尔德坚持认为人是由他出生后所处的传统、习俗、语言、共同情感的长河所塑造的；他靠与其他人的微妙关系、靠他的社会环境才成为他自己，社会环境本身就是无休止的、剧烈的历史力量互动的产物。正是这种不停的互相作用，使得每一个时代、每一个社会、每一个传统、每一种文化在特性上是唯一的，以一种明白无误但又不可分析的方式，与其他同样有机的，社会的、语言的、文化的、精神的整体相区别。不久，费希特就在 19 世纪早期的作品里宣称真正的自我根本不是个人：它是集体，是民族。

　　很快，他就开始把它等同于政治国家。个人只不过是国家的一个元素，而且，如果个人把自己从国家中剥离出来，他就是失去躯干的肢体，一个无意义的碎片，其意义只能从它和那个体系、组织、整体的联系——从它在其中占有的位置中获得。这是古老的希伯来-基督教以色列之家的世俗版本，那是信徒们的神秘共同体，其中每一个人都是别人的一部分。有些人企图把它等同于一种文化，有些人企图把它等同于一个教会，或一个种族、一个国家、一个阶级。正是这种集体性的自我产生了个人生活的方式，并且赋予其所有成员以意义和目的；它创造了它们的价值和这些价值得以体现的制度，因此就是永恒的、无限的精神的具体化，一个无须诉诸其他东西的权威。费希特、高列斯、缪勒、阿恩特是德国以及欧洲政治民族主义之父。作为压迫、侵略或非人道的受害者的民族（和社会阶级），像被压弯的树枝一样，对他们的压迫者发起了猛烈反击（我相信，这种比喻是席勒式的[1]），并且发展出一种反抗

308

309

　　1　伯林经常用"弯枝"这个比喻，因为民族主义似乎是对于外来干预的一种反应，但它的效果并不完美，因为枝条回抽打到的不是弯它之人，而是跟随其后的人。乔舒亚·L. 车尼斯在 2004 年提出（2004 年 5 月 4 日给编者的信），它可能出自 G. 普列汉诺夫，《唯物主义史论丛》（莫斯科和列宁格勒，1934），6 页。英译本，Ralph Fox 译（伦敦，1934），vii 页——普列汉诺夫写道："树枝朝一个方向压弯后，必定要反弹重新挺直。"然而，普列汉诺夫在此谈的是纠正思想家们的错误观念，他不是在考察民族主义，而且普列汉诺夫（转下页）

的自豪感和暴力的自我觉醒, 最终转化为熊熊燃烧的民族主义和沙文主义。

三

当然康德可能会驳斥他的深刻理性与世界哲学的这种不光彩副产品; 但是它的种子实际上不在他的政治作品里, 而是在他的更有意义的伦理著作里。因为正是他的伦理观念, 以及它们的不妥协的道德律令, 对人类思想产生了最深刻的影响。首先, 对民族或国家的盲目崇拜, 无论它们多么地不合法, 来自他关于自治意志的学说, 来自他对互相联系的价值的客观等级体系的驳斥, 这种体系独立于人类意识, 到那时为止一直在各种外衣下支配着西方思想——柏拉图的处于变化和腐败的世界之外的、永恒的真实形式的观点; 自然法的思想, 它在亚里士多德和斯多葛之后, 尤其是在托马斯主义里, 进入了基督教关于上帝和自然的概念, 以及人和这二者的关系; 把自然当作理性结构的形而上学概念; 洛克和功利主义者以及他们在自由主义和社会主义运动中的继承者的客观自然主义。但是, 其次, 在康德思想里有更为深刻的东西, 在某种意义上, 这个关于意志的学说就是其表现。

310　　是康德而不是休谟经常因此受到指责, 是他把自然的世界与目的、原则、价值的世界剥离开来。只要价值是植根于实在本质里的客观实体, 那么做一件事情而不是另一件事情的原因——例如, 为什么服从权

（接上页）用的词 "palka", 翻译成 "木棍" 更为自然。伯林在《卡尔·马克思: 生平和环境》(伦敦, 1939) 的参考文献中 (232 页) 列出了普列汉诺夫的著作, 他 (后来?) 把它与对于民族主义的看法相联系, 并认为这种看法与席勒有关, 此后便错误地把这个比喻通常归于席勒 (貌似合理但不正确), 还有一次归于狄德罗 (这是错的: 见《浪漫主义的根源》第二版, 197—198 页)。席勒对于民族主义的看法 (但不是伯林的比喻) 可以在《尼德兰独立史》中找到 (莱比锡, 1788)。

威，进行战斗，牺牲自己或别人——就会在事物的本质里找到，即客观的"rerum natura"[1]，单一的、内在一致的、独立于人类意志或思想的结构，其所有的因素可以在它们与整体的关系中得到解释。但是如果真正的道德行为在于瞄准某些特定目的本身，不管后果如何，也不管世界的本质是什么——不管哲学家和科学家试图去描述和解释的事实、事件和事物的本质是什么，那么下述观念就诞生了，或者至少获得了力量（出自希伯来－清教源头）：生命是或应该是对于一个目的或某些可以被描述为终极目的的东西的追求，如果有必要，要为之牺牲；这些目的既证明了自己也证明了其他一切，不需要从比它们更广泛、更无所不包的体系的角度对它们做出解释和证明。

在康德那里，这点当然在很大程度上得到修饰缓和，因为他始终坚持这类绝对的道德律令必须是理性的——在给定的情形下对所有理性存在者都适用的普遍公理。但是（也许是通过费希特和浪漫主义）对欧洲意识的冲击，却不是来自这个学说的理性的方面（这方面并不新颖，在罗马天主教会和启蒙运动里都有类似的观点），而是来自这个实际上不可动摇的、绝对的律令那苛刻而热烈的语调——一个人从内心听到的声音，如果他听不到，那么他就自外于道德，对最重要的东西视而不见、听而不闻。要创造一个更骇人的霍布斯的"会死的上帝"[2]的形式，一种新的绝对主义，只需要把康德的理性自我的观点转变为某个更广泛的、更非人格化的东西，并且把这个更大的实体和一个目的本身，即所有思想和行动的终极权威等同起来。于是出现了19世纪的保守主义思想家推崇柏克更为经验性地构思的、更为灵活的、政治上更融通的方案（虽然是传统权威的源泉）——活着的人、死去的人和未出生的人的

311

---

1 "物性"。
2 《利维坦》，第17章，理查德·塔克编（剑桥、纽约等，1991），120页。

伟大社会。[1]于是也出现了对历史潮流的神化,在其中我只是一滴水,在其外我没有任何意义;或对于赫尔德的"本族人"的历史精神的神化,对于这种精神来说,我和我的生活只是昙花一现的表象——简而言之,把自我的观念扩充为一个准形而上学的超人格,它要求我用我全部的忠诚、全部的欲望把自我淹没在一个伟大的集体中,我乐于为了这个整体牺牲自己和别人,因为我感到它会把我提升到一个我受限的经验自我永远无法达到的高度。

这种终极目标的道德是我寻求要实现的,仅仅是因为它们是其所是,而不是因为它们可能与某种包括并从整体上解释现实的包罗万象的体系有何关系——一旦这种道德观取代了老式的宗教或科学观念,通向各种各样的绝对主义信仰的道路就畅通无阻了。有些人宣扬绝对的、个人的责任道德观,要让情感完全服从于道德律令。其他人则准备牺牲任何东西去追求美学目标——艺术作品的创造,艺术是为了自己的目的,不和个人或社会的考虑相妥协,更不和道德义务相妥协;他们还把美学模式用于社会和政治生活,产生了灾难性的后果。还有一些人则相信对真理、对自足的真理的发现和宣传,无论它证明是多么会造成社会分裂或个人痛苦,这些科学的、社会的或道德的真理撕下了温情脉脉的面具,毁灭了社会有时赖以生存的神话。

在政治领域,它采取了对社会增长的真正主体进行赞美的形式,无论这个主体被构想成什么——国家,或共同体,或教会,或文化,或社会阶级,但最主要的是民族,它被认为是社会生活的真正源泉和完美实现。在相对独立的、社会发展的、文化进步的社会里,这种认为民族是道德权威之中心源泉的感觉采取了相对温和的形式——例如,在英国、

312

1　指埃德蒙·柏克的说法,把社会描述为"一种合伙关系,不仅是生者之间,而是在生者、死者,和尚未出生者之间"。《反思法国大革命》,见《埃德蒙·柏克著作和演讲集》,Paul Langford 编（牛津,1981—2015）,卷8,《法国大革命》,L. G. Mitchell 编（1989）,247页。

荷兰或斯堪的纳维亚，以及在文化上和政治上依附于它们的海外领地。还有些地方，由于经济落后或外国统治而爆发的动荡，在即将告别18世纪的时候把长期被压抑的、愤懑不平的野心和能量释放出来，形成了巨大的潮流，要表达自己，要"活着并做些什么"（用费希特的话来说）[1]，要赢取阳光下的地盘，在这样的地方，这种感觉则采取了狂热和暴力的形式。

在我看来，民族主义是处于一种炎症病态中的民族性的感觉——意识：某人或某事对一个社会的自然感情的伤害导致的结果，或对它的正常发展人为设置障碍产生的后果。这导致了个人道德自治的观念向民族道德自治观念的转变，导致了个人意志转入个人必须服从的民族意志，个人必须让自己认同于民族意志，他们必须是它积极的、毫无疑问的、热情的代理者。自由自我的学说——康德试图用它来克服在他看来，接受一个机械的、非人格的、被决定的、在其中选择只是幻觉的宇宙，会给道德自由带来的危险——现在它被放大了，而且实际上被转变成了这样一种学说，即把半人格化的历史当作集体意识的载体，一个趋向于增长、权力和辉煌的意志，一个半生物学半美学的观念，其核心是这样一个观点：把民族或民族国家的利益与目的当作一个创造性的、自我发展的艺术作品。这是一个甚至作为理性主义者的黑格尔也用过的比喻：他把民族国家看作精神——世界精神——的创造性力量，任何限制或障碍都无法也不应该阻止它的狂飙突进。因为任何东西都要服从核心的创造性原则，也就是说，服从这种精神，服从它本身。

当然，我不是说仅仅是观念和理论导致了所有这些：观点不是只从别的观点中诞生；思想史没有单性生殖。工业革命与法国大革命，由宗教改革造成的欧洲整体的分裂，在16世纪晚期和17世纪的屈辱之后德国对法国的强烈反对——所有这些都是发生过的事情中的主导因素。

313

1　前揭书（见本书232页注1）。

但是观念的作用也不应该被低估。在被击溃的弱势团体内民族意识的广泛觉醒中，在被压迫或落后阶级与民族对不公正的统治或屈辱（尤其是外国统治者带来的屈辱）的反抗中，在发生于19世纪的拉丁美洲和意大利、20世纪的非洲和亚洲的起义里，这些强有力的观念———一个民族或社会的意志的自治，社会化形式的目的本身（康德最初只是在看似平静的伦理理论层面上提出的观念）———混合了赫尔德与卢梭的爆炸性学说，而且形成了一个批判性的大众，在随后导致了可怕的爆发。但是我必须重复，距离那个爱好和平的国际主义者的思想，距离那个深刻
314 关注个人权利和自由的理性开明的思想家，没有什么比这一切更远了。

和他所思考的东西更不相干的，是我们今天民族主义的病态发展———对于这个运动（我们这个世纪里最有力的运动，直到今天都是如此），在19世纪没有任何人，无论多么有远见，预言过它的可怕影响。就我所知，没有人曾经预言过现代民族自恋的兴起：对本民族的自我崇拜，坚信他们自己对其他民族有无可估量的优越性以及随之而来有支配别的民族的权利。要看到这一点，你只需要比较一下两种民族自由的概念，一种是民主派如马志尼或米什莱所宣扬的；另一种认为民族自由存在于对来自外部和内部的一切可能障碍的无情铲除中，也就是要对一切权力的竞争者发起圣战———内部的阶级或团体，以及外部的力量，即其他民族。同样的观点对于民族主义的令人恐惧的兄弟来说更加真实———种族主义和宗教狂热主义。即使是费希特煽动性的《对德意志民族的演讲》，距离这些狂暴的运动（我们自己的时代最恐怖和最野蛮的现象）也很遥远。因此，观念的确转到了它们的对立面：和平的语言变成了战争的武器，对理性的诉求变成了对无限制的物质力量的崇拜，这些力量有时候被认为体现了理性，有时候则否认和反对理性的
315 要求。

罗宾德拉纳特·泰戈尔与民族意识

我对印度文明无知到了令人羞愧的地步，甚至不知道其中最有价值和最重要的东西，在这点上我希望得到谅解。我为自己开脱罪责的借口只能是：当一种文化与另一种文化在地理上相距遥远，并在历史上相互隔绝时，它们之间就真的很难搭起桥梁相互沟通；而且一种文化里最深层的东西，它对自己和别的文化发言时最直接最真实的声音——它的艺术——是很难转换成一种外来媒介的。像我这样在英国受过教育的人都知道，甚至希腊罗马的古典文学也是这样的情况。它们是西方文明的根基所在，从一开始就从未间断地代代相传。即便如此，荷马、埃斯库罗斯或维吉尔作品的英文翻译，无论译得多么巧妙得体，都没有能够忠实传达出原作的精髓。

我想再做更大胆的断言。我想说——或许有点冒昧——没有人在哪首抒情诗的翻译中真正体验过其精髓所在。描述性散文，表现心理或精神状态，或思想观念，或作为人类共同经验的一部分的其他情形的——这些当然能够相当程度地通过翻译传达。人们不需要阅读俄语来认识托尔斯泰的天才，也不需要阅读希伯来文和希腊文才能被《圣经》深深感染。从某种程度上说，这也符合戏剧文学以及史诗和歌谣的真实情况，即那些其散文或诗歌利用人类对性格和行动的普遍知识的

316

271

故事讲述者的情况。没有谁能否认经过翻译的莎士比亚对法国人、德国人和俄国人的影响是巨大的。莫里哀、席勒和易卜生虽然是诗人，仍可以通过外来媒介得以表现。但即使在这类文中，当诗更多地在于字词而不在于意象或行动的情况下——在拉辛、高乃依，我觉得还有卡尔德隆那里，同样也在现代诗剧大师叶芝、霍夫曼斯塔尔*、艾略特、洛尔卡**、克洛岱尔那里——翻译还不够传神达意。

　　我们如果知道原文，就会佩服译著，惊叹于译笔的高超、译者的机智灵活和独到眼光；但我怀疑很少人能真正地被某篇译作所感动，除非译作本身是一篇独立的诗歌创作。但那时译作的力量通常来自译者的想象和天才，至少和来自原作的一样多，这已经是另一回事了。这样的变体是值得肯定的，有时是极好的，但它们毕竟是新的创作，并不起桥梁作用，不是那种完全忠实地翻译的媒介，它使一位真正全心全意的译者——像一位演员那样——在原型的性格和生活中行动和生活。纯粹的、抒情的、十分个性化的诗歌最符合这种情况。可用于叙述性散文或韵文的意义上的翻译，我觉得在这里几乎是做不到的。诗在字词中，而字词是属于一种特定语言的，源自并表达一种独一无二的生活和情感，只直接对能用那种语言思考和感受的人说话，不管是否作为母语。"诗是翻译中丢失的东西"，这句被归于罗伯特·弗罗斯特名下的话[1]，在我看来是至理名言。

　　以上这些思考首先是想为我对印度文学知之太少做辩护。甚至在它的散文、史诗和哲学经典中，通过译者晦暗的镜子式反映，印度文学

---

　　*　霍夫曼斯塔尔（1874—1929），奥地利作家，因抒情诗和一些剧本而出名，包括《昨天》（1891）和《死亡和傻瓜》（1893）。——译注

　　**　洛尔卡（1898—1936），西班牙诗人、剧作家，作品题材广泛，富于地方和民间色彩，主要作品有《吉卜赛歌谣集》、长诗《伊格纳西奥·桑切斯·梅西亚斯挽歌》等，内战时遭法西斯分子枪杀。——译注

　　1　见路易斯·恩特尔美尔，《罗伯特·弗罗斯特: 回顾》（华盛顿，1964），18页。

在总体特征上也总是显得有诗意，甚至是抒情的。但这些思考也将我带向我要讨论的话题的中心，即泰戈尔，泰戈尔和民族意识。虽然民族之所以成为民族有很多成分、因素、标志和标准，但所有这些当中最有力的之一，也许就是最有力的，肯定是语言了。它可能被其他因素（历史的、社会的以及地理的）削弱，但还是很强大的。一个人越发展、越成熟、自我意识越强，他就越多地用字词，越少地用感性形象思想甚至感受。

已故著名经济学家凯恩斯爵士，一次被问到他是用字词还是形象思想时说："我用思想思想。"这是个很显示性格的有趣回答，但并不正确，大概也不当真；实在说不上有什么意义。我们或者以字词，或者以形象思想；我们知道，孩童、原始民族、艺术家，可能还有妇女，更多地用形象而不是字词来思想。但我们一旦开始连贯地交流，约定俗成的符号就支配了我们的生活，这些符号大多是字词。泰戈尔是一位语言大师，我认为他以敏锐的洞见对语言，以及语言与社会和政治生活之间的联系发表了看法，他的话今天对我们是能引起巨大兴趣的。

我不想褒扬或攻击民族主义。民族主义造成了辉煌成就，也犯下了骇人罪行；它肯定不是现今世上仅有的破坏性因素——宗教或政治意识形态、个人对权力的追逐、非民族的利益等等，一直都是，现在还是和民族主义一样具有颠覆性，一样残忍和暴烈。尽管如此，民族主义在我看来是今日世界上最强大的力量。在欧洲，即它最初成长为压倒性势力的地方——作为法国大革命放虎出笼的多种力量之一——它起初 318 和其他许多势力联手：民主、自由主义、社会主义等。但不管在哪里，它们内部闹翻后，民族主义都无一例外地胜出、奴役它的对手，使其变得相对次要。德国浪漫主义、法国社会主义、英国自由主义和欧洲民主都对它妥协，被它扭曲。它们在民族自豪与贪欲的洪流面前被证明是无力的，后者在1914年的冲突中达到最高潮。轻视其力量的人，不管是诺曼·安吉尔*或列宁，还是王朝帝国或世界资本联合体的御用理论家们，尤其是那些觉得能够驾驭它为自己所用的人，都错估了事情的发展，他们的追随者因此受到了惩罚。比如，共产主义无疑成长为一股强大的力量，但除非与民族主义情感结合，否则便不能前进。产生了这种情况的在我看来有中国、法国和荷兰统治的亚洲地区，还有非洲和古巴。当马克思主义与民族情绪发生冲突时（我们都能想到晚近历史中的例子）前者作为一种思想见解和一种运动受到了损害，不管与民族主义的联合给它增加了多少物质上的权力和成功。

或许有人希望直截了当地将民族主义斥为一股非理性的、奴役人的力量，就如马克思主义者和天主教徒、开明的国际主义者和满心愧疚的前帝国主义者，很自然地还有它那些各阶层、种族、宗教信仰的受害者谴责它时所做的那样。但我觉得理解它的根源更重要。民族主义通常源自人性尊严受伤害或遭凌辱的感觉，源自得到承认的要求。这一要求无疑是推动人类历史的最强大力量之一。它或许采取了可怕的形式，但作为一种情感，它本身并非不自然或令人反感的。

在我看来，对承认的渴望在当今世上已经变得比任何力量都要强大。它变化多端，以各种相互交叠、相互作用的形式存在：个体和集体的、道德的、社会的和政治的。尽管如此，在所有"化身"中，它的特征是一致不变的。小国要求被承认为有自己的过去、现在和未来的主权实体，与大国争平等，要求生存、发展、自由的权利，要求发言权。穷人于富人、犹太人于基督徒、黑人于白人、女人于男人、弱者于强者，都希望对方承认自己是完整的人——和对方平等的人。现代中央集权国家里，少数群体为权力和地位而工作和斗争，这在富裕社会里可以深切地，或许是最深切地感受到。在那里，阶级意识是获得承认的要求所采

319

---

* 诺曼·安吉尔(1872—1967)，英国经济学家及和平主义者，获1933年诺贝尔和平奖。——译注

取的最具影响力的形式之一。比如在我自己的国家,这大概是我们的
社会不满的最深根源。已经在英国及欧洲许多地方静悄悄发生的经济
革命,已解决了很多经济问题,提高了生活水平,在前所未闻的深度和
广度上增加了经济进步和参与政治权力的机会。在我们时代相对公正
的秩序下,压迫着今天西方年轻人想象力的不再是经济上的不安全感
或政治上的无能感,而是对自身社会地位的矛盾心态——怀疑自己身
属何方,不知想要或应该属于哪里。简言之,他们因为感觉没有得到足
够的承认而苦恼。

这些人或许是成功人士,乐于本职工作,知道福利国家保护自己的
基本利益,但他们并不觉得得到了承认。得到谁的承认?得到"上层"
的承认,得到统治阶级的承认。在一个由寡头集团——比如由一个世
袭的贵族阶层(现在欧洲已经极少)统治的社会里,这可能采取一个阶
级向另一个阶级要求政治权利的直接政治斗争的形式。在英格兰,以
及许多别的欧洲国家,情况要复杂得多:在那里,那些没有得到承认或
没有得到足够承认的人意识到社会中有着这样一群人,他们不必在政 320
治上处于控制地位,却决定着社会、文化或智识的基调。这些人或许属
于敌对的政治党派,他们的共同之处是一种自信,它源于一种作为仲裁
者的稳固地位,借之可以裁判人们一般应该过什么样的生活,人们应该
如何思考、写作、说话、装扮、受教育、参与争论、待人接物,总而言之,就
是怎么过公共和私人生活。甚至当他们反抗某种特定政治或社会制度
或正统学说时,他们也是以正确的腔调说话,作为一个天生的精英阶层
的成员,以天赋权利而不是依靠别人容忍而说话。无疑地,被排除在外
的人容易夸大精英阶层的权力或他们的铁板一块,但在不平等的社会
里,人们一般都知道谁挡住了自己上升的路。精英阶层的确存在。在
英格兰,它一定程度上仍是世袭的,与公学、老牌大学、人文学科等结合
在一起,并拥有一种那些希望被其接纳的人所妒羡的团结感。像在这
种事情中通常都会发生的那样,人们或许装作轻视它,把它描述成无

用、颓废和反动的，是一个注定灭亡的阶级，被宣判将在历史的力量面前消失，但同时人们又嫉妒这个阶级并努力寻求它的承认，虽然也觉得地位的观念本身就是一个根本不足以区分人类的范畴，对自己无法避免地、怨恨地意识到自身的社会地位而感到恼怒。

被排除于统治阶级以外的，未必就是贫穷或政治上无权力的人。C. P. 斯诺的"两种文化"的概念在我看来是靠不住的，但使其显得有理的是这样的事实：盎格鲁-撒克逊国家的很多自然科学家觉得被排除在一个世界之外，他们想象在那里的生活比自己的更让人羡慕。尽管各个阶层的人都承认和断言，科学家们比人文主义精英和从中培养出来的官僚客观上讲更为重要，更有影响力和原创性，对社会的未来要关键得多，但这没有给科学家什么安慰，因为他们知道谁是真正的主角。每当影响社会发展的某个关键进程跟不上另外某个或某些同样要紧的进程时，这一矛盾的情形似乎就会出现。不公、压迫和苦难似乎，至少在晚近的历史中，并不足以构成反抗或剧变的条件。人们可以在这样的社会里千百年地受苦受难，其结构通过将一切必要的权力都集中和保持在某一阶层手中而得到稳定。动乱仅仅始于这一秩序因为某种原因（马克思主义关于技术发明之影响的假设可以为例）而垮掉，并出现"矛盾"的时候，就是说，当其中一种要素——比如统治集团对政治权威或控制的掌握——已经与其他某种同样需要的属性，比如经济地位或执政能力脱节的时候。于是系统的平衡被打破，冲突开始；对于那些寻求推翻现状的人，还出现了改变权力分配的相应机会。

我们世界的这种危机是由下面的事实造成的：个人才能与成功、经济力量与能力，有时甚至是政治影响力，都已经远远跟不上对社会地位的渴求这一首要因素。没有适当地位、父辈蒙耻及子孙受辱、感到愤怒，都会把人们推向社会和政治上的极端主义。它会以社会的或美学的而非政治的形式出现：它就是"愤怒青年"、"垮掉的一代"、美国"嬉皮士"等现象背后的主要力量。安东尼·科洛斯兰德所谓的英国奥尔德玛斯顿村*运动,虽然很明显是受到了真诚的政治和社会理想主义的激发,也明显有其参加者的阶级不满情绪和强烈的地位意识在推波助澜。

　　这在西方世界已经不是什么新鲜事。18世纪法国中产阶级经济力量与社会和政治的承认之间太不成比例,是法国革命的起因之一,现在这已经是老生常谈了。19世纪和20世纪的革命者常常是能干的、独立奋斗的人的后代,他们的父辈被社会排挤、抛弃,或发现自己在当时的社会等级秩序中处于令人尴尬或者错误的地位。俄国当时也明显地处于这种状况。在俄国革命运动的力量来源当中,有一种道义上和政治上的愤怒,针对一个腐败和压迫人的政权;加上一些人对社会地位的追求,这些人的才智和教育使他们有资格扮演被国家苛刻剥夺了的角色。俄罗斯帝国快速增长的贸易和工业的大创业家们——才能卓著、富于想象、野心勃勃的人们——能够发财致富,经济上变得强大,但基本上被朝廷和贵族政权所阻挡,不得占据光荣和负责的位置。自尊和道义上的情绪能够,事实上也压倒了物质上的自利:在从西方传入的自由主义情感中成长起来的下一代倾向于同情革命,经常自己也热情地投入其中。革命公开针对的不仅是政治秩序,而且是他们的资本家父辈如此成功地为之斗争过的经济秩序。这也发生在中欧及巴尔干国家——有足够资财得到比大多数同胞都要好得多的教育,尤其是国外教育的年轻人,为家庭社会地位低下而感到耻辱,纷纷转向极端的观点和道路。我怀疑这肯定也发生在受到土耳其、埃及、叙利亚和伊拉克的帕夏**们压制的富裕资产阶级的年轻一代身上。

　　这一不满,通常是针对一个可以界定的精英阶层,现存制度的支柱——比如帕夏——它甚至可能针对本身也是持异议者的人,如富兰

322

---

* 　奥尔德玛斯顿村:位于英国伯克郡的原子武器研究机构所在地。——译注

** 　帕夏:旧时奥斯曼帝国和北非高级文武官的称号,置于姓名后。——译注

323　克林·罗斯福们、斯塔福德·克里普斯们、伯特兰·罗素们，以及法国、俄国和美国的很多有贵族血统的革命吉伦特派或激进派，这些人的观点无论多么激进，人们还是觉得它属于统治阶级，拥有那个阶级的信心、行为方式和品位。

但不满更深的根源在于孤独，在于一种隔离感，在于毁坏了只有同质的、结合紧密的社会才能给予其成员的那种团结。罗斯金和莫里斯，在他们之前还有傅立叶、马克思和普鲁东，已经很早就让我们看到了工业化和机械化程度的不断增加导致社会的解体和人类最基本的价值（爱、忠诚、友爱、共同目标感）的贬低，一切都以进步的名义，这种进步等同于秩序、效率、纪律和生产。我们对其结果再熟悉不过了：人逐渐地非人化，人变成了无产者——大众——"人力资料"，用来给机器添油加料和充当炮灰。这种状况到了一定的时候就产生了它自己的解药：受害者或甚至这一过程的同谋者当中最自觉最敏感者的觉醒，假如他们还有一些意志力量的话，会唤醒心中革命的怒火，唤醒一种巨大的愿望，要重建他们所设想的社会统一与和谐平等（不管它是否存在过）的；同时，还有那种作为所有真正人类关系之基础的，不可计算的，人与人之间的爱与尊重。

被当作人而且是平等的人看待，这一要求是我们时代社会及民族革命的基础：它表现了要求得到承认的呼喊的现代形式——暴烈、危险，但是有价值的和公正的。要求得到承认的有个人、群体、阶级、民族、国家以及通过一种针对某些人的共同怨气团结起来的大规模的人
324　类群体，（他们或对或错地认为）那些人伤害或侮辱了他们，剥夺了他们人类尊严最起码的要求，已经使他们，或者已经试图使在自己的评价中以令他们难以忍受的方式掉了价。

过去两百年间的民族主义贯穿着这种情感。民族主义是共同的民族、种族或文化感所受伤害的一种直接产物。它一般采取两种同样具有侵犯性的形式。第一种是意识到了缺陷，承认落后或不足，急于向更

高的文化或民族学习，以赶超之，达到平等，以和平的方式获得承认或者以暴力的方式强索承认。新人和新国家的雄心是赶超，是获得现代社会所要求的一切——工业实力、政治统一、技术和文化知识，直到"他们"不再敢小视"我们"。

另一种它有时候采取的形式是愤怒的孤立主义——想要远离不平等竞争而专注于自己的优点，他们发现后者比那些受艳羡或者时髦的对手吹嘘出来的品质要优越得多。不管是对于个人还是民族，这是受伤的自尊一种自然的体现方式。这一情感的有理化，既痛苦又熟悉。我们自己的过去、我们自己的遗产有着比外国人华而不实的货色要好得多和丰富得多的东西——跟在外国人屁股后面跑不管怎么说都是丢脸的，是对我们自己过去的背叛；我们能够恢复我们精神和物质上的财富，只要我们回到那大概在某个模糊得几乎不能分辨的过去，曾使我们强大和受人妒羡的古老源泉。

研究俄国历史的学者都知道19世纪俄国西方派和斯拉夫派之间有名的论战，这是个典型的例子。前者主张科学、世俗化、理性的进步、启蒙、自由、文明的所有成果，这些果实最灿烂的花朵开在西方。后者斥责西方冷冰冰的非人性，干瘪、狭隘、墨守成规、精明算计的庸俗主义，在盲目的（天主教的）独裁与个人主义的（新教的）原子化之间的摇摆，资本主义竞争的"丛林法则"，社会不公，最重要的是人和人之间缺乏关爱。斯拉夫派号召回归未受污染的俄罗斯过去的"有机的""整体"社会，那时候没有官僚体系，没有由彼得大帝与传统决裂带来的阶级鸿沟。他们呼唤曾经团结斯拉夫各族的那种深刻的友爱感，过去人们之间你中有我我中有你，不为权利争吵——因为权利不过是人与人之间的一条线，一堵墙，使人彼此画圈，互相排挤；由人之常情连接在一起的人们，就像一家子，为了在和平与尊严中共同生活，追求一致利益，是不需要权利这种东西的。我想强调的是：西方派和斯拉夫派代表了同一枚硬币的正反两面，即他们都要求得到承认。这种要求直到1917年都

325

没有消亡。

同样模式的思想和情感也贯穿于德国浪漫主义者之中——这些作家和思想家们对于他们的同胞极具魅力，并创造了作为体现"民族精神"的一个巨大集体的民族的观念。他们用直觉、"综合"的眼光及诗性灵感代替科学分析、计算、"笛卡尔式的"理性主义和个人主义，代替"算术的民主"，正在没落的西方的（也就是法国的）僵死机械的生活。法国人曾在17世纪征服和大批屠杀俄国人，并在18世纪在文化上使后者蒙羞。即使在独立、骄傲和繁荣的英国，这一情绪也很强烈，清楚地表达在柏克和柯勒律治对传统的理想化和对理性的轻蔑当中，同样也表现在一些人的新中世纪主义中，他们希望回归前工业化的"快活的老英格兰"和传统宗教，或者将它以托利主义民主或基督教社会主义的形式重现，这两者将恢复社会和精神生活被打破的统一性。这种现象在欧洲随处可见。

这仍是一种追求认可的方式——要求承认我们真实的和可能的存在，承认我们在历史上的使命和价值；如果不是被其他民族认可，那么无论如何也要被我们自己的亲友认可。在退回自身寻求内部力量的努力当中，总是有一点酸葡萄心理：如果"他们"不承认"我们"，那"我们"也不需要"他们"；不仅如此，我们还藐视他们，认为他们是垂死的，是"堕落的西方"[1]；实际上，他们觉得是我们的缺点的那些东西，比如我们的原始落后、我们的幼稚状态、缺少他们珍视的那些优点——世故、政治感或现代观——根本就不是缺点，而是他们太盲目以至于看不到的精神和道德上的优点。

类似于这样的东西，在我看来，是那些新兴民族怨恨心态背后的原因，他们将外国统治的枷锁换成了他们自己社会中的一个人、一个阶级或集团的专制，崇拜起最独裁和最压制人的赤裸裸权力的扬扬得意的

---

1 《旅行马车》，《别林斯基全集》，卷9，108页。

展示，甚至当社会上和经济上并不需要集权控制的时候也是这样。自由主义者对这种发展走向表示痛惜和予以谴责是正确的，但努力去理解它们还是必要的。理解未必是为了原谅；但在我们理解下述事实之前，还是不能对其嗤之以鼻：前殖民地的公民也许宁可被自己的同胞严酷对待，也不愿意接受外人哪怕是最开明的统治。这并不是一种古怪的或不体面的情感。这样一种意识，即虽然一切压迫都是可恨的，然而被我们自己社会、民族、阶级、文化或宗教中的某人使唤，比起被外国人使唤，要不那么让人蒙羞，不管那外国人是多么体贴人、多么无私，与各种欺侮、剥削和自命为恩人的态度多不相干——这种情感当然是完全可以理解的。 327

但要求自治、要求认可、要求社会和道义上的平等的愿望，常常不能通过获得政治独立而得到满足。因为也有可能，外国文化已经在我自己的文化中留下了深深的印记。而且，甚至当外国文化在某些方面已经侵略了本国文化，扭曲或在某种程度上奴役了我们自己的文明的时候，我一旦体验了外来文化，就无法将其从我的系统当中排除出去而不对自己造成巨大损伤，无法因为它们来自错误的地方就拒绝或无视真、善或让人愉悦、高尚的东西。我一旦瞥见了这样的好东西就忘不了它们；如果出于自尊或要求独立的愿望，我试图从我的系统中把关于它们的记忆通通清洗掉，我自己必定要付出高昂的、极具破坏性的代价：会使自己变得狭隘得多，强迫自己全身披上废旧的盔甲，特意重新强加上褊狭的标准，还有这些危险：变得不宽容、阻碍发展、攻击性仇外、故意压制就在昨天我还认为是真理的东西等等——都是对沙文主义和孤立主义的正当指控。这是一切新的、寻求脱离旧主人而自立，同时又不能完全忘掉旧主人给他们的教训的体制所面临的一个共同问题。正如马克思在分析英国与印度的情况时正确地指出的，那些旧主人或许并没有无私的动机：他们不是为了学生而是为了自己的利益而教学生；尽管如此，如果马克思说的是对的，他们事实上推动其印度臣民经过了物质与知识发展的不可避免的各个阶段，手段有时是野蛮的，但比这些本地人自己所能做到的要好得多，所用的时间也要少得多。[1]

328　　我是以泰戈尔开始的，现在已经离题十万八千里了；我想回到泰戈尔，因为像以上这些想法，是从阅读他的文章和演讲得来的。我对英国－印度之间的关系史知道得实在太少；我所说的可能是错误的、言不及义的或愚蠢的。但在我读泰戈尔，特别是他论述印度教育和统一的任务的时候，我觉得他所面临的问题，正像我所说的，并不异于困扰着19世纪俄国和德国，以及其他国家（20世纪的美国，我觉得肯定还有拉丁美洲）批评家和改革者们的那些问题。因为所有这些文化（不管它们达到什么发展阶段），由于外国多年统治的结果，发现自己处于矛盾的地位。一方面，外来模式使一个社会有产生拙劣摹仿者，消灭本地禀赋，或至少为了效劳外国主子而扭曲它们发展的正当道路的危险。另一方面，外来的这种毒害，如果它是毒害的话，就会深入骨髓、无可救药了。不能期望德国人忘掉希腊罗马的经典、罗马法、法国"伟大世纪"*的作家，因为这些都是他们教育中最基础的东西。俄国经验更具启发性。彼得大帝使他的人民经受了一次深度"创伤性休克"。他推倒围墙，打开门窗，为一个受教育阶层的最初形成打下了基础。这一阶层自诞生之时起，就因其非俄罗斯的习惯和观点，因其使用一种外国语言——法语——而与人民的主体分离，后者继续生活在中世纪的贫困、无知和质朴之中，把那些受教育的人看成是半个外国人。

　　这一裂痕很深。怎么修补裂痕的问题在足足两个世纪里占据了俄国每一位有公众精神、受过教育的人的头脑。他们当中看得更清楚一些的人意识到，法国人或德国人文化侵略的后果不能通过对其不理不

1　《不列颠在印度的统治》(1853)，CW卷12，132页；MEW卷9，132—133页；参《卡尔·马克思》第5版，88页。

*　grand siècle: 法国人称17世纪为"伟大世纪"。——译注

睬或赶走侵略者——让历史时针倒转——来解决,因为俄国处于世界之中,而堵住所有出入口、筑起一道长城,并不能长久地阻止各种政治和经济力量从外面包围和挤压进来,也不能阻止它们同墙内蠢蠢欲动的类似力量遥相呼应。某些大胆的保守分子宣扬的恰恰就是这样的观念:如果你停止世俗教育、阻止所谓的进步、使俄国停留于现状,致命的西方细菌或许会消灭,或至少为害慢一些。但这种方法,这种斯多葛派智者的态度——塞住每一道缝隙以抵御外部世界——至今从未成功过。另外,一种古老文化也不足以推动一个现代民族的前进。老干上必须嫁接新枝,这是能够代替僵化或对某些一知半解的外国"原型"的可怜模仿的唯一出路。如果一个民族要成长,就不能长时间地被当作奇花异草来对待:它只有在露天中,在开放的世界中才能发展;不能强迫谁只吸收过去的和已经死去的东西,养在小心维护的人造光线里,除了发育不良将一无所得。 329

从所读的泰戈尔作品当中,我觉得,上世纪末的印度面临一个不无相似的问题;而泰戈尔从未比在这一点上更清楚地显示他的智慧:他选择了困难的中间道路,既不漂向激进现代主义的"锡拉岩礁",也不漂向妄自尊大的阴郁的传统主义的"卡律布狄斯"大旋涡。(我知道有些人觉得泰戈尔太靠向西方了。坦白地说,在我能够用英文阅读的他的作品当中,我并没有发现这一点。我觉得他一直走的是中间道路。)在关键时刻不屈服于某些夸夸其谈的诱惑——某些哗众取宠的极端主义学说,牢牢吸引同胞和世界的眼光,带来追随者、长久的名声和荣耀及自我实现的感觉——不向这些屈服,而是面对来自两边(左翼和右翼,西化派和传统派)的轻蔑和威胁,努力寻求真理:这在我看来是最难得的一种英雄品质。

一边是英国,一边是印度了不起的过去。泰戈尔非常清楚,英国文学既是祸,又是福。他在一篇题为《教育的兴衰》的文章中指出,忘记了印度,认同于从学校学来的英语的那些人,就像"野人酋长[……]当 330

他们穿上欧洲人的衣服，用廉价的欧洲玻璃珠子装饰起自己的时候"[1]。正如托尔斯泰在其论教育的小册子中非常尖锐和精彩地指出的，这种现象发生在教育与学生们自己的生活无关，而只跟遥远的、海外的别人的某种生活相关的那些地方。

这种冲突必然要导致的内部神经症不只限于印度。无论如何，美国人生活中的一些现象也许可以（虽然我并不肯定）直接追溯到这样的事实：非盎格鲁-撒克逊国家移民的后代以前是（现在也是）读着莎士比亚、狄更斯、萨克雷，或者霍桑、马克·吐温和梅尔维尔长大的：确实，他们还有什么别的东西可读吗？这些好书向他们讲述了有着盎格鲁-撒克逊、荷兰、德国或斯堪的纳维亚血统的人的祖先们可能经历的各种生活，它们远不像俄国、波希米亚或希腊城镇和村庄、犹太人定居区、西西里或叙利亚小村和非洲荒野中他们自己先辈们的生活。

泰戈尔说，当这种情况出现，教育和生活之间的矛盾就尖锐起来了，于是它们就"像闹剧里的两个角色那样相互嘲讽和辱骂"[2]；因此他呼吁重振孟加拉语，它无论如何都是他一部分同胞与生俱来的交流媒介，而不是一套借来的衣服，无论后者多气派、多舒适。然而他同时意识到，某些人显然想做的事是不可能也不可取的：对英语关上门，清除自己身上的西方弊病，回到过去，回归一个没有机器的时代原始朴素的生活，拒斥西方邪恶的馈赠——它所带来的工业化和所有对人类自然价值的贬低和破坏。

他知道印度和英国的关系，尽管有种种好处，却是病态的：英国人首先是作为生意人，然后是作为主人而来的，而且，尽管有一些非凡人士以纯洁的精神为印度服务，并为之鞠躬尽瘁（他对这些人表示了崇高

---

1 《教育的兴衰》（1892），泰戈尔，《成为全才》（伦敦，1961），45页。所有引用泰戈尔的话都摘自这本集子；下面只给出（文章名和页码）。

2 《教育的兴衰》（1892），泰戈尔，《成为全才》（伦敦，1961），46页。

的敬意），主人与臣下的关系还是扭曲了两者的本性，双方都不容易承认对方是人，将对方当作一个平等的、和自己差不多的人来对待。实际上，这一现象在黑格尔的现象学中，以及一百多年后以一种迥异的方式在 E. M. 福斯特那里，都有精彩的描述。尽管如此，泰戈尔理解英国的性格和英国的成就，他赞赏它们。他不带激情地评判英国和欧洲；他的评价在我看来是冷静、准确和公正的。

英国人带来的东西不可以取消和丢弃。然而，不可能在一种媒介当中创造出体现、表达异己经验的东西：这样一种语言肯定会束缚外人，对他的思考和想象起到一种禁锢作用，强迫其朝着不自然的方向发展——有时（如康拉德和阿波利奈尔的情况）会产生才华横溢的精湛技巧，有时则出现荒诞不经的结果。自由——独立、意识到自己是一名平等的世界公民——的第一个必要条件，就是能够用自己的声音说话；自己声音讲出的废话也比从别人经验中提取出来的至理名言要好。"英国人创造出来的东西也许是了不起的，但它们不属于我们［……］如果因为我们失去了自己的眼睛，就想去用别人的眼睛，那永远也行不通"[1]，泰戈尔1908年在他的孟加拉省会议主席演讲*中说。英语是向着广阔世界打开的窗户；关上它将是——我把这当作泰戈尔所相信的东西——对印度的犯罪。但窗不同于门：什么也不干而只看着窗外，这是很荒唐的。英国人"的行为显得我们好像根本不存在……好像我们是一些奇大无比的弃物"[2]——甚至莫利**也是如此。

印度人如何自主而不受人摆布？只有通过增强实力。我再次引用

332

1　"主席演讲"，121页。

*　原文如此。——译注

2　"主席演讲"，117页。

**　莫利（1838—1923），英国政治家和传记作家，曾任爱尔兰大使馆秘书（1886和1892—1895）和印度大使馆秘书（1905—1910），他的传记著作包括《伏尔泰》（1872）和《奥利弗·克伦威尔》（1900）。——译注

泰戈尔："唯一真正的赠予是实力的赠予，别的什么礼物都是空的。"[1] 就像米洛斯*对话中的修昔底德，像马基雅维利，像所有伟大的现实主义者，他明白由感情用事助长起来的无知和乌托邦式的逃避主义，有时可以和玩世不恭及野蛮凶残一样有破坏性。为了说明这一点，他讲了小羊和上帝的故事。小羊不断地被比自己更强大的野兽袭击，它绝望地对上帝说："上帝啊，怎么所有的动物都想吞吃我呢？"上帝回答说："我的孩子，我又有什么办法？看到你，连我自己都禁不住。"[2] 泰戈尔用这个绝妙的、极具讽刺意味的寓言说出了这样的道理：人必须强大，因为没有实力就不会有平等，不会有正义。所有国家不论大小一律平等，这是理想主义的一派虚言。只要人的本性未变，对弱者的公正就是少有的，因为这很难；要改变人类，使他们不同于现在的样子，是不切实际的空想。必须通过可行的手段来寻求人类的改善，而不是要求他们具备只有圣人才可能具有的美德。

人们寻求认可，这是正当的。他们在变得有实力之前，是不会得到认可的。他们必须通过合作和组织来获得力量，一定不要指望别人恩赐。还有其他通向权力之路，但泰戈尔拒斥它们：尼采的非道德主义和暴力会自取失败，因为它们会导致以暴抗暴。在这点上他与圣雄甘地和托尔斯泰是一致的；但他既不接受托尔斯泰出于愤怒而将事情简单化以及自我孤立的无政府主义立场，也不接受圣雄本质上（在这点上我希望得到指正）非政治、非世俗的目标。对泰戈尔来说，甚至当他纯粹以文化观点考虑问题的时候，"组织起来"的意思也是掌握西方技术；不仅如此，还需要在受教育阶层与大众之间搭起桥梁，因为不这么做就会有精英主义、寡头政治和压迫，最后就像总是会出现的那样，是来自

333

---

1 "主席演讲"，123页。

* 修昔底德的《伯罗奔尼撒战争史》中，记载了当雅典大兵压境米洛斯小岛时，双方代表的一场谈判对话。——译注

2 "主席演讲"，123页。

大众的要求认可的呼声,之后就是社会基本结构的破坏和革命的剧变,这在事态走向极端的地方也许是不可避免的和正当的,但那样实现正义要付出惊人的代价。

　　不。必须毫不妥协甚至是无情地追求实力,但一定要用和平的手段。英国人"伤害我们的自尊"[1]。他们这么做是因为我们是穷光蛋:我们一旦强大起来,他们就会亲如兄弟。在那之前,他们会看不起我们,而不是把我们当兄弟看。只有已经拥有的人,才配得到。乞讨除了越来越觉得自己无价值之外,什么也得不到。只要印度弱,我们就会被欺侮、忽略和羞辱。这一论调——本世纪我们已经不止一次听到它了——宣告了一个阶层、一个民族或一片大陆的社会自我意识的觉醒。只有自尊者才能得到别人尊敬。所以我们必须解放自己,因为没有别人会帮我们。甚至,如果他们帮我们太多,我们将仍然是不自由的。英国人说已经给我们公平了。也许真是这样,但我们首先想要的,所有的人首先都想要的,比别的东西都重要的,是做人的尊严,而"只得到公平[……]就像要面包却得到石头。石头或许稀有珍贵,但不能充饥"[2]。只有等到我们觉醒,处理好自己内部的事情时,我们才不会挨饿。国际主义是一个高尚的理想,但只有当链子上的每一环——每个国家——强大到能承受所要求的压力时,才能实现。

　　能认识到这一点,是泰戈尔最大的优点之一,表明他拥有诗人们身上极少见的那种对现实世界的直观和理解。在他认识这一点的时候,流行着不少浅薄的国际主义。种族、社会和国家被催促着放弃疆界、消灭特性、停止互争,联合成一个全球大社会。作为一个最终理想这很不错:这适合一个其中各个民族达到了最大可能的力量和地位平等的世界;但只要还存在巨大的不平等,这些针对弱者的说教(他们仍然还在

334

1　《东方与西方》(1908),137页。

2　同上。

寻求认可，甚至基本的公正或生存手段)，假如他们听从了，就只会(就像自由贸易和裁军的学说)给他们带来小羊在被老虎吃掉时同老虎取得的那种团结。团结必须是平等的(至少不是太不平等的)人之间的团结。狗鱼的自由就是鲤鱼的死亡。[1]那些一盘散沙、弱小、受屈辱、被压迫的人首先必须团结起来，增强实力、取得解放，给予至少在某种程度上成长和发展的机会——利用他们自己的自然资源，在他们自己的土地上，用他们自己的语言，不借用别人的记忆，不在文化或经济上完全靠着向某个外来恩人永久借债。

这是民族主义中永远合理的因素，真正的、唯一的自决理由——打造链子上的民族之环: 没有它们就没有全人类的大联结。在这一立场两边有着两种强大、诱人的谬误: 一边是饥饿的狼群，披着真诚的国际主义的外衣，向羊群宣讲狭隘的、有害的小国沙文主义如何罪恶；另一边是羊群病态地盼望被狼群吞食，早日放弃实力悬殊的斗争，将自己融入他们一厢情愿地幻想的大团结，丢掉他们的身份、过去和做人的权利要求，他们渴望宣告自己的破产，被开除出去，放下自由与责任的重负。

泰戈尔坚决地站在中间道路上，没有背叛他看到的艰难的真理。他谴责对过去不切实际的过分依恋，把印度束缚在过去"就像把一头要献祭的羊绑在柱子上"[2]；他批评那些显示出这种依恋的人(他们对他来说是反动的)不懂得什么是真正的政治自由，指出政治自由的概念本身就出自英国思想家和英语书本。但针对国际主义，他主张既然英国人是自立的，印度人也必须自立。1917年他再次公开抨击了"把一切都交给主人不可变更的意志"[3]的危险，不管是婆罗门还是英国人。他说，实际上印度必须摆脱英国人，但又必须坚持英国人一直生活在其中的

1　参见"狗鱼的自由就是鲦鱼的死亡"，R. H. 托尼，《平等》(1931)第三版(伦敦，1938)，第5章，第2节，"平等与自由"，208页(前两版没有)，在《自由论》171页中引用。

2　"照主人的意志办事"(1917)，186页。

3　同上书，193页。

那些真理。在这个过程中，印度也许会被自己人在背后捅刀子——不是被恐怖分子，就是被和事佬们。他认为这还不足以坏事。他坚持说，印度人口众多，地域辽阔，足够让人们付得起代价，和平地达到他们的目标；如果他们，所有千百万人民一齐坚持不懈地前进，就一定会取得最后的胜利。事实证明确实是这样。

正如我前面想要说的，夸大其词和走极端是比较容易的。或许只有那些夸张的人因其行动或思想而青史留名。柏拉图甚至亚里士多德、福音书的作者们、马基雅维利、霍布斯、卢梭、康德、黑格尔和马克思，他们都夸大其词。向一个国家激情洋溢地宣传，它应该采用某种巨大的、革命的意识形态，集中化、简单化并将一切都归于一个目标、一个人或一个党麾下——这是相对容易的。号召回归过去，告诉人们不要理睬洋鬼子，完全自力更生，自豪、独立而无忧无虑——这也不难。印度听到了这样的声音。泰戈尔明白这一点，对它表示了尊敬，然后抵制了它。在我看来，他长寿而又硕果累累的一生都致力于比社会或政治活动更富于创新的事情，他一生志在只创造美的事物，只说真话。这需要自律和异乎寻常的耐心与正直。在写下他的社会、文化、最重要的是教育思想的时候，他努力不过分简单化地讲出复杂的真理，也许正是如此，听从他的人比较少。美国哲学家C. I. 刘易斯有一句至理名言，我一直钟爱。他说不存在什么先验的理由可以认为，当我们发现真理的时候，它会是有趣的。[1] 尽管如此，真话当然比有趣的话要好。我很能

336

1　也没有任何先验的理由可以认为，当我们找到了一段引文的出处，将会证明引文是正确的。刘易斯的原话是："即便真理是复杂的、有些令人幻灭的，用某种更戏剧化、更能安慰人的简化物来代替它，也仍然不是一个善策。" C. I. 刘易斯，《心灵与世界秩序：知识理论纲要》（纽约，1929），339页。不过，保留精辟的"引语"，哪怕牺牲严格的准确性，也是有一定道理的。在这种情况下（此处便是极好的一例），掩盖伯林流畅的文辞对读者将是一种损失。参较我在《浪漫主义的根源》第二版xxv—xxvi页和《俄国思想家》第二版xiv页注2的说明。

理解，一个国家，特别是有着辉煌过去，也许还会有更辉煌将来的一个伟大的国家，完全有理由可以为自然所赠予的最珍罕的礼物之一——一位天才诗人——感到骄傲，甚至在严重的危急时刻，当他为了他的同胞并向他们讲话，当他们渴望的不是单纯的说理，而是征兆和奇迹的时候，他也没有屈服，而是毫不动摇地如实告诉了他们他的所见，如实地说出了真理。

337

第二版附录

伟大的俄国评论家：
V.G.别林斯基

一

维萨里昂·别林斯基是俄国批评史上最伟大的名字。他的第一篇文章发表于1834年，最后一篇发表于1848年，也是在这一年，他与世长辞了。在这十五年里，别林斯基以他人难望项背的方式改变了俄国对艺术和文学的态度，可以说一手开创了人们对批评功能的崇高认识，而这种认识注定了要在俄国文学以及俄国政治和社会的历史上扮演极为重要的角色。别林斯基从他的文学活动生涯开始时就一直身处争论的中心，直到我们今天生活的时代也依然如此。

他的对手们——如今在世的人中也颇有一些他的狂热反对者——说他是个自学成才、疯疯癫癫、语言虚夸的作家，头脑幼稚，总是处于莫名其妙的焦躁状态，主观，情绪化，自以为是。他们说他会猛地从一个极端倒向另一个极端，缺乏属于他自己的想法，而且没有理解和消化从别人那里借来的观念，说什么都会夸大其词，对自己改信的东西狂热不已，三天两头、随随便便地就自相矛盾了，说话立不住，混淆了批评，与新闻，以及道德或社会宣传。这样的评价，斯拉夫派的人说过，陀思妥

341 耶夫斯基说过（后者和他的关系一直是亦敌亦友，不过在晚年的时候非常讨厌他），托尔斯泰也说过，托翁觉得他写的东西空洞无物，没法读；还有我们这个世纪的印象主义者、象征主义者和形式主义者，都是这么评价他的。

支持和崇拜他的人说法不一。有的人，这里面包括几乎所有苏联作家，把他捧得特别高，说他是一位大胆的、见解独到的思想家，差不多预见到了马克思主义关于艺术、哲学、社会的核心观念，而且到他去世前已经是一位完全觉悟的民主革命者，清楚明白地构想出了一个科学组织的社会主义社会，用他的笔为了这样的社会而战斗。他的两位密友屠格涅夫和赫尔岑说他有着绝对可靠的**感受力**，生来就能洞察一个作家或者一部文学作品在道德方面的价值核心，还说他严肃、无畏，彻底明白了所处时代的现实。文学批评家阿波隆·格里高里耶夫说他比其他所有人都更热心于年轻人的问题和抱负，没有拒绝过任何一个问题，也没有忽视过任何一种经历。冷静的贡恰罗夫说，他虽然热烈而富于激情，但也拥有一种从未辜负他的审美意识：他首先是一位名副其实的天才批评家。

还有人说他的哲学观点混乱难懂，没什么重要性，认为他的影响力在于他的性格和气质——在于他一心追求真理的献身精神、纯粹的动机、出淤泥而不染的道德品质、拒绝人生道路上一切精神和物质诱惑的英雄气概，他在伦理方面的天才洞察力、胸无城府的正直品性和奉献生命的殉道精神。这些批评者觉得他是个差劲的思想家，一个一般的学者，但是一个伟大动人的、帕西法尔式的人物——科尼说他是堂吉诃德，"注定了要受苦，操劳，不停地被命运和他人欺342 骗"。[1]他是涅克拉索夫诗歌中的英雄，匆忙、踉跄、跌跌撞撞，始终向着

---

1 F. A. 科尼，别林斯基的讣告，参见 "Signaly obshchestvennoi zhizni, literaturnye I muzykal'nye"，《万神殿》，第3卷第6期（1848年6月），《彼得堡电讯》，52—53页，在53页。

前方[1]；一颗"伟大的心灵"[2]（这是文格罗夫在一篇散文里说的，文章感情外溢，很有他的风格，写于19世纪90年代）；"俄国文学的首位殉道者"（这是米哈伊洛夫斯基说的）。[3]这些话全都遭到了俄国第一位也是最伟大的马克思主义哲学家——普列汉诺夫的愤怒反驳，他声称别林斯基不仅是一位天生的社会学家，而且是一位犀利、自洽的哲学思想家，一位青年黑格尔派，提出了当时最进步、最理性的思想。

我并不打算掺和进这场争论。介绍到这里，或许我只用说这么一句话就足够了：一个作家要是仍能掀起这么激烈的情感，那他的思想必然有某种生命力。圣伯夫、施莱格尔、马修·阿诺德可能都是了不起的批评家，他们所曾引发的争论，在今天已经成为历史，没人再会为他们动怒了。可是别林斯基，他和柏拉图、卢梭、马克思一样，依然能激起深深的爱与恨，招致猛烈的抨击和狂热的爱戴。在他的看法和方法中，显然有什么东西还活着，让人放不下。一个作家死了一百多年还能搅得读者不能安宁，那只可能是他触碰到了某根在我们的时代仍然能做出灵敏反应的神经。仅仅冲着这个，他就值得讨论。 343

1　参见N. A. 涅克拉索夫的"纪念别林斯基"（1853），第3行，原文为 "Uporstvuya volnuyas'i spesha"（"坚持，忧虑和匆忙"）。

2　这是S. A. 文格罗夫一篇文章的标题："Velikoe serdtse（Vissarion Grigor'evich Belinsky）"，收录于《俄国财富》，1898年第3、4、5、7期；重刊于《俄国文学史论文集》（圣彼得堡，1907），245—378页。

3　这里可能是伯林没记清米哈伊洛夫斯基的文章《蒲鲁东和别林斯基》里的准确内容——见《祖国纪事》，1875年第11期，"当代观察"，157—198页——在这篇文章里，米哈伊洛夫斯基称别林斯基为"一位伟大的真理殉道者"（见第183页和193页；在第183页，米哈伊洛夫斯基认为别林斯基的痛苦在于他追求真理的天赋无法满足他对真理的渴求）。米哈伊洛夫斯基也曾称别林斯基为"一位献身于自身信仰的真正殉道者"，见于一篇修订过的"N. V. 舍尔古诺夫"，最初作为舍尔古诺夫《作品集》（圣彼得堡，1891）卷1的引言发表；修订版首次发表于《N. K. 米哈伊洛夫斯基作品集》（圣彼得堡，1896—1897）卷5，这个说法出现在第363栏。

二

相比于同时代的其他俄国文学人物，别林斯基在俄国以外没什么名气，所以我觉得应该先讲讲他的生平和主要观点。

他是一位海军医生的孩子，在伏尔加中部地区一个偏僻的地方小镇长大，家境贫寒；成年后，他身体多病，性格别扭、内敛，有阶级意识，敏感得有些不正常。他好不容易去到莫斯科，上了大学，还没拿到学位，就被学校开除了，因为他成绩落后，也有可能是因为他写了一出通俗剧，有人觉得这出剧在道德和政治方面太放肆。他在一家文学期刊谋到一份写书评的差事，凭着一篇文章[1]一夜之间暴得大名，他在这篇文章中讲述了俄国人写作的历史，意在表明，除了四个值得一提的例外，俄国根本没有文学传统可言。他说，中世纪的民谣和民俗传说，再加上机械式地模仿国外的现代好作品——尤其是模仿主流的法国文学传统——算不上是什么文学。他宣称，没有什么证据可以否定和隐瞒这个事实；他说，在俄国，真正的艺术是从19世纪才开始出现的，是随着普希金的诞生出现的：因为，唯一可以让艺术或某种文学生长的土壤，是它的文明在一定程度上能够意识到自身的那种土壤；而在他土生土长的祖国，文明的自我意识还没有出现。

从这篇文章开始，别林斯基踏上了一段征程，因此铸就了经久不衰的名声：他那生就的批评本能几乎伴随他的一生，即使在他最偏颇的时刻也未曾弃他而去，他为求黄金而淘尽泥沙，从18世纪和19世纪的名人榜上抹去了一批姓名——写诗的、编剧的、讲故事的、说寓言的，不少人在当时仍受到热烈的追捧，只有很少的名字被他留了下来；他用这种方式为核心的俄国文学传统奠定了基础，虽然他的评断偶尔会失之乖

344

1　"文学的幻想"（1814），《别林斯基全集》，卷1，20—203页。

谬或者无知，而且常因为自己的跋扈做派遭人抨击，但这种传统基础经受住了时间的考验。他列出了1848年以前的俄国文学经典——罗蒙诺索夫、杰尔查文、克雷洛夫、卡拉姆津、普希金、果戈理、莱蒙托夫、屠格涅夫、冈察洛夫、陀思妥耶夫斯基、涅克拉索夫，他们在今天仍是经典。这个名单确实是值得商榷的，但这些商榷之处并不妨碍别林斯基定义的这个伟大传统。这一惊人的成就本身，便足以驳斥那些被他批评的人或其辩护者对他的无端指责。

不过，少犯错误并不能让批评家堪当"伟大"之誉。虽然他的观点有过多次剧烈而令人痛苦的变化，他害怕这种变化，却不能也不会避免，但在这种变化之中，别林斯基对于一个问题牢牢地坚持着一种基本的理解，这个问题是：做一名批评家是什么意思？他首先认为，一名批评家，无论他有着什么样的其他特质，都需要有一种哲学的姿态；他认为艺术、哲学、批评追求的是同一个核心目的：自我理解的目的。艺术活动对他来说不在于成就本身，不在于创造某种获得了它自身的独立存在的东西，就像一个自然之物，或者一件无名的工艺品——一轮落日、一座山峰、一方银匣。一切艺术都是人类间的交流，它想要传递的是一种"生活体验"，一种创作这个艺术的艺术家"生活过"[1]的体验。

交流，或者干脆说思考，就是说出一些对这个宇宙及一个人自身在其中处境的观点，无论这个人有没有意识到自己是在交流。批评的首要任务就是重构诗人的想象，确定它的深度、原创性、真实性和真理性，作为自我启示的真理。这是一种才能，纵使是善于利用某种媒质的天赋与技巧、学识、智慧、口才和诚意，都无法替代这种才能。就此而言，批评是一种创造性的、近乎哲学性的追求。但凡想要抛弃它，代之以某种更局限的东西——比如说单纯从历史角度或者技艺角度的称赞，或者美学的、心理学的分析——而不顾其最广泛意义上的道德的和形而

345

1　见本书269页注1。

上的含义，都是在逃避真实，乃至背叛真实。所以，对某部艺术作品的批评就是对它的道德和形而上的评价，无论批评者有没有明确表示，它关乎人、社会、文化最为深刻的目的与价值。若否认这一点，不是缺乏见地就是胆小怕事，会令人迂腐死板，陷于琐碎，只知道随大流。这种信念永久地融入了俄国知识分子的思想观念，别林斯基也被他们奉为这一信念的首倡者之一。

这种姿态并非新鲜事物。它可能和批评本身有着同样悠久的历史。别林斯基最早是从谢林的著作和影响中领会到的。他的德语并不好[1]；但德国的浪漫主义观念当时正迅速席卷整个欧洲，于19世纪初传到了俄国，传播的形式清晰生动并经过大幅简化，因而造成了更大、更持久的影响。从19世纪20年代起，浪漫主义的形而上学就已经俘获了346 被孤立的俄国思想家们。十二月党人溃败后，他们完全看不到任何可能在这个黑暗统治下的庞大国家实现直接的社会或政治改革的希望，这种绝望感弥漫于1825年后圣彼得堡和莫斯科的受教育阶层，令他们更易接受这种德国新式哲学的学说。实际行动遭受挫折，随后又引来政府的镇压，这种情形通常都会令人陷入自我批评和自我探寻之中，以此逃避黯淡的外部世界，退回内在生活的领域，寻求个体的道德和精神救赎。因为官方宗教和教会势力放松了对受教育人群的控制，加之西方的宗教价值世俗化的影响，他们开始在艺术、哲学之中，在各种私人

---

1 关于别林斯基的外语水平的证据材料，有多种不同的说法。赫尔岑曾写道，别林斯基对德语一无所知，这使得研究黑格尔对他来说反而变得更简单了：《论俄国革命思想的发展》（1851），《赫尔岑全集》，卷7，106页。而屠格涅夫则表示，别林斯基一门外语也不会——"连法语他都不认得几个词"："回忆别林斯基"（1869），《屠格涅夫全集》，卷14，27页。陀思妥耶夫斯基说他从来也没试着学过哪怕一门外语，而且还念不对"费尔巴哈"的名字：《作家日记》，《陀思妥耶夫斯基全集》，卷11，13页。而根据维克多·特拉斯，《别林斯基与俄国文学批评：有机美学的遗产》（麦迪逊，1974），43页，别林斯基"法语水平相当高（他翻译过一些法语作品，还经常在文章里用法语短语）。他的德语水平则不足以阅读哲学原典。除此之外他就再不懂别的外语了"。

的信仰和神秘主义中寻找真理、自由、和谐，缩回到个体精神那坚不可摧的内部堡垒中，远离只有残酷镇压、令人郁郁不得志的外部世界。

别林斯基就混迹于一个有着这种氛围的知识分子圈里，是以大学生的身份进入这个圈子的。他很容易受环境影响：他懂的东西不如他的导师们多，他们虽然年轻，但受过更好的教育。他很快就拜倒在他们的魔咒下，成了他们最热情积极的代言人。他在谢林的艺术哲学中找到了解答人生核心问题的形而上学思想。世界对谢林来说就是一种持续的创造行为，它按照一种有机生命的原则发展自身。有一种原始动力存在于万事万物之中，会动的不会动的：石头和植物，野兽和人类，都在循着这种生机论式的伟大原则生长和发展。但只有人类觉察到了这种原则在他们身体和精神中的作用。

浪漫主义认为，虽然18世纪的启蒙思想家们在物理学和技术方面成绩斐然，但他们那机械式的、数学化的原则无法解释生长的各种现象——无论这些现象是个体身体细胞的，还是人脑中的情感和智慧的，无论是人类个体或某种动物个体的，还是部落、民族和文化这些复杂结构的。浪漫主义认为，它们只能被理解为一种不可分割的有机现象，遵循的规律无法以定量的方式阐明。而若要解释人类在意识生活中获得最高领悟和造诣的时刻，也不能全然借助可理解的因素——可以用理性方式解释的原因或力。人类在艺术、思想和宗教中的至高作品产生于看不见的非理性活动，这些活动发生在人类的灵魂中，无法被测量，也不能被沉思，只会在那些特别敏感者灵光一闪时显现——这些是人类中的天才，有非理性的飞跃之能——他们本身是创造者，仅凭自己就可以窥见森罗万象的创造进程，他们是这个进程的参与者而非外部的旁观者，从内部参与，是一种自我意识的行为。

这种不完整的识别力势必往往是混乱的，有时只能隐约意识到，它自然无法用人们在日常生活中交流时使用的普通语言来表达。于是，所有存在者的目标，以及人类的社会和个人生活的那种创造性过程，对

347

于艺术家、有远见的形而上学家等能够靠自己从事创造工作的人来说，比对于经济学家、政治学家、刻板的历史学家、算学家等沉迷于统一性和系统研究方法的人而言，理解起来较为容易，这些研究方法预设一种统一和重复性，与"宇宙精神"那有生命的、不断更新变换的活动是不相容的，在这种活动中，所有人、所有社会、所有创造性的进步都是独一无二的，始终在运动和变化，不能被截获和分析，整齐地划入理性和科学的框框里。只有明白什么是创造的人，才能理解这一进程的本质，只有使用其他创造性的精神理解得了的符号，才能传达有关它的东西。能这样做的人是未获承认的人类立法者[1]，他们的成就构成了人类的真实历史。

别林斯基热切地抓住了这种形而上的识别力。救赎不在于政治，政治关心的是人类生活的外部琐碎之处；救赎在于人类内部生活表现出的永恒、真正的精髓。只有生就一双这种观察内部生活的眼睛者，才能看见精神的真实运动。艺术家呕心沥血地想要表达他看到的东西，想要活灵活现地表现颜色、声音、观念、感觉的那些神秘、真正的关系和关联——实证的观察是看不到这种关系和关联的；只有他才理解（尽管只是部分理解）宇宙进程的本质和目的，他和他身体中的创造力就是这个进程的具体表现。天马行空的创造是宇宙精神的至高体现。做一名艺术家，光是守规则、有才华、懂技法、朝气蓬勃、勤奋正直还不行。这些品质对于艺术而言可能确实必不可少，但并非构成艺术家的全部条件。做一名艺术家得"生活过"[2]他意欲表现的那种体验：它"一定不只是存在于脑海中，关键是被放在心里，融进血里"[3]，否则出来的作品就是没有生命的，不真实的。它也许能带来愉悦，瞒过他人，但只可能是通过欺骗他们：它体现的是谎言，且最终必会腐朽，因为它做作、肤浅、

---

1 "诗人是不被承认的世界立法者。"珀西·B.雪莱，《诗辩》，《文章、海外来信、译作和片段》，雪莱夫人编（伦敦，1840），卷1，57页。

2 见本书269页注1。

3 同上书。

虚假。批评就是能够在思想情感上和这种创造性的进程交流，能够进入一个个体、部落、教会、民族乃至人类本身的创造性体验，不是从外部观察，而是能将它编织到批评者自身的自我启迪进程中。一切进程，一切发展，一切对真理、正义或自由的追寻，一切对善好、高贵、美、和谐之物的渴望，都是在尝试理解一个人自身，理解他和有生命的与无生命的宇宙的关系。科学描述的是表面之物，艺术，其中包括宗教和哲学等所有内在体验形式，是从内部，从核心展现那种活动。

这本质上是一种浪漫主义的姿态，而别林斯基从未完全放弃这种姿态，哪怕是在他强烈厌恶德国哲学家的形而上学和道德思想的那些时刻也未曾放弃。没有人比他更坚定不移地展现出思想和情感、理论和实践的统一。[1] 他的信念会变，他曾为许多事业献身，且总是全身心地奉献自己。1835年，在十二月党人起义之后爱国情绪最高涨的时期，他批评过去的俄国文学是蛙鼠之战，是些不起眼的效颦之作，模仿的是肤浅而缺乏生气的法国作品，完全不同于深刻的、饱受痛苦折磨的、充满创造力的德国人的真实生活与人性。他崇拜的人从谢林变成了费希特，但他的核心姿态未有丝毫改变。

在人的身上存在着一种根本的二元性：其一是经验性的身体，它无足轻重，遵从无法抗拒的自然因果进程，被贫困、病痛和难驯的激情产生的非理性力量所奴役；其二是核心的、"绝对的"自我，理性的永恒法则向这个自我揭示，它是不可侵犯的精神，与自身相处融洽，宁静而和谐。同样，在社会中，应当受到颂扬的是那些从肮脏、混乱与堕落中的环境中升华出来的人，贪婪与恐惧催生了这样的环境，统治着人类的蚁穴——他们是智者与自由之人中的精英，萨拉斯妥的庙宇中的祭司，他们明白人类及其世界有着怎样的目标和本质，他们胸怀超凡的高贵激情，关注芸芸众生的苦难，为了大众的福祉维护和捍卫永恒的价值，却

1　见本书153页注1。

350　无需大众的帮助；正是有他们这样的表率，才揭露出庸俗者的虚假理念枷锁，以及暴民迫害英雄和圣贤的残暴与无知。

这些人是被选中的精神，被解放的无畏个体，以英雄之姿见于席勒的早期剧作和雅各比、蒂克、弗里德里希·施莱格尔、霍夫曼、诺瓦利斯、戈德温等人的哲理小说。他们打破了扼杀创造力的传统，为人类的真实目的仗义执言。别林斯基呼吁要崇拜全世界的创造精神——莎士比亚、荷马、歌德；声斥一切逃离生活的创造激流之人——宗派主义者、贵格派教徒、无赖、粗人，他们自己固守着可怜狭隘、经不住时间考验的、政治或宗教上的个人理念，反对引领人类走向升华的永恒原则。

这不是政治激进主义，更不是平等主义者的无病呻吟。这个时候的别林斯基在作品中和书信都渴望一个开明的政府来严格管教野蛮原始的俄国人民；如果自由来得太早，他们会仗着这种自由去酒馆喝个烂醉，他们会胡作非为，摧毁文明的制度。政府有一万种正当的理由管住他们，限制他们阅读危险的书籍，不然就是体质差的人饮烈酒，会导致毫无意义的反抗与混乱。直到教育令他们发展成熟，服从权力是正当合理的，且必须如此。

有些人喜欢把政治观点归究到个体（甚至经济群体）生活的具体社会与经济处境，他们应该注意到，别林斯基最具革命性的时期，正是他最穷苦的时候，穷到吃不饱饭，经常生病；他和朋友巴枯宁的姐姐陷入了一段不愉快的情感纠葛，逐渐失去自信，绝望地感到自己在人际、

351　知识和社会方面很卑微。或许这并不十分奇怪：正是在这个时期，他将至高的宁静天堂理想化了，那里居住着高贵而无忧的精神——席勒、普希金、歌德，或许还有他家乡附近的人：彬彬有礼、外表帅气的亚历山大·米哈伊洛维奇·巴枯宁（米哈伊尔·巴枯宁的父亲）。后者营造了一个善良而有才华的家庭，别林斯基曾在那里住过，在这位可爱客人的想象中，他们在乡间的庄园上纷纷扰扰的情感生活变成了爱与文明关系的田园诗。

此时，在他批评生涯的早期，他那感情炽热、极具个人化色彩的语言犹如一股激流，冲破了俄国文学文化的庄严花园，他效仿西方浪漫主义早期的批评家，宣称纯粹艺术有权以自身作为目的。艺术的功能是揭示人的全部创造潜能——指出人类精神最光明、最具自我批判和自我意识的道路。无论是什么老旧的观念，只要它认为艺术应该甚至可以达到它自身之外的目的，应该有指引、美化、取悦的功效，应该遵循并非出自其自身需要的规则，服从某种道德的、宗教的或者社会的外部权威，更有甚者，认为它应该满足日常生活的物质需求、市场的需求，或者某些按照野蛮低级的趣味向蒙昧大众兜售商品之人的需求——都被别林斯基斥为低级的谎言，是严重的亵渎。

但是，在这段颂扬纯粹创造的时期，别林斯基的信里却日益显示出一种郁郁不得志的个人苦闷：他虽然看到了蓝天，却离它很遥远，他自己无法获得平静与安宁，他付出的感情换来的是自轻与屈辱。理想就在他眼前，大师们都已臻于这种理想的巅峰，他却**做不到**；他太容易跟跄和摔倒；他缺乏自律能力，达不到超然、冷静、反讽的境界，让自己得以蔑视历史上和莫斯科平日生活中的罪恶、不公、苦难和琐碎之事，将它们看作人类精神的洪流前进时掀起的泡沫。

然而，只有达到这样的境界，批评家才能观察和创造，因为批评家是不亚于艺术创造者的传道者，将永恒、不变的真理和美带到世间；他必须心无旁骛地将目光倾注于艺术家和塑造世界的创造力之间的真正交流中，这种创造力之于谢林是自然和人的神秘非理性精神，之于费希特是观念的合理自我发展，之于席勒是和谐的道德自由。如果批评家分心于人和民族那受时间限制的生命中的缺陷，或者分心于他自身的不幸以及孤独与失败之感，他就背弃了他的使命。他是一名"为主的大军效劳的士兵"[1]，必须像费希特教导的那样坚定意志，忘却这场战

352

1　给巴枯宁的信，1838年10月12日，《别林斯基全集》，卷11，316页。

役的严酷，昂首傲立于那些成名的作家、教授和权威人士的教意与嘲讽之中——他以日益增长的怒火攻击这些人；傲立于俄国越来越热情高涨的激进青年，尤其是大学生之中，在他们的眼中他成为一位烈士和先知，献身于个人的道德自由和人道文化事业。

1839年夏天，他个人的不幸达到了顶峰。这时，发生了一件不可思议的事情。他的朋友米哈伊尔·巴枯宁先后读了黑格尔的《宗教哲学》和《权利哲学》，然后和他讨论了这两部作品（别林斯基了解的黑格尔都是从懂德语的朋友那里听来的）。[1]令他痛苦的——令他在道德上忧虑不已的二元存在，一边是高高在上的永恒真理和价值，一边是经验世界里没有价值但折磨着他的社会，突然间便合二为一，成了一个清晰、合理的伟大整体。

353

> 一个新的世界在我们面前展开了。能力就是权利，权利就是能力——不，我无法向你形容当我听到这些话时的感受——我得到了解放。我明白了王国瓦解的含义，明白了征服者的合法性。我意识到，物质没有力量，刀剑不能统治，没有什么是随意的，没有什么是偶然的——我不再充当人类的指路人——我的祖国以一种新的形式向我显现出它的重要性[……]这真是一个光明、无限的新世界！"现实"这个世界对我而言已经等同于"上帝"这个词了。[2]

天上和地下的世界是一个世界，是不可分割的。"有福之人能在天堂看到无限的象征，而更有福的人能以无限的观念改造世间的凡俗现

1　见本书346页注1。

2　给N. V. 斯坦凯维奇的信，1839年9月29日至10月8日，《别林斯基全集》，卷11，386—387页（10月2日）。

实。"[1]全知（Tout Comprendre）的意思是：某物在某人眼里不协调、丑陋、残酷、无谓、不合理性，只是因为他不理解它；人类历史，尤其是文化的历史，是一种伟大的理性设计，是非人格的精神一步步创造出来的，为的是理解自身，宰御那些死的物质并进而将之吸收进它自身的创造性行为中，无灵魂的死物也只是精神的创造，处于无意识的状态。

全知它自身的创造性可以洞见那将自己分离为人和自然两部分的单一精神是如何运作的。所有的分离都无法避免，但又是虚假的幻象，是可以被超越的。问题和矛盾是这种自我理解活动中必须经历的阶段。因此，对我来说貌似不协调之事，当我以一个更广阔的格局理解它的时候，它会在这种理解下内化于这种格局之中，成为一种更大的和谐的构成元素，习惯了小格局的人是看不见这种大格局的。我今天痛斥和谴责的罪恶与愚行，若从一个更高远的角度来看，可能就变为促成某种伟大理性计划的必须条件，而我们的生活都是这一计划的表现。反抗和颠覆意味着主观主义作祟，是幼稚之举，领略不到事物的终极目标，因为反抗的人缺乏见识，把自己的暂时需求、自己狭隘的个人利益，或者自身群体、阶级和民族的需求与利益，看成具有绝对的、永恒的真正价值。

要理解过去，就得认识到，过去是在实现 Creator Spiritus[2] 的需求，这种精神以人类的雄心、行动和冲突为外部表现，实则是为了解决它的问题——主宰自然，掌控自身，将无意识之物转变为有意识之物，进而再变成有自我意识之物——也就是说，是迈向标准、正义，从受制于外部因素的生活中解放出来，迈向自由、理性、全面的启蒙。要理解现在是这种动荡不安但不可阻挡的发展过程的一环，只需要更深刻的洞见，要能超越激情、偏见、脑门一热的反应、良心的不安与折磨，这些都只是没

354

1　给 N. V. 斯坦凯维奇的信，1839年9月29日至10月8日，《别林斯基全集》，卷11，387页（伯林是意译的）。

2　造物者精神。

眼界的表现，是凭原始本能行事，听凭了暂时的情绪和对庸俗者所谓的常识标准缺乏批评的态度。

解释就是辩护。人们为公开谴责而写的浩繁卷帙——尤其是18世纪法国的伏尔泰和狄德罗、德国的席勒和青年浪漫主义者领导的激进主义——都是些浅薄冲动、咬文嚼字之作，毁掉了真正的理解。人表现于社会运动，形塑于社会运动，只有借助社会运动，人才能被理解；人的行为和信念不是源自某种永恒的单一本质，不像亚里士多德、批评他的笛卡尔以及拥护他们的哲学家和学究所说的那样，而是来自一种自我变化的、流动的过程和活动，只有理解这种过程和活动，才能让人得到解放，变得视野清晰、富有创造力。反抗的文章让人们站在社会现实的对立面，怂恿他们切断与过去和现在，与死者、生者乃至未诞生者的伟大社会团结一处的纽带[1]，这种纽带可以是艺术或科学，也可以是政治、历史或宗教，就是这种纽带令他们成其所是，趋向那些决定他们自身中理性活动的目标，而这也就是他们的命运。谁无视历史，无视个人和他的社会之间的相互作用，谁就看不见现实，在实践中就会走向灾难，走向法国大革命，走向十二月党人起义。

别林斯基很可能连俄语版的柏克都没读过。但他在这个阶段的立场和这位保守主义之父十分相似，掺杂着从赫尔德与黑格尔那里了解到的东西，因为莫斯科的人就是这么诠释黑格尔的。他于是宣扬起了寂静主义：他说，人作为一种社会和历史发展的存在，其自我理解遵循着颠扑不破的法则，这些法则符合他那被正确理解的自身理性的需求——它体现在他的习俗、他的生命与思想形式之中，人会因此与他必须和应该成为者相调和。费希特和谢林被别林斯基遗忘了；格里鲍耶陀夫的著名经典喜剧《祸自智起》，这部俄国最早的浪漫主义杰作，遭到了猛烈的抨击，因为作者借剧中主人公之口揭露了当时随波逐流的

---

1 见本书312页注2。

俄国社会那奴颜婢膝、腐败空虚的风气。别林斯基不否认这部剧作是一部艺术作品，但它的中心思想建立在错误的基础上；它宣扬的是虚假的价值，不明白什么才是当时俄国历史境遇的道德。

彼得大帝斩断了俄国和过去的联系，这么做完全正确，因为革新的时机已经成熟了。而格里鲍耶陀夫时期俄国社会虽然时髦，这时髦却也是不可抗拒的时代精神决定的。历史向着自身的目标前进，脚步坚定不移；有创建之时，也有摧毁之时，但这些历史时期都是由"庞大的非人力量"[1]决定的，无视、反抗、批评和声讨这种力量的行为都是徒劳且幼稚的。歌德可谓他那个时代最伟大的天才，他穷究一切时代与存在，变经典以合现代，在可怕的动荡中过着宁静平和的生活；他心里明白，所以不拒斥、不反抗。法国浪漫派，雨果、拉马丁、雅宁斯的狂热和激进，是这个腐败肤浅的民族的典型代表——都是些自欺欺人的狂徒，愚蠢的纨绔子弟和光说不练的人，妄图推倒历史大厦，浑然不知正是它保护着他们免于毁灭。皇室、教会、名为俄帝国的整个伟大体制，这些都是人们赖以生活的支柱。面对一个伟大的民族，它那深不可测的内部力量迸发出不可阻挡的前进之势时，那些抱怨某某受害、某某滥权的牢骚之语听起来既小气又无能，乃至荒唐可笑。

这些并非是别林斯基说过的原话，但它们表达了令他的激进朋友们又困惑又惊讶的深刻的反动情感。他们越是恐慌，别林斯基就越来劲顽固不化。拿出一副英雄的派头来捍卫他认定的真理，尤其要是结果骇人，要是会使他受到他最为爱戴、最为尊敬的人的攻击，他便更是如此——他凭着这身铠甲，抵御对他的种种怀疑：软弱、急欲服从、不确定性、屈服于更杰出的师友的影响，他在内心中对这些是害怕和不自信的。做批评家就是誓死也要说真话。要说真话，就得正确理解事实。别林斯基觉得，保守地诠释黑格尔的思想可以真正、彻底地解释世上之

1　T. S.艾略特，《关于文化定义的札记》（伦敦，1948），88页。

357 人的本质与目的。认为批评和形而上学风马牛不相及，说批评本身是从手到口，只是以印象派的方式描绘对某物的主观看法，只是形容某部给定的作品如何影响某人，某人在这部作品中，在它的作者、作者的创作手法，在他的才华、观点和品质中发现了什么特征，批评不需要将作品和某种核心视野联系起来，不需要为它在万物的普遍体系中指定一个位置——别林斯基认为这种关于批评的看法属于自我放纵、不负责任，轻浮、可鄙，是在背叛他的使命。他哲学立场的改变意味着世界观的逆转。这一任务越是显得艰难，就越应该义无反顾。他的朋友惊呆了，他的敌人说他缺乏稳固的信念，说他朝三暮四，不安分地从一个极端走向另一个极端，十足是个容易激动的半吊子，因为他的信念都是捡现成的，他又半懂不懂，所以在为它们辩护的时候总是义愤填膺、缺乏理性。他不在乎这两种人怎么看他。他无惧于自己在别人眼中状似愚蠢，只希望发现和传播真理，不自欺，亦不欺人。

对黑格尔的信奉期持续了两个春秋，直到1840年。在这个时期，无论是在分析文章、笔记、评论还是伟大的历史研究中，别林斯基都在全面系统地为冷静、客观的写作辩护，他抨击一切道德反叛或者政治与社会批评的行为表现，指责那些肆意以主观态度侵扰了艺术家自我认同于绝对精神的客观进军，因为这种绝对精神自会表现自身，它表现于历史事件、机构、伟人的行为中，表现于人类的伟大艺术与智识杰作之中，所以他只会歌颂这种进步之重要表达——也就是足以代表某个时代、某种观念、某个阶级之精华的东西——而任何东西若是非典型的，若

358 是仇视这种复杂扭曲但向上发展的历史运动，他都会嗤之以鼻、视为无物，人类就是通过这种运动踏过了无数反对者和异见者的尸体，无情地向着至高目标迈进。

可是，别林斯基若想维持这种信念，就得刻意和自己的天性对着干。他生来具备过人的道德和审美知觉，眼里容不得任何在他看来是虚假、算计或者偷奸耍滑的蛛丝马迹。原本，他习惯了口无遮拦，在评

论作品时想到什么就说什么；迫于生计，而源源不断地批评各种质量平平的诗歌、小说、历史书和游记时，他都是这样的态度，现在却得强迫自己按照他那毫不妥协的黑格尔信仰来评价这些东西。既然黑格尔的学说是真理，那么批评家在评价作家的视野时就不光得关注作品呈现出的技巧和成就，还得首先考察它的有效性，也就是与它的内容即主题的本质有几分相符。

他为了这种信念可是付出了不小的代价。他炮轰主观主义和个人主义会毁灭一切，抨击浪漫主义是在搅乱眼下的世界，还把矛头指向了追求永恒审美或道德价值的人。他说，历史的神圣性在于它可以为人类留下宝贵之物，留下传统，民族和社会因历史的传统而获得生命、走向团结，故而他大谈传统的益处。同时，在这两年间，他给密友博特金写了许多长信，在信中痛苦自陈，说自己这么做实在是太违心了，说坚持信奉"现实"的代价太大了，还说这种折磨让他难以承受。

终于，别林斯基撑不住了。他的天性让他忍不住要展露自己的道德感与审美感，他后悔自己竟然就这么把世间的个体都忘了，忘了他们的欢乐与痛苦，转而跑去追随什么理性的客观发展。这之中，黑格尔在德国的那些"不肖子弟"可能也推了他一把，他现在认识到黑格尔的哲学思想是一个大骗局，是想抑制人的道德属性；而要关注这种道德属性，就必须关注生活于时间与空间之中的具体的人，关注他们的感觉、思想和欲望，他们承受的痛苦、心中的忧惧和所犯的错误，他们身处的黑暗、他们看见的或未能看见的光明。黑格尔哲学想让人类把这种关切抛诸脑后，代之以某种整体的抽象概念、某种不带个人色彩的人类精神的普遍模式，既无痛苦，也无爱恨；这种"宇宙精神"就像摩洛克一样，打着虚无缥缈的旗号，像自由啦，进步啦，理性啦，或者民族、国家、历史，以及"绝对观念"，要人类永远地奉献自己，从而消解个体行动、个体责任、个体成就和满足——没了这些东西，就无所谓好与坏、美与丑、真与假了——把它们消解到社会、世代、习俗、国家的客观进步中，漠视活生生的人的命运和价值，不管他们的痛苦挣扎和死活，只要"绝对精神"能实现那个高于经验现实的宏图伟业就行。想明白这一点后，别林斯基又羞愧，又释然；他宣布，他跟绝对精神能干什么没有任何关系，关心它还不如关心中国皇帝的身体健康呢。对他来说，真实的东西就在眼前，在现实的世间：生活在地球上的男女们，以他们的行为和性格造就和摧毁彼此生活的男女们。

现在，他正式抨击起黑格尔及其著作了，而且开始直接分析文学，听从他的一般官能对这个世界的理解，相信他的道德直觉、他对真实之物的感觉——所谓真实之物，就是传递一种实在的，也就是艺术创作者真正"生活过"[1]的经历。别林斯基抛下了黑格尔主义，至少是放弃了他自己理解的那个黑格尔，因为它违背了他的道德观的基础，他唯一觉得实在的东西——人类个体存在的条件，将其变成了某种宇宙迷雾。"在地球上像狗一样活着，就为了以后被吸收进这种宇宙物质中，这可不是什么吸引人的前景。"他给博特金写信说。[2]他将遇到黑格尔视为不幸的诱惑，他在这种诱惑下走进一个洞穴中，在足足两年的时间里将影子当作现实，为此他懊悔莫及。

一些俄国的马克思主义者，尤其是普列汉诺夫，认为事情并非如此：别林斯基抛弃的是右翼把黑格尔视为一个保守派和寂静主义者的解读，因为别林斯基本人可谓独自经历了一种与德国黑格尔派——其中还有他的朋友巴枯宁，此时已移居西方——相似的智识发展过程，并发现了黑格尔学说体系中的革命性和毁灭性元素，这种元素令宇宙精神在理解自身和达致理性的途中，注定要毁灭它自己的不完备化身，注定了要在战争、革命和新式的社会生活中体现自己，以此始终贯彻它被

---

1 见本书269页注1。

2 1840年4月16［—21］日的信件，《别林斯基全集》，卷11，503页。信中的原文的语气稍微委婉了些："我会像一条狗一样痛苦地死去，就为了以后愉快地被吸收进这种宇宙物质中。真是个美妙的前景啊！"

许下的宇宙角色。

关于别林斯基信奉黑格尔的这两年，他的批评者们争论不休，为此一直吵到20世纪，尤其是不能确定他所说的"与现实相协调"[1]能否在《精神现象学》和《法哲学原理》的文本里找到根据，以及这种"相协调"和他后来的激进时期是否矛盾，假设他理解的"现实"不是静态的，而是在永恒矛盾中前进的运动。别林斯基的文字谈不上精确，可以有很多诠释方式，解读空间非常大。但是，他后来写**人的个性**现在对我而言要高于历史、社会和人道"[2]，批评过黑格尔总是用所谓的"宇宙元素"[3]或者历史评判来解释和回护具体的暴行、罪行与不公（俄国在这方面的例子可太富裕了），如果这时候还要说别林斯基只是以更深刻、更唯物主义的方式阐释黑格尔辩证法，未免就强词夺理到荒谬的地步了。何况此后别林斯基虽然仍在文章中用到黑格尔思想——比如他解释特定的艺术现象是某种宇宙发展的"瞬间"[4]，或者炮轰激进的批评是鼠目寸光、在自我演化的精神面前负隅顽抗之举——但次数越来越少，直至完全闭口不提。别林斯基不厌其烦地告诉我们，他后来对曾经持有的立场后悔万分，后悔是因为这个立场不真实，不是因为它教条、不实际；他相信世界需要教条和学说，相信观念有着至尊的地位，一生也不曾动摇：正因如此，错误的观念一旦付诸实践，便会万分危险，引发灾难。

他的批评者和仰慕者阿波隆·格里高里耶夫形容他是自己见过的

361

1　他曾说："我可鄙地想要让自己和一种可鄙的现实相协调。"见于1840年10月4日给博特金的信，《别林斯基全集》，卷11，556页，请对比《俄国思想家》第二版，192—193页；以及1837年8月7日给D. P. 伊万诺夫的信，《别林斯基全集》，卷11，148页，被引用于《俄国思想家》第二版，188页。

2　给博特金的信（见本书361页注2）；请对比给博特金的另一封信，1841年3月1日，《别林斯基全集》，卷12，22页，《俄国思想家》第二版，194页。

3　"Allgemeinheit"：见《别林斯基全集》，卷12，22页。

4　在相同的信中，别林斯基用黑格尔的观念来驳斥黑格尔自己，说黑格尔的哲学"只是一个阶段"，以此影射黑格尔的"阶段说"（moments）：同上书，22页。

最敏感的人, 说他能以比当时任何人都伟大的本能同情心去理解年轻人的感受和问题, 因为他从不允许自己"死守理论"[1]以至于背离生活。但这是需要加限定条件的。毕竟, 别林斯基不是印象主义者, 不相信凭借自发反应创作的艺术作品, 尽管他始终都渴望凭直觉、凭本性行事, 而且他在挣脱理论束缚的时期写的信是他最好的作品之一。他认为, 公开发言之人的首要职责是说真话。因此, 科学家和艺术家的目的是相同的——促进我们对人与世界的理解。科学家、哲学家、历史学家以逻辑连接的命题为语言; 艺术家则以图像为语言, 当且只当这些图像源自某种生活经历的时候, 他们的作品才可称为艺术。如果这些图像只是为了把这种经历**照原样**描述出来, 就只能算是报道而已: 它有道德和智识价值, 或许才华横溢, 富有原创性, 感人至深, 但称不上是艺术。

批评家的职责对他来说明白显见: 首先, 要进入所批评的小说、悲剧、诗歌之中(别林斯基笔下的"艺术"指的始终是文学。他对视觉艺术和音乐没什么敏锐的感觉)。谁要是做不到这一点, 就不是批评家。可话说回来, 仅仅把这种代入艺术作品想象的洞见原样展现出来还不够, 批评家必须指出它与某种普遍生活观念的联系, 以示(无论明言还是暗示)它的正确性, 以及它在某种层面上真实地反映现实世界。所以, 对他来说, 说某个批评家教条不是指责, 而是自明的真理。要批评, 就必定要指出联系。一个值得关注的批评家, 多少得清楚他运用的是什么范畴, 清楚他在选择这种而不是那种形容或分析的方式, 以及强调、解释、指明和斥责的时候, 是基于何种预设的世界观。

当然, 基本的教条必须时刻经受事实(一个人自身或他人的生活体验)的检验, 如果事实, 也就是批评家没有它就无法理解、艺术家没有它就无法创造的初始经验, 与批评家的基本思想相冲突, 或者无法轻易

1　"Vzglyad na russkuyu literaturu so smerti Pushkina",《俄国世界》, 1859年第2期, 第2节, "批评", 6页。

吻合，教条便成了枷锁，只会造成扭曲与虚假。但除非有充分有效的教条，逻辑自洽，足够普遍适用，否则批评家便超不出对琐碎漏洞的修修补补，就算文笔再好，也只能忽悠读者而无法唤醒他的敏锐嗅觉，或者令他陷入自我陶醉之中，误以为自己获得了学问与见识，但实际最多也就是，在读结构完善、文辞华美的随笔而已。所以，别林斯基虽然的确从黑格尔的噩梦中逃了出来，却没有走向另一个极端，鼓吹随心所欲的写作方式，或者附和没有明确知识支持的信口雌黄。他梳理了自己的思想基础，决定重新开始，虽然他排斥死板的思想体系，不相信其他领域的艺术家或批评家强加于艺术家的死板教条，但仍然形成了自己的理论，并把它传达了出来。

363

<h2 style="text-align:center">三</h2>

直到别林斯基的晚年，他才为自己认可的批评理论和实践构筑了一个牢固的基础。那几年，他生活在俄国当时的首都圣彼得堡。他自始至终都不喜欢这座寒冷而俊美的城市，不过他很清楚，只有在这里，他才能躲开他在莫斯科的那些理想主义的朋友，还有他们那些形而上的多情幻想。那些年，莫斯科聚集着一批喜欢斯拉夫文化的上等人，他们热情好客、传统保守，不喜欢半德国式的官僚机构和方兴未艾的工业化与现代剥削形式。莫斯科的知识圈生活在情感上是中世纪的，表达形式是朦胧和虚头巴脑的，随后的许多年，那里的人仍然习惯于整夜聊着美学、哲学，还有"人生目的"这类话题，聊的时候昏天黑地、激情澎湃，却没什么具体的实质内容，只记得强烈的思想激情、真诚和亲密的友情。但彼得堡可不像这样，它是一座傲慢无情的城市，身心皆如铁石，憧憬的是西方世界；他们生活在政治压迫、无知、贫穷和挣扎求生的现实中，谁也逃不过。正是在这里，别林斯基终于找到了他自己，开始撰写那一篇又一篇最终让他名垂青史的长文。

364

313

他没有抛弃贯彻一生的核心原则。他始终坚信，一个人必须知道自己是什么、在干什么，绝无任何理由和借口不追求真理；而这就需要弄清楚自己的立场——哪怕只是尝试性的——以及自己前进的方向，这是因为，坚持理性就意味着知道自己立于何处、为什么、谁是自己的敌人，以及该如何辨认自己的敌人。当然，如果你发现你的理性思考所得出了问题，或者事实与之相悖，彻底否定了它，你是可以因此放弃原先的立场的。但是，一个人若是完全不站任何立场——为人善变，缺乏主见，当好好先生，整天一副海纳百川的姿态，这儿借用一种原则，那儿拿来一点思想，总是听从一时的情绪和冲动，不负责任，也从不试图把自己的感情和行动联系到某种规整的思想——那便是怯懦之辈，抛弃了作为一个人的能力和义务；如果他还是个批评家，自诩秉持公正，高居于讲台之上而声闻四方，那简直就是不要脸了。

别林斯基的立场变得清晰、确定。每一样艺术传统，甚至每一个艺术行为，都是在摆出一种面向世界的态度：评论家必须把这个态度从时空的束缚中拆解出来，对它提出至少两个问题：第一，这件艺术作品是否真的再现了一种真实的体验，因为唯其如此它才称得上是一件艺术作品；第二，它是否提出了对人类而言很重要的问题，是否打破了习惯的成规，有没有闹出足够大的动静，让人念念不忘、坐立不安，再也无法躲进舒适圈里。

这两个标准区别明显，它们产生的结果不一定两相符合。在别林斯基那短暂痛苦的人生中，这两个标准主导了他的批评事业，不同时期侧重点有变化。艺术是用诗的方式分析社会生活，而批评则负责考察该艺术是否成功做到了这一点。别林斯基不反对巨细靡遗地分析作品的风格、表达方式，或者考究作品中的文学构成要素，比如词语和词源，文学与当代和古代艺术的关系，作家的心理、生平和社会背景，还有他的艺术与社会的政治或历史发展的关系。他并不轻视这些批评方法，会热情而细心地在自己的批评作品里使用它们，尤其是在那些批评普希金的大作里——实际上这些作品共同构成了一部截至他那个时代的俄国文学史，堪称19世纪上半叶俄国文学批评的最高成就。但他之所以重视所有这些批评技巧，似乎仅仅是因为它们可用于批评艺术作品。而当他质问自己，艺术家（更具体地说是作家）想要做的是什么时，他回答说，他们不是要描述，不是要解释，不是要证明，不是要分析，也不是要改变或者激发行动，而是要表达或者说要传达现实。"如果人们只知道，艺术**有智慧、是真理，深邃却不具诗意**，这对艺术是没什么好处的。"[1]如果某件艺术只是这样，那它就不是艺术。诗之所以为诗，既在于它能表达初始体验——它能将现实纳入诗人的非理性层面的意识中——也在于它能将这种体验传达给其他人。传达就是一切，因为艺术首先是交流。于是，别林斯基皈依黑格尔之前的那些想法又出现了——艺术就是一个人对另一个人说话，而不仅仅是兜售什么精致的工艺品，让人像对一朵花、一场暴雨、一个夏日那样去观赏和把玩它。艺术作品是否有价值，直接取决于它能否传达真实的生活。

但在当时，生命的形而上概念已经过时了，从社会角度切入诠释的方式大行其道，鼓吹者是法国圣西门的那群信徒，尤其还有一群批评家，而他们又启发了别林斯基当时无比欣赏的乔治·桑。这些人认为，生活不是非生物或自然生物的行为，而是人类有目的的活动，以及我们在这种活动中构想出的世界。"社会性、社会性！现在它对我而言高于一切真理！"[2]别林斯基呼喊道。个体自然是真实的，可他首先是社会环境创造的，而且离不开社会。脱离社会、处于旷野之中的个体是一种抽象存在（拜黑格尔和圣西门所赐，这在当时已经成了人人皆知的道理）；

366

1　见本书260页注3。

2　这句似乎来自给博特金的一封信，1841年9月8日，《别林斯基全集》，卷12,66、69页。伯林是意译的。更直译的原文如下："融入社会，不然就死！这就是我的宣言。"**社会主义**，［……］诸观念的观念，诸本质的本质，诸问题的问题，信念与知识的精华。"请对比《俄国思想家》第二版,194、196页。

一个人的语言，他的思想，他的心灵和情感状况，他的行为和他的整体面貌，他内心最深处、最难表达的体验，必然属于各种社会现象，想要理解它们，只有从人类互动的角度才可以，这种社会性是人之所以为人的唯一原因。人作为社会的一员，他的社会性不是什么暂时的标签，可以随意贴上或撕掉，它和视力、听力或者思考能力一样，是人的天性；实际上，那些能力也必须从生存于一个社会性世界的角度来理解。因而，只要一个人说话，他就是在向其他人说话，哪怕他只是在自言自语；当他表达自身时，必定是在社会意义上表达，科学家、哲学家乃至普通人都是这样，艺术家也是如此。

顺着这个思路，一切真理就都是社会真理。将个人与社会活动分离开来的想法属于心理和哲学上的痴人说梦。只要发声，就有社会责任：艺术与科学或者普通言论的分野不在于作品主题，不在于形式，也不在于作品与社会的关系，而是取决于产生该作品的是哪种内部活动——它们之间的区别，更趋近于梦与清醒的区别，而不是类似于散文与诗的，或者说描述与分析的区别。假如说这里有一个人，他说出了某些富有原创性的真知灼见，但只要他不是艺术家，换句话说，只要他说出的话，不是把对外部事物的印象纳入无意识层面后吐露出的东西，那就算这番话有着极高的价值，也不是艺术。对于这番理论，别林斯基最好的编辑伊万诺夫-拉祖姆尼克的理解要胜过他的大多数批评者。

别林斯基的朋友亚历山大·赫尔岑写过一篇小说。他认识到这位朋友扩展中的才华，而把这部小说与冈察洛夫早期的一部小说《平凡的故事》相比。赫尔岑的这部小说名叫《谁之罪？》，写的是一个男人的苦恼生活。他是个情感丰富、热心纯良的人，但没什么本事，心思也不怎么细腻；他的妻子充满热情但受到压抑，对生活的要求大大超过了他所能理解的范围。而后，一个19世纪40年代的俄国"致命帅小伙"（homme fatal）来到了他们的小镇，彻底改变了他们的生活——他年轻有钱，充满理想，熟悉卢梭的思想，在知识和情感方面可谓鹤立鸡群。

他就是后来因屠格涅夫而闻名的"多余人"[1]，在这个国家已然堕落的社会里，他这样的人找不到属于自己的位置；他生性诚实，不肯妥协，脾气又暴躁，最终不仅毁了所有其他人的生活，也毁了他自己。

别林斯基认识到，赫尔岑在这部小说里提出了关键的社会和道德问题，这些问题提得既精妙又有力，才华过人。但他说，赫尔岑并不是艺术家，这作品不能算是艺术作品。他说，他在阅读赫尔岑的小说时，就像是在听一个人讲故事，这人聪明透顶，说话入木三分，在道德上极为敏感和富有想象力。他佩服赫尔岑的写作手法，承认对方抓住了问题所在；他用自己的方式，仔细而优美地把赫尔岑描述的情景讲述了一遍，然后从中寻找他认为存在于一切人类表达形式中的那个核心"观念"。他发现，赫尔岑的作品中确实包含着这种观念，它在赫尔岑对人类自由与尊严的关注之中，也在于这样一个事实：无私的慈善、真诚、奉献与理想主义，必须同时伴随着对人与人之间施为时的神圣限度的本能敬畏——知道人有权被视为独立的存在——否则便必然会让社会顶层的人滋生施舍与傲慢心理，使社会底层的人陷入屈辱、沾染奴性。唯有这种敬畏保护着人们，没有了它，人就会受到伤残、心怀恶念，子女将不知感激好心的父母，善良有德的父亲会养育出内心扭曲的儿子，社会的道德和精神生活将日趋畸形病态，就像俄国地方上那样。只有全心全意、不期望任何回报的爱——比如护士一刻不停地照看孩子，全然顾不上自己的事——才可以拯救人类，给他们安全感并承认他们的需要，否则他们会变得粗糙、冷酷和不幸，仍然受锁链束缚。这样的爱求不来、换不来，也无法从某种责任感那里获得。

别林斯基分析了赫尔岑对俄国地方境况的细节描写，分析得精确

368

1　屠格涅夫在小说《多余人日记》中首次给"多余人"这个概念命了名：见1850年3月23日那条，《屠格涅夫全集》，卷5，185—189页。这个词也被陀思妥耶夫斯基当作流行语使用过，见《地下室手记》(1864)，《陀思妥耶夫斯基全集》，卷6，7—80页。

而深刻，赫尔岑的描写无疑令他大为感动，它很大程度上反映了他自己的生活；他在私下里和公开场合都称赞过赫尔岑，说其情感深刻、才华过人地描绘和揭露了一个被错误标准统治的社会，在这些标准之下，一位有夫之妇的情人选择反抗会遭到毁灭；选择顺从也会遭到毁灭。歌德的《赫尔曼与窦绿苔》里有着相似的故事；那个故事是不光彩的，而赫尔岑的故事很伟大。但别林斯基斩钉截铁地告诉赫尔岑，他不是艺术家，也永远也成不了艺术家。同样的话，他对他的另一个作家朋友格里戈罗维奇也说过；要知道，格里戈罗维奇的作品充满想象力和悲剧性地描绘了他那个地区俄国农民的生活，社会历史学家们认为，它和屠格涅夫的《猎人笔记》一道，感动了整整一代读者，乃至一度影响过解放农奴运动期间的舆论。别林斯基被《乡村》和《苦命人安东》感动得流泪，但依然宣称，格里戈罗维奇写的这些故事虽然高尚、真实和珍贵，却不是艺术家的作品。今天，没有人质疑别林斯基对赫尔岑和格里戈罗维奇二人的评价。

同一时期，他还评论了冈察洛夫的《平凡的故事》，说这是一部真正的艺术作品——虽称不上是一流作品，但富有新意、构思卓绝。他认为冈察洛夫是一位有创造力的作家，笔下的人物丰满鲜活、各有特点；尤其是，读者在这些角色身上看不到作者自己的个性；他既不爱他们，也不恨他们，没有道德说教，只是赋予他们生命，然后任他们走自己的路。这种客观创作的能力是作为艺术家的标志；如果做不到这一点，就算能写得动人心弦、激发想象，就算满篇都是重要、独到、有趣的内容，就算能让读者兴奋、感动、开心，或者让他们深受教诲、心情愉悦乃至吓得浑身起鸡皮疙瘩，它仍在艺术殿堂之外。

在人生最后的几年里，别林斯基的审美理念最终定形了。他认为，艺术的目的、道德和政治的目的，还有人类其他所有严肃活动的目的，都应该指向人类一切思想的那个唯一的核心目标——指向自我理解，让一个人在知识生活、情感生活和实际生活中理解自己。其他任何艺术理念，只要是会让人类远离理性、想象和一切知觉形式的这一最高目标——不管它是纯粹艺术的理念，所谓的为艺术而艺术，在某种程度上隔绝于其他体验形式，还是处在另一个极端的，意在道德说教、有功利色彩乃至内含偏见的艺术，其奉行的规则或纲领刻意夸大人的某种特定利益，忽视其他利益——在别林斯基看来，都会毁灭真理，妨碍人类在完整的意义上理解生活，使人无法在创造行为中表达对生活的完整理解，而这在他看来才是人应该从事的事业。

370

最主要的是，可以想见，他憎恶先验的艺术思想和法则。这种思潮在法国理论家布瓦洛到巴特时期达到了巅峰期。他反感的并非这种思潮中的具体规定本身，而是它对人预设的看法，自文艺复兴以来，这种看法就在西方思想中占据着主导地位——这个学说区别人的不同活动，而且每一种活动都有一套独立适用的规则。在这一点上，别林斯基与德国浪漫主义者和俄国斯拉夫派持相同的立场——他原本和这些人并不对付，甚至是死对头，但是他觉得，这些人比起他们那些满脑子盲目机械主义的前辈高到不知道哪里去了。他们至少视艺术家为一个不可分割的存在，而不是把他当作专家、手艺人和技术人员，认为他的功能和他作为人类的全部个性可以割裂开来。认为就像蜂产蜜、蚕吐丝的道理一样，木匠做桌子、诗人写诗、哲学家思考哲学、政治家从政、丈夫和妻子经营家庭生活；他们做这些事借助的是他们的某个独立组成部分，并由此推定，这些活动的价值仅仅存在于活动的产物之中，研究这些活动的正确方法就是劳动分工、专业化和职业技能——这种划分人的行为对别林斯基而言是大错特错的。

为艺术家的创造手段或目的强加任何规定，都是在妨碍他追寻现实。其中最恶劣的是德国古典哲学的理论，因为从这种观念中滋生出了一种异端邪说，它禁止探究作家的个性和动机。这种理论认为，作家就是生产者，公众和批评家有权做的事就是考察他提供的这种商品。他的个性、目的和世界观跟他们完全没有任何关系。毕竟，你评价或购

371 买桌子的时候可不会去调查做这个桌子的木匠性格如何；既然如此，作家与画家的动机或者生平和他创造的东西又能有什么关系？我们有什么权利追问某个小说家或者诗人是不是好公民、对他的太太专不专一、为人是否诚实正直？这个人做出了一个东西。要是做得有问题，人们可以批评它；要是做得好，可以表扬它。但批评者不能窥探做这个东西的人有什么动机、生平如何、有怎样的关系网。批评者可以谈论他对这件已完成产品的看法，他的意见是大家都能看得到的。评价一个人的书，应该像看一样珠宝、一朵玫瑰、一瓶红酒那样，你从中获得这本书能提供给你的乐趣。可一个人的人生，则完全是他自己的事。

别林斯基认为，这种看法纯粹是胡说八道，简直是一种亵渎。艺术，尤其是写作这种艺术，是一个人对其他人说话时发出的声音。一个人只要说话，不管他有什么道理，都是在传达一种人生态度，他得对这种态度（以及他行为活动中的其他一切）负责。如果作者写的东西错误、浅陋、虚伪，或者净是些无关痛痒的琐事，那就得怪他。没有任何领域可以免于价值判断——你不能想干什么就干什么，然后还可以逃过别人的批评。如果我们决定对我们的处境视而不见，因为弱小、怯懦、无情和只知享乐，就要么沉溺于幻想之中，要么扭曲事实，那我们就得自食其果。如果我们否认真理，在创造时掺杂虚假之物，利用人性中我们所鄙视的东西，用大量的劣等艺术和堕落新闻喂给公众，从而奴役剥削他们，我们就是在抛弃我们的使命，与拿钱干事的财迷和叛徒无异。一切文学作品都是证言。想想奥赛罗、哈姆雷特、卡尔·莫尔、威克菲尔德的牧师[1]、塔吉亚娜（就是普希金的《叶甫盖尼·奥涅金》里的女主

---

1 伯林的这篇文章写成之时，研究别林斯基的学者普遍认为，1847年11月的《现代人》[1847年卷6，第1期，第3部分（"俄国文学"），77—86]上刊登的一篇评价戈德史密斯这部小说的未署名文章是别林斯基写的。然而，后来人们发现作者实际上是 A. D. 加拉霍夫，他曾提到这篇文章，见 "Moe sotrudnichestvo v zhurnalakh"，《历史导报》26（1866），312—335页，在323页。但是加拉霍夫的观点和别林斯基很接近，甚至可能受过他的影响。

人公)，这些角色都传达了作家们对现实世界的看法，展现出了他们自己和这个世界的关系、他们是什么、做了什么，并且当然为这一点负责。 372
艺术不是新闻，不是道德说教；但是，它虽是创造性活动，却无碍于它在创作者的人生或者其社会生活中发挥作用。批评应当识别出这种作用，揭露它的根源、方向，以及它与过去和现在的关系，而如果批评者自有一种立场——只要是一个理性存在，就不可能没有立场——他对这部作品的研究就能让人弄明白，艺术家与批评者所拥护的价值有着怎样的关系：是支持它们呢，还是抵制呢，还是说表现出一副无所谓的样子来？

人之为人，首要义务就在于理解自身。艺术就是一种自我理解的形式。将一件艺术作品视为漠然沉思的对象，忘记它是一种声音，这会误解人的本质、误导他人，这样做的出发点是脆弱，是愚蠢或虚伪，是自私或者惧怕真理。人是一个整体，不可以分割成许多部分：认为人可以被分为不同的功能部分，每个部分都追求着各自不同的目标；认为人一会儿戴着这个面具、一会儿戴着那个面具，可以扮演不同的角色——这是完全错误的、低级的。它错误是因为，任何严肃的作品若要被人理解，就得表达某种生活，或者某个完整的文化和时代：歌德可能说过他信奉纯粹艺术，但是《浮士德》传达了一整个时代的样貌与文明。它低级则是因为，它把人矮化了，它眼中的人，不过是人的一小部分：人的技能、人作为商品生产者的角色——如果要举现实中的例子，那就是俄国的马尔林斯基和法国的欧仁·苏这两个畅销小说家；在这样的观念下创作小说，人就会为了外部的物质回报而扼杀自己的个性，使写作沦为可耻的卖淫行为。

人是单一而不可分的存在，他一旦从事创造，无论做什么，无论他有没有意识到，他都会把全部的自己投入进去。理解一部艺术作品就意味着进入这个艺术家的状态，理解他眼中的世界、他的内心生活、他的目的、他的处境。没有人能随随便便就读懂拜伦，除非他（至少暂时） 373

"生活过"[1]拜伦的个人和社会经历,借拜伦的眼来观看世界。要读懂某个作家,仅仅是静静地观察,哪怕带着同情心,也是不够的。必须再前进许多步,成为"拜伦主义者""歌德信徒",持续上一段时间,然后再跳出来。要达至真理,必须走极端,靠仔细的判断是不行的。精雕细琢地评价某首诗或者某篇小说的某个特质,例如分析词语、风格、主题和处理手法、语言或形象的历史和心理根源——无论这些要素有多么关键,都回答不了只有靠批评才能回答的核心问题:为什么要创作这部艺术作品? 它说的是什么? 为什么要说(而不仅仅是问它是怎么说的),它有说的价值吗? 只有问出这些问题的人,才能吃批评家这碗饭,这些问题既关乎事实,又关乎价值兼具审美、心理和道德意义。而要问这样的问题,只能进入一个作家的全部经验,只要这种经验可以被外人体验到。一个人的所作所为构成了他个性的一个方面,也构成了他所处社会的生活和抱负的一个方面;同样,这个社会只能作为它所属之物(民族、文化,或者全体人类)的一个发展阶段来理解。

你理解的东西越实在,你的历史、心理和道德视野就必须越宽阔:因为只有在艺术家的其他活动,以及非艺术创作者的活动环境下,在这些人和他们的先辈、后辈的关系中,你关注的那个方面才会显露出来,变得可以理解。这就是为什么把一个人归类为"艺术家",把艺术创作当作一种特殊技能或职业(别林斯基认为法国人就想这么干),是在粗暴地践踏人的本质。规则也许有用,技能训练也是必要的,但说到底,关键的是一个人有多理解他自己和他所处的世界——知道什么重要、什么不重要,对角色、经历和情景有天生的道德敏感。所以,如果这人喜欢吹毛求疵、满嘴跑火车,或者在生活中的任何一个方面自欺欺人(无论是作为人类、公民还是手艺人),他的这些特点就也会体现在他的创作活动里。一个人是什么样,就怎么做事,他的劳动成果和他这个劳

---

1 见本书269页注1。

动者是分不开的。我们可能对莎士比亚的一生知之甚少，但他的戏剧来自他的心声，改变了我们和他通常看待世界的方式，这些戏剧作品并非客观实体，可不能像对待客观自然里的非个人景观那样去分析。

所有人都要对他做的事负责，而作家，因为他自由地选择"公开作证"这个工作，因而负担着一种尤其沉重的责任——他的使命光荣而危险。在俄国这样的国家尤其如此，因为别的可以传播光明之人（科学家、神父、政治家或者其他公众人物）人数稀少，不能抱团取暖，常因软弱、无知、腐败或审查而悲惨地失败。圣西门曾提出，在现代社会，教士和律师将不再像中世纪时那样教化道德和文明，他们的功能和责任将被其他群体取代，别林斯基也是这样想的：新时代的"俗世神父"负责的是维系人的团结，保证有组织的人类社会不要改变方向，他们是新秩序下的思想者和导师：知识分子。

现在，人们将别林斯基奉为俄国激进知识分子之父，这是没有错的；屠格涅夫、赫尔岑、冈察洛夫和涅克拉索夫则是从一开始就这么看待他了。最有力的证据（可能）来自陀思妥耶夫斯基——别林斯基在19世纪40年代初期就已经看出了这位作家天资卓越（尽管后来他的看法有所动摇）——陀氏因为公开宣读了别林斯基写给果戈理的那封著名的信，曾被判处死刑，此后过了二十多年，19世纪70年代，陀氏反过来把别林斯基骂了个狗血喷头，说他是无神论和西方科学与进步信仰的代言人，而且陀氏为了泄愤，还说他写的东西"臭不可闻、愚蠢至极，是俄国的耻辱"[1]，满篇都是一个诅咒俄国、诅咒上帝和基督之人的无能狂怒，此外，他要不是死得太早，最后肯定会变成一个糊涂的老头，整天发了疯似的往返于德国或瑞士的一场场会议之间[2]，见人就夸社会主义

375

1　1871年5月18日给N. N. 斯特拉霍夫的信，《陀思妥耶夫斯基文集》，卷16/I，99页；参较1871年4月23日给斯特拉霍夫的信，陀氏在这封信里说别林斯基是"臭虫"：同上书，93页。

2　见本书346页注1。

和无神论。不过，陀思妥耶夫斯基和别林斯基、和俄国激进主义的关系就是另一个故事了，这个故事还没有被人好好讲过，值得一番深挖。

四

只要是他宣扬过的东西，别林斯基都会完整透彻地践行：在这个过程中，他发展出了一类社会批评，这是他为我们的文明做出的持久的贡献。在他的一生中，无论是跟随谢林和费希特、鄙视社会现实的时期，还是认同席勒、反抗社会现实的时期，抑或因为信奉黑格尔而想要为社会现实的不同阶段解释和辩护的时期，他始终在寻找艺术中的"内在"、普遍的核心——这个核心在追随谢林的时候是非理性的，到了费希特和黑格尔时期则变成"理性的"——寻找典型、范例、某种永恒进程的元素，它包裹在经验的知觉肉体中，在历史洪流中被揭示，但是它的精神存在于一个超感觉的世界里，这个世界有着永恒不变的价值。

从黑格尔的大梦中苏醒之后，他如自己惯常地那样，走向了另一个极端，否认艺术和生活之间存在任何分隔。普通交际中的分类和概念也适用于艺术：艺术并不会在一个特别的虚幻层次发挥功能，艺术家也不会采取什么日常生活之外的视角，或者能被激发出某种独特的感觉、知觉或行为，他们更不是什么稀世的神秘天才，可以通过深奥的手段获得常人所没有的体验。是对社会和历史的平凡洞见、人人皆有的智慧让我明白，莱辛何以是个公正无私的人、歌德和普希金何以能够在皇室与宫廷中左右逢源；同样是这些东西让我明白，为何他们笔下的虚构角色在行为上、感觉上和言论上和他们别无二致。这些天之骄子像神一般创造了一个个世界，然后依照自身的形象塑造出众多灵魂，让他们栖居在这些世界中。批评就是直接评判这些世界，把它们当作真实世界一般。主导这些世界的乃是道德与精神上的原则和特质，它们或者发自作者的个人或心理处境，或者来源于当时的历史与社会背景。批评者应该借助一种特别的共情想象力进入这些处境和背景中，只有这样，他才能有权利，也有义务说明他的发现是有效还是无效、深刻还是肤浅、真实还是虚假、关键还是无关紧要——倘若他没这个能力，就该放弃走批评家这条路。

在别林斯基的认知中，生活和艺术之间是没有界限的。他告诉我们，歌德有着惊人的理解力和天赋的表达才能；他的作品反映了他那个时代下德国社会的文明全貌；他的才华存在于他的创作之中，并非源自他那些明示的艺术目标，那些否定了他的才华具有社会和历史深度。为什么他在批评别人的作品的时候也会看走眼、犯错误？因为他出身的那个文明有很多格局不大、平平无奇的东西。这个问题的原因可以从历史学和社会学的角度来分析；这种庸俗的氛围会侵染哪怕是像歌德和黑格尔这样博大的灵魂。黑格尔对官僚机构的喜爱、他在一个狭隘高压的政府作为顺民的小心态度、歌德在《赫尔曼与窦绿苔》中的道德说教，全都直接来自他们那个时代德国中等阶层的氛围和特质。

普希金的伟大在于，他首次向俄国揭示了它的社会面貌，开创了俄国文学的语言，让这个国家有新的能力可以理解自己、理解它的内在性格和抱负；果戈理则是俄国第二号善于创造和揭示的伟大天才，仅次于普希金。然而，普希金是贵族出身，是自视高人一等、有廷臣心理的，我们只要想想，塔吉亚娜宁愿死守着一个不爱自己的丈夫，也不肯接受回到她身边的奥涅金，就会明白，这都是因为普希金摆脱不了本性中社会和道德的束缚，这个因素不可能不影响到他的艺术作品的质量和真实性。（陀思妥耶夫斯基和整整一代的俄国批评界人士无法原谅别林斯基这等亵渎之词。）别林斯基崇拜果戈理，可后来果戈理开始鼓吹俄国应该恢复家长式的关系，还宣扬说，在罪恶的个体孕育出个体的、精神上的重生之前，社会与政治改革都很危险，别林斯基就马上说他抛弃了自己的艺术，歪曲了现实，而且——考虑到他是个艺术家，因而肩负着在这个政府腐朽无能、人民目不识丁的广袤国家传播真理的特殊

377

责任——背叛了他的神圣使命。这封给果戈理的信实际上是一份宣言，也许是第一份呼吁艺术应该承担责任的宣言，成了俄国激进人士的圣经。

后来，别林斯基改变了批评方法，再然后直到他去世都再没有发生过变化。他始终具有一种非凡的能力，可以进入各种理论、思想和情景，并让自己置身其中，在谈论它们的时候，他不是作为一个观察者，而是作为一个参与者，从内部，从某个人、某种关系或者某个社会困境的最核心谈论它们。他为了糊口被迫读了许多小说和诗歌，有的写得很有才，有的则平庸琐碎，但在他的手中，都变成了人类面对的核心问题。他埋身于虚构角色的海洋中，让自己的血液流淌在他们的血管中。他过他们的生活。他支持某个角色反对另一个角色，认真到似乎幼稚乃至原始——直到人们察觉到他几乎总会显出的那种敏感而深刻的道德和心理感受力。他会走进果戈理对其笔下的主要角色最为细节的描写中，像评论他有私交的人那样描述他们、形容他们，告诉我们这些角色在这样或那样的情境下会且必然会有怎样的作为、强调他们的生命和行为中有重要道德意义和社会意义的部分，而且还做了他曾经为歌德感到不齿的事：歌德要求读者忘记自己，忘记作者，忘记这个世界，完全投入到作者呈现出的艺术作品中去。[1]

作为一个批评家，别林斯基对富有同情心的读者造成的正是这样的影响：他责怪普希金笔下的塔吉亚娜出卖肉体，责怪她屈服于传统道德，最终枉送了自己的性命；他仔细审视了她和奥涅金、和当时整个社会的关系，视其为对全人类至关重要的大问题，尽管这种关系出现在一种独特的文本中；他还细心推想了一下，天纵英才如普希金，究竟为什么会在道德问题上犯这样的错误，为什么会在观念上如此受限于自己的阶层？他让马克思主义批评家的崇拜言之有理，还预示了易卜

1　见本书292页注1。

生、尼采和布莱希特的世界。不过，让别林斯基伟大的并非他的社会洞见，而是因为他有一双慧眼，眼光新鲜而真实，又有得心应手的语言能力。他与对象之间没有障碍：他一提笔，就能占据读者的视野中心，让他们明白什么重要、什么不重要。他撇开一切无关痛痒的琐事，批评巨细靡遗的自然主义文学，第一个指出这种文学形式和真正的现实主义完全是两码事（当时人们把现实主义称为"自然主义"）。他这种做法在批评界实际上完成了一次创举，他把批评写作变成了一种表现人的方式——人在此是一种道德和社会存在。通过这种方式，他因而也可以表现他的社会、他的时代和他的文明。

379

由于这些原因，尤其是由于冈察洛夫说的，他沉迷于观念不能自拔，别林斯基的兴趣进一步扩大到了他划定的艺术范围之外的领域。他任性地坦承，就算是没有艺术性的作品，只要能惊醒蒙昧中的人，让读者意识到自己的处境，只要能提出问题、让人陷入痛苦的自我考察，这样的作品也让他兴奋和开心，哪怕它毫无艺术性也没关系。他如饥似渴地读完了当时最具社会性色彩的小说家乔治·桑的作品，还有启发了乔治·桑的那些法国空想社会主义者的著作。等到他看透了所谓的法国空想社会主义并不能解放和丰富人的个性以后，他又迷上了法国的科学实证主义者的著作，他们信奉的不是社会改革而是工业和技术发展。他在批评纯粹艺术时宣称，"每个聪明的人都有权要求［……］诗歌［……］充满这些沉重无解的问题带来的悲伤"。[1]不止于此，1845年他又宣称：在今天这样的关键时期，"艺术不是主人，而是奴隶。它服务于自身以外的利益"。[2]但是他即使是那时也没有否认，这些利益是非艺术的利益。

他不再坚持这一极端立场。他抛弃的立场却被身后一代的俄国激

1　见本书256页注3。
2　见本书263页注3。

进派作家死死抱住不放，还成了滥用功利概念的借口。好些人把别林斯基捧上神坛，有的人相信艺术的主要目的就是直接改善人的行为，手段可以是通过树立典型——有供人效仿的英雄典型，也有供人仇恨的恶棍典型；有的人批评纯粹艺术乃吹毛求疵、"骄奢淫逸"[1]的自我放纵之举，也有的人像皮萨列夫和"虚无主义者"主张的那样，干脆认为搞艺术完全是浪费时间、浪费资源，应该都被消灭掉，给更急切、更重要的社会任务腾地方。车尔尼雪夫斯基则说，画海洋题材的油画倒不是浪费时间，如果没人画海，内陆居民可能一辈子都看不到大海是什么样，但是人们会忍不住花重金买这些画，把本该用来接济缺衣少食之人的钱挥霍掉；还有，《叶甫盖尼·奥涅金》虽写得文采斐然，但华而不实，无非是写一个放纵堕落的享乐主义者，其思想、行为和感情通通一文不值，这样的人生在世上犹如木头随波逐流，注定会随着科学的发展和理性原则的胜利而灰飞烟灭。

别林斯基有生之年要是看到这些漫画式言论，绝不会苟同。没错，他确实批评过"纯粹艺术"[2]——纯粹艺术想要"像鸟儿一样歌唱"[3]，洁身自好，独立于时代走向。别林斯基觉得这种想法简直荒唐，只有鬼迷心窍、内心有软弱与恐惧在作祟的人才会想逃离自我、逃到永恒的云上乐土，妄图摆脱历史和社会。永恒的道德也好，永恒的美也好，永恒的真理也好，在他和黑格尔看来都是空洞的概念，是凭空而生的妄想。追求这种状态，是因为这个人可悲地、没有生气地害怕现实。别林斯基确实反对这种心态，曾辛辣有力地批驳过。但是他也讨厌功利性和道德说教式（蛮横霸道的那种）的艺术。只要这种艺术是外部强加的，或者是通过理性方式创造出来的，那它就一点艺术价值也没有。比如戈德

1　见本书264页注1。
2　见本书263页注3，《别林斯基全集》，卷9，78页。
3　《关于批评的讲话》，《别林斯基全集》，卷6，286页；参较本书290页。

温的小说，很得车尔尼雪夫斯基欣赏；而费尼莫尔·库柏和司各特的浪漫小说则被别林斯基大加赞赏——它们之间的差异就能体现出车氏和别氏之间的鸿沟，这无关乎他们在政治上的联系有多近。

不过在别林斯基那个年代，政治宣传文学的威胁尚不严重：沙俄的审查制度打压一切观念，连保守派和爱国人士也不放过。要对付的 381 是浪漫的幻想和永恒的古典主义，这些所谓的出路没有前途；还有地方主义和有意识的民族主义文化，二者在别林斯基看来都是在逃避真理。因此，他坚决反对斯拉夫派的泥古文风，指斥乌克兰人、波兰人和塞尔维亚人只重视自己的民族价值，谴责俄国文学界那些（真正的或见风使舵的）沙文主义者的排外心理。他呼吁人们必须睁开眼来面对现实，说真话。如果你是俄国人，生活在俄国社会，你说的话就能表现俄国民族的才华，正确地传达国土内外的气质。而有意识地追求一种民族的风格、故意制造异域色彩，不过说明你缺乏创造力，缺乏现实感，试图模仿某种已经死去的东西，来掩盖一些永远没有生命的东西的虚弱无力。

别林斯基写了大量的文章讨论英国和德国作家（尽管他无法轻松阅读英语和德语原文）以及法国文学（他能读法语，还能翻译）；[1]不过，虽然他对海涅、拉马丁、狄更斯和伏尔泰有着犀利独到的见解，他真正理解和视为生命的却只有俄国和俄国文学。他热爱它的一切，它的优点和缺点；但凡有作家敢抹黑它，不管这人是死是活，不管他是机械模仿外国作品，还是把道德或政治方面的外部标准强加于俄国身上，抑或对那些实实在在的社会和历史现实视而不见，别林斯基都会感到怒不可遏。他以一贯的激烈口吻宣称，这种空洞的世界主义还不如斯拉夫派的极端民族主义：至少斯拉夫派想要彻底认识他们生活的这片土地和这个时代，只不过方法和结论都错了。至于别林斯基自己，他在1847 382 年一篇炮轰果戈理的文章中说，他关心的是"真理、俄国社会和俄国本

1　见本书346页注1。

身"。[1]这就是他想弄清楚的东西，因为每个作家都生活在他所处的国家和时代，是这两者造就了他。如果司各特、拜伦、莎士比亚这些人早生或者晚生了三十年，他们就会写出不一样的东西来；他们有他们的生活环境和社会状况，埋怨他们怎么生活就怎么写作，是受了一种错误理论的蛊惑，忽视具体的写作背景，以为创作过程有什么理想的公式，但实际上创作过程本就受其所处的时代、地区和周围的观念影响，如果作品真实可靠，这三种因素也能在其中得到反映。

普列汉诺夫曾精准地说道，为艺术而艺术具有两面性：如果艺术作品站在子女的立场上反抗父母一方的随波逐流、虚无主义或庸俗机会主义，它就是进步的艺术；但如果它对当代最急切的问题视而不见，一味逃避责任、躲进谎言和幻想中，它就是反动的艺术。[2]别林斯基活着的时候，俄国正处在极度高压的空气中，人们很容易就会逃向伪古典主义或折中主义；别林斯基在人生的最后七年中和这种空气展开了不懈斗争，而且越战越勇。他认为，最朴素的社会现实主义，哪怕这种作品毫无诗意，但只要它扎根于现实，敢于提出棘手的问题，就胜过幻想、寓言和海市蜃楼。他从不肯像好友赫尔岑一样移居国外，也从不相信（无论是在生活中还是文章里）他可以彻底抛弃俄国社会，抛弃他的朋友、敌人，从此不再和人激烈地吵架，不再关心祖国的未来、个人关系，还有他周遭之人、构成他的全部现实之人的生活。文学和生活是一体的，而因为社会和政治问题是生活的一部分，它们在事实上也是文学的一部分。

别林斯基晚年写的文章无论关注的是什么——小说、诗歌、社会议题、历史——都会自然而然地涉足政治话题；若不是政治审查到了连最细微的危险思想也不放过的地步，他一定会以更为自由的姿态表达自

383

1　给果戈理的信，1847年7月15日，《别林斯基全集》，卷10，220页。

2　这是普列汉诺夫的文章《艺术和社会生活》的要旨："Iskusstvo I obshchestvennya zhizn"，《现代人》1912年第11和12期，292—293页，1913年第1期，141—148页。

己的看法。他写的信让我们真正了解到他这几年里都在思考什么。19世纪40年代早期，他追随的是勒鲁、蒲鲁东、费尔巴哈等人的新社会主义思想，相信个人若想获得解放，必须先实现社会与政治平等和友爱，除去人与人之间的屏障，消灭阶级；因为只有这样，个人作为人类的需求、他的尊严和独立才能在人与人互相的爱与尊敬中得到保障，而这种爱与尊敬只有当那种缺乏公正、充满剥削和政治经济压迫的王国被推翻之后才可能发展。他曾用孔多塞式的语言吐露过自己的梦想，多年以后会在俄国民粹主义者和社会主义者中间得到呼应；他说他渴望看到有一天，再没有人会被绑在火刑柱上烧死，再没有人会压迫和羞辱其他人，没有人撒谎、拍马屁，没有人高高在上、玩弄手段，也没有人表里不一、惺惺作态。

可要怎样才能实现这个梦想？在刚刚从黑格尔寂静主义中惊醒的那几个月里，别林斯基很欣赏马拉、罗伯斯庇尔、小加图、谢林口中的英雄，还有把法国国王送上断头台、把卑鄙的吉伦特温和派从人类进步的大道上一扫而空的雅各宾派。他愿意用民众的鲜血换取更多民众的幸福和自由。可能因为害怕警察找上门，他最后没有走上极端的革命道路，说出后来的阴谋乱党与恐怖主义者的那种言辞。但晚年的他冷静了下来，不再讲什么个人英雄主义和道德重生，而是改信先进的自然科学技术。他把费尔巴哈扔在一边，读起了法国实证主义者孔德（孔德有点令他讨厌）和利特雷（此人他很欣赏）。他写信告诉博特金，经济组织可以开辟一条通往自由的道路；而在俄国这片广袤混乱的土地上，只有 384 政府和权力才能建立这种组织。他见证了从圣彼得堡到莫斯科的首条铁路建成开通的过程，为之心潮澎湃。1847年，流亡国外的赫尔岑猛烈批判巴黎的布尔乔亚冷漠无情，而别林斯基和朋友们认为赫尔岑这么做在政治上站不住脚，因为他们认为，只有工业主义以及它创造的中产阶级，也就是布尔乔亚，能把俄国从贫困和落后中拯救出来。

当时，尼古拉一世正受到让人始料未及的拥戴，加之一些不负责任的激进人士（比如塔拉斯·谢甫琴科）故意挑衅政府，致使环境愈发逼仄，政治和经济改革一再放缓，引起了众怒。别林斯基知道他的一些朋友为此恼火不已，尤其是赫尔岑和巴枯宁，当时二人都在巴黎；但就像他在黑格尔时期那样，真理于他而言比友谊更宝贵。就算是在批评果戈理的时候，他也从未呼唤过革命，只是要求解放农奴、废除肉刑、尊重现有的法律，虽然它们存在缺陷。这是个很温和的方案，他不像那些比他出身更好的同代人，他从不相信激进的宏大设想，不相信圣彼得堡和莫斯科沙龙上的高谈阔论，因为这些东西都飘在天上，没有实现的可能。最重要的是，他不会像那些人一样把穷苦人理想化，他深深怀疑浪漫的民粹主义，所以从不提起"人民"二字，不信口开河，不发表慷慨宏伟的演说。唯其如此，普列汉诺夫才说他是马克思主义者那种冷静现实主义的先驱，是反对无能的现实主义的斗士，那些人虽自诩激进派和革命者，却缺乏组织，空有善心而无头脑。

　　普列汉诺夫说的还是有些道理的。因为关注具体的社会问题，别林斯基在多个领域都具有基础性的地位，除了俄国批评史，还有左翼政治运动乃至俄国革命的历史，都很看重他。自他之后，对社会现实的关注就再也没有和俄国批评分开过。很明显，虽然他可能不承认某些现实主义作品是艺术作品，但他喜欢所有能唤醒人们、让他们不得不停下来审视现实的东西，不管这些作品写的是下流肮脏之辈，是乞丐或醉醺醺的士兵，还是清瘦的政府职员，胳膊下面夹着公事包跑来跑去，抑或像果戈理笔下的圣彼得堡日常生活中呈现出的那种可怕现实，这样的作品敲打着他的个人责任感，让他认识到俄国必须尽快开始切实的改革。屠格涅夫描述过一个情景，说的是别林斯基朗读普希金曾念给暴民的几行讽刺诗："厨房的锅碗瓢盆对你来说更值钱/你靠它给自己做饭"[1]：

385

　　1　见本书257页注1。

　　"没错，"别林斯基一边说，一边大步流星地来回踱步，双眼愤怒地扫视着，"没错，我是靠它给自己做饭，不光给自己做，还给家人和另一个穷人做。我得先养活我的家人和我自己，不然怎么有力气参拜那些石像？就算它们是什么伟大的菲迪亚斯雕刻出来的，我也得先吃饱饭才行！让你们这些愤怒的绅士诗人全都见鬼去吧！"[1]

　　这样的情绪在当时很少见，但它传达的信息可以在后世的作品里看到，而且更刺耳、更响亮，比如陀思妥耶夫斯基和托尔斯泰，甚至包括屠格涅夫和契诃夫这种"纯粹的"作家的作品；最后，到20世纪，每一个俄国作家都明白赫尔岑的那句名言——俄国文学就是一份对俄国生活的巨型控告书[2]——是什么意思；小说家柯罗连科能说出（不用担心别人领会不了其奥义）"俄罗斯文学成了我的祖国"这样的话。[3]

　　毋庸置疑，别林斯基确实因为过分关注俄国和俄国人的需求而忽视了但丁、拉辛、弥尔顿、莫里哀等人，对他们他只是偶尔嘴上说说，实际上一个也没往心里去；他也因此高估了"责任"文学在他那个时代的价值——他提到乔治·桑时，能把她吹捧得和狄更斯不相上下似的。而且他要是今天还活着，可能还会对《汤姆叔叔的小屋》《复活》，对德莱塞、厄普顿·辛克莱、雷马克、布莱希特的小说，还有对当代那些讽刺社会、介入政治的作品赞不绝口，评价超出了这些作品的艺术价值。他喜欢新闻报道和纪实文学，讨厌虚假艺术；他要求真实的艺术应该理解作品本身——不逃避，不滋生幻想，勇于承担认识世界、作为世界之声的责任。不朽的诗人——独醒于庸众之间的那种，怎么可能**不问政**

386

1　见本书257页注2。
2　《论俄国革命思想的发展》，《赫尔岑全集》，卷7，247页。
3　见本书291页注1。

治？诗人就是"一种易受影响、易于激动的有机体"[1]，必然要对他那个时代的森罗万象做出反应。

他在1842年发表了一篇文章，讨论艺术家和其所处社会的要求。他在文章中说，12世纪的人会烧死思想与众不同的人；19世纪的人则会送他们接受再教育，帮他们改邪归正。"'然而，'有人会对我们说，'如果人不能跳出他的时代，那么就不会有不属于自己时代之精神的诗人，因此也就不需要攻击不可能发生的事情。''不，'我们回答，'不但可能发生，而且确实发生了，尤其在我们这个时代。'"[2]

这是因为，有的社会在学校给孩子们灌输道德准则，等孩子们离开学校以后，这些准则成了人们嘲笑他们的原因。此时，人们已经不再有宗教情感，社会走向四分五裂，个体内在出现割裂，并且无可避免地变得自私和孤立。在这种情况下，社会上虽然仍留有古老的传统，但实际上已经没人相信了，人们所持的观点与科学发现的新真理相悖，而信仰则被历史运动扫进了垃圾堆；这样的社会，就连最高尚、最有才华的387个体也会感到自己隔绝于世，感到孤单，而更弱小的人则会平静无事地随波逐流，变成公开宣扬自私自利以及各种社会可怕现象的卫道士，面对批评，他们会解释说，显然这个世界永远都是这副德行，改变不了了。毕竟，这些人会告诉自己，今天这个局面

> 不是我们造成的，而且就算我们死了也不会改善。有的人——唉，有时还是当时最优秀的那批人——逃到了自己的世界里，绝望地对这一侮辱了一切情感和理性的现实不闻不问。但这种自救方式不仅没用而且自私。如果街上起火了，我们之中必须有人挺身而出，想办法和别人一起把火扑灭，而不是转身逃走；我们必须在灭

---

1 《莱蒙托夫诗选》，《别林斯基全集》，卷4，495页。
2 《关于批评的讲话》，《别林斯基全集》，卷6，285页。

火的时候像兄弟般同心协力。可现实正好相反，许多人现在甚至把自私胆小上升成一种原则、一种学说、一种人生法则，最终将之奉为最高智慧的圭臬。他们以之为荣，他们看不起这个世界，还会反过来让你睁开眼好好看看它，说它不值得他们为之欢欣痛苦。他们端坐于想象中的象牙塔内，从五彩缤纷的玫瑰花窗向外张望，像鸟儿一样歌唱。[1]

这样的人貌似还活着，其实早就死了。

> 创作自由不难与服务当代的需要相协调：但要服务当代，作家不一定就得强迫自己写作现成的题材或者打破自己的幻想；他只需要做一个公民，做他那个社会和时代的儿子，正视它的利益，让它的需要变成自己的需要；他得有同情心，有爱心，有正常的、务实的真理感，确保他不会把信仰和行动、把艺术和生活分开。进入灵魂深处之物，会自己显现出来。[2]

当时，人们已经在面对人的异化问题了：施蒂纳把狄德罗、卢梭和黑格尔提出的这个概念搬到了现代社会和经济领域，马克思等人又把它写进了自己的著作里。在上面这篇文章里，别林斯基用一种非常直接和简洁的方式提到了它。他口中的艺术家尤其是作家的"责任"概念（虽然他没提到这个词），对他那一代人而言是相当清楚的：它是吸引了所有俄国作家，并最终影响了西方世界的那些争论的核心。他的观念所含的内容，既表现于他的学说，也表现于他的行为之中，贯穿于他的批评生涯始末，然而，一帮后世的评论家为了给自己的宏图伟业寻

---

1 《关于批评的讲话》，《别林斯基全集》，卷6，285—286页；参较本书290页。
2 同上书，286页。

求背书，严重曲解了他的思想。我们这个时代的某位著名俄国批评家指责别林斯基背叛了俄国批评和文学事业，将它们从艺术与学问的殿堂引进了新闻写作的陋室。[1]争论仍在继续，问题（他当属第一批，甚至就是最首要第一个提出这一问题的人）还远未得到解决。他将一生都奉献给了这一项事业。今天，它在西方的重要性和影响力，已经远远超过19世纪中期第一批俄国知识分子那个时候的情况了。

389

---

1 可能说的是尤·艾亨瓦尔德（Yu. Aikhenval'd），"别林斯基"，《俄国作家剪影集》第二版（莫斯科，1908—1913），卷2，5—6页。请比较弗拉基米尔·纳博科夫的《天赋》（1937—1938），第4章（首次出版于纽约，1952年，该版有删节），283—284页。

完美社会理念的终结

　　完美社会是西方观念中最古老的概念之一。这个概念认为，在人类给自己提出的所有令人头痛的问题中，至少有两个问题是有可能获得解答的：宇宙中有什么？人类应该如何生活？这两个问题既关乎事实，也关乎价值。至于该怎么解答这两个问题，则悬而未决，为此出现了大量的不同意见。有人认为答案是形而上的，有人认为答案是经验的；有人认为，答案可能在多数人的看法里，有人认为在人（任何人）的心中。有人认为得靠接受过某种特殊训练的相关专家，不管是宗教先知或神父、实验室里的科学家，还是学习过形而上学的人（你要是问笛卡尔，他可能会这么主张）。还有人认为，任何人，只要叩问内心，就能知道何为正确何为错误，所以每个人都能构想出一个人人有德的宇宙，这样每个人的愿望就都能得到实现了，大家的愿望都是相同的——因为所有人的本性都相同，无论地域、无论时代。如何实现它则是另一个问题，这一点引发了严重的分歧。约翰·帕斯莫尔就完美的可能性写过一本出色的书，考察了关于不同的基督教思想家的观点，这些思想家都认为人是脆弱的：他无法自主做事，需要上帝的指引、上帝的恩典。我们对神的恩典一无所知——有时候上帝会赐给我们，有时候不会——然而人有一种可怕的傲慢本性，以为自己可以构建自己的生活，通过自己的努力获得救 390

赎。不, 他不能, 他只有借助上帝的帮助才能做到这些。

不过我想说的不是这个, 我想讨论的是完美。我认为完美的观念应该是可以获得的, 否则我们就说不清不完美是什么。不完美意味着未能达到某种理念。如果你说你自己不完美, 说自己不得志, 说某件事不对, 那一定是与你认为应该实现什么, 或者你认为什么才是对的、正确的相对或是相反, 而这当然意味着你有某种关于完美的观念, 你的脑海里呈现出了某种蓝图, 虽然可能只是一个模糊的轮廓, 但有了它你才能辨别眼下的不完美。这种关于完美的观念很古老, 人类历史上的所有乌托邦都是按照这一模式建造的。它的思路是这样的: 我们知道什么是人需要的, 知道什么是正义, 什么是美德, 什么是自由, 什么是善, 什么是对的。人类的理念都是一样的, 不分地区和时代, 这就是所谓的"quod ubique, quod semper, quod ab omnibus creditum est"——处处、时时、人人持有相同的理念。[1]这是自然法的观念。唯一的问题在于该如何实现这种理念。柏拉图的理念, 也就是他的《理想国》, 认为我们知道当时的雅典出了什么问题, 知道睿智的人是什么样的, 知道自我克制的人是什么样的。他还给我们开出了治理雅典的药方, 构想了一个等级社会, 在这个社会里, 知道真理的人会让不知道真理的人过上如果他们知道真理就会让自己过上的那种生活。总有人会不知道真理, 因为柏拉图认为人天生就是不平等的（亚里士多德也这么觉得）, 所以我们必须得听从专家。

如果你转向斯多葛学派, 会发现相反的观点: 从原则上讲, 所有人都可以变得理性。有一本已经散佚的作品《乌托邦》*, 作者是斯多葛

391

1　莱兰的圣樊尚, *Commonitorium* 2.3。

*　芝诺的这部作品希腊语书名为 *Πολιτεία*, 与柏拉图的《理想国》及第欧根尼的《共和国》同名, 中文世界常将其译作《共和国》。*Πολιτεία* 在古希腊语中是个多义词, 英语世界因袭拉丁文传统, 通常将这三者都译作 *Republic*。伯林在这里有意以另一种英文译法 *Utopia* 称呼这部作品, 即《乌托邦》。——译注

338

学派的创始人芝诺，内容有无政府主义性质。他认为，人类的所有区分都是人为制造的。男人和女人没什么差别，所以应该穿一样的衣服，吃一样的食物，养成一样的习惯。我们必须消灭政府、贸易、进出口、货币和法院，消灭一切机构。它们全是束缚人类理性自由发挥的藩篱。如果所有人都是理性的，就不需要强制，不需要机构。人类之间自发就能形成和谐的关系，过上理性的生活，因为他们都拥有同样的正确目的，理性会告诉他们什么是正确的，又因为他们目的相同，就自然能和谐相处。既然人本性都是有德、守序和理性的，那现在为了防止冲突、犯罪和混乱发生的所有措施就都没必要了。这个是无政府主义的乌托邦。

到了公元前3世纪，有一个叫亚姆布鲁斯的人提出了一种共产主义的乌托邦，后来格拉古兄弟便是基于这种思想发起了对压迫性的罗马政体的大反抗。当时罗马有一个参议院委任的组织，负责研究这些颠覆性的斯多葛派思想都讲了些什么，这些思想反对罗马政府，而且据说是坚持理性理念和废除奴隶制。除此之外，还有托马斯·莫尔的乌托邦、康帕内拉的乌托邦、培根的《新亚特兰蒂斯》，以及后来18世纪的各种乌托邦——比如费纳隆、马布利、摩莱里（这个名单我能继续背下去）。这些乌托邦在细节上有所不同。比如说，有的人觉得私有财产可以接受，有的人则认为不能允许私有财产存在；有的人认为私有财产会导致纷争、暴力和剥削，有的人则认为私有财产是体面生存的基础，比如雅各宾派就持此看法。像这样的细节差异有很多，但是它们的前提永远是一样的：对于人该如何生活的所有问题，原则上都能找到真实、普遍、无可置疑的永恒答案。

392

当你找到答案以后，下一个问题就是要怎么付诸实践。毫无疑问，受一些历史因素的影响，人确实是愚蠢邪恶、懒惰无知的，浑身都是缺点。但只要我们理解了人的本质，这些缺陷就都可以被消灭。而在19世纪，要理解人的本质，就得尊重关于人的科学，也就是心理学和社会学。我们像牛顿研究无生命的自然那样认真地研究人。在科学的显微镜下，人的本质并不比原子分子、动物植物的世界更模糊不清、难以捉摸。孔德就曾说过，我们既然能研究"海狸和蜜蜂"的生活，就没有道理不能用同样的办法研究人类的生活。[1]一旦弄清楚了人类是什么样的，我们就能明白怎样可以让他们变得聪明，什么能让他们变得善良，什么能让他们变得幸福，什么能让他们变得自由，什么能让他们变得正义。等我们弄明白这些，下一步就是发明可以提供这些的机器，发明可以直接赋予每个人过上自由和理性生活所需的能力的手段。这单纯是个方法问题，目标是现成的。

18世纪的重农学派在这方面是个很典型的例子。他们说："立法"是个伪概念，这个词的意思是制定法律、创造法律。可其实完全不是这回事，"立法"的意思不应该是通过法律，而是单纯地实行法律。制定法律的不是我们，而是自然。我们不说"创法"（legisfaction），不这么说是对的，因为我们并不创造法律。重农学派的勒梅西耶·德拉·里维埃尔说，人类历史上最大的专制暴君是欧几里得，但没有一个人质疑几何学的真理。[2]那好，既然人们不否认几何学真理，用发现这种真理的方法就也能发现有关社会生活的真理。如果一个人学过二加二等于四，或者二加四等于六，就不会反对基于这两个前提得出的结论。他不会觉得自己被条条框框所束缚，不会觉得他头顶有个暴君，或者受到了专横的对待，因为在上述前提和结论间存在着某种必然关系。

早在勒梅西耶之前，莱布尼茨就预见到了这种看法，他的观点曾被人总结如下：

393

1　"如果有某个非人物种像我们研究海狸和蜜蜂那样研究人类社会的话，道德科学和物理科学对他们来说是没有区别的。"前揭书（见本书220页注3）。

2　"欧几里得是个十足的专制暴君，他强加给我们的几何学真理则是十足的专制律法。这些法则的蛮横和立法者个人的专制是一回事，有着无可违抗的绝对权力。"勒梅西耶·德拉·里维埃尔，《政治社会中自然和本质的秩序》，2卷本（伦敦，1767），卷1，331页。

事物的秩序,以空间、时间和因果呈现于我们混乱的感觉前,它会在清晰的思想中消失,取而代之的是一种造物主和上帝心灵中的智识秩序。[……]这个世界的事物诞生于彼此的彻底和谐之中,亦将继续显现这种和谐或相互契合。[1]

这是一种形而上学观点,它能让你透过表象的屏障,认识到这个世界是一种完美的和谐状态;而一旦你明白这个世界是一种完美的和谐状态,你就会明白自己该置身于其中何处,于是你就能过上一种全然理性、没有摩擦的生活。用经验式的话来说,举个例子,就是18世纪70年代的代表人物霍尔巴赫的那句话:"道德这门学问研究的是存在于人的心灵、意志和行为之间的关系,它和研究物体关系的几何学一样都是科学。"[2]当然,这两种比方都是错的;不过,18世纪的人就是这么认为的。道德并不是研究存在于人的心灵、意志和行为之间关系的科学,几何学也并不是研究物体间关系的科学,但除了这个,霍尔巴赫的那句话是完全正确的。它是对于欧几里得是真正的专制暴君这一观点的典型表述。正如道德就是理解人类的行为、人类的心灵、人类的思想和意志相互之间有何关系一样,等你明白了它们在逻辑上的必然性,你就不会再和这些铁律过不去——几何学会告诉你空间中的物体遵守着怎样颠扑不破的定律。好吧,几何学其实不是关于空间的科学,道德其实也不等同于心理学;可话说回来,就算真的如此,这种观点也能让我们大致了解当时的人都在想什么。它基于那个古老的信念,自从被柏拉图提出以后,它就一直在流传:真理只有一个,正确的生活只有一种,一切问题都只有一套答案。"一"是好的,"多"是不好的;真理是"一",谬误是"多"。

394

<hr />

1 约翰·西奥多·赫兹,莱布尼茨(爱丁堡和伦敦,1884)146、150页。

2 《自然的体系》(伦敦,1770),卷1,第11章,211页;参较《自由及其背叛》第二版,12—13页。

　　请允许我说点题外话, 在思想史上, 有一些观念相对新一些。就拿"多元"这个概念来说, "多元"受到欢迎, 而"统一"被一些人厌恶——人们认为"统一"就是单调, 就是枯燥无味, 就是某种比较灰暗的顺从; 人们欣赏生命, 欣赏多样, 赞同生活应该尽可能丰富多彩——这是相对较新的观点。我想你在18世纪之前应该看不到, 至少看不到太多这样的观点。同样地, 比如说, 还有宽容: 宽容（相对于顺从）是一种新理念。我很怀疑在17世纪前宽容能被奉为一种理念。因为真理只有一个, 必须引导人走向真理。而宽容则代表某种允许许多意见同时存在是某种美德。可凭什么? 如果真理只有一个, 我们凭什么允许犯错?

395　　孔德几乎是最后一个公开主张那种古老传统的人。他说: 既然我们在数学领域都不允许不顾定理的自由思考, 那为什么要在道德和政治领域允许自由思考? [1]你要是接受这个前提, 就等于认同它的结论; 你要是觉得自己能以推导数学定理或者物理定理时据说具有的那种确定性推导出道德真理, 像孔德所相信的那样, 那宽容大量意见、以这种宽容为荣, 乃至认为允许有不同的思考是一件好事（伯里克利可能就这么认为, 他曾说, 雅典人不会像奴隶一样被迫服从）[2], 就是无谓的懒惰之举了。人们甚至不会费那个劲去发现那个真理, 他们不介意在错误的泥潭里打滚。唯有错误才不止一个, 而真理独一无二。

　　1　见《社会重组所必需的科学工作计划》(1822), 奥古斯特·孔德, 《实证政治体系总附录》(巴黎, 1854), 作为《实证政治体系》(巴黎, 1851—1854) iv, 53单独标页码的部分发表。密尔在《奥古斯特·孔德与实证主义》, 《密尔全集》, 301—302页之中引用了这篇文章: "良心的自由不存在于天文学、物理学、化学乃至生理学之中, 因为每个人都会觉得, 拒绝相信这些科学学科的能人建立起来的原则, 是一件很荒谬的事。如果政治学有所不同, 那么原因仅仅是因为, 旧的学说已经过时, 新的学说还没有形成, 其间没有任何得到巩固的看法。"

　　2　修昔底德《伯罗奔尼撒战争史》, 卷2, 37页: "我们在政府中享受的自由也延伸到我们的生活中。在生活中, 我们不会因为嫉妒而相互监视, 我们不会因为邻居做了他想做的事而生气, 甚至不会听任自己做出必定会得罪人的伤人表情, 即便这么做不会招致惩罚。"理查德·克劳利译(伦敦, 1874), 122页。

还有其他一些价值是相对晚近才流行起来的。例如认为诚实是一种优秀品质这种观念：一样，这是你在18世纪之前看不到的观念。真理，嗯，真理确实是一种价值。你要是为真理而献身，像殉道的基督徒一样，那是很了不起的，可你敢为错误献身试试？你要是个穆斯林，为 396 一堆在一个真正基督徒看来显然错到离谱的观点牺牲了，那可绝对称不上是什么英雄之举，你只会被当成蠢货。你不必仇恨做那种事的人，但是，尊重一个勇于贯彻信念的人，哪怕这人的信念明显错了也不妨碍对他的尊重，这是一种崭新的观念——我尊重一个愿为信念而战的人，不管他坚持怎样的信念，只要愿意做理想主义者，就值得尊敬，这种观念是很新的。

再举个例子，我们来看看"理想主义"（idealism）这个词本身的意思，我不是指它在哲学上的意义*，而是指它的一般意义，不同于"现实主义"的那层意思。它的这层意思也是很新的。"我觉得自己恐怕更偏现实主义"在今天的意思是"我待会儿要做点不那么光彩的事情了"，或者"我待会儿要做点有些卑劣的事了"。但它并非向来都是这个意思。"理想主义"的意思是说，虽然我的想法可能很傻，虽然我可能不是很聪明，虽然我可能没把事情做成，但是我为了某种我相信的东西牺牲了自己，完全不计较个人得失。我这么做不是为了发财，我这么做不是为了出名，我这么做不是为了取悦谁，我这么做不是因为有人给我钱，我这么做是因为我真的相信这件事，这件事里面有一种真实存在的理想。

这些都是非常新的观念，而这就是我想讨论的主题；这是因为，人们以为人的疾病有某种万灵药，以为有"完美社会"这么一种我们应该为之奋斗的东西，以为这个完美社会必然能满足所有心智正常之人，但这种观念是基于对立命题的，比如说，如果一个人真诚地希望某种无益

---

* "理想主义"的英文是idealism，这个词在哲学中指的是源自柏拉图的"理念主义"或者更广义上的"唯心主义"。——译注

于上述那个完美社会的东西，真诚岂不是就算不得美德了；如果我们要宽容的东西异于我们依据在相同情境下的惯常方法而得知的，关于人类应该如何活着这一问题的标准答案，那宽容就成了坏事了。

而且，从实际层面来说，一切人类目的都是相同的，无论个体、空间

397　和时间——这是自然法和各种乌托邦赖以成立的前提。我们知道人喜暖恶寒，知道人喜食厌饥（大多如此），也知道人需要遮风挡雨的地方；但我们还知道，理论家认为人需要什么，人就需要什么：比如，人需要这种宗教，需要那种生活。在卢梭那里，人应该生活在乡下；而到了圣西门那儿，人又应该生活在城里：乌托邦到底该是个什么样，人们为此的意见分歧非常大。譬如，有人认为人应该被集中起来，有人认为人应该分散开。圣西门觉得，乌托邦就是一个巨大的工业区，由银行家、数学家和诗人管着；傅立叶则相信，自治的人类小群体才是乌托邦该有的样子，应该避开"大"带来的坏处。马布利和摩莱里都主张过一种极端简朴、像斯巴达人那样的生活，禁止奢靡之风，强制包办婚姻，由知道谁该跟谁结婚的智者统一安排。不过，也有一些乌托邦主义者的观点恰恰相反，比如马克思的前辈们，他们主张过富足的生活，生产力极大丰富、社会极具创造力，财富与资源增长，可以满足每一个人的需求，在这样的社会里，人们可以早上打猎、晚饭后从事批评工作，这就是马克思主义那个著名的比喻。[1]

关于真实的完美生活是怎样的，上述这些人有各种各样的看法，但是我并不是很关心他们怎么实现完美生活，而是他们都同意一件事：以前的宗教信仰在故意欺骗人民，向他们灌输错误的观念，发现完美生活需要借助的是科学或理性的方式。原则上，所有人都可以借助引导走近它，其方式或者是等级式的引导，让聪明人管着不聪明的人，或者是基于所有人都具有相同智慧的理念，因为原则上所有人，无论种族、宗

1　《德意志意识形态》1.1，MEW卷3，33页；CW卷5，47页。

教、出身、能力，都可以在教育的帮助下变得同样理性。这是所有那些理论家的共识。

这一理念，我们权且说它到18世纪中期都相当普遍。那时还没有太多关于人类社会的憧憬设想，因而乌托邦才得以成为人们心中的完美社会。但是这种理念的地位受到了某些因素的威胁。首先撼动它的是18世纪下半叶在德国发展起来的新历史观。这个故事很长，我这里就不细讲了，何况我也讲不了（我并不是很擅长历史研究）；不过需要提的是，这场运动的领袖是德国哲学家赫尔德。赫尔德认为，法国哲学家理解错了，并不是所有个体、所有时代、所有地区、所有境况中的人都有着同样的渴求。而且他觉得，如果真的是这样，这种情况也不自然。无论是哪个人类社会，人与人之间都是靠特定的纽带连接起来的；这种纽带之所以能够形成，靠的是统一的语言，是生活在同一片土地上，是共有的记忆和传统，是导致人类亲切感的所有元素。这样的社会规模不是无限的。它们有着天然的界限；如果它们的范围可以延伸到全世界，人之间的纽带、那些共有的东西，以及人之间的亲属关系，就会被过分稀释。正因如此，博爱并不是一种真正的感情：一个人能关爱的人，数量是有限的，尽管这个数字可能并不小。所以人类才会分成了不同的共同体和文化群体。

赫尔德没怎么谈论过民族，也不是民族主义者——他对那些事并不感兴趣——也没谈过血脉，也没谈过遗传起源。他关心的是语言和土地，他说过，很明显，如果你研究一下人类历史，会发现不同的人类群体虽然都很有创造力，但创造风格差异不小；他还说人的本质不是消费者，并非只知道追求特定的被动理想，比如幸福、享乐、安全，或者正义、智慧，而是也会追求创造。人表达自身，如果没有机会表达自身，人就会萎靡不振。而人表达自身只能借助特定的符号和武器，借助以一种有机的风格在人群中发展起来的特定手段；人为的手段是无法帮助人表达自身的。德国人表达自身时有德国人的风格，罗马人有罗马人的

398

399

风格,葡萄牙人有葡萄牙人的风格,所有这些风格都同样有效。

赫尔德的主张后来催生了许多主义和信条,比如民粹主义,还有相信不同部落和民族都拥有创造天性的学说,但这对他那个时代而言还比较新。它实际上是在强烈反对18世纪流行于法国的设想:凡是有异于法国的,就有益于世界;凡是被法国科学家、诗人、作家、思想家认作真理的,就是永恒的普遍真理;这个世界之所以出了毛病,完全是由于人类以前没有获得这些真理,而这要么可能只是个意外,要么是人类的愚蠢、盲目或道德败坏所致——如果是斯宾诺莎的话,可能就会这么说。博闻多识的斯宾诺莎相当坚信,这世上有某种形式的政治和社会存在,能引领人类臻于完美。为什么我们找不到它?我们找不到它,是因为我们不知道如何才能找到,是因为我们还没有构想出这种政治和社会形式的理念。可我们为什么不知道,为什么构想不出?斯宾诺莎没有解释——反正就是运气不好吧!要是古代世界有一些斯宾诺莎,要是这些斯宾诺莎是当头儿的(对,像柏拉图希望的那样),我们可能就能规避很多邪恶、罪行和不幸,就能逃脱很多压迫和苦难了。

这个观点是法国思想家伏尔泰哲学体系的绝对核心。伏尔泰知道,人类历史上仅有的光明时代、仅有的好日子在古代雅典、共和国后期和奥古斯都治下的罗马、文艺复兴的意大利和17世纪的法国。这些时期焕发着人类荣光,艺术繁荣,人们较为宽容,神父守规矩,社会上相对而言不怎么抵触启蒙,人都很讲道理,世界尚未落入大量愚蠢迷信和野蛮残暴的统治之下。而暗黑岁月则是中世纪,那是一个蠢货与恶棍称雄的世界,偏见、迷信、暴行和谬论塞满人的头脑,大地变得乌烟瘴气,科学和知识遭到打压,反对宗教正统的人被活活烧死。

这个观点极富见地,但至少在伏尔泰看来——他的看法可见于他的《风俗论》,这部名作讲的是人类道德,在那个时代对“历史哲学”这个概念做出了早期贡献——它默认,雅典人、罗马人、文艺复兴的佛罗

400

伦萨意大利人、17世纪所谓"伟大世纪"*的法国人,他们做的事大同小异。这些时代充满光明,而且它们的光彼此相类。开明雅典人、开明罗马人、赶上好时代(15世纪和16世纪)的开明佛罗伦萨人,还有17世纪中期的开明法国人,他们的观点多少有些雷同。这就是那个"一",除此之外的都是"多"。所有时代的所有聪明人都相信同样的事。只要是思想崇尚理智的人,都知道二二得四,知道毕达哥拉斯定理,知道幸福比苦难更可取,知道上帝不是专制暴君,知道主宰人类生活的并不是神话,不是古代神话也不是基督教神话。理性恒定不变,无论在何地何时。你必须将一切带到理性的法庭上接受拷问,这样你就所有问题得到的所有答案就始终是相同的。La raison a toujours raison[1]:理性永远正确,且恒定不变、普遍存在。这就是法国启蒙运动默认的前提。

　　这可把德国人气坏了,因为对他们来说,这等于是把法国的某种恐怖枷锁强加于他们身上,束缚他们作为德国人的天性。我们德国人有我们自己的文化,凭什么就得去当三等法国人,凭什么要跟在这些人身后鹦鹉学舌?我们有我们自己的民族传统,我们有神秘的基督教,它观照我们的内心,为人的内在生活、他和上帝的关系、他的精神生活授予至高无上的地位,除此之外,绘画也好,建奥古斯都式石柱也好,写格律严谨的十一音节诗也好,创作拉辛式或高乃依式的古典戏剧也好,还有其他的一切,都不及那三者重要。我们有波墨,我们有德国神秘主义,我们有路德和路德宗传统,我们不想要某些讨厌的世界强权来统治,无论是罗马教宗代表的霸权还是伏尔泰等伟大的法国俗世教宗。于是,一场由民族自尊心受到伤害的德国人发起的抵抗运动轰轰烈烈地开始了:德国人当时虽不把自己看作一个民族,但确实认为他们是一个讲德语的共同体,可目中无人的法国人却瞧不起他们,说他们是穷乡僻壤的

401

---

* grand siècle:路易十三和路易十四统治时期。——译注

1　见本书157页注2。

乡巴佬，根本没什么值得细思的想法。

人被这样对待，自然会觉得受到冒犯。于是，赫尔德从意识形态上回应了傲慢的法国人。他说：每个人都可以找到一条属于自己的内在发展之路。这是一个极为重要的学说，它首先由赫尔德发表于1774年的一本书中——*Auch eine Philosophie der Geschiche*（《关于人类发展的另一种历史哲学》）——书名颇具讽刺色彩，因为那些年出版了好多历史哲学类的书。他的论点是，每一个人类群体都有它自己的"重心"[1]，这些重心各不相同。希腊人能接受的东西，罗马人接受不了；罗马人能接受的东西，德国人接受不了；德国人能接受的东西，印度人和波斯人接受不了，而且波罗的海沿岸民族、俄罗斯人、中国人……不管换成哪个民族，都接受不了。每个民族在人类文明这座花园中都是一朵独特的鲜花。赫尔德不认为这些鲜花有什么理由应该相互争斗，但它们色彩缤纷、各不相同；在他看来，强迫它们接受某种统一的理念，比如像腓特烈大帝那样，企图让它们法国化、高卢化，还找一大堆聪明的法国经济学者或者经济官员来管他们——腓特烈大帝就是这么干的——就是在阻止他们自然有机地发展。

这正是后来19世纪那种反对帝国主义者的观点。它说得很对：帝国主义同样想要破坏和限制被他们奴役的民族自然发展。他们可能会花言巧语地说，他们是为了这些民族好，他们的动机或许很纯洁，可这么说的言外之意是：我是对的，你是错的，你过的是野蛮人的生活，我才是文明人，我应该把文明带给你，不管你想不想要，你理解不了我的理念，因为我是个成年人，你还是个孩子，所以你要是不听我的话，我就强迫你做我认为对你好的事，等事情都过去了，你再回过头来去想，就会感谢我的，当然你现在显然领悟不到我的好，因为你理解不了我的行为之中蕴含着怎样的智慧。

1　"Schwerpunkt"，前揭书（见本书272页注1），卷5，509页。

这一套要是放在成年人和未成年人之间可能还行，尽管也不总是讲得通；可要把它当作法国人对其他民族的态度，那就不合适了——赫尔德所谓每个群体都有自己的道德重心，其观点正是来源于此，我们千万不能以一个民族为标准来衡量其他民族。如果你想了解古代的德国人，你必须得理解他们，理解他们想做什么。德国人想做的是德国人的事，意大利人想做的是意大利人的事，二者有很不一样的观点。因此，赫尔德才会说，你在读《圣经》的时候，不应以18世纪启蒙时代的标准来评判它，从而认为《圣经》就是一大堆神话故事。你得把自己想象 403 成在犹太山地游荡的犹太牧羊人，站在他们的角度理解《圣经》，这样你就会明白，这部书是古犹太人的民族史诗，要理解它，必须考虑他们的地理环境，考虑这些出没于山峦之间的牧羊人的独特社会生活，它丰富多彩地表达了一种独特的生活观，一种只有在这样一个时代、这样一种气候环境中的这样一个民族才能表达出来的生活观。

如果你好奇北欧的那些萨迦都讲了什么，你不能把它们看成拉辛更擅创作的那种作品的低级版本。（这在他那个时候还很新颖。）如果你像我一样——这里的"我"是赫尔德——曾经漫步于波罗的海的风暴之中，见过那些剽悍的水手，虽身处于严酷的绝境，却悍然敢与天地争雄，你最终就会领悟到，原来维京人整天面对的就是这恐怖的风暴、嶙峋的海岩与无边的黑暗，你会明白，这些北欧萨迦——芬兰、挪威、冰岛……不管是哪儿的——描写的背景是怎样的自然环境，然后你就会从内部参透它们的精神。

这就要谈到我们今天所谓的"同理心"，谈到"心理透视"，也就是换位思考，试着站在别人的角度、想象别人的处境，尝试理解他们在那个生活条件下的所思所想，给自己套上他们的性格和观念。只有这样，你才能看到，冰岛人有一套统一的做事方法，无论是立法、写诗、系鞋带，还是打理头发、宗教信仰等。你会发现这里面有一种"冰岛人权界"（Icelanderdom），而且不唯冰岛人，德国人有德国人的"权界"，葡萄牙人有葡萄牙人的"权界"。这些东西并不一样，你不能强迫他们套用某种规矩标准，把他们都变成一个样儿；你要是这么干了，就是在折磨他们、痛批他们、残害他们，这是绝不被允许的。

于是，赫尔德开足火力抨击每一种形式的帝国主义，无论是文化上的还是政治上的，因为推行帝国主义相当于用你的脚践踏某些不做反抗的民族身上。这就是为什么他那么讨厌古罗马，因为他认为罗马人很可能满怀好心地糟蹋了无数亚洲文化，对这些文化，我们本来可能有所了解，现在却一无所知，因为罗马人太自大了，觉得世界上就数他们那一套最好，所以其他人都得跟他们一样。结果，今天的我们已经不知道那些可怜的卡帕多西亚人、米希亚人和比提尼亚人当时都信什么了。现在依然能看到的只有犹太人，而他们让我们知道，犹太人和希腊人是有区别的，每一种生活方式都同样可贵。随后，赫尔德说：去了解属于你自己的东西吧。亚里士多德确实是位很伟大的哲学家，可他不是我们德国的哲学家，我们的哲学家是莱布尼茨。苏格拉底也很伟大，可他一样不是我们的，康德才是。去追溯你们民族自己的思想脉络，发展你们自己，不要学古人：古人属于古代，把他们当古人就好。

这些现在已是耳熟能详的道理了，是众多文化民族主义所以存在的根本。后来，它们招来了不少麻烦，但在赫尔德那个时代，它只是提出了我们今天所谓的"文化相对主义"的主张，显著推动了人类学、语言学和民俗学研究，总体上也促使人们更能理解与自己不同的事物了。但是，倘若赫尔德说的是真理——容我把他的观念向前推一步——那么"有一种模式、有一种完美社会适用于全世界所有人"这种想法就不可能正确，因为你不可能既是一个正宗的法国人，又是一个正宗的德国人、正宗的葡萄牙人、正宗的中国人，这些民族彼此根本不一样，没有任何一种理念能同时满足所有民族的所有要求。

让我先回头讲一点点：真理是"一"，谬误是"多"——这是柏拉图和他所有那些信奉理性的后继者的看法。很明显，有关该如何生活的所有问题都得有答案，且不论真正的答案是什么，以及该怎样实现它们。先别管手段问题（我们可能会在手段上存在分歧），姑且假设你知 405
道正确的手段，不管是什么手段，科学的也好理论的也罢，那么你就有能力解决有关"该如何生活"的所有折磨人的人类核心问题了。好，假设你把为这些问题找到的所有答案拼了起来，得到了一个提纲，这个提纲会帮你完成一个拼图；而因为一个真命题不能和另一个真命题相矛盾，你拼起来的这个东西就形成了一个图景，它可能有些简略和抽象，但它描绘的就是完美生活的样子。

你能不能过上这样的生活，这是另一回事；但你会发现，在你理性地考察人的目的是什么之后，你得到的是什么。你列出的核心问题可以是十七个，或二十二个，或只有三个，或无论多少个，只要你正确回答了它们，你就能发现，对每个时代、每个地方的每个人来说，该如何生活，你会知道我们现在的问题出在哪。——如果赫尔德是正确的，这就不可能实现，因为那些答案不会相互兼容。中国人的答案会不同于法国人的。这不是说谁的答案不好；它们只是不能相互兼容。中国人可能觉得这种生活是不可或缺的，而波罗的海沿岸的民族会觉得那种生活是不可或缺的，这是因为他们有着不同的民族天性、不同的口味、不同的理念，因为他们的目标就是他们想要的，不是别人想要的。把你的理念强加于别人身上，用你自己的文化发展起来的标准来评判过去的历史时期，这么干没好处——这种行为就是所谓的"混淆古今"。

早在赫尔德之前，意大利思想家维柯就得出过类似的结论。他的故事很长很复杂，我没法在他身上啰唆太多。不过他写过一本书，名叫《新科学》，堪称人类有史以来最艰深、最难读的书之一。我不怎么推荐你读它。这本书的文笔非常差，但里面有许多极为深刻，令人叹为观止的直觉洞见。维柯这本书完成于1725年，19世纪以前，除了那不 406
勒斯，其他地方没几个人读过这本书；实际上，这个人在此之前完全被遗忘了，甚至后来也没有多少人读过他，原因我刚才说了——因为《新科学》写得让人根本没法读。不过容我提一句出自维柯的真理: 不同时期和不同文化构想宇宙的方式是不同的。比如说, 你去读早期的拉丁语诗歌, 你要是认为诗歌的主要目的是为了给人带来愉悦、知识, 或者传达不为人知的智慧（这是文艺复兴时期的人说的）, 你会发现, 很多这样的早期诗歌里根本没有这些东西。但你要是认为诗歌是人类以语言进行自我表达的一种自然形式, 就像人们跳舞是因为内在的天性驱动着他们跳——他们跳舞不是为了让别人高兴, 不是为了逗乐, 不是为了传达知识; 他们跳舞是因为他们想跳, 唱歌是因为他们想唱, 这是人的自然能力, 和吃饭、喝水、繁衍后代一样; 而用诗的语言有韵律地讲话, 乃至把它写下来, 也是一种自然能力——如果你是这样想的, 你会发现, 这些人用的修辞显现出的宇宙和你眼中的宇宙不太一样, 不是谁好谁坏的问题, 而是不一样。我们不能像17世纪除维柯之外的其他人, 还有比他们更过分的18世纪的人那样, 说艺术中存在着进步。认为荷马是原始版的拉辛, 莎士比亚不过是早期的伏尔泰, 都是不对的: 事物不是像这样发展的。这些作家的每一件大作都传达了一种独特的生活视野, 彼此各不相同, 因为他们生活的社会不同, 这些社会的眼光和生活方式也不同。

上述种种对今天的我们来说可能都属家常便饭, 但在那个时候并 [407] 不普通。这个观点见于英国批评家温德姆·路易斯的一本书:《艺术进步中的恶魔》。[1]他的意思很简单: 你若是问:"莎士比亚比起索福克勒斯来说是一种进步吗?"这个问题是毫无意义的。我们不会这么说, 我们不会说达·芬奇比起菲迪亚斯是不是进步了, 也不会说毕加索比起普桑是不是进步了——他们既不算进步, 也不算没有进步。他们是不同的作家, 属于不同的时代, 拥有不同的视野。这些人每个都是天才, 每个都创作过大师之作, 这些作品每个都传达了一种不同的宇宙图景——没有谁比谁更好, 谁比谁更差, 每部作品都有无穷的价值, 只要

---

1 《艺术进步中的恶魔》(伦敦, 1954)。

它实际上被视为天才之作，各有各的天才之处。如果这么说没错，如果维柯的看法是真理，如果赫尔德的看法是真理（这两个人的看法说到底是一样的），那么很明显，认为存在单一完美社会的观念就不可能是真理，因为这些图景并不一致，彼此无法兼容。

好，再回到德国人反抗法国人的专横思想这件事。它催生的一个后果是德国哲学家之间的观念，尤其是康德和剧作家席勒，费希特也在其中。他们认为，人的经验不像洛克或笛卡尔形容的那样，它不是一块"白板"，一开始什么都没有，任凭自然在上面涂写印象。相反，人天生就是行动者，不是被动的接受者，不是一个盛装各种印象的篮子。人生来就是"意向动物"，他们会努力，会渴望某物，他们有动机，有做事和积极行动的欲求。

倘若人类真如他们所说，你就绝不能小觑人类意志的作用。我想借费希特来解释我的意思（我不想讨论所有相关的哲学家，尽管康德在这个问题上也至关重要）。根据费希特的说法，我对我自己的概念来自以下这个事实：我会陷入与"非我"之物的矛盾，由此才对我自己有了意识。如果我是一种纯粹的认知存在，完全沉浸于对外部宇宙的观察之中，我就应该感觉不到我自己才对。如果我全神贯注地聆听一首曲子，我就会觉得我自己不是我自己了，"我"只听得到曲子。如果我是一个全身心投入数学运算的数学家，我甚至不会感觉到自己是个计算者，我感觉到的只有我思考的数字或几何形状。我之所以能感觉到那个叫"自己"的东西，那个"自我"，是因为我遇到了反作用力，这个反作用力来自他称为非我或自然的东西。当有东西反作用于我，有阻力，然后我才知道我是我，它是它，我们并非走在同一个方向上；但这种情况让我觉得很沮丧。我遇到了一个障碍，我想摆平它。它可能是心理上的，形式上呈现为某种我不理解的数学命题；它也可能是实实在在的，是某个阻碍我的身体发挥某种功能的东西；不管它是什么，我都想克服它。费希特说，生活整个就是在不断克服，就是将我的意志加于桀骜难驯的自然之上。

408

这就是费希特的学说。他谈过理性，谈过全人类被一种共同的理性统一起来，但是让他名扬四海的是主宰性意志的概念。实际上，费希特说：价值、理念、应该过的生活，它们都不是客观存在、待人发现之物，不是白纸黑字、比金银还不朽的文字记录（换作卢梭的话就会这么说），也不是从一开始就被自然或上帝刻在人的心灵上。完全不是那回事。理念是我自己创造的，是我追寻的东西；而我，一个德国人，追寻的东西很可能不同于一个葡萄牙人追寻的东西。于是这又回到了那个学说。劳动尊严（这是费希特发明的概念，我认为在他之前这个概念并不存在，虽然路德和早先的思想家们提过劳动价值）之所以存在，是因为在劳动过程中，我的个性被印在了自然之物上。我做的这个东西表达了我的天性，我做了这个雕像，我做了这个盒子，我写了这首诗，我建立了这个形而上体系——我是用其他东西做出这些的，它们表达了我，所以这个过程存在尊严。

人的全部功能就是创造。这种说法因此成了与"人的功能就是追求智慧、开心、善好等等"针锋相对的学说。人的功能是表达自己，是做点事，这个事则因群体的不同而不同。费希特颇为生动地说，人们对自由赞不绝口，但自由是一种极端危险的礼物，正是因为自由，人类才会相互斗争。他说自由是一种难分好坏的礼物："引发人类历史上最严重混乱的不是自然，而是自由。人最残酷的敌人正是人自己。"[1]这是因为人可以自由地攻击人。文化非但不会遏制暴力，反而会成为暴力的武器和同谋。

换句话说，因为我是自由的，我就有做好人的自由；可正因为我是自由的，我也有做坏人的自由。如果你想要自由，你必须意识到，拥有了自由，不一定能同时拥有，比如说吧，无忧无虑的幸福。费希特说，如果人生来是为了幸福，或者生来是为了和谐，为了一个没有摩擦的世

---

1 《论人的使命》3.2，《费希特全集》，卷2，269页。

界，每个人都开心地生活在一起，一个跟着一个，像阿姆斯特丹运河上的小鸭子一样（好吧，费希特没用这个情景打比方）——如果人生来就是为了这个，那自由就成了一种麻烦，一种纯粹的麻烦，因为自由会给你反抗别人的权力，给你选择的权力。有选择就会有焦虑，焦虑该选什么。如果你这个人已经被完全定死了，像以前的哲学家认为的那样，只需弄清楚你是以什么样的方式被定死的，以免冲撞那股推动你始终沿着某个方向前进的无形力量——如果真是这样，那自由当然就成了一种纯粹的诅咒。可你不妨找个人，问问他：你要那自由做什么？你要这焦虑做什么？你要这良知做什么？为什么你会感觉到后悔？你感到后悔，意味着你希望自己当初没那么做，这说明你认为自己是自由的。

410

但如果我说：我这儿有一种药，你只要吃下去，我保证你以后再也不会有后悔这种感觉，保证你以后只想做会让你幸福，也可能让其他人幸福的事。我会用斯金纳*的办法把你变成一个纯粹的社会动物，让你快乐地与他人携手创造一种大家都会为之奋斗的理念，你再也不会被任何诱惑所影响，因为对你来说，就连诱惑这种概念都将不复存在。你不会面临各种选择，只是沿着预定的轨道，像有轨电车似的，走向全面的幸福。

如果你问问人们，他们愿不愿意吃这种药，让自己失去他们想象中的无论何种自由，你会发现没有多少人是愿意的。法国的启蒙思想家（可能还有斯金纳）会说，这是因为他们心怀幻想，以为自己是自由的，是因为当初教育他们的方式不好，可实际上是可以采取另一种思路的，可以说人们认为选择、意愿是人的核心能力。一旦被剥夺了这种能力，无论出于什么理由，他们会认为那是非人化，这就是我们讨论人权的一个原因——而要讨论对人类的践踏剥削和人性的泯灭，首先得有一个

＊　指伯勒斯·弗雷德里克·斯金纳（Burrhus Frederic Skinner），美国心理学家，行为心理学的代表人物。——译注

大前提：你认为，重要的是人类应该有选择，或者至少在某些领域可以选择他们自己的生活，而不是由他人代他们选择，他们可以自由行动，不受人摆布，也不被人代表；你认为，家长式的作风不是美德，虽然有时候人们会不得已而用之。而如果人有了选择，完美社会的概念就无法实现了，因为这个概念也有个前提：每个人都刚好能放进完美社会的拼图中，有一种生活形式是所有人都能适应的。但如果费希特说的没错，那么仅仅是拥有自由，仅仅是拥有意愿——以及如果赫尔德说的没错，那么文化差异、理念差异、整个人类历史发展出的各种有机组织的形态差异——就足以排除完美社会的存在可能了。

411

请容我再提一点。倘若你认可人类社会可能臻于完美这个初始观点，那么打个比方，在文学方面，你会得出一个观点：悲剧只可能源于错误，因为不理解生活是什么、事物是什么而导致的错误。什么是悲剧？当某个人行事残忍、给自己或别人带来剧烈苦难，或者招致灾难时，悲剧就会发生。但为什么引发它的人要引发它？从以上我们讨论的观点来看，他可能是在为自己追求什么，比如说，幸福、金钱、利润、权力等等，结果在追求的过程中践踏了他人。伊阿古对奥赛罗做的就是这样的事，俄狄浦斯对他父亲做的也是这样的事，他把他父亲给杀了，还给雅典带来了灾祸。可如果俄狄浦斯当时知道拉伊俄斯是他父亲，他就不会杀他了。如果伊阿古知道人性的真实面貌，如果他的心灵未因猜忌而扭曲，他就不会对奥赛罗做那些事了。这其中假设的意思是，虽然不知道这些事实可能不是你的错——上帝可能故意耍了个恶作剧，蒙上了你的双眼：这是有可能的，古希腊悲剧里就是这么写的——但是，如果你没有犯错，如果你知道你必须知道的事，换句话说，如果你全知全能，你就不会和任何人发生冲突。如果每个人都无所不知，他们就不会做有碍于实现目的的事。如果世界上的每个人都只能以一种方式获得幸福，而且这种方式始终与其他人获得幸福的方式相和谐，如果我们所有人都知道这种方式是什么，那我们怎么可能不遵照这种方式生

412

活？没人希望自己不幸福，没人希望自己愚蠢，没人希望自己受奴役，没人希望自己不正义……我们生下来就会趋善避恶，这是大家都默认的。你可能像伏尔泰一样悲观，认为人类永远也不可能获得足以明白这些事情的智慧；你也可能像卢梭一样悲观，认为社会永远都挣脱不了堕落文明的恐怖镣铐；你可能像18世纪的许多人一样悲观——他们完全不像孔多塞、杜尔哥那么乐观——但至少你知道，如果人可以知道那些事，世界会是什么样。

如果这个观点没错——我想称之为"费希特-赫尔德观点"，那么悲剧就不只是来源于无知，不是因为某人误会了他该做的事，某人不知道怎么才能让自己幸福——他以为他杀个人就能幸福了，但杀人不能让任何人幸福；他以为他打个劫就幸福了，但打劫会破坏社会纽带，妨碍人们创建一个和谐友善的社会。悲剧会发生，是因为不同价值不总是相互兼容。

价值不总是相互兼容，"多样"是事物的自然属性：这两条都是震撼人心的新鲜概念。我今天在这儿这么说，听起来似乎没什么大不了的；可如果我在18世纪这么说，在座的听众可能会因此群情激愤。打个比方，我可能会说——这都是些老生常谈、陈词滥调了——充分的自由和充分的平等是无法兼得的：如果每个人都可以自由地想做什么就做什么，就会导致大鱼吃小鱼；如果每个人都可以自由地想做什么就做什么，强者就会欺压弱者；如果每个人都可以自由地想做什么就做什么，仗势欺人者就会滚滚当道。而如果我想阻止这种欺凌行为，给所有人以平等的权利，我就得限制强者；因此，想达到一定程度的平等，些许限制就必不可少。我可能会说，知识与幸福并不总是可以兼有。这种说法遭到了孔多塞的坚决否认。孔多塞说，真理、幸福和美德是统一的，三者之间存在牢不可破的关联[1]——但他说的不对。如果我现在知

413

1　见本书221页注1。

道自己身患某种不治之症, 我并不会因为自己知道这个真相而变得幸福, 虽然我可以做一点如果我不知道真相就不会做的事来缓解我的病情。如果我知道有人不喜欢我, 如果我知道有人口出恶言诋毁我, 而且说得很认真, 我不会因为知道这些事而感到幸福。因此, 可能无知有时候反而是一种福气。我不是指"把知识本身作为目的"这种想法, 也就是如果你说:"我为什么要知道?"我会说:"因为我想知道。"我指的是情况是, 据说, 我想知道的真实原因是知道这件事本身可以让我变得幸福, 而变得幸福的唯一原因则是当我幸福的时候我才知道——我否认的是这个。我完全不确定自发性和效率能否兼得, 组织和人们有时候更青睐的那种宽松社会能否兼得。还有很多美德, 一看就知道显然无法和另一些美德相协调。

　　我怎样才能达到和谐? 一个完美的社会里都包含什么? 完美的社会必须包含所有这些美德, 所有心灵状态, 每种都可以被我们欣赏和尊敬的人光荣地追求。如果有人说"让世界毁灭吧, 只有这样正义才能得到伸张"[1], 我们会认为他是在走极端。即使是为了伸张正义, 可能也不应该毁灭世界, 不过我们依然认为正义是值得追求的高尚美德。如果有人说"我把一生奉献给正义事业, 我不管会发生什么, 总之正义必胜", 我们知道, 这样的人, 跟他聊幸福、聊快乐、聊社会和谐或者舒适的生活, 等等, 都是无法收买他的。再比如, 如果某人是个创造者, 某人是个艺术家, 他会说"我不在乎我会经历什么磨难, 我就要创作这首交响乐, 就要画这幅画。幸福根本不是我的目的。我要是想要幸福, 我早就把那颗能让我再也不想画画的药吃下去了, 早就去含饴弄孙, 过上快乐美好、庸俗小资的生活了。我不会**太**开心, 但也不会承受我此刻的痛苦

　　1　这个格言来自拉丁文"Fiat justitita, et pereat mundus"; 据约翰·曼尼利乌斯(Johann Manlius)记载, 这是16世纪神圣罗马帝国皇帝斐迪南一世的座右铭, 见曼尼利乌斯的 *Locorum communium collectanea* [巴塞尔, (1563)], 第3部分("论法律"), "Octavum praeceptum", 290。

和折磨,因为我此刻完全不确定我能不能创作出大师之作——但即使我做不到,我也要尝试,哪怕它会让我陷入彻底的痛苦和不幸"。

也就是说,他拒不接受人可以同时感到幸福和创作的痛苦,或者某种创作苦恼;他也拒不接受万事万物都可以彼此兼容,不认为一个人可以既是天才又很幸福。天纵英才之中,能过上完全幸福生活的人很少很少;确实有人很幸福,但很多人都不是。(凡是相信完美宇宙可能存在的人,都不承认这些。)天才总是难以归类,总是像彗星一样一闪而过——你预测不了他的行为。一个天才出现后,他可能飞扬跋扈,可能脾气火爆,可能自私自利,可能什么事都做;接近18世纪末的那段时间,也就是所谓的"狂飙突进"[1]时期,舞台上已经开始出现大量的德国戏剧,这些戏剧强调德国市民的平静生活并非理想,虽然当时没有暴虐的亲王统治他们,它们还表现出,天才有时候也令人恐惧厌恶。拜伦式的英雄概念整个就是反对这种波澜不惊的存在方式。拜伦笔下所有可怕的英雄——《异教徒》《莱拉》《海盗》《该隐》——都是像恶魔一样强大的生物,不满足于身边的平静生活,充满破坏力,只因他们无法忍受,而且也永远不可能忍受任何和谐的存在方式。

我不想维护这个观点。这种强调意志、强调天才、强调卓越个人的想法最终会把人引向法西斯头子的思想,引向尼采的超人,引向大量残暴不仁、暴力和非理性的学说,可就算可能会如此,从心理上来说无疑确实如此:格格不入的天才(大多数天才多少都会格格不入)无法被柏拉图渴望的那个没有摩擦的和谐世界所容忍——柏拉图知道这一点,所以他把诗人统统赶出了他的世界。他不希望有人惹是生非,不希望有人鼓动他人,否则他就无法维持他向往的永恒宁静。

曾有思想家尝试解决这一矛盾。比如黑格尔和马克思,这两人坚

415

1　这个词来自弗里德里希·克林格于1777年创作的同名戏剧《狂飙突进》(Sturm und Drang)。

称，没错，生活确实是一种矛盾，没有矛盾就没有创造，就像没有阶级斗争就没有进步。甚至连康德也说，人类的邪恶是推动进步的伟大动力之一，如果树不会一棵追着一棵地向阳光伸展，它们就不会生长——每棵树都会抢走另一棵树的阳光，然后那棵树再努力抢回来。但这两个人想两边都占了。马克思（某种程度上甚至还有黑格尔）的观念是，虽然存在这种冲突，但这个所谓的矛盾原则间的辩证法，它最终会让自己变得和谐。有一种伟大的人类形象，许多文明都有，它的形式是这样的：很久以前，人类存在于没有纷争、淳朴天真的和谐状态之中。思想和感觉没有多大差别，狮子可以和羊羔共处，人们的欲望很少，世界处于一片和平之中。那是一段黄金岁月，是人类出生之际的天堂、古老的萨图尔努斯王国[1]，在那个非凡的年代，人类生活在大洪水尚未降临的世界上。接着，可怕的事情发生了。不同民族对此有不同的解释：人类堕落了，夏娃吃下了苹果，原罪诞生了，历史开始了。不过还有另一个版本，如果你读过卢梭的话，就会知道人类的历史起源于农业和金属的发现——这两者导致了财产积累，农民从此开始分割土地、相互仇视，最终催生了私有财产、人性沦丧和战争。在马克思那里，这个万恶之首是劳动分化；在其他人那里则是大洪水。到底是什么，这并不重要，因为总是有某些巨大灾难找不到任何解释，这场灾难过后，我们人类就完蛋了；从那以后，便是无休止的纷争，我们不再同心协力，而是互相作对，异化现象出现了，剥削人的事情发生了，人们不再为自己的目标而工作，而是沦为实现他人目的的工具。

但最后一切都会变好的。我们肯定会重回历史开端那个美好世界。我们生于黄金时代，沿着充满矛盾的可怕长廊一路走来，没有这段经历，就没有进步，那些矛盾最终会升华成某种理性、和谐的答案。可是，如果我在这里想到的那些德国浪漫主义思想家有任何可取之处，如

1　"Saturn's realms"：维吉尔，《牧歌》4.6。

果并非一切价值都能共存，如果你不可能同时拥有效率和自发性，如果你不一定能同时拥有智慧和幸福，如果你不能既保证平等又保证自由，如果还有其他许多价值无法彼此协调，那你就必须做选择，而无论你选择什么，你都会相应失去一些东西。但是，这个观念如果是真的，就破坏了完美社会的理念，它不只是无法在现实中实现——因为人类太愚蠢，因为人类太没用，因为他们未得神的恩典，因为他们不知道该如何抵达完美社会，因为他们选择了错误的道路，这都是以前有过的看法——而是从原则上、逻辑上来说，倘若赫尔德说的是对的，不同的观念都同样真实有效，不同的美德不能彼此共存，如果这就是悲剧之所以发生的原因，那么完美社会的概念就根本不自洽。如果安提戈涅必须在爱和尊严中做选择，就不存在什么两全其美的解决方法：不管她选哪个，她都会失去另一个。你不能说爱没有尊严重要，你也不会同意尊严没有爱重要。二者都是终极价值，根本没有什么办法可以解决安提戈涅面对的问题，你只能二选一。

存在主义说的就是这个。认为这世界上有什么等着我们去发现的客观答案，无论是说它在书里，在《圣经》里，还是在实验室里，还是其他什么地方，这都是在吹哨给自己壮胆。这些人觉得答案肯定藏在某个地方，不然生活就没有理性可言了，那是我们不能面对的。嗯，也许我们能面对，也许确实不能。这个问题很早就有人思考了。就连马基雅维利（真不好意思，我都快讲完了才提到他）——就连马基雅维利都指出过，你不可能同时拥有基督徒的生活和成功的政治生活，而且他没说基督教教义是错的，他只是说，你要是想信奉基督教推崇的美德，你肯定会被一帮行为龌龊、手握权柄的人干掉；如果你想生活在一个政治清明的国家，做一个自豪的国民，你就得学学希腊和罗马那些异教徒，别主动把自己的另一张脸转过去给对方，别恪守什么清规戒律，也别养成一身厌恶铜臭的品德，你要是这么做，碰到和你信仰不同的人，就会被他们欺负得很惨。你不可能两边都占了。马基雅维利没告诉你该选哪一边。我们一眼就能看出他选了哪一边，也不难看出他认为理智的人会选哪一边，但是他不想直说"不要当基督徒"——你想当你就当，只要你觉得当了基督徒，到彼岸世界以后会得到回报，但他不感兴趣。如果你有意于从政，你就不能再考虑另一个选项：这两者你无法兼得。

这种分歧，以及认为基督教共和国这个概念本身就是自相矛盾的，不只是实现起来很困难，或者实现不了，而是这个概念本身就不自洽，418 因为它里面包含了两种价值，这两种价值都是终极价值，不可兼得，也不存在一个比它们更高的价值，让你可以借以协调两者——这种观点，用德国历史学家梅尼克的话说，它就像一把匕首，插在关于完美是否可能的理论的肚子上。[1] 始终没人能将这把刀从伤口里拔出来，它的影响在18世纪延续，就像我说的，体现在赫尔德、费希特的思想中，并且一直延续下去，在叔本华、尼采，所有不相信理性答案的思想家身上延续。

我们能从这些事中获得什么道德启迪呢？这很难说，但可以肯定一点：无论你做什么，无论你选择什么，你都会相应失去某些东西。人类文明若要平稳持续地存在下去，唯一的办法就是懂得妥协，唯一的办法就是创造一种生活方式：这种生活可以让尽可能多的人实现尽可能多的不同理念，同时又不必干掉别人，不必杀人，不必伤人，不必剥削人，不必奴役人。借助这种方式，所谓的自由社会可以维持一种平衡状态，但这种状态始终都极为脆弱，无时无刻不需要守护，无时无刻不需要调整，而且无法永久地固定在人类生活中，无法建立在陀思妥耶夫斯基所谓的"坚韧的地基"之上。[2] 这个观点，和那些认为人类的难题存在419 唯一最终答案的一元论思想家的观点，本质上是不相容的。

---

1 "马基雅维利的理论是一把匕首，扎进了西方人文政治的腹部，导致它仰天惨叫起来。"见本书215页注1。

2 见本书252页注1。

索　引

条目后的页码为原文页码，见本书边码，"n"指在注释中

道格拉斯·马修斯 编

emotion, 情绪: 与浪漫主义, 232

empathy, 同情, 404

empires, 帝国, xxiv

empiricism, 经验主义, 64, 73—74

Encyclopédistes, 百科全书派, 35, 99, 102

Enfantin, Barthélemy Prosper, 昂方坦, 104

Engels, Friedrich, 恩格斯: 伯恩施坦的问题, 137; 论阶级, 173; 与马克思合作, 147, 150, 186; 论达尔文, 178; 去世, 187; 批评特卡契夫, 208; 论剥削工人, 192; 支持拉甫罗夫, 208; 与共产党的建立, 248; 与人类的不团结, 176; 加入无产阶级, 175; 列宁论, 194; 与马克思论权利和正义, 178; 与马克思的革命伦理, 162; 与马克思的视野, 177; 与马克思的作品, 128; 论德国的进步, 202; 论革命, 193; 论圣西门的学说, 105; 与第二国际, 189; 论社会的瞬息万变, 212; 与社会主义, xiv; 结合理论与实践, 153n1;《共产党宣言》(与马克思合著), 123

England, 英格兰: 17世纪专制衰落, 68; 早期社会主义运动, 133—135; 统治印度, 328; 传统, 326

Enlightenment, the, 启蒙运动: 对一般问题的回答, 216, 233; 被希特勒违反, 13; 理性的理想化, 401; 关于科学方法, xxxviii; 对文艺复兴的看法, 32; 伯林对启蒙思想家的看法, xliv—xlv

epistemology, 认识论, xliv

equality, 平等, 335—336

Erfurt congress (1891),《埃尔富特大会》, 132

Erfurt Programme, 埃尔富特纲领, 196n2, 202

Erigena, 埃里金纳, 93

Essenes, 艾赛尼教派, 96

ethics, 伦理, 301

Euclid, 欧几里得, 393, 395

existentialism, existentialists, 存在主义, 存在主义者, 241—242, 244, 285, 308, 418

explanation, 解释, 41—42

- F -

Fabian Society, Fabianism, 费边社, 费边主义, 119, 133—134, 192, 197, 208

facts, 事实: 与行为, 165; 与一般性问题, 215; 历史事实, 32—33, 37; 与价值, 156—158, 165

Fall, the (Biblical), (《圣经》中) 人类堕落, 417

Fascism, 法西斯主义: 被欣赏, 244; 与艺术创作, 239; 信仰改造世界, 16; 学说, 416; 自由的敌人, 95; 被黑格尔影响, 83; 蒲鲁东与, 123; 压制, 86; 在西班牙, 145; 西欧的反对, 144

Faust (legendary figure), 浮士德 (传说人物), 41, 238, 279

人文与社会译丛

第一批书目

1.《政治自由主义》(增订版),[美]J.罗尔斯著,万俊人译　118.00 元

2.《文化的解释》,[美]C.格尔茨著,韩莉译　89.00 元

3.《技术与时间:1.爱比米修斯的过失》,[法]B.斯蒂格勒著,
裴程译　62.00 元

4.《依附性积累与不发达》,[德]A.G.弗兰克著,高铦等译　13.60 元

5.《身处欧美的波兰农民》,[美]F.兹纳涅茨基、W.I.托马斯著,
张友云译　9.20 元

6.《现代性的后果》,[英]A.吉登斯著,田禾译　45.00 元

7.《消费文化与后现代主义》,[英]M.费瑟斯通著,刘精明译　14.20 元

8.《英国工人阶级的形成》(上、下册),[英]E.P.汤普森著,
钱乘旦等译　168.00 元

9.《知识人的社会角色》,[美]F.兹纳涅茨基著,郏斌祥译　49.00 元

第二批书目

10.《文化生产:媒体与都市艺术》,[美]D.克兰著,赵国新译　49.00 元

11.《现代社会中的法律》,[美]R.M.昂格尔著,吴玉章等译　39.00 元

12.《后形而上学思想》,[德]J.哈贝马斯著,曹卫东等译　58.00 元

13.《自由主义与正义的局限》,[美]M.桑德尔著,万俊人等译　30.00 元

14.《临床医学的诞生》,[法]M.福柯著,刘北成译　　　55.00元

15.《农民的道义经济学》,[美]J.C.斯科特著,程立显等译　42.00元

16.《俄国思想家》,[英]I.伯林著,彭淮栋译　　　35.00元

17.《自我的根源:现代认同的形成》,[加]C.泰勒著,韩震等译

128.00元

18.《霍布斯的政治哲学》,[美]L.施特劳斯著,申彤译　49.00元

19.《现代性与大屠杀》,[英]Z.鲍曼著,杨渝东等译　　59.00元

第三批书目

20.《新功能主义及其后》,[美]J.C.亚历山大著,彭牧等译　15.80元

21.《自由史论》,[英]J.阿克顿著,胡传胜等译　　　89.00元

22.《伯林谈话录》,[伊朗]R.贾汉贝格鲁等著,杨祯钦译　48.00元

23.《阶级斗争》,[法]R.阿隆著,周以光译　　　13.50元

24.《正义诸领域:为多元主义与平等一辩》,[美]M.沃尔泽著,
褚松燕等译　　　24.80元

25.《大萧条的孩子们》,[美]G.H.埃尔德著,田禾等译　27.30元

26.《黑格尔》,[加]C.泰勒著,张国清等译　　　135.00元

27.《反潮流》,[英]I.伯林著,冯克利译　　　48.00元

28.《统治阶级》,[意]G.莫斯卡著,贾鹤鹏译　　　98.00元

29.《现代性的哲学话语》,[德]J.哈贝马斯著,曹卫东等译　78.00元

第四批书目

30.《自由论》(修订版),[英]I.伯林著,胡传胜译　　69.00元

31.《保守主义》,[德]K.曼海姆著,李朝晖、牟建君译　58.00元

32.《科学的反革命》(修订版),[英]F.哈耶克著,冯克利译　58.00元

33.《实践感》，[法]P.布迪厄著，蒋梓骅译　　　　　　　75.00 元

34.《风险社会:新的现代性之路》，[德]U.贝克著，张文杰等译 58.00 元

35.《社会行动的结构》，[美]T.帕森斯著，彭刚等译　　80.00 元

36.《个体的社会》，[德]N.埃利亚斯著，翟三江、陆兴华译　15.30 元

37.《传统的发明》，[英]E.霍布斯鲍姆等著，顾杭、庞冠群译 68.00 元

38.《关于马基雅维里的思考》，[美]L.施特劳斯著，申彤译 78.00 元

39.《追寻美德》，[美]A.麦金太尔著，宋继杰译　　　　68.00 元

第五批书目

40.《现实感》，[英]I.伯林著，潘荣荣、林茂、魏钊凌译　78.00 元

41.《启蒙的时代》，[英]I.伯林著，孙尚扬、杨深译　　35.00 元

42.《元史学》，[美]H.怀特著，陈新译　　　　　　　　89.00 元

43.《意识形态与现代文化》，[英]J.B.汤普森著，高铦等译 68.00 元

44.《美国大城市的死与生》，[加]J.雅各布斯著，金衡山译 78.00 元

45.《社会理论和社会结构》，[美]R.K.默顿著，唐少杰等译 128.00 元

46.《黑皮肤，白面具》，[法]F.法农著，万冰译　　　　58.00 元

47.《德国的历史观》，[美]G.伊格尔斯著，彭刚、顾杭译　58.00 元

48.《全世界受苦的人》，[法]F.法农著，万冰译　　　　17.80 元

49.《知识分子的鸦片》，[法]R.阿隆著，吕一民、顾杭译 59.00 元

第六批书目

50.《驯化君主》，[美]H.C.曼斯菲尔德著，冯克利译　　68.00 元

51.《黑格尔导读》，[法]A.科耶夫著，姜志辉译　　　　98.00 元

52.《象征交换与死亡》，[法]J.波德里亚著，车槿山译　68.00 元

53.《自由及其背叛》，[英]I.伯林著，赵国新译　　　　48.00 元

54.《启蒙的三个批评者》,[英]I.伯林著,马寅卯、郑想译　　48.00 元

55.《运动中的力量》,[美]S.塔罗著,吴庆宏译　　23.50 元

56.《斗争的动力》,[美]D.麦克亚当、S.塔罗、C.蒂利著,
　　李义中等译　　31.50 元

57.《善的脆弱性》,[美]M.纳斯鲍姆著,徐向东、陆萌译　　55.00 元

58.《弱者的武器》,[美]J.C.斯科特著,郑广怀等译　　82.00 元

59.《图绘》,[美]S.弗里德曼著,陈丽译　　49.00 元

第七批书目

60.《现代悲剧》,[英]R.威廉斯著,丁尔苏译　　45.00 元

61.《论革命》,[美]H.阿伦特著,陈周旺译　　59.00 元

62.《美国精神的封闭》,[美]A.布卢姆著,战旭英译,冯克利校　68.00 元

63.《浪漫主义的根源》,[英]I.伯林著,吕梁等译　　49.00 元

64.《扭曲的人性之材》,[英]I.伯林著,岳秀坤译　　22.00 元

65.《民族主义思想与殖民地世界》,[美]P.查特吉著,
　　范慕尤、杨曦译　　18.00 元

66.《现代性社会学》,[法]D.马尔图切利著,姜志辉译　　32.00 元

67.《社会政治理论的重构》,[美]R.J.伯恩斯坦著,黄瑞祺译　72.00 元

68.《以色列与启示》,[美]E.沃格林著,霍伟岸、叶颖译　　128.00 元

69.《城邦的世界》,[美]E.沃格林著,陈周旺译　　85.00 元

70.《历史主义的兴起》,[德]F.梅尼克著,陆月宏译　　48.00 元

第八批书目

71.《环境与历史》,[英]W.贝纳特、P.科茨著,包茂红译　　25.00 元

72.《人类与自然世界》,[英]K.托马斯著,宋丽丽译　　35.00 元

73.《卢梭问题》,[德]E.卡西勒著,王春华译   39.00 元

74.《男性气概》,[美]H.C.曼斯菲尔德著,刘玮译   28.00 元

75.《战争与和平的权利》,[美]R.塔克著,罗炯等译   25.00 元

76.《谁统治美国》,[美]W.多姆霍夫著,吕鹏、闻翔译   35.00 元

77.《健康与社会》,[法]M.德吕勒著,王鲲译   35.00 元

78.《读柏拉图》,[德]T.A.斯勒扎克著,程炜译   68.00 元

79.《苏联的心灵》,[英]I.伯林著,潘永强、刘北成译   59.00 元

80.《个人印象》,[英]I.伯林著,覃学岚译   88.00 元

第九批书目

81.《技术与时间:2.迷失方向》,[法]B.斯蒂格勒著,
  赵和平、印螺译   59.00 元

82.《抗争政治》,[美]C.蒂利、S.塔罗著,李义中译   28.00 元

83.《亚当·斯密的政治学》,[英]D.温奇著,褚平译   21.00 元

84.《怀旧的未来》,[美]S.博伊姆著,杨德友译   85.00 元

85.《妇女在经济发展中的角色》,[丹]E.博斯拉普著,陈慧平译30.00 元

86.《风景与认同》,[美]W.J.达比著,张箭飞、赵红英译   68.00 元

87.《过去与未来之间》,[美]H.阿伦特著,王寅丽、张立立译 58.00 元

88.《大西洋的跨越》,[美]D.T.罗杰斯著,吴万伟译   108.00 元

89.《资本主义的新精神》,[法]L.博尔坦斯基、E.希亚佩洛著,
  高铦译   58.00 元

90.《比较的幽灵》,[美]B.安德森著,甘会斌译   79.00 元

第十批书目

91.《灾异手记》,[美]E.科尔伯特著,何恬译   25.00 元

92.《技术与时间:3.电影的时间与存在之痛的问题》,

　　[法]B.斯蒂格勒著,方尔平译　　　　　　　65.00 元

93.《马克思主义与历史学》,[英]S.H.里格比著,吴英译　78.00 元

94.《学做工》,[英]P.威利斯著,秘舒、凌旻华译　　　68.00 元

95.《哲学与治术:1572—1651》,[美]R.塔克著,韩潮译　45.00 元

96.《认同伦理学》,[美]K.A.阿皮亚著,张容南译　　　45.00 元

97.《风景与记忆》,[英]S.沙玛著,胡淑陈、冯樨译　　　78.00 元

98.《马基雅维里时刻》,[英]J.G.A.波考克著,冯克利、傅乾译108.00 元

99.《未完的对话》,[英]I.伯林、[波]B.P.-塞古尔斯卡著,

　　杨德友译　　　　　　　　　　　　　　　　65.00 元

100.《后殖民理性批判》,[印]G.C.斯皮瓦克著,严蓓雯译　79.00 元

第十一批书目

101.《现代社会想象》,[加]C.泰勒著,林曼红译　　　　45.00 元

102.《柏拉图与亚里士多德》,[美]E.沃格林著,刘曙辉译　78.00 元

103.《论个体主义》,[法]L.迪蒙著,桂裕芳译　　　　　30.00 元

104.《根本恶》,[美]R.J.伯恩斯坦著,王钦、朱康译　　78.00 元

105.《这受难的国度》,[美]D.G.福斯特著,孙宏哲、张聚国译 39.00 元

106.《公民的激情》,[美]S.克劳斯著,谭安奎译　　　　49.00 元

107.《美国生活中的同化》,[美]M.M.戈登著,马戎译　58.00 元

108.《风景与权力》,[美]W.J.T.米切尔著,杨丽、万信琼译　78.00 元

109.《第二人称观点》,[美]S.达沃尔著,章晟译　　　　69.00 元

110.《性的起源》,[英]F.达伯霍瓦拉著,杨朗译　　　　85.00 元

第十二批书目

111.《希腊民主的问题》,[法]J.罗米伊著,高煜译   48.00 元

112.《论人权》,[英]J.格里芬著,徐向东、刘明译   75.00 元

113.《柏拉图的伦理学》,[英]T.埃尔文著,陈玮、刘玮译   118.00 元

114.《自由主义与荣誉》,[美]S.克劳斯著,林垚译   62.00 元

115.《法国大革命的文化起源》,[法]R.夏蒂埃著,洪庆明译   38.00 元

116.《对知识的恐惧》,[美]P.博格西昂著,刘鹏博译   38.00 元

117.《修辞术的诞生》,[英]R.沃迪著,何博超译   48.00 元

118.《历史表现中的真理、意义和指称》,[荷]F.安克斯密特著,
    周建漳译   58.00 元

119.《天下时代》,[美]E.沃格林著,叶颖译   78.00 元

120.《求索秩序》,[美]E.沃格林著,徐志跃译   48.00 元

第十三批书目

121.《美德伦理学》,[新西兰]R.赫斯特豪斯著,李义天译   68.00 元

122.《同情的启蒙》,[美]M.弗雷泽著,胡靖译   48.00 元

123.《图绘暹罗》,[美]T.威尼差恭著,袁剑译   58.00 元

124.《道德的演化》,[新西兰]R.乔伊斯著,刘鹏博、黄素珍译 65.00 元

125.《大屠杀与集体记忆》,[美]P.诺维克著,王志华译   78.00 元

126.《帝国之眼》,[美]M.L.普拉特著,方杰、方宸译   68.00 元

127.《帝国之河》,[美]D.沃斯特著,侯深译   76.00 元

128.《从道德到美德》,[美]M.斯洛特著,周亮译   58.00 元

129.《源自动机的道德》,[美]M.斯洛特著,韩辰锴译   58.00 元

130.《理解海德格尔:范式的转变》,[美]T.希恩著,
    邓定译   89.00 元

第十四批书目

第十五批书目

[瑞典]J.奥尔松著,周奕李译　　　　　　　　58.00元

145.《废墟上的未来:联合国教科文组织、世界遗产与和平之梦》,

　　[澳]L.梅斯克尔著,王丹阳、胡牧译　　　88.00元

146.《为历史而战》,[法]L.费弗尔著,高煜译　　98.00元

147.《语言动物:人类语言能力概览》,[加]C.泰勒著,

　　赵清丽译(即出)

148.《我们中的我:承认理论研究》,[德]A.霍耐特著,

　　张曦、孙逸凡译　　　　　　　　　　　　62.00元

149.《人文学科与公共生活》,[美]P.布鲁克斯、H.杰维特编,

　　余婉卉译　　　　　　　　　　　　　　　52.00元

150.《美国生活中的反智主义》,[美]R.霍夫施塔特著,

　　何博超译　　　　　　　　　　　　　　　68.00元

第十六批书目

151.《关怀伦理与移情》,[美]M.斯洛特著,韩玉胜译　　48.00元

152.《形象与象征》,[罗]M.伊利亚德著,沈珂译　　48.00元

153.《艾希曼审判》,[美]D.利普斯塔特著,刘颖洁译　　49.00元

154.《现代主义观念论:黑格尔式变奏》,[美]R.B.皮平著,郭东辉译
　　(即出)

155.《文化绝望的政治:日耳曼意识形态崛起研究》,[美]F.R.斯特
　　恩著,杨靖译　　　　　　　　　　　　　98.00元

156.《作为文化现实的未来:全球现状论集》,[印]A.阿帕杜拉伊著,
　　周云水、马建福译(即出)

157.《一种思想及其时代:以赛亚·伯林政治思想的发展》,[美]
　　J.L.彻尼斯著,寿天艺、宋文佳译(即出)

158.《人类的领土性:理论与历史》,[美]R.B.萨克著,袁剑译(即出)

159.《理想的暴政：多元社会中的正义》，[美]G.高斯著，范震亚译（即出）

160.《荒原：一部历史》，[美]V.D.帕尔马著，梅雪芹译（即出）

　　有关"人文与社会译丛"及本社其他资讯，欢迎点击www.yilin.com浏览，对本丛书的意见和建议请反馈至新浪微博@译林人文社科。